colección **biografías y documentos**

Historias de inmigración

Testimonios de pasión, amor y arraigo
en tierra argentina (1850-1950)

Lucía Gálvez

Historias de inmigración

Testimonios de pasión, amor y arraigo en tierra argentina (1850-1950)

GRUPO EDITORIAL norma

Buenos Aires, Bogotá, Barcelona, Caracas, Guatemala, Lima, México, Miami, Panamá, Quito, San José, San Juan, Santiago de Chile, Santo Domingo

www.norma.com

982 GAL Gálvez, Lucía
Historias de inmigración. - 1ª ed. -
Buenos Aires: Grupo Editorial Norma, 2003.
464 p.; 21 x 14 cm. - (Biografías y documentos)
ISBN 987-545-097-9

I. Título - 1. Inmigrantes-Historia

Grupo Editorial Norma
San José 831 (C1076AAQ) Buenos Aires
República Argentina
Empresa adherida a la Cámara Argentina del Libro
Diseño de tapa: Ariana Jenik y Eduardo Rey
Ilustración de tapa: Fotografía gentileza de la familia Sadosky, sobre documentos gentileza de familias Urdinguio y Coduto
Diseño de interior: Ana Daniela Coduto

Impreso en Argentina
Printed in Argentina

Primera edición: marzo de 2003

CC: 20642
ISBN: 987-545-097-9

Hecho el depósito que marca la ley 11.723
Libro de edición argentina

Agradezco a todos los que me ayudaron
en esta tarea, en especial a los entrevistados
que me brindaron su tiempo y me facilitaron
documentación inédita o inhallable,
además de las valiosas fotografías
que ilustran este libro.

Índice

Prólogo 13

La temprana y próspera inmigración irlandesa 25
De Irlanda a provincia de Buenos Aires (1836-1840)

Eugenio Mattaldi y su yerno Gastón Fourvel Rigolleau. Una familia de empresarios 43
De Milán, Italia, y Angulema, Francia, a Buenos Aires (1862, 1880)

Los galeses en la Argentina. En busca de la Tierra Prometida. Michel D. Jones 59
De Gales a Chubut y Azul, Buenos Aires (1865, 1882)

Éttiene Belsunce, Enrique Rivarola y Ángel García: tres motivos distintos para emigrar 81
De Gascuña, Francia; Milán, Italia; y Castilla, España, a Rosario, Santa Fe, y Bahía Blanca, provincia de Buenos Aires (1862, 1842)

Cesare Agustoni y sus hermanos 91
De El Ticino, cantón suizo-italiano, a Buenos Aires (1875)

John Hamilton, un pionero escocés en Malvinas y Santa Cruz 101
De Escocia, Gran Bretaña, a Malvinas y Santa Cruz (1879)

Familia Glassmann 115
De República Alemana del Volga, Rusia,
a Entre Ríos (1880)

Jules Gaston Bouillet y Clara Passemarte 129
De Lyon, Francia, a Buenos Aires (1880)

Isaac Benzecry 137
De Marruecos a Villa Mercedes, San Luis (1890)

Los gauchos judíos 149
Salomón y Iente Weinschelbaum 168
De Kamenetz-Podolsk, Rusia, a Moisesville,
Santa Fe (1889)
Bernardo Halevy-Rabinovich y sus hijos 174
De Besarabia, Imperio Ruso, a Carlos Casares,
provincia de Buenos Aires (1891)
Rebeca Sigal de Pomerantz 180
De Grodno, Lituania, Imperio Ruso, a Moisesville,
Santa Fe; Médanos, Carlos Casares, provincia
de Buenos Aires (1894)

Constantino Izrastzoff 189
De Rusia a Buenos Aires (1891)

Pablo y Sofía Lenzner, pioneros de la Patagonia 201
De Alemania a Río Gallegos, Santa Cruz (1892)

Torcuato Di Tella 219
De Capracotta, Nápoles, Italia,
a Buenos Aires (1894)

Pedro Noro y la petite Rosinette 233
De Saboya, Italia, a Córdoba y Jujuy (1899)

Manuel Sadosky y sus padres Natalio y María 247
De Ekatherineslav, Ucrania, Rusia,
a Buenos Aires (1905)

Pedro Ignacio Irungaray y María del Pilar Iriberri 261
De Erratzu, Navarra, España, a Necochea,
provincia de Buenos Aires (1907)

Abraham Sacas Curi y Grace Coulthard 273
De Líbano, Imperio Otomano, y Estados Unidos,
a Santa Fe, Tucumán, Entre Ríos, San Juan,
Villa Mercedes, etc. (1907)

Hipólito Fernández 289
De Asturias, España, a Buenos Aires (1910)

Francisco Prati 299
De Le Marche, Italia, a Buenos Aires (1912)

Yubrán Massuh y su familia tucumana 311
De Siria, Imperio Otomano, a Tucumán (1922)

Vángelo Grapsas 321
De Isla de Leucade, Grecia, a Buenos Aires (1923)

José Clementi, Esther Golastra y su hija Hebe 335
De Le Marche, Italia, a Buenos Aires (1923)

Rafael Carmona y Ramón Julián Pérez 349
De Andalucía, España, a Victoria, provincia de
Buenos Aires (1924)

José Barreiro, María Rosa Vicente Barreiro 359
De Pontevedra, Galicia, España, a Tandil,
provincia de Buenos Aires (1925)

Josef y Anna Chuchla 371
De Polonia a Tucumán y Buenos Aires (1929)

Antonio López Llausás y María Teresa Llovet 383
De Barcelona, España, a Buenos Aires (1939)

Friederich Wilhelm Rasenack 397
De Alemania a Buenos Aires y La Falda, Córdoba (1939)

Santiago Stegner: de Zagreb a Florida 415
De Zagreb, Croacia, a Florida, provincia de Buenos Aires (1948)

Alfredo Bessone, Clelia Molineris y su hijo Juan Edgardo Bessone 429
De Piamonte, Italia, a Bella Vista, San Miguel, provincia de Buenos Aires (1948)

Enrique Vera Morales: de la División Azul al Club del Progreso 441
De Tenerife, Canarias, España, a Buenos Aires (1950)

Epílogo 453

Índice fotográfico 459

Prólogo

En las crecidas rosas de tu progreso
hay un poco de sangre de mis abuelos
que llegaron soñando con el regreso
y eligieron morirse bajo este cielo.

"Ay, si te viera Garay",
canción de ELADIA BLÁZQUEZ

Existen en nuestra historia dos momentos fundacionales: el primero es la llegada de los españoles a nuestro territorio. Conquista, población, mestizaje y entrada de esclavos africanos formaron la intrincada trama social de los inicios.[1] El otro momento fundacional es la gran inmigración de europeos y mediterráneos que cambiaron la composición étnica de la población hispano-criollo-indígena y mulata, duplicándola cada veinte años, de 1857 a 1930, para seguir aumentando en forma más pausada hasta fines de la Segunda Guerra Mundial. Durante ese período, más de seis millones de personas llegaron a la Argentina. Muchos de ellos lo hicieron como trabajadores estacionales, volviendo a sus hogares después de la cosecha o de un período determinado, pero en el país quedaron tres millones trescientos ochenta y cinco mil nuevos habitantes. Estas cifras que, en proporción, son las más elevadas de todos los países del Nuevo Mundo, demuestran la importancia de la

1 Ocurridos desde mediados del siglo XVI hasta mediados del XVII.

inmigración en la formación de la Argentina moderna. El primer intento de colonización europea no española en el Río de la Plata se realizó en febrero de 1825, después de la firma del Tratado de Amistad, Navegación y Comercio entre la República Argentina y el Reino Unido de la Gran Bretaña e Irlanda. Pero las doscientas familias escocesas que vinieron fueron instaladas al sur de la provincia de Buenos Aires, en la frontera con el indio, y la colonización no prosperó. En 1828, el general John Thomond O'Brien, gran amigo de San Martín, se propuso traer a la Argentina "doscientos jóvenes irlandeses trabajadores y honestos" para que formaran la base de una colonia agrícola, proyecto que también fracasó. Los primeros inmigrantes espontáneos se fueron acercando a partir de la época de Rosas. Algunos habían sido combatientes italianos de la revolución de 1848, la mayoría constructores o albañiles. Había también jardineros gallegos contratados para trabajar en Palermo, comerciantes ingleses y algún que otro alemán, ovejeros escoceses o irlandeses y algunos aventureros vascos. "Aunque no se incentiva su llegada mediante leyes, existe una actitud permisiva que acusa un sostenido crecimiento de colectividades extranjeras, buena parte de la cual emigra de Montevideo."[2]

La generación del 37, con Alberdi, Echeverría y Sarmiento a la cabeza, tenía muy claras las ideas: educación, inmigración y leyes cumplidas eran los pilares sobre los que debía levantarse el edificio de la nueva nación. La Constitución era la piedra fundamental pero para que no fuera, al decir de Alberdi, "la Constitución de un desierto", los legisladores deberían atraer a los posibles pobladores europeos proclamando todas las garantías y derechos que

2 Hebe Clementi, *El miedo a la emigración*, Buenos Aires, Siglo XX, 1985.

tendrían y mostrándoles un país en orden. Las mentes más lúcidas sabían que si la Argentina quería marchar al mismo ritmo de las grandes naciones, había que cambiar muchas cosas, entre ella la intolerancia y la ignorancia. Las elites que soñaban, planeaban, echaban las bases para el nuevo país y querían lograr su crecimiento económico y moral entendieron que para ello era necesaria la unidad en los grandes proyectos nacionales, la tolerancia para con las ideas distintas, la libertad de expresión y de culto, el orden y la paz. Esto no se consiguió sino después de acuerdos, secesiones, guerras y pactos que fueron acercando a los opositores. La Constitución ideada por Alberdi fue hecha realidad por Urquiza y los legisladores del 53. Sin embargo, los argentinos –porteños y provincianos–, díscolos y levantiscos, siguieron poniendo escollos en el camino hacia la unidad, a la que se llegó después de mucho esfuerzo y sangre derramada.[3]

A pesar de estos y otros inconvenientes, los inmigrantes fueron llegando con su carga de esperanzas y, aunque sólo una minoría pudo ser propietaria de la tierra, muchos ascendieron económica y socialmente –o tuvieron la alegría de ver el progreso de sus hijos– y todos, con mayor o menor esfuerzo, consiguieron trabajo y accedieron a las libertades constitucionales.

En el otro platillo de la balanza habría que poner los afectos que tuvieron que dejar, la tristeza de no saber si alguna vez volverían a su tierra, las dudas e incertidumbres ante lo desconocido –sobre todo los que no entendían el idioma–, las primeras desilusiones al ver que las cosas no eran como se las habían pintado...

3 Acuerdo de San Nicolás, junio de 1852; secesión de Buenos Aires, septiembre de 1852 hasta la batalla de Cepeda (triunfo de la Confederación), en octubre de 1859; Pacto de San José de Flores y reforma de la Constitución en 1860; batalla de Pavón, triunfo de Buenos Aires, 1861; revolución del 80: capitalización de Buenos Aires.

Todo el que emigra de su patria y se aleja de los suyos siente una pérdida irreparable que ni el tiempo ni la distancia podrán borrar. Aquellos que lo hicieron, conservando el buen ánimo y la constancia necesarios para levantar una familia, son dignos de admiración y respeto.

En la Argentina, las guerras civiles y la economía pastoril habían impedido hasta entonces la formación y desarrollo de una clase media. Los objetivos de progreso de la república liberal no podrían cumplirse sin su existencia. La inmigración vino a llenar ese vacío. Pero no fueron electricistas ingleses ni mecánicos alemanes, como querían Sarmiento y Alberdi. Ellos tenían su lugar en las fábricas de sus ciudades industrializadas. En cambio vinieron los aldeanos de la Europa meridional o los centroeuropeos que buscaban una alternativa para lograr una vida digna y en libertad. Curiosamente, los integrantes de las tres primeras colonias organizadas –la primera en Baradero, provincia de Buenos Aires, la segunda, Esperanza, en Santa Fe y la tercera, San José, en Entre Ríos– estaban formadas con un predominio de suizos de habla alemana o francesa, pertenecientes al cantón de Valais.[4] También había familias provenientes de Saboya y el Piamonte. Los atraía el artículo 25° de la Constitución: "No se podrá restringir, limitar ni gravar con impuesto alguno la entrada en el territorio argentino de los extranjeros que traigan por objeto labrar la tierra, mejorar las industrias o introducir y enseñar las artes y las ciencias". El censo de 1854 muestra un gran aumento poblacional: se contabilizan veintidós mil ochocientos británicos (incluyendo cuatro mil norteamericanos); veinticinco mil franceses (muchos de ellos vascos);

4 Héctor Norberto Guionet, *La Colonia San José*, 3ª ed., Buenos Aires, Ediciones Pasco, 2001.

quince mil italianos (alemanes y suizos) y veinte mil españoles (incluyendo vascos, canarios, etcétera).[5]

En 1856, por intermedio de Aarón Castellanos y del gobierno de Santa Fe, se fundó Esperanza, primera colonia agrícola de la provincia y madre de futuras colonizaciones. Los primeros años, la poca previsión de los organizadores y las malas cosechas, debidas a las sequías o a las lluvias abundantes, causaron dificultades a los colonos pioneros. No se habían preparado los ranchos como estaba convenido y no se compraron todos los animales prometidos ni todas las semillas necesarias, pero a pesar de estos inconvenientes debidos a la improvisación, ya en 1882 Esperanza albergaba a setecientas sesenta y cinco familias entre los que se encontraban mil italianos. Después de 1860, los colonos edificaron sus propias viviendas sin intervención oficial, alambraron sus terrenos, arbolaron y multiplicaron sus ganados y cosechas.

La Colonia San José, fundada en 1857, financiada por Urquiza y administrada por el francés Alejo Peyret, fue planeada con tiempo e inteligencia. Mediante contratos particulares se otorgaron dieciséis cuadras de terreno a cada familia, cerca del río Uruguay. Además recibían: cien pesos para semillas y objetos de primera necesidad, cuatro bueyes y dos vacas lecheras con cría; madera y leña necesarias; carne y harina para el mantenimiento de la familia durante un año. La deuda se acababa en cuatro años, pagando el dos por ciento mensual, después de la cosecha.

No todos estaban de acuerdo con este tipo de inmigración organizada y menos aún con la subsidiada que tuvo su auge entre 1887 y 1891, cuando el Gobierno financiaba pasajes anticipados. "Pronto comenzaron a comprobarse las desventajas de la inmigración subsidiada mediante

5 Hebe Clementi, *op. cit.*

acuerdos celebrados en Europa, generalmente bajo las presiones de los cónsules extranjeros y sin garantías suficientes. No siempre las profesiones declaradas eran las verdaderas, y la gran mayoría de los candidatos provenía del subproletariado de las grandes ciudades."[6] Muchos preferían la inmigración espontánea: "...los que emigran espontáneamente de un país, excluyendo los criminales que huyen de las condenas, son los más vigorosos, los que se sienten más aptos para la lucha, para desplegar energías y afrontar las circunstancias más difíciles y peligrosas".[7] Dardo Cúneo afirma que Buenos Aires prefería la inmigración espontánea, sin contrato ni adjudicación de tierras porque, al ser su economía decididamente pastoril, no necesitaba brazos de agricultores sino más bien de proletarios, de gente que quisiera realizar los trabajos urbanos que no gustaban al criollo.

Al principio, la mayoría eran hombres solos los que se aventuraban para después llamar a sus familias. No todos, sin embargo, encontraron la Tierra Prometida: para 1885, la mayor parte de las tierras públicas ganadas a los indígenas ya estaban vendidas. Inmensas extensiones de suelo pampeano habían pasado a pertenecer a unos pocos propietarios que no tenían interés en venderlas a los recién llegados. Según Dardo Cúneo, la elite propietaria fomentaba la inmigración sólo para conseguir trabajadores asalariados en los campos y proletarios en las ciudades. Muchos no deseaban favorecer el arraigo de extranjeros.[8] Como a fines del siglo XIX la agricultura estaba subordinada a la ganadería, los contratos particulares duraban sólo cuatro

---

6 Citado en Graciela Swiderski y Jorge Luis Farjat, *La inmigración*, Buenos Aires, Colección Arte y Memoria Audiovisual, enero de 1999.

7 *La Nación*, 1910, artículo citado en Swiderski y Farjat, *op. cit.*

8 Dardo Cúneo, *De inmigración y nacionalidad*, Buenos Aires, Paidós, 1977.

o cinco años. El propietario obligaba al arrendatario o mediero a roturar la tierra, cultivar cereales y, antes de irse, dejarla sembrada con alfalfa destinada a la ganadería.

El país no estaba preparado para recibir a tanta gente. Los colonos debieron construir sus pobres ranchos, y los inmigrantes urbanos, hacinarse en conventillos. Sarmiento explicó claramente esta situación en su mensaje presidencial de 1868. "En la expectación de mil inmigrantes por año, debemos desde ahora acometer la tarea de prepararles tierra de fácil adquisición y regir su distribución por leyes que estorben que un individuo se apodere del territorio que basta en Europa para sostener un reino o que la generación actual despoje a las futuras de su derecho a tener un hogar y un pedazo de suelo que llamar su patrimonio."[9] Otro problema provocado por la inmigración fue el enfrentamiento entre el inmigrante y el nativo. Según Cúneo: "La inmigración venía sirviendo a la finalidad de crear proletariado barato, enfrentando al inmigrante con el nativo e inmediatamente al inmigrante ya radicado con el que acababa de llegar".[10] Al respecto, indicaba un diario porteño en esos días: "¿Se tendrá en cuenta a nuestros paisanos en este reparto de tierra argentina? Si es provechoso e importante dar tierra a los extranjeros para que ayuden al crecimiento nacional, no menos necesario y justo resulta entregarlas a los argentinos que ya han pagado con su sacrificio –peleando en la guerras contra el indio, por ejemplo– y a quienes por otra parte les corresponde en prioridad por nacimiento y cariño".[11]

Esta rivalidad entre inmigrantes y criollos se dio en los primeros años por desconfianza y desconocimiento mutuos.

9 Citado en Swiderski y Farjat, *op. cit.*
10 Dardo Cúneo, *op. cit.*
11 *Ibíd.*

Más adelante, gracias a la igualdad proporcionada por la escuela pública, a la fraternidad barrial y a la natural solidaridad criolla, los inmigrantes no se sintieron discriminados y menos aún sus hijos, que ya se sentían argentinos. "Pero si la vida de las colonias transcurría sin conflictos de rechazo violento por parte de la población criolla, en cambio la literatura y algún periodismo destaca la figura del inmigrante pintándola con los peores rasgos físicos y morales."[12]

El sesenta y ocho por ciento de los inmigrantes italianos, que formaban la colectividad más numerosa, y el setenta y ocho por ciento de los españoles, que les seguían en número, se establecieron en las ciudades. Los franceses (principalmente vascos y bearneses) formaban por su importancia numérica el tercer grupo, aunque eran apenas el cuatro por ciento del total. Los seguían los "rusos" –en realidad, judíos que huían de los *pogroms* zaristas– y los súbditos del Imperio Otomano, llamados genéricamente "turcos", aunque en su mayoría eran sirio-libaneses cristianos. Es asombrosa la elevada proporción de extranjeros en la población nacional de principios del siglo XX: de acuerdo con el tercer censo, realizado en 1914, la proporción era del treinta por ciento, pero en algunos centros urbanos ésta se elevaba al setenta u ochenta por ciento. Hebe Clementi distingue dos momentos definidos en el período que va de 1857 a 1914.

"En el primero, de 1957 a 1890, la inmigración, aunque no tan abundante, viene amparada por la política del gobierno que auspicia la radicación de colonias, otorga facilidades de viaje, reserva recursos financieros para la promoción, dicta leyes de inmigración (1876) y Leyes de Tierras

12 Hebe Clementi, *op. cit.*

TD Canada Trust

Machine # TD9291

Card Num[illegible] 5837
Date: Mar [illegible] Time: 08:28
Application [illegible] 001
INTERAC

Tran: Withd[illegible]
Amt: $40.00
From: Chequing
Seq: 4753
Balance*: $1,457.70- Mar. 22/12

- -

*Current as of date shown

- -

Page 1 of 1

For information visit your branch
or call EasyLine 1-866-222-3456
www.tdcanadatrust.com

TD Canada Trust

TD Canada Trust

TD Canada Trust

(1876 y 1884) y legisla acerca de la educación para afianzar la imagen del Estado acorde con un país de fluencia migratoria. En el segundo momento, de 1890 a 1914, la crisis económica inicial y la incorporación del aluvión inmigratorio 'descalificado' –en el sentido de que deja de estar orientado hacia la colonización– provoca su instalación en ámbitos urbanos con el consiguiente hacinamiento (...) El caudal máximo de entrada inmigrante se dará entre 1904 y 1913, con 2.895.025 inmigrantes, de los cuales emigran 1.356.785, que deja un saldo de 1.538.240."[13]

En 1914 más de la mitad de los habitantes de la ciudad de Buenos Aires no eran argentinos. Pero en las provincias mediterráneas pobres, alejadas de las zonas dinámicas del litoral y la pampa, como Catamarca, La Rioja o Santiago del Estero, la proporción de extranjeros jamás superó el tres o cuatro por ciento. Por otra parte, nueve de cada diez extranjeros se radicaron en la región pampeana, y el sesenta y dos por ciento de éstos en la Capital Federal o en la provincia de Buenos Aires. La mayoría se dedicó al comercio y la artesanía y algunos llegaron a ser grandes empresarios. En 1914, los sectores secundario y terciario estaban formados por una mayoría de extranjeros: entre cuarenta y siete mil empresarios industriales, treinta y un mil quinientos no eran argentinos. En el sector terciario estaban los comerciantes minoristas y todos los servicios que exige una ciudad opulenta.

La influencia de la inmigración se dejó ver a través de las colectividades, algunas de ellas muy numerosas y prósperas, como la de los piamonteses y suizos en Santa Fe, o las de los judíos, saboyanos y alemanes del Volga en Entre Ríos, los galeses establecidos en Chubut, estancieros ingleses y

13 *Ibíd.*

escoceses en Santa Cruz, viñateros italianos en Mendoza, ganaderos vascos e irlandeses en la provincia de Buenos Aires, colonos alemanes e italianos en el Chaco, suizos, polacos y alemanes en Misiones y, más adelante, intelectuales españoles en la Capital.

En un artículo sobre la inmigración, Víctor Massuh destaca tres aportes que los inmigrantes hicieron a la formación de una identidad argentina: en primer lugar, la condición de un país abierto al mundo, que da la bienvenida a quienes "traigan por objeto labrar la tierra, mejorar las industrias e introducir y enseñar las ciencias y las artes". Según Ortega y Gasset, la Argentina era un "país poroso", comparable a la Grecia clásica que fue receptiva a todo lo asiático pero transfigurándolo en una entidad nueva. En segundo lugar, la inmigración apostaba al futuro, aspirando a crear, más que continuar, una tradición. "El inmigrante abandona la rigidez tradicional de un oficio heredado (...) se proyecta en el destino del hijo, convertido ya en la encarnación del país venidero." Un tercer rasgo de la identidad argentina logrado por el hecho mismo de la inmigración es el pluralismo, el cosmopolitismo cultural. "En virtud del así llamado mestizaje de nacionalidades, religiones, etnias y lenguas, el argentino aprendió a convivir con lo distinto. Es decir, a sentirse un ciudadano plural (...) Este rasgo nos predispones al cosmopolitismo, a una visión planetaria, incluso a la universalidad. No otra cosa quiso significar Borges al decir que 'nuestra tradición es el mundo'."[14]

Desde hace más de diez años me ronda este tema, fundamental, de los múltiples cambios que el fenómeno de la inmigración introdujo en la Argentina. Fue, verdaderamente,

14 Víctor Massuh, *Inmigración árabe e identidad argentina*, texto leído el 22 de agosto de 2002 en el Club Sirio-libanés de Buenos Aires.

otro momento fundacional, con sus héroes, más anónimos que conocidos, sus epopeyas y sus hazañas cotidianas. La mayoría de las historias de estos inmigrantes pueden calificarse de ejemplares. Ellos se esforzaron y trabajaron duro por un ideal, en nombre de valores como la fe, la honestidad y el culto al trabajo. A través de estas historias de vida, narradas por los propios protagonistas, sus hijos o sus nietos, se pueden vislumbrar los orígenes del colorido mosaico formado por nuestra sociedad actual y percibir la gran Argentina que lo enmarcó.[15] El país debe mucho a tantos hombres y mujeres de "buena voluntad" que, trabajando para su progreso y el de sus familias, hicieron crecer la tierra de sus hijos y sus nietos. Era otra Argentina, con vocación de grandeza y un gran optimismo –algo inconsciente, tal vez–, en el progreso y en sus propias fuerzas.

En estos tiempos absurdos en los que no llegamos entender por qué estamos como estamos, es necesario dirigir una mirada hacia el pasado y recordar que, ayer nomás, nuestra patria pudo ser refugio para quienes buscaban libertad, y oportunidad para quienes no la tenían. La sangre de esos viajeros y de los que llegaron siglos atrás, llenos de esperanzas y coraje, es la misma que corre por nuestras venas. Una Argentina unida en la diversidad de ideas y costumbres, con posibilidades para todos sus habitantes, la Argentina que trabaja, crea, estudia y se esfuerza, espera a que la rescatemos de las garras de la corrupción y de la ignorancia.

15 Lamentablemente, faltan aquí algunas importantes colectividades como los armenios, húngaros, checos, daneses, portugueses, japoneses, etc., que no alcancé a incluir.

La temprana y próspera inmigración irlandesa*

Todos los pueblos que emigraron a la Argentina trajeron su caudal de tradiciones y costumbres. La inmigración irlandesa se caracterizó por ser de las más tempranas y poseer un fuerte sentido comunitario. Sin tener en cuenta a los oficiales irlandeses que se quedaron después de las Invasiones Inglesas o aquellos otros que vinieron a luchar por la independencia, como el almirante Brown, desde 1830 es perceptible, sobre todo en la provincia de Buenos Aires y en el litoral, una importante afluencia de irlandeses. El primer grupo que llegó durante el gobierno de Rosas estaba formado por católicos que querían practicar su culto o aventureros en busca de fortuna. La gran mayoría trabajaba como pastores de ovejas con la aspiración de ser propietarios. Muchos iban atraídos por las oportunidades

* Entrevista a Maureen Hughes Moore de Acuña en septiembre de 2002.

en el comercio de la lana y de la carne, los precios bajos de la tierra y los altos salarios que se ofrecían. Irlanda había sido anexada a la Corona británica a principios del siglo XIX, pero la población se empobrecía con velocidad. La crisis se agravó en 1840 con la "gran hambruna" producida por una mala cosecha de papas, alimento básico de este pueblo.

"*The great potato rot*" aceleró el proceso de inmigración. Miles de personas al borde de la inanición se embarcaron hacia América del Norte en busca de sustento. Los que vinieron al Río de la Plata, con sus familias o en forma individual, habían recibido favorables referencias de sus parientes y amigos sobre las facilidades que otorgaba la Argentina. Algunos de ellos vinieron con cierto capital aunque su principal riqueza era la educación recibida en sus familias.

"Estos irlandeses no se quedaron en las ciudades, como lo hicieron por lo general sus compatriotas que emigraron a los Estados Unidos, al Canadá o a Australia, sino que en su mayoría se internaron en la campaña, muchas veces sobrepasando la frontera entre la civilización y los indios, internándose en lo que entonces se conocía como el 'Desierto', donde fundaron establecimientos que en más de una oportunidad fueron arrasados por los salvajes. Posteriormente, cuando comenzó el trazado de las líneas férreas, facilitaron en toda forma la fundación de pueblos alrededor de las estaciones, muchos de los cuales llevan ahora su nombre."[1]

Desde 1830 se fueron radicando individualmente en la campaña bonaerense, poblándola con ovejas y otros ganados. Según sus posibilidades, trabajaban como asalariados (pastores o puesteros), aparceros o arrendatarios. En el

1 Eduardo A. Coghlan, *Los irlandeses en la Argentina. Su actuación y descendencia*, Buenos Aires, inédito, 1987.

contrato de "medieros" el dueño confiaba de dos mil a tres mil ovejas a un pastor irlandés por un tiempo específico. Al final del período, la majada de diez mil a doce mil ovejas se dividía por la mitad: cincuenta por ciento iba al dueño y cincuenta por ciento al pastor. Este sistema permitió a muchos irlandeses establecerse rápidamente en sus propias estancias y creó una nueva oportunidad para los que llegaron de Irlanda en busca de trabajo, pues podían conseguirlo de sus propios compatriotas. "Los irlandeses llegan a la Argentina en el momento de mayor impulso en la expansión del ovino, cuando los altos precios internacionales de la lana favorecen la transferencia de capitales hacia las áreas productoras, beneficiando de una u otra manera a quienes están involucrados en esa actividad (...) Pobres en capital pero ricos en fuerza de trabajo (...) los inmigrantes ven en esa actividad en expansión un campo propicio para su posible incorporación como productores."[2]

En cuanto sus medios se lo permiten pasan a ser propietarios comprando parte de sus tierras a los terratenientes locales. Es así como surgieron numerosas estancias en los hasta entonces prácticamente desiertos campos de la provincia de Buenos Aires, primero hacia el sur (Cañuelas, Chascomús, Ranchos), luego hacia el oeste (Monte, Lobos, Navarro, Las Heras, Chivilcoy, Mercedes, Suipacha) y, a partir de 1865, hacia el norte (Luján, San Andrés de Giles, Carmen de Areco, Pilar, San Antonio de Areco, Baradero, Rojas, Salto, etc.). De allí se extenderían a los campos de Santa Fe, Entre Ríos y Córdoba. La capacitación para el trabajo permitió a muchos de estos propietarios llegar a ser grandes estancieros. Algunos tuvieron que arreglar acuerdos con los indios vecinos para respetar mutuamente sus límites.

2 Hilda Sabato y Juan Carlos Korol, *Cómo fue la inmigración irlandesa en la Argentina*, Buenos Aires, Plus Ultra, 1981.

Una vez instalados, su espíritu comunitario los llevó a reunirse con otros connacionales y a levantar escuelas y hospitales para su gente. A sus llamados acudieron religiosos irlandeses, varones y mujeres que establecieron colegios para la educación de sus hijos, hospitales para la atención de sus enfermos o entidades de carácter puramente social. Los sacerdotes irlandeses (especialmente los pasionistas y palotinos) tuvieron un papel muy activo en la vida de la comunidad y en mantenerla unida. En 1844 designaron al reverendo Anthony Fahy como capellán. Pronto, además de consejero, se convirtió en banquero y administrador de la renta de muchos compatriotas. Un rico comerciante, el protestante Thomas Armstrong, lo apoyó. *Father* Fahy había ideado un sistema para mejorar la calidad de vida de los emigrantes recién llegados. Recorría las estancias de sus compatriotas predicando y administrando los sacramentos. Hacía también de "casamentero" ayudando a que los jóvenes irlandeses se conocieran.

"Durante veintisiete años jugó un rol fundamental en la consolidación y el desarrollo de la comunidad irlandesa en la Argentina."[3] Hilda Sabato y J. C. Korol citan en su trabajo la evocación que sobre él hace William Bulfin: "Benditos sean aquellos tiempos cuando el padre Fahy partía de Buenos Aires a caballo a visitar a su rebaño desperdigado. Frecuentemente galopaba de cuarenta a sesenta millas por día, cambiando caballos aquí y allá cuando se le presentaba la oportunidad. Muchas noches dormía en su recado envuelto con su poncho, con el techo de paja de algún rancho sobre su cabeza y a veces nada más que el estrellado cielo de la pampa. Muchas de sus comidas las comía donde los huéspedes debían

3 *Ibíd.*

tomar la carne con los dedos y usar su propio cuchillo de campo como mejor les pareciese".

En 1856 llegaban a Buenos Aires las Hermanas de la Misericordia y unos cuantos sacerdotes irlandeses que ayudarían al padre Fahy hasta su muerte ocurrida en 1871. "Personajes como el padre Michael Leahy y su hermano John, Samuel O'Reilly, Patrick Lynch, entre otros, actuaran incansablemente como sacerdotes, médicos, maestros y consejeros de las familias irlandesas, convirtiéndose muchas veces en verdaderos árbitros de sus destinos. La figura del sacerdote está entonces en el centro de la vida del inmigrante. Él es el articulador social por excelencia y el mentor de la mayor parte de las actividades que se organizan en torno a la comunidad."[4]

Otro conocido sacerdote, monseñor Patrick Dillon, fundó en 1875 *The Southern Cross*, el diario irlandés con mayor antigüedad entre los publicados fuera de Irlanda. Este periódico tuvo gran importancia en la comunicación entre los miembros de la comunidad, y aún la tiene después de haber superado los ciento veinticinco años de vida. Otras instituciones centenarias son el colegio de Santa Brígida, fundado en 1899 por la Acción Católica Irlandesa y puesto bajo la dirección de las *Sisters of Mary.*

Maureen Hughes Moore es nacida en la Argentina como también sus padres, sus abuelos y siete de sus ocho bisabuelos; no obstante, por sus venas no corre más que sangre irlandesa: Hughes, Casey, O'Neill, Browne, Moore, Kirk, Gahan, Atkinson, Murphy, Keenan, son parte de los catorce tatarabuelos que emigraron. "Durante cuatro generaciones se casaron entre ellos –afirma–. Muchos eran primos segundos. Recién los de mi generación empezamos a

4 *Ibíd.*

mezclarnos. Esta característica se encuentra también en algunas familias inglesas. La enorme diferencia está en que los irlandeses nacidos acá siempre se sintieron argentinos. Los irlandeses y los ingleses son absolutamente distintos y también lo son sus actitudes. El inglés siente que está haciendo de colonizador para la madre patria; el irlandés se identifica más con el lugar donde va y con su gente."[5]

Criollos e irlandeses tenían en común el amor por la tierra y el gusto por la libertad de galopar en las grandes llanuras. Es evidente también que el pertenecer a una misma religión ayudó mucho en los comienzos de la integración irlando-argentina o "hiberno-argentina", como gustan llamarse a sí mismos. "Hubo entre paisanos criollos y campesinos irlandeses una influencia mutua, buena para ambos –recalca Maureen–. El criollo era muy bruto con los animales. El irlandés tiene una gran tradición de amor al caballo, que transmitió al gaucho.

"Los patrones irlandeses eran muy buenos con los criollos que trabajaban con ellos. Los gauchos se referían a ellos como *Los Jonnies*, en alusión a los muchos nombres John o Sean que había en la comunidad. Había un peón indio que era tan fiel a Lorenzo Casey, mi bisabuelo, que en una escaramuza interpuso su cuerpo y recibió el balazo que le iba dirigido. Lo llevaron a Buenos Aires y pudo salvarse. El problema había empezado cuando un grupo de 'requisadores' fue a la estancia *Las Lilas* a buscar caballos para la guerra del Paraguay. En realidad hacían de intermediarios y se los vendían al Ejército. Lorenzo Casey salió con los peones de noche a defender la caballada y allí sucedió el episodio. El peón indio se curó y vivió muchos años. Mi bisabuelo le dio una chacra cerca de Luján para

5 Entrevista.

él y su mujer criolla. Ya viejo lo sacaba a pasear a caballo a papá, que tenía cuatro años. Él nos ha contado que una vez, arriando los toros, uno de ellos le pegó un guampazo: el indio sacó el cuchillo, se hizo un corte para desenganchar el cuerno y siguieron andando... Había una excelente comunicación con los peones. Eran como de la familia. Recuerdo a la mulata doña Adela que estaba en la estancia desde el siglo XIX y se acordaba de la fiebre amarilla. De tanto estar con nosotros hablaba inglés.

"Yo viví en *Las Lilas* hasta los ocho años por esa idea de que había que vivir en Buenos Aires. Nos vinimos a Belgrano y papá viajaba pero íbamos a la estancia durante las vacaciones. Después que me casé, pude volver a vivir unos años en el campo de mi marido. Pero no a todas las mujeres de la familia les gustaba tanto vivir en la estancia: mi abuela, Maud Casey, se fue a vivir a Londres y mi bisabuela, Catalina Browne, mujer de Lorenzo, vivía furiosa porque su marido no quería saber nada con tener casa en Buenos Aires como la mayoría de sus conocidos."

Con el fin de la Guerra de Secesión de los Estados Unidos, los mercados empezaron a saturarse de lana. Entonces los estancieros irlandeses se dedicaron a las vacas. Eduardo Casey, hermano de Lorenzo, trajo la cabaña de Shorton para reforzar la cría de ganado vacuno. Fue uno de los hombres más representativos de la activa y optimista generación del 80. Su padre había nacido en Irlanda en 1809. Según cuenta Maureen, es tradición familiar que él y sus hermanos llegaron a la Argentina a caballo desde el Perú después de haber tomado un barco en California. Siempre venían en grupos de hermanos o amigos. Habían viajado allí porque tenían derechos sobre una mina. "Era la época de la fiebre del oro en California, así que se cruzaron hasta allí, pero como no les fue bien tomaron un barco por el Pacífico y desde Lima siguieron a caballo. Cuando llegaron a Buenos Aires no tenían un peso. Mi tatarabuelo tenía veinte años cuando empezó a trabajar como pocero. Haciendo el foso de la estancia *El Durazno*, se prometió a sí mismo ser algún día su dueño."

Tenía menos de treinta años cuando el 26 de septiembre de 1837 se casó en Ranchos con la irlandesa Mary O'Neill. Con trabajo e inteligencia fue labrando una fortuna. Compró campos en Chascomús y después en Las Heras y Navarro. Finalmente pudo comprar la estancia *El Durazno*, en Lobos, donde nacieron varios de sus hijos, entre ellos Eduardo, el más famoso de la familia. Tuvieron nueve hijos que fueron llegando matemáticamente cada dos años desde 1839 hasta 1855. Una de sus hijas entró de monja en la Misericordia, orden irlandesa recién llegada al país.

Lawrence Casey fue el primer estanciero que pagó un millón de pesos por un campo. El remate se hizo en la recova del Cabildo, causando el asombrado escándalo de los porteños ante el despilfarro de "ese inglés loco".

Todos los hermanos Casey fueron consumados jinetes y, como buenos irlandeses, entusiastas amigos de los caballos. Lorenzo Casey y O'Neill nació en Lobos en 1851 y en 1881 se casó con Catalina Browne en la capilla de Santa Brígida, que ayudó a levantar su suegro, John Browne. Este último había llegado al Río de la Plata en 1840. Se casó con Anne Slamon en 1847 y tuvieron once hijos. Se estableció en San Vicente y luego en Luján, donde compró un estancia de unas seiscientas treinta hectáreas en el paraje llamado La Choza. Allí en 1872 el padre O'Reilly bendijo la capilla de Santa Brígida en una fiesta recordada por muchos años donde después de la misa hubo carreras de caballos, bailes, etc. John Browne, otro bisabuelo, se destacó por organizar en su estancia las primeras carreras anuales de caballos. Tanto éstas como los bailes no sólo eran un momento de esparcimiento sino que servían como verdaderos clubes sociales donde los jóvenes se conocían y se planeaban noviazgos y casamientos. En enero de 1867 se realizó una de estas memorables reuniones en La Choza a la que asistieron cerca de doscientos irlandeses.[6]

"También en *Las Lilas*, la estancia que mi bisabuelo Casey fundó cerca de Luján, se hacían carreras de caballos, no cuadreras –aclara Maureen–, sino clásicas, con caballos de carrera traídos de Irlanda. En torno a las grandes estancias se iban formando los pueblos. Lorenzo hizo construir la iglesia y la escuela N° 5, que ahora lleva su nombre y a la que fui los primeros años. Después se fueron trazando las calles, plazas, etc. El primer stud de la Argentina fue de Eduardo Casey. Él planeó con Pellegrini la fundación del Jockey Club. Sus hermanos, Lorenzo y Santiago, eran fanáticos de las carreras de caballos y de las de galgos. Las grandes estancias cumplían en cierto modo un papel de centros culturales, deportivos y religiosos. Pero no iban muchos criollos: el noventa por ciento eran hijos o nietos de irlandeses."

En 1880, Eduardo Casey compró al Gobierno de Santa Fe setenta y dos leguas de campo al sur de la provincia. Era entonces una zona casi desértica y peligrosa donde sólo se levantaban los fortines con sus altos mangrullos para avistar los malones. En 1881 Casey comenzó a vender las porciones mejores de este inmenso territorio, principalmente a los ovejeros de la provincia de Buenos Aires. El 21 de septiembre de 1883 fundó la ciudad de Venado Tuerto. Casey quiso dejarle ese pintoresco nombre después de haber oído la historia del venadito que había perdido un ojo durante un malón y cada vez que se acercaban los indios iba a refugiarse tras el palo a pique del fortín, previniendo de

6 Eduardo A. Coghland, *op. cit.*

este modo a los soldados. Muchos de los distritos circundantes llevan nombres de colonos irlandeses tales como Murphy y Cavanagh. Los descendientes de estos pioneros cuentan historias sobre los peligros y la soledad que debieron enfrentar y las dificultades que tuvieron que padecer hasta que, con la construcción de caminos y ferrocarriles, pudieron conectarse con la civilización. Eduardo Casey emprendió otro vasto proyecto colonizador en Pigüé. En 1881 compró tierras en Cura Malal donde levantó su más famosa estancia. Al cabo de dos años, las cien leguas adquiridas estaban alambradas y pobladas con cuarenta mil vacunos, cincuenta mil ovejas y diez mil caballos.

"A fines de ese año –escribe María Sáenz– se concretaba la venta de diez leguas de terreno para establecer una colonia de ochenta familias francesas. En adelante *The Southern Cross* publicaría avisos invitando a las familias de agricultores que quisieran arrendar o comprar tierras en las colonias de Cura Malal. De esta manera se originaron los pueblos de Pigüé (1884), Arroyo Corto (1884) y Coronel Suárez (1887). Colonos franceses, alemanes del Volga e italianos gozaron de las condiciones bastante generosas que les ofrecía el dueño de Cura Malal y se hicieron a su vez propietarios de las tierras que cultivaban."[7]

Cuando el circo de Búfalo Bill estaba actuando en Londres, Eduardo y Lorenzo Casey mandaron allá algunos peones para que mostraran lo que era su destreza con los caballos y la cultura criolla. Un día, en pleno Picadilly Circus, un caballo londinense se desbocó. Ahí nomás un peón de *Las Lilas* sacó el lazo y lo frenó. Fue algo tan asombroso que la reina Victoria lo mandó llamar para conocerlo y darle una medalla. Cuando más tarde en *Las Lilas* le

7 María Sáenz Quesada, *Los estancieros*, Buenos Aires, Editorial de Belgrano, 1980.

preguntaron "¿cómo es la reina?", les contestó "y... una viejita cualquiera", muy desilusionado de no haberla visto con manto y corona. Este mismo peón estuvo de novio con Anny Hauklin, la gran tiradora que trabajaba en el circo de Búfalo Bill. Todos los paisanos argentinos fueron invitados a la función que incluía una persecución de pieles rojas a una diligencia del *Far West*. Pero cuando los indios estaban por atacar la diligencia, los peones de los Casey, que jamás habían ido al teatro, los enlazaron desde la platea. Faltaba un tiempo para que Eduardo Gutiérrez escribiera su *Juan Moreira* y éste se convirtiera en el primer héroe del teatro argentino. Por entonces el Juan Moreira real, todavía no convertido en mito, iba a *Las Lilas* en tiempos de esquila, cuando las cuadrillas se conchababan para trabajar. Pero él no iba por motivos laborales sino a dirigir las apuestas de juego. Era un vasco de penetrantes ojos azules, de ésos que tienen "la mirada fuerte", un tipo de un coraje excepcional.

Con el trazado del ferrocarril, los campos de Eduardo Casey cobraron mucho más valor. En mayo de 1884 pasó por primera vez por sus tierras con destino final a Bahía Blanca. Su amistad con Dardo Rocha, gobernador de Buenos Aires, ayudó a acelerar los trámites. Para festejar el acontecimiento, Eduardo Casey mandó alinear a cincuenta mil jinetes a caballo a ambos lados de la vía que pasaba por las tierras de Cura Malal. Otro rasgo de su riqueza fue traer desde Nueva York un hotel de madera desmontable, con cuarenta habitaciones, para poder invitar a todas sus amistades a la estancia.

La construcción del Mercado Central de Frutos de Barracas[8] y del barrio Reus de Montevideo fueron sus más

8 Este mercado de frutos, con sus 47.000 metros cuadrados, era la construcción más grande de ese tiempo realizada con esos fines.

importantes emprendimientos. Al primero le decían "la locura de Casey" por el tamaño: tenía cuarenta y tres mil metros cuadrados y tres mil ventanas. Pero Casey, visionario, decía: "Esto va quedar chico". Y así fue.

"Casey logró combinar en su favor los elementos de progreso que ofrecía la república en los primeros años del roquismo: la gran afluencia de inmigrantes, la disponibilidad de tierras vírgenes y la existencia de capitales europeos dispuestos a invertir en el Río de la Plata. Durante una década el éxito coronó sus esfuerzos y justificó sus palabras: 'Los tímidos nunca obtienen demasiado en este mundo'; pero mientras se aproximaba la crisis del noventa, Casey ensayaba nuevos y más arriesgados caminos que provocaron su completa ruina. La honestidad demostrada en la desgracia, tanto como la generosidad de que hizo gala en la hora del triunfo, no son los rasgos menos desdeñables de este notable ejemplo de empresario, cuya memoria guarda con orgullo la comunidad irlandesa de la Argentina."[9]

Murió quebrado, pero siete años después de su muerte, la Argentina era granero del mundo y séptima potencia. Fue un visionario como Olivera, quien también quebró. Ellos sabían que la cantidad enorme de colonos que habían traído iban a dar su fruto pero que era necesario esperar un poco.

John Hughes, otro bisabuelo de Maureen, después de enviudar de la hija de Luis Vernet, gobernador de las Malvinas, se casó con Anne Browne, una compatriota nacida en la Argentina. Tenían campos en Rojas, Chacabuco y Lobos. Su hijo Miguel Hughes, abuelo de Maureen, fue ingeniero, y con su equipo construyó el cablecarril de Chilecito, que durante mucho tiempo fue el más alto del

9 María Sáenz Quesada, *La Argentina del 80 al Centenario*, Memorial de la Patria, dirigido por Félix Luna.

mundo. Se hizo con capitales belgas, y todavía funciona. En alguno de los telegramas que enviaba desde allí pedía que le repusieran las mulas porque el viento era tan fuerte que se las había llevado.

"Tenemos fotos de un día de fiesta patria allí arriba en los campamentos –relata su nieta–, donde los hombres están bailando el Pericón con una gran escarapela prendida en el pecho. Uno de ellos era mi abuelo, Miguel Hughes. Lamentablemente murió muy joven y mi papá desde los cuatro años salía al campo a caballo con su abuelo, a escondidas de su madre, Maud Casey. A los dos años de la muerte de su marido, mi abuela, con una fuerte depresión se fue con sus hijos a vivir a Londres a casa de su hermana casada con un diplomático norteamericano. Mi papá, que tiene el criollísimo nombre de Cirilo, pasó bruscamente de la libre vida de campo a cursar pupilo en el Downside School, un colegio a cargo de monjes benedictinos. Iban de vacaciones a *Las Lilas* todos los años pero recién cuando tuvo dieciocho se quedó a vivir en la Argentina. Tenían pasaporte del Reino Unido (Irlanda todavía no era independiente) porque a mi abuela le resultaba más conveniente por los colegios de sus hijos. Cuando papá volvió definitivamente a la Argentina, rompió el pasaporte. Una vez le pregunté qué posibilidad teníamos, por nuestros antepasados, de sacar pasaporte irlandés. Me miró con sus ojos celestes y muy fríamente me preguntó: '¿Para qué?'. Nunca más toqué el tema."

No todos los inmigrantes irlandeses hicieron fortuna. A quienes vinieron después del ochenta les fue más difícil progresar. Los que fueron grandes estancieros habían llegado, ellos o sus padres, antes de 1870. La mayoría de estos estancieros mandaban sus hijos a estudiar a Inglaterra pero al mismo tiempo, con el espíritu comunitario que siempre caracterizó a los hiberno-argentinos, se preocuparon por fundar colegios para que los hijos de los chacareros y puesteros irlandeses fueran pupilos y pudieran educarse bien. El más importante fue el Instituto Fahy, fundado en diciembre de 1929 en Capilla del Señor y luego en Moreno.

"Después de leer *Trinity* [de Leon Uris], una novela sobre irlandeses pobres que viajan a Estados Unidos en tiempos de la hambruna –explica Maureen–, tuve mis serias dudas sobre las comodidades que hubieran podido tener nuestras familias cuando estaban en Irlanda, pero papá me llevó delante de una vitrina muy fina, de caoba, con cristales biselados que habían traído de allá los Casey y me dijo: '¿A vos te parece que un mueble así puede haber venido de una choza?'. Eso me convenció.

"Cuando papá llegó de Inglaterra, a los dieciocho años, se quiso quedar a vivir en el campo, pero primero debió pasar un tiempo yendo a las oficinas para aprender sobre la administración de la estancia. En Inglaterra le habían hecho hacer el servicio militar y aquí tuvo que hacerlo otra vez. Como no tenía certificado de estudios argentino, lo pusieron a hacer palotes con los que no sabían leer. Pero cuando el coronel supo que hablaba inglés, lo llevó como su secretario. Para papá era lo peor estar sentado delante de un escritorio. Un día conoció a un contador que en su vida había subido a un caballo y lo habían elegido para granadero. El pobre estaba a la miseria. Papá consiguió hacer el cambio. Sacó la medalla de oro al mejor jinete de granaderos y quedaron amigos de por vida. Después se volvió al campo donde vivió hasta su vejez."

También por parte de madre Maureen tiene sus tatarabuelos irlandeses. Los Moore se instalaron en Lobos. Juan Patricio Moore nació en la Argentina en 1840. Hizo su fortuna comprándoles caballos a los indios en la línea de fronteras y vendiéndoselos al Ejército. Los indios eran bastante tramposos: después de haber vendido los caballos iban de noche, los desataban y ellos solos se volvían a la querencia. Sabedor de esto, Moore les ataba una oreja para que no pudieran orientarse.

Juan Patricio Moore fue intendente de Lobos y en 1870 se casó con Martha Gahan, también nacida en la Argentina. Su padre, después de haber comprado en la zona de Pontevedra una estancia, propiedad de la familia de Rosas, había mandado llamar a su novia que lo esperaba en Irlanda. Aquí se casaron y tuvieron once hijos.

"Mamá es once años menor que papá –explica Maureen– y era amiga de uno de sus primos Newland. Habían ido a una de las famosas fiestas de *Las Lilas* y estaban cabalgando en grupo cuando mi mamá vio acercarse al galope al hombre más buen mozo que había visto en su vida. Se miraron un rato y allí nomás empezó el romance. Mi abuela Moore no quería dejarla casar porque ella tenía dieciocho y él, treinta."

Actualmente viven en la Argentina más de medio millón de personas de origen irlandés. Mantienen sus tradiciones, apoyan escuelas y sociedades de caridad, y generalmente se casan entre ellos. Familias que salieron de Irlanda tres o cuatro generaciones atrás, hablan con un acento de Westmeath sin haber estado nunca en Irlanda. El 17 de marzo, día de San Patricio, se celebra en todo el país y se hace un "Encuentro" en el que se reúnen delegaciones representativas de sociedades irlandesas. Desde hace más de cien años, es tradición hacer una multitudinaria peregrinación a Luján cuando el día de San Patricio cae en domingo. El trébol y la cruz irlandesa con un círculo son antiguos signos de la época de San Patricio. El trébol sirvió al santo del siglo V para explicar a los paganos irlandeses el misterio de Dios, uno en tres personas. Otra importante institución hiberno-argentina, el Instituto Browniano, fue fundada para mantener viva la memoria del gran almirante, el 22 de febrero de 1948. Finalmente, el 1° de septiembre de 1961 todas las entidades irlando-argentinas decidieron reunirse en una entidad madre, la Federación de Sociedades Argentino-irlandesas, con el objeto de tener una comunicación más fluida y llegar a toda a la comunidad.

Los descendientes de irlandeses han valorado siempre sus tradiciones musicales, poéticas, culinarias y religiosas. "En las Navidades –afirma Maureen–, el pavo y el *plum pudding* son tan obligatorios como los villancicos y el pesebre. Mis tías hacían el *plum pudding* seis meses antes: es como una torta galesa pero se lo envuelve en un género y se le va inyectando cognac hasta el día de Navidad. En la Nochebuena se lo espolvorea con azúcar y cognac y se le prende fuego. No es necesario hacerlo en la casa, siempre hay alguna kermés o fiesta de la comunidad en que se venden." En las fiestas de los colegios no faltan nunca los bailes folklóricos ni la música de gaitas. También se entonan canciones sobre los héroes nacionales rebeldes o sobre nostalgias de la verde Erin. Pero, como se lee en la edición especial de los ciento veinticinco años de *The Southern Cross*, "de un tiempo a esta parte ha surgido un *revival* de todo lo celta que aquí, en la Argentina, ha venido a llamarse la *movida celta*". Más de cincuenta mil espectadores llenaron el Luna Park en junio del 2000 durante las siete presentaciones del ballet de Michael Flatley, y día a día aparecen nuevos grupos o solistas que hacen renacer esta música tan particular que comparten los irlandeses con escoceses y gallegos. Y no debemos olvidar a las hadas y los duendes.

"Todas las tradiciones sobre las hadas reflejan su amor por la belleza y el esplendor, la gracia de movimientos, la música y el placer; de hecho, por todo cuanto es artístico en oposición a lo que pueda ser un disfrute brutal y violento. Si se las trata bien, las hadas revelarán el misterio de las hierbas y darán a conocer a las mujeres los ensalmos míticos que pueden curar la enfermedad, salvar la vida y hacer que quien ama sea amado. Todo lo que piden a cambio es que las dejen tranquilas y se respete su señorío sobre fuentes y colinas, y sobre los viejísimos espinos que han sido suyos desde tiempos inmemoriales, donde llevan una vida gozosa, con música y bailes, y encantadoras cenas de néctar de flores en las cuevas de cristal, alumbradas por los diamantes que tachonan las rocas."[10]

10 José Manuel de Prada, *Cuentos populares irlandeses*, Madrid, Siruela, 1994.

Eugenio Mattaldi y su yerno Gastón Fourvel Rigolleau
Una familia de empresarios*

Las historias de estas familias podrían ser el paradigma de una historia de la Empresa en la Argentina. A estos apellidos están asociadas las industrias pioneras del cristal, del papel, la talabartería, la destilería de alcohol y otras subsidiarias a fines del siglo XIX y principios del XX, y a la empresa de tierras desde mediados del siglo XX. Lo más interesante son las personas que las crearon. Tanto Gastón Fourvel Rigolleau como su suegro, Eugenio Mattaldi, fueron hombres muy especiales cuyas vidas parecen una novela.

Eugenio Mattaldi, que en 1880 sería uno de los más prósperos hombres de empresa argentinos, llegó a Estados Unidos como polisón, a los trece años de edad. Había nacido en Milán, en 1843, en la rica y noble familia de Luiggi Mattaldi y Giovanna Ratti (tía de Aquiles Ratti,

* Entrevista a su bisnieta y nieta, Cecilia Bunge de Shaw, en 1995.

más conocido como Pío XI). Su padre, banquero de gran fortuna, era amigo del conde Radetzky, cuando los austríacos ocupaban Italia. Después que Cavour logró la unidad italiana, Mattaldi fue acusado de colaborar con el enemigo, el pueblo incendió su casa y perdió todo lo que tenía. Eugenio, que a pesar de ser un niño, ya se caracterizaba por su intrepidez y su tesón, decidió viajar a América para probar fortuna y ayudar a los suyos. Se embarcó como polizón en un velero, y cuando fue descubierto, tuvo que trabajar como grumete.

Al llegar a Baltimore, en la costa este de los Estados Unidos, se escapó de la esclavitud a la que estaba sometido por el capitán del barco y se escondió en el rellano de la escalera de una casa particular. La dueña de casa se compadeció del pequeño italiano, de lindo rostro y finos modales, y lo escondió unos días hasta que el barco partió. Durante dos años realizó pequeños trabajos y aprendió a hablar perfectamente el inglés. Pero su espíritu aventurero lo empujaba a conocer nuevos horizontes. Quiso probar cómo era la vida en un país de la América hispana y eligió el punto terminal de los transatlánticos, por entonces, el puerto de Montevideo. En Uruguay encontró trabajo como *boyerito*, ayudando a manejar una carreta tirada por bueyes que transportaba mercancías hasta la ciudad de Pelotas.[1] El joven Mattaldi se conchabó en casa de un hacendado brasileño hasta que un día, viendo a su patrón azotar a un esclavo, no pudo aguantar la indignación y le arrojó una piedra en la cabeza. La rápida huida lo salvó de las represalias.

De vuelta en Montevideo lo sorprendió la gran epidemia de cólera de 1860, que produjo catorce mil muertos entre

1 La carreta fue único vehículo de carga usado en terreno llano, hasta la aparición del ferrocarril.

ciento ochenta y cuatro mil habitantes. Eugenio se contagió y llegó a tal estado de postración e inconsciencia, que lo dieron por muerto y lo colocaron entre los cadáveres que serían llevados a la fosa común. Quiso la Providencia que pasara por allí una monjita dedicada a la atención de los enfermos. Al ver a este lindo muchacho de dieciséis años, quedó conmovida. Como tenía experiencia en semejantes trances, acercó un espejo a su boca y comprobó que se empañaba en forma tenue. A gritos pidió auxilio, y dos hombres lo cargaron hasta el convento, donde recibió los mejores cuidados y las intensas oraciones de toda la comunidad. Eugenio salvó su vida y les estuvo siempre agradecido.[2]

Tenía diecisiete años cuando cruzó el río y se instaló en Buenos Aires. Su primer trabajo fue de cadete en la farmacia Neyer, de la calle San Martín y Cangallo. Luego consiguió empleo en *Los Dos Chinos*, la confitería de moda, situada en Chacabuco y Alsina. (Todavía el barrio sur era residencia de las familias "paquetas".) Pero quería aprender algún oficio y entró como empleado en la talabartería de Alejandro Astoul. En esos años, en que los caballos se usaban no sólo por deporte o para divertirse, sino especialmente como medio de locomoción, todo lo que tuviera que ver con los aperos era artículo de primera necesidad. Por otra parte, en "el país del cuero", según lo llamaba Sarmiento, se fabricaban toda clase de valijas, bolsos y otros artículos de muy fina hechura. Con la tenacidad que le era propia, Eugenio aprendió muy bien el oficio y, en 1863, con sólo veinte años de edad, pudo poner su propia talabartería en el modesto zaguán de una casa particular. Al poco tiempo pudo alquilar un local mayor en la calle Cangallo 151.

2 Mattaldi nunca olvidó a esta hermanita ni a su congregación, a la que otorgó importantes donaciones cuando hizo fortuna.

Vecina a la talabartería del joven Mattaldi, se había instalado, ese mismo año de 1863, la casa de bordados finos Simón Hermanas, cuyas dueñas, Eugenia y Ana, eran nacidas en Dijon, Francia; la tercera, en Río de Janeiro, y la menor, en Montevideo. Su padre, Carlos Maximiliano Simón, oficial del Ejército francés, había sido contratado por el general Urquiza para ocuparse del adiestramiento de sus tropas.

"Se embarcó en Francia rumbo a la Argentina con su familia y trayendo un voluminoso equipaje de ropas, muebles y enseres, con tal mala fortuna que el barco en que viajaban naufragó frente a las costas del Brasil."[3] (Ésa fue la razón por la que una de las hijas nació en Río de Janeiro, y la otra, al año siguiente, en Montevideo.) "Finalmente, en 1850, la familia llegó a Concepción del Uruguay y se instaló en el Palacio San José."

Dolores Costa, mujer de Urquiza, se encariñó con Ana, que entonces tenía siete años, y con frecuencia la llevaba a pasear en su carruaje. Carlos Maximiliano Simón se ocupó de preparar las tropas que vencieron a Rosas en Caseros, en 1852, y luego actuaron en Cepeda y Pavón. A comienzos de 1862, la familia se trasladó a Buenos Aires, donde se radicaron. También ellos pertenecían a antiguas y nobles familias de Francia. Los antepasados de Cecilia Hangard de Simón, madre de las chicas, habían debido emigrar a Alemania por la intolerancia religiosa del Edicto de Nantes. Tenían su castillo en las cercanías de Frankfurt. En cuanto a su marido, Carlos Maximiliano, su familia era Saint-Simon, pero su abuelo, al declarar el nacimiento de su hijo en plena Revolución Francesa, le había quitado el Saint, sinónimo de alta nobleza y peligroso en aquel momento.

3 Luis María Mattaldi, "La vida de un pionero", biografía de Eugenio Mattaldi, en la revista *El Juglar*, s/n, s/f.

Tanta alcurnia no fue ningún obstáculo para que sus hijas tuvieran un negocio de bordados.[4] Estaba situado en Cangallo 120-122, y en un dibujo publicitario de 1877 pueden apreciarse sus dos grandes puertas en arco y su vidriera, ante la cual se apiña un grupo de damas, ataviadas con su correspondiente polisón, acompañadas de un caballero. El texto del aviso dice:

De las principales fábricas de Europa se recibe constantemente un variado surtido de novedades y artículos de fantasía. Ricos obsequios para señoras y caballeros. Gran surtido de bordados empezados y concluidos; bastidores y útiles de todas las clases para bordar y hacer flores de esmalte y oropel: surtido general de adornos, lazos, estrellas, botones y ramos o aplicaciones de oro y plata –finos, entrefinos y falsos–. Encajes, entorchados, galones, flecos, cordones y borlas para manípulos, estandartes y velos de sagrarios, manteles de altar. Sillas o reclinatorios grandes y chicos...

(Éste es un testimonio de la importancia que se daba a los adornos, tanto en las mujeres y los salones como en las iglesias.)

Catorce años antes de llegar a este florecimiento, Eugenio y sus vecinas se habían conocido. Se enamoró de Ana y fue correspondido. La juventud de ambos no impidió que se casaran, dos años después, en la iglesia de la Merced. Era 1865 y los dos tenían veintidós años. El matrimonio se instaló en la planta alta de la talabartería de la calle Cangallo. Eran jóvenes, se querían y tenían un buen pasar. La familia fue

4 Además, Eugenia Simón, la hermana mayor, abrió en la calle Moreno el primer colegio francés en la Argentina.

aumentando hasta tener diez hijos. Todos, menos el menor, nacieron en la misma casa de la calle Cangallo y todos trajeron, no ya un pan, sino una panadería bajo el brazo, a juzgar por los progresos de la familia. Puede decirse que la suerte los acompañó, pero, ante todo, Eugenio fue un hombre de empresa que supo buscar las ocasiones y aprovecharlas. La primera vino cuando Bartolomé Mitre, entonces presidente, necesitó hacer grandes compras para el Ejército durante la lamentable Guerra de la Triple Alianza (1865-1867).

"En esos años Eugenio y su esposa trabajaron personalmente día y noche para satisfacer los pedidos de uniformes para los soldados y los pertrechos para las cabalgaduras."[5] El progreso del negocio se advierte en una publicidad del mismo año que la anterior, que muestra la Talabartería E. Mattaldi con dos portales y tres grandes vidrieras, ante las cuales están parados dos señores de galera y una dama con su correspondiente polisón. En el dibujo se distinguen los balcones de la casa donde vivía la numerosa familia, y al pie aparece el detalle de la mercadería ofrecida:

Especialidad de artículos para viaje
y equipos militares
Se vende por mayor y menor
En este establecimiento se encuentra un variado surtido de monturas para hombre y señora, de todo gusto y precio. Espuelas, látigos, cojinillos y todo lo demás concerniente al ramo. Variado surtido de arreos para volanta, desde uno hasta cuatro caballos. La casa recibe directamente de Francia, Inglaterra, Norte-América e Italia.
Se habla francés, inglés, italiano, español y portugués.

5 Luis Mattaldi, *op. cit.*

Como los artículos eran buenos y algunos, verdaderas obras maestras artesanales, Mattaldi se fue haciendo de una clientela exclusiva en la que abundaban los ingleses, empezando por el mismo embajador, Woodbin Parish, que lo conectó con las mejores casas inglesas del ramo. A estos se sumaron los principales estancieros argentinos y extranjeros. Eugenio y Ana podían considerarse ricos. Había llegado la hora de cumplir aquel sueño de Eugenio: ya podía hacer venir de Milán a sus padres y a sus cinco hermanos, y ayudarlos a todos a progresar en un país que crecía.[6]

También pudo concretar su deseo de tener una casa de campo: los Mattaldi fueron de los fundadores y primeros pobladores de Bella Vista. En 1872, don Eugenio compró la manzana séptima, situada entre las actuales calles Sourdeaux, O'Higgins, Moreno y Munzón, a cinco cuadras de la futura estación. Hizo construir una espléndida casa de estilo romano con un gran parque arbolado. Allí nació Luis, el hijo menor. En el 73 compró un terreno frente al río Reconquista: en la parte alta sembró maíz, en la baja puso cría de cerdos y llegó a ser el mayor criador de cerdos de la Argentina.

En 1876 se celebró en Filadelfia una exposición mundial por cumplirse el primer centenario de la independencia norteamericana. Mattaldi viajó hasta allí y presentó un baúl ropero de cuero, inventado por él, que obtuvo la medalla de oro, y otros artículos que merecieron medallas de plata.[7]

"La otra circunstancia histórica posterior fue la Conquista del Desierto en 1879, realizada por el general Julio

6 Tanto los padres de Eugenio como los de Ana Simon, su mujer, es decir, cuatro tatarabuelos de Cecilia B. de Shaw, están enterrados en la Recoleta.

7 En esa misma exposición Alejandro Bell había presentado por primera vez el teléfono.

A. Roca, quien obtuvo de su amigo, Eugenio Mattaldi, la provisión a crédito por un total de sesenta mil pesos fuertes de monturas, riendas, correajes y uniformes (...) Conquistado el desierto, el General Roca le paga la mayor parte con ciento cincuenta mil hectáreas de campo, y la diferencia en efectivo."[8] Cuando llegó el momento de la entrega de tierras, Roca llamó a su amigo, le mostró el mapa y le dijo: "Eugenio, elegí dónde querés tus tierras". Sin vacilar, Mattaldi señaló con la punta de su bastón un lugar situado al sur de Córdoba, entre Jovita y Labulaye. Era la mejor ubicación, cerca de los ríos Cuarto y Quinto. Todo lo de alrededor eran tierras secas y arenosas. ¿Cómo lo sabía Eugenio? El secreto era muy simple: había viajado personalmente, aguantando incómodas diligencias y agotadores viajes a caballo, para estudiar la zona en detalle. Una vez más había unido a la oportunidad la inteligencia y el esfuerzo.

Hombre inquieto y de una gran imaginación, parecía vivir en estado de alerta y siempre estaba dispuesto a aprender algo nuevo. Así fue como llegó a tener la destilería más grande del país. En 1882 el precio del maíz bajó y hubiera perdido con la venta. Averiguó qué otra cosa podía hacerse con el maíz y le dijeron: "Alcohol". Como no sabía nada del tema, viajó a Europa y se empleó como obrero en una fábrica alemana durante dos años. Volvió a Buenos Aires y, sin dudar un momento, vendió setenta y cinco mil de las ciento cincuenta mil hectáreas que tenía en Córdoba. Volvió a Alemania, se compró la fábrica donde había trabajado y la trasladó entera a Bella Vista. En 1885 inauguró la destilería "La Rural" y durante la Primera Guerra Mundial exportó a Inglaterra centenares de miles de litros de alcohol Mattaldi. Una de las consecuencias

---

8 Luis M. Mattaldi, *op. cit.*

fue que se estableciera en el país la conocida fábrica de licores Bols, que puso una filial en Bella Vista, en terrenos comprados a Mattaldi. Todo esto significaba la apertura de nuevas fuentes de trabajo.

Una persona tan dinámica no podía estar ajena a la inmigración y la colonización en ese momento clave de principios del siglo XX. En 1908 destinó una extensión de cuarenta y cinco mil hectáreas de sus tierras para fundar las colonias "Santa Ana" y "Eugenio Mattaldi", que puso bajo la supervisión de su hijo Juan, e hizo venir de Italia un grupo de doscientas cincuenta familias de colonos piamonteses, entregándoles las tierras en arriendo por diez años, a pagar con un porcentaje de las cosechas. Cuando el campo se vendió, en 1946, estas tierras fueron adquiridas por los propios colonos que las trabajaban.

Era además justo y generoso con sus obreros. Mucho antes de que aparecieran las leyes laborales, los reunía para Navidad y les entregaba a cada uno, a modo de aguinaldo, una suma extra de dinero, siempre teniendo en cuenta la jerarquía, la antigüedad, el número de hijos, etc. Por su parte, su mujer visitaba a las familias de los obreros y regalaba un ajuar completo para cada nuevo hijo.

A Eugenio le gustaba dar sorpresas a sus seres queridos. Ninguna igual a la que le dio a su propia mujer en 1908. Eran los años previos al Centenario y Buenos Aires seguía engalanándose con nuevas plazas, fuentes y sobre todo grandes mansiones y *petits-hôtels* mandados a construir por la alta burguesía y la "aristocracia" criolla. El matrimonio Mattaldi decidió comprar un terreno en el Barrio Norte para edificar la casa donde querían vivir, y una tarde salieron en su coche para elegirlo. Al llegar a la esquina de Cerrito y Juncal vieron que se remataba un baldío que a Ana le pareció ideal. Eugenio fue al remate y volvió diciendo que el precio había resultado muy elevado.

Pasó el tiempo y su mujer se olvidó del asunto. En una velocidad récord, Eugenio, que había comprado en secreto el terreno aquel, hizo construir un palacete con los mejores materiales. Luego lo fue amueblando, con la ilusión de un recién casado. El día del cumpleaños de su mujer la invitó a dar un paseo, y al llegar a Juncal y Cerrito, mandó parar al coche. Bajaron, y ante la puerta principal de la nueva mansión, le entregó la llave diciendo: "Anita, aquí tenés tu casa". Esto ocurría a los cuarenta y cuatro años de casados.

En esa casa, donde había lugar para todos, celebraron sus Bodas de Oro en 1915. Allí les llegó la muerte: a Eugenio tres años después, en 1918, cuando tenía setenta y ocho años. Su mujer vivió hasta los noventa y uno. Habían tenido una vida plena.[9]

Gastón Fourvel Rigolleau

Muy lejos de allí, en un pueblito de Angulema, había nacido en 1865 León Fourvel Rigolleau, otro hombre de empresa tenaz y autodidacta, que emparentaría con Mattaldi y, como él, haría su fortuna en la Argentina.

Gastón nació en Angulema, Francia, y tuvo la desgracia de no conocer a su padre, que murió a los veinticinco años, cuando él era muy niño. Su madre, de sólo veinte años, no se volvió a casar. Había querido ser monja, pero se había enamorado y ahora estaba viuda y con un *petit garçon* para criar y educar. Con entereza hizo frente a lo que la vida le había deparado y volcó todo su cariño en ese hijo. Los hombres de la familia Fourvel, oriunda de la región de Auvernia, eran *verrières*, expertos en la fabricación de cristales,

9 En este palacio vivió toda la familia hasta 1943. Después que se vendió fue, durante más de veinte años, sede del Ministerio de Aeronáutica.

desde el siglo XVI. Los Rigolleau, en cambio, originales de Angulema, se dedicaban a hacer distintos tipos de papel. Durante muchos años, la madre de Gastón vivió una digna pobreza, y lo primero que hizo cuando su hermano, León Rigolleau, pudo mandarle algo de dinero desde la Argentina, fue suscribirse al *Semanario* y comprar un juego de tocador (peine, cepillo y espejo).[10] Cuando Gastón Fourvel tenía quince años, su tío León lo mandó llamar para trabajar con él y adoptarlo como hijo, pero antes quiso que viviera un tiempo en la cristalería de su familia paterna para aprender bien el oficio.

A León Rigolleau le había ido muy bien con la industria papelera y tenía su propia forestación, pero quería que su sobrino continuara la tradición de *verrière* de su padre. En un librito escrito a mano, Gastón trajo a la Argentina la fórmula secreta para hacer el cristal y comenzaron a fabricarlo en Buenos Aires. A los pocos años la firma Rigolleau era conocida en todo el país por la calidad de sus productos.

La inmigración francesa en la Argentina fue primordialmente industrial y calificada. Las primeras generaciones tendían a relacionarse entre ellos y casarse con personas de la colectividad. Fue así como Gastón conoció a las hermanas Simón y luego a Mattaldi, que lo invitó un día a su casa-quinta de Bella Vista. Gastón era un joven emprendedor. Si bien no había podido terminar sus estudios por dedicarse al trabajo, su despierta inteligencia lo había trasformado en un culto autodidacta y una persona muy segura de sí misma. Cecilia Mattaldi, la mayor de las hijas mujeres de Eugenio, siete años menor que Gastón Fourvell,

---

10 Esto puede saberse por la libreta de gastos de 1860 a 1870, que heredó su bisnieta, Cecilia Bunge de Shaw.

era una belleza un tanto arisca. Nada le gustaba tanto como galopar en su caballo. La visión de la joven de dieciocho años pasando como una exhalación frente a él, con su cabellera rojiza al viento y una expresión algo salvaje en la mirada, enamoraron a Gastón. Se casaron con el beneplácito paterno y tuvieron cinco hijos: cuatro mujeres y un varón, León, que continuaría con éxito la industria cristalera. Pero, a pesar de tener casi todo de su parte (inteligencia, belleza, dinero y cinco hijos), el matrimonio Fourvell-Mattaldi no fue feliz. Una de las hijas de ambos, Anita Fourvell, achacaba las desavenencias a la falta de prudencia del marido que no había sabido respetar el pudor de la joven, criada según los cánones de la época victoriana. "La primera noche se le abalanzó como un toro", solía decir.[11] El hecho es que, con los años, las rarezas de Cecilia Mattaldi se acentuaron y sus hijas se fueron habituando a sus hoscos silencios y el encierro en sus habitaciones. La familia viajaba constantemente de Buenos Aires a París –vivían frente al Bois de Boulogne–, y entre sus amistades figuraban compatriotas tan famosos como Georges Clemenceau o Anatole France.

Mientras vivieron en Buenos Aires, se mudaron de casa más de diez veces. Un nieto, nacido en Francia, recuerda la magnífica biblioteca que su abuelo tenía en la casa de San Isidro, cuando él vino por primera vez a la Argentina a visitar a la familia. No sólo estaban allí los grandes clásicos franceses del siglo XIX (Balzac, Flaubert, Maupassant, Victor Hugo, Zola, los hermanos Goncourt, etc.), sino también sus contemporáneos, entre ellos, Anatole France, Claudel, Bernanos, Maurais, Proust, Mauriac, Valéry, etc. También había literatura inglesa, española, italiana

11 Entrevista.

y norteamericana, de las que conocía bastante. Con el aumento de su fortuna, Gastón se fue haciendo una excelente colección de pintura impresionista francesa. Tenía obras de Renoir, Pissarro, Lesley, Monet, Lautrec, etc. Lamentablemente, su empresa no fue ajena a la gran crisis mundial del 29 al 36, que tanto afectó a la Argentina. Para salvar la Cristalería Rigolleau, la gran obra de su vida, Gastón Fourvel tuvo que vender su colección de pintura a su amigo, Eduardo Mallard, cuya viuda la donó al Estado Francés. (Está ahora en el nuevo Museo del Quai d'Orsay.)

Mucho había progresado el muchachito huérfano de padre desde que salió de su patria, a los quince años, en esta Tierra de Promisión que era la Argentina. Este ascenso económico fue acompañado por el social. Gastón Fourvel Rigolleau fue uno de los miembros más conspicuos de la colectividad francesa de Buenos Aires.

Cecilia Fourvel Rigolleau de Bunge

Para pertenecer a la más alta sociedad porteña, hacía falta entroncar con alguna familia patricia tradicional, como venía ocurriendo en la Argentina desde el siglo XVI. Pero las jóvenes Fourvel no parecían tener ningún interés en frecuentar gente de la sociedad. Tenían fama de orgullosas y distantes. A pesar de que su madre era nacida en la Argentina (aunque hija de italiano y francesa), las "niñas" Fourvel se sentían europeas y hablaban de "allá" como su verdadera patria. Tenían terror de llegar a casarse con un argentino y estar obligadas a vivir "aquí" para siempre. Por esas razones no habían intimado mucho con la sociedad porteña y preferían frecuentar a los franceses como Fortabat y a otros europeos. Ni hablar de los alemanes, tradicionales enemigos de Francia, sobre todo en esos años de la Primera Guerra Mundial. Sin embargo, Jorge Bunge logró conquistar a la bella Cecilia, a pesar de su apellido alemán, y de tener como rival de su afecto al poderoso Fortabat. Esta historia de amor, contada en forma elocuente en más de cincuenta cartas, merece un capítulo aparte. Fueron escritas por Cecilia Fourvel a su hermana Anita, que estaba en un hotel de Suiza, curándose un principio de tuberculosis. El día que ésta partía para Europa, se reencontraron Cecilia y Jorge después de un año de no verse. Ella estaba deseando volver a Francia y acababa de conseguir el permiso paterno para hacerlo en unos meses. Pero el amor trastocó los planes y Cecilia Fourvell Rigolleau se casó con el *sale boche*,[12] como decía el despechado Fortabat. En realidad, Jorge Bunge tenía un solo abuelo prusiano, Karl August Bunge, que se había casado con una criolla de la más rancia aristocracia porteña. Existen aún en la esquina de Paseo Colón e Independencia dos edificios realizados por Jorge Bunge para las oficinas de la empresa Mattaldi-Simón y para la cristalería Rigolleau. Los Mattaldi-Simón habían elegido columnas clásicas. Los Fourvel-Rigolleau eligieron el estilo racional que prefería el arquitecto Bunge..

Las cartas de Cecilia, espontáneas, alegres y bien escritas (por supuesto en francés) permiten acercarse a quien las escribe y conocer su mentalidad. Cobraron un valor inapreciable por el triste destino de su autora, que murió a los pocos meses de nacer su única hija, Cecilia Bunge, dejando un marido desolado y una familia sumida en la tristeza. Su recuerdo los acompañó siempre.

Cecilia Bunge de Shaw

Jorge Bunge no quiso dar una madrastra a su hija de meses y no se volvió a casar hasta que tuvo nietos. A la

12 "Sucio alemán", en francés.

pequeña no le faltó el cariño de una gran familia ni la dedicación de su abuela paterna que fue a vivir con ellos. Jorge era un buen arquitecto, pero su espíritu emprendedor lo llevó a incursionar en algo que ya había probado el abuelo de su mujer: la fijación de médanos. Eugenio Mattaldi había contratado en 1913 a Alejandro Miroli, especialista en estos temas, para que plantara cuatro millones de álamos en tierras medanosas de su propiedad. Jorge Bunge compró a Valeria Guerrero una gran extensión de médanos a la orilla del mar y, después de muchos esfuerzos, logró fijarlos con pinos. Publicitó la empresa llevando hasta allá a los posibles compradores, edificó las primeras casas y fundó la ciudad de Pinamar. Su hija Cecilia lo acompañaba en estas excursiones y, entre éxitos y fracasos, veía crecer los pinitos, tan frágiles al principio y luego tan majestuosos. Era una lindísima criatura, muy inteligente y rápida para aprender, que dibujaba muy bien y aspiraba a ser pintora.

A los quince años conoció a Enrique Shaw, un ser excepcional, también con sangre de empresario heredada de su abuelo materno, Ernesto Tornquist, y de su padre, Alejandro Shaw. Nacido en París en 1921, a los cuatro años perdió a su madre. A los catorce quiso entrar en la Escuela Naval y poco después conoció a Cecilia. Se pusieron de novios muy jóvenes, pero se veían muy poco por los frecuentes viajes del marino. Su noviazgo fue por carta, teléfono y telegrama, con cortos e intensos encuentros en los que fueron forjando una unión indisoluble que daría muchos frutos. Los dos eran muy piadosos. Enrique se sentía llamado a algo especial, pero no sabía muy bien qué. En el verano de 1939, al leer un folleto sobre Doctrina Social de la Iglesia, se dio cuenta de cuál era el camino que quería seguir. Dejó la Marina y entró a trabajar en la empresa Rigolleau pensando poner toda su "eficacia, energía e iniciativa" en favor de la empresa y de sus empleados.

Sus ideales cristianos lo llevaron, en 1945, a pensar en trabajar no como empresario sino como obrero. Un sacerdote le hizo cambiar de idea al recordarle que no abundaban los empresarios católicos y que, desde su puesto de lucha, podría hacer mucho bien. Fundó entonces, con un grupo de amigos, la Asociación Cristiana de Dirigentes de Empresa, cuyos fines eran lograr la mejor producción con un trabajo digno y una retribución justa. Mientras tanto iban naciendo los hijos, nueve en total, con quienes Cecilia y Enrique compartían una vida de hogar plena y activa.

Cuando en 1957 Enrique se enteró de que tenía cáncer, no cesó en su actividad. Siguió participando en congresos, dictando conferencias y escribiendo sus pensamientos en un diario. Hasta último momento estuvo en su puesto. El 9 de julio de 1962, poco antes de morir, hubo que hacerle una transfusión de sangre. Todos los obreros de su empresa se presentaron para ofrecer la suya. Más tarde, cuando lo fueron a saludar, él les dijo con la simpática sonrisa que lo caracterizaba: "Ahora sí puedo decir que por mis venas sólo corre sangre obrera". Murió el 27 de agosto de ese mismo año. Sus hijos mayores eran todavía adolescentes y el menor tenía tres años. Cecilia, su viuda, tuvo que abocarse a su nuevo trabajo como Presidenta de Pinamar S.A. y lo hizo tan bien que llevó a la empresa a su mayor prosperidad. También fue directora de Casa FOA, de la revista *Familia Cristiana* y de otras empresas.

Ahora, rodeada de sus hijos, nietos y bisnietos espera para su marido el mayor reconocimiento que la Iglesia católica hace a una persona: la beatificación por haber llevado una vida virtuosa hasta el grado de la heroicidad.

Los galeses en la Argentina. En busca de la Tierra Prometida Michel D. Jones*

Cuando aquel día de julio de 1865 el capitán del *Mimosa* señaló la tierra donde desembarcarían después de sesenta y dos días de navegación, el grupo de emigrantes galeses, unido en una misma fe y esperanza, comenzó a cantar el himno que alguien había compuesto para la ocasión:

En una lejana región del Sur,
en Patagonia,
hemos encontrado una tierra mejor.
Allí viviremos en paz,
sin temor a la guerra o la traición...

La historia de los peregrinos del *Mimosa* había comenzado varios años antes, cuando el predicador Michel Daniel Jones expuso en la Universidad Metodista de Bala,

* Entrevista a su nieta, Doris Hannay de Dean, y a su bisnieta, Liza Dean de Rivas Molina en febrero de 2002.

fundada por su padre (que también había sido predicador), sus ideas respecto a la necesidad de crear una colonia galesa donde pudieran alabar a Dios y recitar poesías en su idioma sin que nadie los estorbase. En esa época los inconformistas galeses estaban muy dedicados a controversias teológicas que los llevaban a grandes discusiones. Era una manera de mantenerse activos frente a quienes querían arrebatarles sus tradiciones por medio de la fusión de razas y costumbres. Escoceses y galeses pertenecientes a distintos credos y sectas (metodistas, calvinistas, congregacionalistas, episcopales) formaban la Iglesia Baja, de Inglaterra, muy distinta de la Alta Anglicana, tan parecida al catolicismo. Aparte de las grandes diferencias dogmáticas, los de la Iglesia Baja tenían ritos muy originales: nunca se arrodillaban; cuando querían decir algo se ponían de pie y lo proclamaban a viva voz. Luego todos cantaban con gran entusiasmo. Era una iglesia popular y bastante puritana.

"Ante la imposibilidad de encontrar ayuda en los gobernantes (...) hubo en el país un despertar religioso y de los Eisteddfod o juegos florales." Eran estos verdaderos concursos de poesías y canciones en las que se exaltaban los héroes míticos y los mártires de la independencia.[1]

Michel Jones, famoso teólogo y padre de Michel Daniel, provenía de una familia de campesinos galeses. Empezó su vida como peón de campo y luego trabajó como picapedrero, hasta que un hermano, asombrado por su capacidad y elocuencia, lo ayudó para que pudiera estudiar. Michel Daniel Jones, su hijo, se crió en el amor a Gales y a su religión. En 1839 fue a un *college* presbiteriano a prepararse para el ministerio. Estudió allí cuatro años y después fue a trabajar a Londres. Una de sus hermanas se

1 Bernabé Martínez Ruiz, *La colonización galesa en el valle del Chubut*, Buenos Aires, Galerna, 1977.

había casado con un norteamericano de origen galés y se habían instalado en Cincinnati, Ohio. Allí un primo de su madre había llevado, en 1798, a un grupo de cien cuáqueros galeses como inmigrantes. Había mucha miseria en Gales, y los Estados Unidos eran considerados El Dorado de los pobres y oprimidos.

Michel Daniel viajó a Cincinnati, donde vivió tres años y se ordenó como ministro. La estadía le abrió los ojos respecto a lo que debía ser su misión. Había observado que los galeses radicados en Estados Unidos eran absorbidos por el fenómeno americano: perdían su lengua y su religión, y olvidaban sus tradiciones. Se dio cuenta de la inutilidad de enviar allí colonos galeses porque, al perder la influencia de la sociedad y de la iglesia, éstos adquirían aspiraciones semejantes a las de los norteamericanos, que estaban muy lejos de las de sus ancestros. Además, los yanquis no estaban de acuerdo con que se enseñara el idioma galés. Pensó entonces en la posibilidad de mandar a sus hermanos en otra dirección.

En 1850 Michel D. Jones volvió a Inglaterra y viajó por Gales como ministro predicador. Cuando llegaba a un pueblito o aldea, la gente se juntaba en la iglesia y él les hablaba con su verbo apasionado. Su cabeza rojiza y sus clarísimos ojos celestes llamaban mucho la atención y la gente gustaba de su oratoria. Para entonces, la formación de una colonia galesa donde se pudieran practicar sin reparos la propia lengua y la propia religión se había convertido para él en una aspiración sagrada. Empezó a propagar su pensamiento mediante artículos y conferencias. La idea fue tomada con avidez por sus compatriotas, pero pasaron quince años hasta que pudiera encauzar las cosas de manera práctica. En 1861 un grupo fundó en Liverpool la Sociedad Colonial, y cada socio se comprometió a pagar seis peniques mensuales para los primeros gastos de la empresa. Era poco, pero la gran mayoría de los galeses era pobre. La verdadera madrina de la causa fue la mujer de Michel Daniel, Anne Lloyd, con quien se casó en 1859, rica heredera que compartió plenamente los planes de su marido. "Según él, había que empezar por encontrar un territorio apto, y una vez conseguido se empezaría la colonización con cincuenta o cien galeses probados, para seguir poco a poco aumentando la población (...) El ideal era conseguir un país deshabitado, que no estuviera bajo ningún gobierno propio, allí formar y mantener sus costumbres, convertirse en un elemento constructivo y no ser asimilados por ningún país de adopción. Era necesario encontrar un país al que pudieran emigrar en forma suficientemente numerosa como para *echar los cimientos de un futuro gobierno galés*; tener congregaciones galesas, escuelas galesas y conseguir un dominio tan absoluto sobre el territorio como para no desaparecer absorbidos por otros pueblos vecinos."[2] (La idea de autogobierno sería por supuesto inviable para el gobierno argentino, que insistentemente les recordaría que debían integrarse en su nueva patria.)

La primera vez que se habló de la Patagonia como posibilidad para estos fines fue en 1858, en un diario galés de los Estados Unidos llamado *Y Dryeh*, El Espejo. Los ingleses se sentían muy atraídos por ese misterioso lugar casi deshabitado. Durante años, las áridas mesetas patagónicas azotadas por el viento y revestidas por espinosos arbustos habían sido escenario exclusivo de las correrías tehuelches y las depredaciones de los cazadores de lobos marinos. El ambiente patagónico no encaja en ninguna tipología regional y no tiene parangón en toda la tierra. Quizá sea ésta la razón de que, a lo largo de su historia, haya atraído tanta

2 *Ibíd.*

cantidad de aventureros, místicos, pillos, científicos, exploradores y hombres de acción de todas las nacionalidades, especialmente ingleses y franceses. El informe del científico jesuita Falkner, *Descripción de la Patagonia*, publicado en Londres a fines del siglo XVIII, y otro posterior del marino inglés George Anson lograron despertar el interés por estas tierras desérticas. Desde 1826 hasta 1836, los ingleses realizaron dos expediciones en la famosa embarcación *Beagle*, de las que participaron Robert Fitzroy y el joven Charles Darwin. Sus descubrimientos y relatos intensificaron la curiosidad y el deseo de conocer y explotar esos lugares aún no ocupados en forma oficial. Pero fue el argentino Luis Piedra Buena quien abrió el camino a funcionarios, comerciantes y estancieros, hasta las regiones más australes de nuestro territorio. Este precursor remontó en 1859 el río Santa Cruz hasta la isla Pavón, donde enarboló por primera vez la bandera argentina. "Durante casi medio siglo –dice Braun Menéndez refiriéndose a los problemas territoriales entre la Argentina y Chile–, la manzana de la discordia la constituyó la Patagonia (...) atrajo a los hombres públicos de ambas repúblicas antes que a sus geógrafos... el interés en conquistarla fue mayor que la necesidad de conocerla."[3]

Después de recibir un favorable informe sobre el valle, Michel D. Jones, apoyado por su mujer, dispuso fletar un barco con colonos galeses calificados, desde el puerto de Liverpool. La selección incluía agricultores, chacareros, artesanos y profesionales. Pero el *Halton Castle*, barco contratado y cargado con los elementos necesarios para la colonización, nunca llegó a destino. Los posibles colonos se cansaron de esperar en Liverpool más de dos meses

3 Armando Braun Menéndez, *Pequeña historia patagónica*, Buenos Aires, Ed. Francisco de Aguirre, 1971.

mientras todos los gastos corrían por cuenta de la señora de Jones. Cuando apareció la posibilidad de viajar en el *Mimosa*, ya habían regresado a sus pueblos y aldeas. Hubo que reunir a toda prisa a colonos que esta vez no pudieron ser evaluados. La mayoría eran mineros, picapedreros y maestros de escuela. Por esta razón no había agricultores en el *Mimosa*, lo que fue un trágico error.[4]

Michel Jones y su mujer tuvieron dos hijos llamados Llwyd y Mihangel ap Iwan.[5] Este último recalca en un artículo la importantísma participación de su madre, Anne Lloyd, en la empresa colonizadora: ella había financiado los gastos de los emisarios de Gales para encontrarse con el Gobierno argentino en Buenos Aires, los pasajes de ciento cincuenta emigrantes y las provisiones para seis meses. Nada de este dinero fue devuelto ni reconocido, ni siquiera con tierras donadas por los mismos colonizadores o por el Gobierno argentino. Miles de libras, prácticamente toda su fortuna, fueron sacrificadas para lograr que el sueño de tantos patriotas galeses se hiciera realidad.[6]

Ese 28 de julio de 1865, los peregrinos del *Mimosa* desembarcaron en Puerto Madryn. El nombre del lugar les era familiar: el Gobierno argentino lo había puesto en homenaje a sir Love Jones Parry, conde de Madryn, uno de los representantes de la Sociedad Colonial Galesa que había ido a entrevistar en 1862 a Guillermo Rawson, ministro del Interior del presidente Bartolomé Mitre y a conocer la

---

4 Martínez Ruiz afirma en su trabajo sobre la colonización galesa en el Chubut que los ingleses, viendo con malos ojos la salida de mano de obra galesa y ante el peligro de una emigración en masa, hicieron una propaganda intensa en contra de ellos e impidieron la salida del primer barco.

5 La explicación de que los hijos tuvieran un apellido tan distinto del apellido del padre es una prueba más del fuerte nacionalismo de la familia, ya que Jones, traducido al Galés, se dice "Iwan"(Juan), e "ap" significa "hijo de".

6 Documento en poder de su nieta, Elizabeth Dean de Rivas Molina.

región del Chubut con el fin de gestionar la entrega de tierras para colonizar. El Senado se había opuesto al proyecto, pero Rawson los siguió apoyando porque estaba convencido de la necesidad de poblar la Patagonia tan codiciada por Chile. El tiempo le daría la razón.

Lewis Jones y Edwin Roberts, que se habían adelantado al grupo, izaron por primera vez en Bahía Nueva, Madryn, la bandera argentina celeste y blanca sobre la que habían cosido la imagen del Ddraig Goch, el dragón rojo, símbolo de Gales, para dar la bienvenida a sus compatriotas.

Las primeras semanas fueron muy sacrificadas. Durante varios días los inmigrantes acamparon cerca de unos acantilados y se refugiaron en cavernas. La aridez del lugar y la dificultad de encontrar agua que no fuera salobre los decidió a seguir leguas abajo, hasta la desembocadura del río Chubut. Fue un tremendo esfuerzo, pues no poseían carros ni caballos suficientes para llevar sus equipajes. Algunos grupos tuvieron que ir a pie hasta el valle del Chubut, mientras otros embarcaron en una nave providencialmente llegada. Como primera vivienda, los colonos aprovecharon una zanja abierta diez años antes en un intento fracasado de colonización,[7] a la que llamaron Fortín Viejo. De a poco empezaron a levantar sus casas. Este primer asentamiento galés se llamó Tre Rawson, es decir, pueblo de Rawson, en honor a su protector, que siguió ayudándolos desde el Gobierno con envíos de animales, semillas y elementos necesarios para la agricultura. Pero los animales se escapaban por la falta de corrales o los indios se los llevaban.

7 En 1854 Libanus Jones, inglés radicado en el país desde 1814, había intentado colonizar el valle con el apoyo de la Compañía Exploradora y Colonizadora del Chubut, presidida por Daniel Gowland.

Muchos tuvieron una gran desilusión cuando el 15 de septiembre de ese año el teniente coronel Julián Murga llegó desde Río Negro para izar la bandera argentina como símbolo de soberanía nacional. Pero enseguida se volvió y los galeses quedaron otra vez solos. Crearon una administración integrada por el Consejo de los Doce, tribunales de arbitraje y jurados, y redactaron una constitución que determinaba la división del poder y el voto secreto. "Ninguna comunidad de gente galesa disfrutó jamás de tan ilimitada libertad y tan completa independencia como estos primeros colonos del valle del Chubut en la lejana y entonces prácticamente desconocida Patagonia."[8]

En cuanto a la agricultura, tardaron casi tres años en darse cuenta de la necesidad de hacer canales ante la falta de lluvias. La primera experiencia había sido desastrosa: como en el hemisferio norte julio corresponde al verano, algunos colonos, después de abrir la tierra virgen y reseca a fuerza de picos y palas, sembraron según su calendario y, por supuesto, nada cosecharon. También se perdieron, por la sequía, las cosechas de los que sembraron en fecha ese año y el siguiente. Si no hubiera sido por la ayuda del Gobierno argentino, hubieran tenido que abandonar el lugar por falta de recursos. En noviembre de 1867 los sufridos colonos, desolados, comprobaron que otra vez se iba perder la cosecha de trigo por falta de lluvias. A pocos metros de allí, el río Chubut, arrastrando su gran masa de agua, parecía burlarse de ellos. Una mujer, Rachel Jones, casada con Aaron Jenkins, pensó que se podría aprovechar algo de esa agua y convenció a su marido de que abriera una zanja desde el río hasta su parcela casi marchita. "Tomando una pala, trabajó febrilmente y, mientras cavaba desde

8 Bernabé Martínez Ruiz, *op. cit.*

la orilla del río, el agua lo siguió, centímetro a centímetro. Pronto su chato parche de tierra estaba inundado y a su debido tiempo creció el trigo como por arte de magia... El resultado fue una excelente cosecha, y al año siguiente todos los demás colonos siguieron el ejemplo de Jenkins con resultados igualmente buenos."[9] En los años siguientes las cosechas fueron mejorando y aumentando, de tal manera que en 1874 los colonos pudieron mandar a Buenos Aires su primer embarque de trigo. Se fueron multiplicando los alfalfares, las cosechas de papas y de frutas, mientras el excelente trigo de los valles ganaba premios en exposiciones internacionales.

Capítulo aparte merece el tema del encuentro entre dos mundos tan distintos como podían ser el tehuelche y el galés. Aimé Félix Tschiffely, el suizo que unió a caballo Buenos Aires con Nueva York entre 1925 y 1928, ha dejado escrito este conmovedor encuentro tal como se lo contaron a él los galeses del valle del Chubut, en 1936: "Un día un colono se asombró al ver a dos indios a caballo ante la puerta de su solitaria cabaña. Los dos salvajes de aspecto aterrador, con sus cuerpo sólo parcialmente cubiertos por sus mantas de guanaco y sus rostros estólidos de aspecto maligno, eran un jefe indio y su esposa. Temblando de miedo, el galés avanzó con cautela e instintivamente extendió la mano. Cuando el jefe indio hizo lo mismo, el galés recuperó su coraje y ecuanimidad, pues a pesar del miedo que casi lo paralizaba, advirtió que la mano del indio temblaba tanto como la de él. De inmediato el miedo dio paso a la tranquilidad y la confianza mutua y entonces, por medio de signos, los tres empezaron a intercambiar pensamientos."[10]

9 A. F. Tschiffely, *Por este camino hacia el sur*, Buenos Aires, Compañía de Tierras Sud Argentino, 1996.

10 *Ibíd.*

Después de este verdadero "encuentro de culturas", las relaciones entre indios y galeses se hicieron tan amistosas que empezaron a trocar sus productos: plumas de ñandú, pieles de guanaco, caballos, lazos, mantas y boleadoras por pan, armas, baratijas occidentales y, sobre todo, bebidas alcohólicas, pues los piadosos galeses no se tomaban al pie de la letra las prohibiciones de su religión. Una vez iniciadas las relaciones amistosas, los tehuelches enseñaron a los jóvenes galeses el arte de domar caballos y manejar las boleadoras para cazar guanacos y ñandúes.

Rápidamente se propagaron las noticias del florecimiento de las colonias. En distintas fechas fueron llegando al valle grupos procedentes de Gales y de los Estados Unidos. Estos últimos incorporaron nuevos elementos para facilitar el trabajo agrícola, como la pala a caballo, la bomba de agua, segadoras y trilladoras, que liberaron a los colonos de esfuerzos inútiles. Al poco tiempo se ampliaron los cultivos de la parte sur, el valle se pobló con nuevas chacras, y el color sepia característico de la árida llanura se convirtió en un verde precursor de vida. Entre los dos valles se había formado, en 1874, la población de Gaiman, nombre tehuelche que significa "piedra de afilar", pues allí existía un yacimiento de piedras con las que los tehuelches fabricaban sus puntas de flecha.

En 1882 los pueblos galeses del Chubut se prepararon para recibir un importante personaje: Michel D. Jones, el idealista que había logrado hacer de su sueño una realidad, decidió finalmente realizar el largo viaje para conocer las colonias. Por desgracia, su visita casi no está documentada. Ni siquiera se sabe si en esa ocasión viajaba con sus dos hijos, aunque es probable que lo hiciera sólo con el mayor, Llwyd ap Iwan, ingeniero agrimensor que aparece en los documentos de la colonia en 1885, llevando a cabo, junto a E. J. Williams, el trazado definitivo de los canales del valle, principal causa de su prosperidad. Su descubrimiento del río Fénix, en Santa Cruz, avalaría los argumentos del perito Moreno en el conflicto de límites con Chile. Más adelante colaboró con Fontana, primer gobernador del Chubut, en la exploración de nuevas tierras y la mensura de nuevos pueblos.

Michel D. Jones, verdadero patriarca e ideólogo de la empresa, quería que sus dos hijos varones quedaran en la colonia. La profesión de Llwyd le permitiría progresar en la Patagonia. Mihangel, unos diez años menor, era médico y posiblemente haya llegado a la Argentina varios años después. No se quedó a vivir en el valle pero mantenía siempre el contacto con sus compatriotas.

La exploración hacia el oeste para descubrir nuevas tierras había surgido de la necesidad, puesto que los hijos de los primeros inmigrantes se habían hecho hombres y las tierras del valle estaban ocupadas. El gobernador Fontana prometió que pediría al Gobierno cincuenta leguas de las tierras descubiertas para repartir entre los integrantes de la expedición y entre los colonos que habían cooperado. A medida que se acercaban al pie de la cordillera, la belleza del paisaje iba en aumento: lagos azules, verdes valles, ríos y arroyos que saltaban entre piedras, inmensos bosques de araucarias, hayas, cipreses, colihues, calafates, arrayanes y mil especies más. Estos lugares paradisíacos, rodeados de lagos, bosques y montañas, serían el origen de nuevos poblados como Trevelín y de muchas estancias familiares.

El 20 de octubre de 1884 se sancionó la Ley 1529 que autorizaba las obras para el tendido del ferrocarril entre el valle y Puerto Madryn. Como cabecera de rieles surgió Trelew, "Pueblo de Luis", en homenaje a Lewis Jones, el famoso pionero. Pronto empezaron a confluir en esta zona personas de países lejanos, que cultivaban religiones y lenguas extrañas para los colonos fundadores y gestores de la construcción del Ferrocarril Central Patagónico. Inmigrantes procedentes de Italia, España, Siria y Portugal llegaron al valle inferior del río Chubut. En el centro de la colonia galesa de Trelew surgiría el pueblo, pronto transformado en ciudad, donde cada colectividad trabajaría en un ambiente de paz y de respeto. Las raíces del espíritu y tradiciones galesas quedaron en Gaiman y Rawson, que tardaron más en recibir afluentes de otras colectividades.

A principios de 1888, en las recién exploradas tierras del oeste, Fontana fundó la Colonia 16 de Octubre, llamada mucho más poéticamente por los galeses Cwn Hyfrwd[11] (Valle Encantado). Llwyd ap Iwan fue el encargado de su mensura. Unos años después construyó en Gaiman un fuerte puente de madera. Como recompensa a sus méritos, el Gobierno le regaló una estancia cercana a Esquel, en Arroyo Pescado.

Mihangel ap Iwan empezó siendo médico de la colonia galesa. Tuvo que revalidar su título y para esto le fue imprescindible aprender el castellano. Cuando vio que entre los suyos le sería imposible progresar económicamente, pues los colonos no le pagaban o lo hacían en especie, buscó ejercer su profesión en los grandes Talleres Ferroviarios de Junín, pero sin perder nunca el contacto con el valle. Había decidido no casarse para dedicarse por entero a su vocación. Pero en Junín conoció a Florence Hannay, una inglesita de veinte años, hija de un destacado abogado londinense, que nunca hubiera imaginado para su hija un pretendiente como aquél. Florence había ido a visitar a su hermana, cuyo marido era gerente de los Talleres Ferroviarios de Junín, y a conocer la Argentina, ese exótico país del cual tanto se hablaba en Inglaterra.

11 El idioma galés usa muy pocas vocales.

"Mi padre era uno de esos galeses terriblemente apasionados –afirma Doris Hannay ap Iwan, una juvenil anciana de noventa años, plena de dinamismo y ganas de vivir–. Era de los galeses de pelo y ojos negros y cutis cetrino,[12] no como mamá, que tenía esos cutis ingleses tan blancos y sensibles. A pesar de eso no usaba cremas: sólo agua y jabón y un baño frío todos los días, hasta en invierno. Así eran los ingleses, como la reina Victoria, que durante toda su vida se dio un baño frío a la mañana."[13] Doris conserva muchos recuerdos de sus padres y hasta de su abuela galesa, Anne Lloyd, la mujer de Michel D., a quien conoció en su vieja casa de piedra cuando viajó con sus padres a los cinco años. "Los galeses son muy románticos –afirma–, no como los ingleses. Mis padres no pudieron frecuentarse mucho en su noviazgo porque mi abuelo quería que ella volviera a Inglaterra antes de casarse. A su familia no le gustaba mucho que hubiera elegido un galés, aunque conocían Gales, donde muchos ingleses pasan el verano. Mi papá tuvo que ir a Inglaterra a pedir su mano. Después volvieron y se casaron en la catedral anglicana en 1899. Pero a mi mamá no le gustaba mucho vivir en Junín... Éramos seis hermanos, yo venía después de una mujer y del único varón. Todos nacimos en Junín menos la cuarta, que nació en Bod Iwan, la famosa casa de mis abuelos. Fui a Gales por primera vez para un cumpleaños de mi abuela. Cumplía noventa y tres y estaba perfectamente lúcida. Le llevé un ramo de flores silvestres que ella conservó aun secas."[14]

12 Entre los galeses existen dos tipos definidos: los de pelo y ojos negros, propios de los íberos del primer asentamiento, y los rubios o colorados de ojos celestes, en quienes predominan los rasgos celtas.

13 Entrevista a Doris Hannay, realizada en 1995.

14 *Ibíd.*

Florence, la madre de Doris, era totalmente inglesa. Cada cinco años volvían a su tierra para visitar a sus padres. Cuando los chicos estuvieron en edad escolar, la familia se instaló en Villa Devoto, pero el padre seguía viajando a Junín. En las vacaciones iban a una casita sobre la playa que Mihangel tenía en Puerto Madryn. No quería perder el vínculo que lo unía con su gente.

"Íbamos a Madryn en barco, no había otra manera de hacerlo –asegura Doris–. Teníamos una casita frente al mar y yo bailaba en la playa." Durante esos años Llwyd se había casado con una galesa-argentina, nacida en Rawson, bastante menor que él, y ya iban por el sexto o séptimo hijo. Para 1909 era gerente de la Compañía Mercantil de Lanas del Chubut. Vivían en Arroyo Pescado, cerca de Esquel.

Las felices vidas de los dos hermanos y sus familias, que aumentaban año a año, se vieron bruscamente oscurecidas por una tragedia inimaginada en esas tierras de paz y trabajo.

Unos años antes, en 1901, habían hecho su entrada en el escenario patagónico tres personajes que el cine ha inmortalizado. Eran Butch Cassidy, Sundance Kid y Etta Place, esta vez bajo los nombres, también falsos, de los señores Ryan y Rose, y la señora Rose. Se sabe que embarcaron en el *Prince Soldie* el 20 de febrero y llegaron a Buenos Aires un día de marzo, bellos, elegantes y con mucho dinero en sus valijas. Se alojaron en el hotel Europa y se dirigieron a la Oficina de Tierras del Gobierno Argentino, pues tenían la intención de dedicarse a la ganadería. Recibieron cuatro leguas cuadradas en Cholila, lugar de incomparable belleza, en la provincia del Chubut. En mayo de 1901 llegaron a Trelew y pararon en el hotel del Globo mientras preparaban su cabaña de Cholila. Con el tiempo la ciudad de Trelew se había ido poblando de italianos, españoles, portugueses y sirios, pero era la primera vez que venían norteamericanos a quedarse, y todos quisieron conocerlos.

Durante cuatro años los tres yanquis llevaron una pacífica existencia en Cholila cuidando una hacienda de variada ganadería. Hicieron muchos amigos, gente de prestigio en la zona. Según el informe de la Pinkerton, en 1901 Butch Cassidy tenía treinta y cinco años, medía un metro setenta y cinco, era de pelo rubio claro, ojos azules y bigote pequeño; Sundance Kid tenía treinta y cuatro años, ojos azules, pelo y bigote castaños, facciones de tipo griego y una estatura de un metro setenta y siete. La lindísima Etta, de sólo veintidós años, medía un metro sesenta y cinco y pesaba unos cincuenta kilos. Tenía una abundante cabellera castaña, ojos verdes y una bella figura.[15] Era muy difícil que pasaran inadvertidos.

En los últimos días de 1904 llegaban a Río Gallegos tres antiguos integrantes de la banda, huyendo de los Estados Unidos. Eran los bandidos Evans, Wilson y Logan, quienes, al contrario de los otros, que robaban pero no mataban, tenían varios homicidios en su carrera delictiva. Poco después, los respetables señores Rose y Ryan anunciaron un largo viaje al sur de Chile, según dijeron. Nunca volverían a Cholila.

Después de asaltar el Banco de Río Gallegos, en febrero de 1905, y el de Villa Mercedes, San Luis, en diciembre del mismo año, el trío principal huyó por Neuquén hacia Chile, mientras los otros tres quedaban por la zona. La versión oficial afirma que el dúo Cassidy-Kid murió en la localidad de San Vicente, Bolivia, en 1908. Otros afirman que siguieron escondidos en la Patagonia y les atribuyen, sin pruebas suficientes, el secuestro del hacendado Lucio Ramos Otero y el asesinato de Llwyd ap Iwan. En realidad,

15 Datos tomados de la obra de Ricardo A. Gutiérrez y Hugo A. Moreno, *Butch Cassidy & the Wild Bunch. Asalto al Banco Nación en Villa Mercedes*, San Luis, Nahuel, 1992.

ambos crímenes fueron cometidos por Evans y Wilson. Hay testimonios que ubican el crimen en la gerencia de la compañía, pero la tradición familiar que Doris y su hija recuerdan es que fue en su propia casa, delante de sus hijos y de su mujer embarazada. Y agregan que Llwyd tenía en su casa el dinero que sus compatriotas le entregaban para mandar a Gales. No hay contradicción entre ambas versiones, puesto que en ese momento la casa de Llwyd ap Iwan era la sucursal de la Compañía General de Lanas en Arroyo Pescado, como lo afirma Waldo Williams.

"Los bandidos Wilson y Evans supieron que llegaría una fuerte partida de dinero para la adquisición de lanas. El 28 de diciembre de 1909, después del arribo de la diligencia, Wilson y Evans se presentaron en el salón de ventas de la compañía y amenazándolos con sus revólveres hicieron levantar las manos a todos los parroquianos. Uno de los bandidos entró a la gerencia y exigió al gerente Llwyd ap Iwan, encargado de la compra y venta de la lana, que le abriera la caja. El galés, que siempre se había considerado un hombre fuerte, quiso responder con un puñetazo pero tenía ambos brazos vendados hasta los codos, por las quemaduras sufridas en un incendio reciente, lo que dificultaba su movilidad. Wilson, con un revólver pequeño que llevaba colgado del cuello, le mandó una bala mortal al corazón. Pero en la caja no había dinero. Este hecho tuvo gran repercusión en las colonias galesas y en todo Chubut, por la interesante personalidad del muerto que había realizado tareas de agrimensor, geógrafo y explorador, que se concretaron en obras de gran beneficio para la colonia galesa y que también fueron de gran utilidad al país."[16]

16 Del libro *La Patagonia de Chatwin*, escrito por Adrián Giménez Hutton, Buenos Aires, Sudamericana, 2000.

La versión familiar agrega que el hijo mayor, de sólo catorce años, escapó a caballo hacia Esquel para dar la noticia, teniendo que dejar a su madre y sus hermanos rodeando el cadáver de su padre. Doris conserva una imagen nítida de esta tragedia que cortó la vida de su tío: "Recuerdo a papá limpiando su escopeta mientras las lágrimas le corrían por la cara. Yo, que tendría unos cinco años, me preguntaba: '¿Por qué llorará papá?'. En ese momento estábamos en Junín. Papá viajó al sur a reunirse con un grupo de amigos para ver si podían encontrar a los asesinos. Estaba seguro de que algunos habían quedado y comprado tierras con toda esa plata de los galeses. Decía que eran gente muy peligrosa".

La hija de Doris, heredera de los clarísimos ojos celestes de su bisabuelo Michel D. Jones, agrega que tanto su tío abuelo como su abuelo fueron recompensados con campos cercanos a Esquel, donde estaban las mejores tierras, fértiles y al pie de la montaña. "Conocí a la mujer de mi tío abuelo y a sus numerosos hijos y nietos. Ella había nacido en Rawson y contaba cómo, siendo una chica, había cruzado la Patagonia en carreta de este a oeste. Era viejita pero batalladora. Tenía más de ochenta años y seguía trabajando y mandando a todo el mundo."

Doris fue siempre muy habilidosa y artista: pintaba platos, bordaba almohadones y realizaba otras manualidades sin que esto le impidiera jugar al tenis, andar a caballo y bailar el charlestón. Rodeada no sólo de nietos y bisnietos, sino de muchas amigas, dibujando y bordando maravillosamente y sin dejar sus viajes a la Cumbre, Doris hablaba con especial cariño de Florence, su madre inglesa, esa madre tan bonita que se le fue antes de tiempo por una anemia perniciosa que ni su padre, con toda su experiencia médica, pudo curar. Murió a los cincuenta y tres años cuando Doris tenía veintiuno. "Mi madre tenía una carita muy joven. Aparentaba menos edad de la que tenía. Todo cambió cuando ella murió. Fue una tragedia en mi vida. Mi padre era muy independiente y de joven decía que no se quería casar. Pero se enamoró de mi pobre mamá, que fue un poco víctima de sus excentricidades. Papá era un hombre muy bueno, pero muy difícil, mucho más difícil que hombres que no son tan buenos. Era muy independiente, muy moderno en sus métodos y tratamientos, estaba muy actualizado en medicina. Pero todo tenía que ser como él decía. En eso se notaba que era hijo de pastor."

"Mi bisabuelo, Michel Daniel, había sido de ésos que golpean la Biblia –agrega Liza– y mi pobre abuelo, Mihangel ap Iwan, era tremendamente contradictorio porque, por una parte, era estricto y, por la otra, admiraba a Darwin, mal visto en ese momento por protestantes y católicos. Yo tuve la suerte de conocerlo. Desde que se jubiló iba al sur todos los años, de diciembre a marzo, a ver a su gente y atenderla. El resto del año vivía en su casa de Villa Devoto. Tenía una estancia muy linda en Arroyo Pescado, sobre el río Tecka. Allí se instalaba con su gente, hablaba galés y se sentía a sus anchas entre todos sus sobrinos. En una ocasión, el auto en que viajaba al sur se encajó en la tierra. Olvidando sus años, quiso sacarlo empujando y cayó con un derrame que lo dejó hemipléjico durante cinco años hasta que murió."[17]

En realidad Mihangel, tan fervorosamente galés, no cumplió el mandato cultural respecto a sus hijos, porque no se ocupó de enseñarles el idioma y la religión, ni transmitió costumbres galesas a ninguno de los seis. Florence era quien se ocupaba de su educación.

17 Entrevista a Liza Dean de Rivas Molina.

"Siempre estábamos con mamá –dice Doris–, y fuimos educados a la inglesa. Ni galés ni castellano, sólo leíamos y hablábamos en inglés. Era otro mundo." En efecto, la mayor parte de la comunidad inglesa en la Argentina no quería mezclarse con los "nativos" y la mayoría apenas hablaba castellano. Doris, por ejemplo, fue primero a un colegio inglés en Villa Devoto y después al Belgrano Day School, donde no se hablaba otro idioma y todas las compañeras eran inglesas o hijas de ingleses. (También su hija Liza iría a un colegio donde no había más que hijos de ingleses y estaba prohibido hablar castellano.)

Un día el hermano de Doris llevó a su casa a un compañero del equipo de rugby, que era además un gran remero. Se llamaba Alexander Dean, nacido en la Argentina, de padres ingleses. No obstante había vivido once años en Inglaterra, lejos de su familia, a causa de la Guerra del 14. (Su padre, William Ernest Dean, era ingeniero del ferrocarril, experto en grandes puentes. Su madre, maestra jardinera en 1898, había venido como dama de compañía de una familia inglesa.)

A pesar de haberse educado en Inglaterra desde los diez años hasta los veintiuno, Alec Dean era muy criollo y hablaba un excelente castellano. Al mismo tiempo, la larga estadía en Inglaterra, sin su familia a causa de la guerra, había sido ocasión de que pasara varias temporadas en casa de amigos ingleses, algunos de importante fortuna y linaje, lo que le proporcionó un acabado conocimiento de la sociedad británica.

Doris y Alex se casaron y él fue nombrado cónsul en Mar del Plata. Su trabajo lo obligaba a cambiar constantemente de domicilio –dos años en Mar del Plata, un año en Bolívar, dos años en Olavarría, etc.–, así es que vivieron siempre de viaje, cosa que a Doris le encantaba. Estaba acostumbrada a los largos viajes por mar desde su niñez, pero también le gustaba viajar en tren, avión y automóvil. En el barco se trataba con gente muy interesante. Siempre recordaba aquel viaje a Inglaterra realizado después de la muerte de su madre, en el que conoció a Kipling y éste le dedicó un poema. Antes de casarse, Doris había viajado de Villa Devoto a Junín y Puerto Madryn, pero siempre estaba entre ingleses y casi no hablaba castellano. No le gustaban nada los "anglos" como se llamaba a los hijos de ingleses nacidos en la Argentina. Pero Alex, aunque nacido en Buenos Aires, era un perfecto inglés. Tuvieron una sola hija: Joanna Elizabeth, a quien llamaron Liza.

Doris no tenía problemas domésticos porque tuvo la suerte de contratar a una española que corría con todo el trabajo de la casa y enseñó a Liza a hablar castellano. Confiesa que tuvo una vida muy cómoda y feliz. De casada pudo hacer la misma vida que de soltera: andar a caballo, remar, dedicarse a la lectura, hacer tapices o jugar al tenis. Cuando estuvieron destinados a Mar del Plata pudo ampliar el círculo de sus amistades y se hizo de amigas argentinas.

La guerra fue para la familia una triste experiencia. Aunque estaban a salvo en un país neutral, vivían con ansiedad todo lo que pasaba del otro lado del océano. Pero lo que más les tocó de cerca fue la muerte de los oficiales ingleses del *Exeter*, que de tanto en tanto iban a comer a su casa. En una ocasión ella dijo que nunca había visto un barco iluminado. El almirante Harwood hizo una llamada telefónica y poco después pudieron admirar la nave capitana iluminada de la proa a la popa. Era poco antes de la famosa batalla del Río de la Plata, donde la nave *Exeter* fue usada como señuelo para atraer al destructor alemán *Graf Spee*, mientras el resto de la flota esperaba escondida para atacarlo.[18]

18 Este episodio se verá con más detalle en el capítulo dedicado al marino alemán, Friedrich Rasenack.

También la familia Dean tuvo su aventura particular. Estaban en Inglaterra en 1939 cuando se declaró la guerra y tuvieron que volver en pleno ataque de los submarinos alemanes. El barco donde viajaban, después de haber sido perseguido por el *Graf Spee*, se había unido a un convoy defendido por dos destructores. A pesar de su corta edad, Liza recuerda haber visto el mar lleno de fuego a causa del aceite derramado por un barco bombardeado. Estando en alta mar, el almirante llamó a todos los pasajeros a una reunión para comunicarles que el barco debía separase del convoy y bordear las costas del África hasta nuevo aviso, durante un mes y medio. A Liza le llamaron la atención las bombitas eléctricas pintadas de azul para amortiguar la luz. "Después cruzamos el océano y subimos por la costa Argentina. Así pudimos llegar."

(Un curioso episodio que les sucedió es un buen ejemplo del orden y la eficiencia propios de los ingleses. Liza tenía cinco años y su madre le había comprado en Londres ropa tipo Shirley Temple, que estaba de moda. Todo este ajuar y otras cosas fueron en un gran baúl que se perdió entre los bombardeos, máscaras de gas, simulacros, etc. Un año después el baúl apareció, en plena guerra. Llamaron a Alex para avisarle, muy preocupados por haber tenido que abrirlo para ver de quién era.)

Liza conoció a su marido, Pancho Rivas Molina, en Bahía Blanca, en casa de una amiga que estaba pupila con ella en el Northlands. Los Rivas Molina eran de La Plata, pero al padre de Pancho lo habían nombrado secretario de un juzgado federal en Bahía. Se conocieron en una reunión en casa de su amiga a la que fueron los pocos chicos que conocía su hermano, entre los cuales estaba Pancho. En la generación anterior no hubieran permitido que un criollo visitara la casa. Tenían miedo de que las hijas se casaran con alguno, como sucedió en este caso. Al principio

Doris no estaba muy conforme, pero después felicitó la elección de su hija, más aún cuando llegaron los nietos, Nicolás y Florencia. Quizá porque tenían los mismos gustos; entre Doris y Florencia se crearon lazos muy profundos. Juntas viajaron a Inglaterra y no dejaron de ir a ver la casa de sus antepasados Jones. "Florencia adora Gales, con sus valles verdes y sus casas de piedra", decía Doris, con la dulce sonrisa que su nieta supo captar en un lindísimo retrato que muestra a su abuela con el vestido típico de Gales y al fondo el pueblito de sus antepasados.

Doris murió en La Cumbre el 22 de septiembre de 2001, a los noventa y seis años de edad. La historia que rodea su figura es, en realidad, digna de una película.

Étienne Belsunce, Enrique Rivarola y Ángel García: tres motivos distintos para emigrar*

La familia Belsunce –de origen vasco-francés– aparece por primera vez en el siglo XIII. Su escudo tiene las coquillas del peregrino –prerrogativa otorgada sólo a quienes hacían el Camino de Santiago–, un león, un águila y hasta un dragón, cuya historia se pierde en la leyenda. En el castillo de Belzuntzía, situado al borde de la Baja Navarra, la Corona inglesa hizo la cesión de la provincia de Auvernia a Francia en 1451.

Vástago de esta noble familia, Étienne Belsunce acababa de cumplir dieciséis años cuando se embarcó rumbo al Río de la Plata, en 1862. Tenía fuertes razones para hacerlo: su padre, segundón de la ilustre casa, había muerto y él tenía que hacerse cargo de su madre y su hermana. La

* Entrevista a su bisnieto y nieto, César García Belsunce, en noviembre de 2001.

casa de piedra donde había nacido su madre, María Iturralde, se conservaba en perfectas condiciones, no lejos del castillo de Belzuntzía, cuna de la señorial familia, ahora en manos de sus remotos parientes, los vizcondes de Belsunce. Pero no tenían tierras, ya que en los países vascos de una u otra vertiente pirenaica seguía vigente la costumbre del mayorazgo o la elección de un solo heredero para mantener la posesión de la tierra en la familia. Si los otros hijos no elegían la carrera militar o sacerdotal no tenían más remedio que ir a hacinarse en las ciudades industriales, cosa que los vascos detestaban, o emigrar a otras tierras a probar fortuna.

Quienes quedaban con el campo trataban de autoabastecerse con el cultivo del maíz y del trigo, las habas y frijoles de la huerta, los productos lácteos proporcionados por las vacas, y las facturas de los cerdos faenados una vez al año, el día de San Martín de Tours. Cultivaban también el lino que, junto con la lana de sus ovejas, era elaborado, hilado y tejido en el telar. Con las castañas de los bosques y la miel de las abejas preparaban postres y comidas. La cera era para fabricar las velas utilizadas en las ceremonias litúrgicas que nutrían el espíritu de este pueblo religioso y amigo de leyendas, bailes y canciones. La mayoría de las canciones vascas que han llegado a nuestro país a través de los inmigrantes tienen una placidez y gravedad que concuerda perfectamente con su carácter no dado a demostraciones demasiado ruidosas. Su buen oído musical hace que canten siempre a varias voces. Para hablar de montaña a montaña, los pastores utilizaban el *irrintzi*, grito o llamada de alegría o de aviso de guerra. (Todavía en las fiestas vascas suele haber concursos de *irrintzilaris*.)

Por medio del trueque conseguían las herramientas necesarias para trabajar el campo y algunos productos elaborados como azúcar, chocolate o café. Pero el que no tenía tierras, ¿cómo se las arreglaba? La mayoría emigraba llevando por todo capital su fuerza y su tenacidad. Eran sanos y robustos, no muy instruidos, pero laboriosos y emprendedores, se asimilaban fácilmente al lugar donde vivían. A veces el atractivo de América era tan fuerte, que aun algunos herederos partían a la aventura. Al llamado de parientes o amigos se sumaba el ejemplo de los que volvían con fortuna o mandaban remesas de dinero a sus familias. Otros estaban en desacuerdo con la disposición del Gobierno francés, que prohibía a los niños vascos hablar su idioma en los colegios. Había también muchas facilidades para pagar los pasajes y una propaganda activa por parte de agentes argentinos empeñados en llevar campesinos vascos y bearneses, famosos por su laboriosidad y su honradez.

Los buenos salarios que se pagaban del otro lado del mar eran un gran aliciente, aunque los sensatos vascos sabían muy bien que las grandes fortunas no se hacían sólo con los sueldos sino con el trabajo constante y la inteligencia rápida como para adivinar el negocio conveniente en cada lugar y ocasión. En el Río de la Plata muchos paisanos se habían enriquecido con la explotación agrícola, pero también con el comercio o la dirección de importantes establecimientos industriales.

En general los vascos franceses o españoles viajaban solos o, a lo sumo, con algún pariente o amigo. Quizás en esta ocasión Étienne Belsunce viajara con su primo, Martín Oyarzabal, o quizá lo habría mandado llamar cuando empezó a progresar. Lo cierto es que el día que Étienne llegó, había gente de la colectividad esperándolo en el puerto. Un coterráneo, amigo de la familia, le consiguió trabajo como aprendiz de comercio, y en cuanto pudo ahorrar unos pesos se fue a Chascomús, a trabajar la tierra. Era un buen momento para la Nación Argentina: con Pavón se había cerrado (por lo menos, formalmente) el período de Buenos Aires contra el país. El acercamiento culminaría en

1880 con la Ley de Capitalización. Era un momento de crecimiento que había que aprovechar.

Cuando Esteban vio que las cosas marchaban bien, mandó traer a su madre, a su hermana y a su prima, Oyarzabal Belsunce, con la que estaba de novio. Es posible que, en esa ocasión, haya venido su primo Martín Oyarzabal, pues era raro que las mujeres viajaran solas. Enseguida los primos-novios se casaron y los primos-cuñados se asociaron. Hacia 1876 empezaron a comprar campos convirtiéndose en estancieros. Mientras tanto, habían empezado a llegar los hijos. Después del tercer varón, ella hizo una promesa para tener una mujer y tuvo seis, una detrás de la otra.

En 1884 Belsunce y Oyarzabal dieron un paso importante al comprar una vieja estancia, conocida desde la época de Rivadavia, que había sido de los Islas y se llamaba *India Muerta*. Con el tiempo llegaron a tener casi cuatro mil hectáreas de tierras en una de las zonas mas fértiles de la provincia de Buenos Aires. Sin haber traído ningún capital, en treinta años habían adquirido tres mil setecientas una hectáreas, tenían una casa en el pueblo de Dolores con un terreno de cincuenta metros y acciones en el Banco de Dolores.

Cuando las familias crecieron y los hijos fueron ya profesionales, los primos resolvieron disolver la sociedad. Belsunce se quedó con *India Muerta*, la mitad del campo de la costa y otra mitad de una fracción intermedia entre ambos campos. Don Esteban, como lo llamaban entonces, llegó a tener más de dos mil hectáreas. "Su vinculación con la colectividad vasca fue permanente, sobre todo a través del Club Vasco-francés del que fue tesorero –informa su bisnieto, el historiador César García Belsunce–. Junto al Centro Navarro y al Centro Vasco-español, resolvieron la creación del colegio Euskal Echea. El hijo mayor, Pedro

Belsunce, se casó con otra prima Oyarzabal; el del medio, Martín, que era mi abuelo, se casó con Rita Rivarola (de padre genovés y madre catalana) y el menor, Esteban, con una Miñaqui."[1] A la segunda generación ya se habían iniciado los casamientos "mixtos", cosa que no sucedió en otras colectividades.

"En 1913 –continúa García Belsunce– los hijos de mi bisabuelo quisieron modernizar la explotación de la estancia de Castelli y para eso compraron toda clase de maquinaria. Pero vino la inundación y arrasó con todo. Así empezó una deuda con el Banco Provincia que terminó en 1917 con convocatoria de acreedores. Fue tal el disgusto de mi bisabuelo que le dio un infarto y murió. Los nueve hermanos, muchos de ellos casados, no sabían qué resolución tomar. Una de sus hijas mujeres, Isabel Belsunce, soltera y profesora de Literatura y Geografía, dijo: 'Hay que salvar por lo menos el casco'. Pidieron créditos y pudieron quedarse con un campito de doscientas hectáreas. Ella cooperaba con su sueldo de profesora. Fue vicedirectora del Normal Nº 1 y directora del Instituto Nacional de Pedagogía, donde tuvo, entre sus alumnos, a Mantovani. Manejó la estancia hasta que llegó a tener mil quinientas hectáreas. Recién dejó de ocuparse de todo cuando cumplió los ochenta. Mi abuelo, Martín Belsunce, era veterinario y sus dos hermanos, ingenieros. Entre tantas tradiciones familiares –italiana, catalana y vasco-francesa– predominaba esta última. Todos los 14 de julio, la familia entera escuchaba la transmisión del Colón y se ponían de pie para cantar *La Marsellesa*. No lo llegué a conocer porque murió a los cincuenta y siete años, justo el año en que yo nací. Su muerte fue muy 'a la vasca': festejando con un asado un triunfo de pelota paleta, le dio una embolia..."

1 Entrevista.

El juego de pelota, efectivamente, es el deporte preferido de los vascos. Hay menciones de estos juegos desde el siglo XV. Al principio se jugaba con la mano. Más tarde se inventó el guante de cuero con el cual se jugaba en la plaza del pueblo, sin pared alguna. También muy antiguo es el juego en cancha cerrada o *trinquete*, en la que el *pelotaris* debe demostrar su agilidad. Existe una variedad enorme de juegos de pelota, pero su gran momento fue a fines del siglo pasado.

Rita Belsunce Rivarola se casó con Adolfo García, natural de Salamanca, y tuvieron tres hijos: Eduardo, que siguió filosofía; Horacio, derecho; y César, historia. La estancia se conservó en la familia hasta 1972, pero como había muchos herederos de dos ramas diferentes, hubo que venderla.

Muy distinta fue la historia de Enrique Rivarola, bisabuelo de Cesar García Belsunce por parte de madre. Era muy joven cuando tuvo que salir de Italia, en 1848, por razones políticas. "Lo echaron de su casa por carbonario[2] –explica su descendiente–. Era una familia noble, patricia, y el ser carbonario era un baldón. El padre llamó a su hijo mayor y le dijo señalando al menor: 'Usted se lo lleva a la Argentina'. Seguramente eligieron nuestro país por ser el más alejado."

Ese año, 1848, habían llegado a la Argentina muchos carbonarios en busca de refugio. Eran emigrantes políticos que continuaban luchando por sus ideales liberales y esperaban poder regresar a Italia apenas hubieran cambiado las condiciones que los forzaron al exilio. "Unione e Benevolenza", la asociación mutual italiana más antigua

2 Los carbonarios italianos eran una sociedad revolucionaria patriótica y secreta cuya organización era semejante a la de los masones.

del país, fue fundada por siete exiliados italianos de origen lombardo (seguramente carbonarios) que habían luchado en los levantamientos de 1848 y 1849.

Después de la larga navegación a vela, sorprendió a los viajeros el extraño modo de desembarcar: faltaba mucho para que construyeran el muelle de pasajeros y los recién llegados debían subir a un carro de grandes ruedas y recibir las salpicaduras más o menos fuertes del río, según fuera la fuerza del viento. En cuanto pudieron saltar a tierra, unos hombres extrañamente vestidos con largos ponchos y sombreros redondos les pegaron con cola una cinta roja en la levita. Rosas estaba en el poder y era obligatorio llevar la "divisa punzó". Tenían pensado ir a Mendoza y ya habían sacado los pasajes en la diligencia cuando se enteraron de que una semana antes los indios habían asaltado la anterior matando a todos los pasajeros. Los hermanos optaron por ir a un lugar más cercano y seguro, y se instalaron en Rosario.

"Allí Enrique sentó cabeza –continúa su bisnieto– y se casó con una española, Rita Verdaguer, bautizada en Santa María del Mar, la iglesia más linda de Barcelona. En Rosario nacieron sus ocho hijos, entre ellos mi abuela Rita, y Rodolfo Rivarola, mi tío abuelo."[3] (Rodolfo Rivarola, abogado constitucionalista, fue uno de los primeros decanos de la Facultad de Filosofía y Letras.)

Refiriéndose a las oportunidades que tenían en la Argentina los inmigrantes que contaban con estudios o profesión, decía Francesco Scardin en 1899: "Un abogado recién

---

3 Según García Belsunce, la familia Rivarola tiene fecha de nacimiento: 1089. Ellos eran los Rossi de Parma. Uno de ellos se fue a Liguria y en un lugar cercano a Chiavari hizo construir un castillo. Era muy rubio y le decían de sobrenombre Rivarola. Hay en el castillo una inscripción en latín que dice. "Guglielmo Rubius, Rivarola construyó este castillo en las calendas de diciembre del año 1089".

llegado puede encontrarse reducido al principio a hacer de cochero, contable, cocinero, geómetra, pintor, un diplomado cualquiera, de camarero de un albergue. Pero llega el momento en el cual cada uno tiene modo de revelarse por lo que es, aprovecha las circunstancias, se afirma, emprende el camino y... llega".[4]

Los García eran campesinos propietarios que estaban en buena situación. Tenían una casa de piedra frente al ábside de la iglesia, un terreno de casi una hectárea con viejos olivares, y además don Ángel García y García vendía lanas y paños. Todo lo hacía a caballo. Estaba casado con María Francisca Marcos García, a quien sus nietos llamarían "la abuela Paca". Ellos vinieron a la Argentina en 1904 por un singular motivo. El hijo mayor tenía que hacer la conscripción en Marruecos y pidió a su padre que pagara un presta-nombre, pero don Ángel, que era un castellano de principios igualitarios, se enojó mucho y dijo que tendría que hacer la conscripción como cualquier hijo de vecino. El muchacho, que valoraba su libertad, se escapó y se vino a la Argentina. Los padres, de gran carácter como buenos castellanos, no se quedaron de brazos cruzados: ante todo, la familia debía permanecer unida. Don Ángel viajó para conocer el terreno, y cuando vio que en la Argentina previa al Centenario había muchas posibilidades, mandó traer al resto de la familia. Se instalaron en La Plata y Ángel García trabajó en la Marina, en la base de Río Santiago. Adolfo García, padre de César García Belsunce, que llegó de catorce años, terminó sus estudios y siguió Derecho. Hizo periodismo, fue corresponsal de *La Nación* en La Plata y escribió un par de libros de poemas. El tío rebelde estudió

4 Francesco Scardin, *Vita italiana nell Argentine. Impresioni e note*, vol. 1, Buenos Aires, s/e, 1899.

Contaduría y la tía llegó a ser directora de escuela. ¿Cómo llegó César García Belsunce a su vocación de historiador?

"La tradición en casa era de jurista. Pero a los ocho años tuve tos convulsa y para que me quedara quieto papá me daba libros con ilustraciones, entre ellos la historia de Napoleón III, con muy lindas láminas. La intriga mía era: ¿por qué a este señor todos lo aplauden? La historia empieza por la curiosidad. Luego en sexto grado nos dieron para hacer una monografía de tema libre y yo elegí la vida de Aníbal. Escribí cuarenta y dos páginas a mano, citando a Cantú y el diccionario. Siempre me gustaron más las humanidades. Tuve que entrar en Derecho porque entonces no se concebía poder llegar a vivir de la historia. Teníamos un lindo grupo con el que salíamos a pintar y hacíamos vida bohemia. Entre ellos estaban Josefina Robirosa, Ernesto Schoo, Jorge Newbery, Cata Mórtola de Bianchi. Poco después me recibí y me puse de novio con Alicia Lartigué... ¡nieta de vascos franceses! Eran vecinos de los Belsunce (he encontrado un contrato de 1840 donde Pedro Belsunce alquila la tierra de su propiedad a Juan Lartigué, en Fancia). Nos casamos. En el 55, después de la revolución, me nombraron juez, y al cabo de seis o siete meses empecé a tener más tiempo y pude dedicarme a investigar. Escribí sobre Juan Martín de Pueyrredón y me vinculé con todo el grupo de Historia del Derecho. En el 58 me propusieron presentarme a concurso para Historia de las Instituciones Argentinas. Nos nombraron a Carlos Floria y a mí, a Tau Anzoátegui y a Otto Cruz. El titular era José María Mariluz Urquijo. Yo era amigo de Raúl Molina, que con su habitual generosidad me publicó artículos en su revista. Ése fue el comienzo de mi carrera de historiador."

La historia de la familia García Belsunce es muy ilustrativa de lo que fue la gran inmigración argentina en sus distintas etapas y de los varios motivos que movieron a los emigrados a elegir este país para iniciar una nueva vida: económicos, político-religiosos o militares. Esteban Belsunce, el vasco-francés, vino por motivos económicos, Enrique Rivarola, por ideas políticas, y Ángel García, por acompañar a su hijo que se negaba a pasar dos años de su vida haciendo el servicio militar en Marruecos. La mezcla de campesinos e intelectuales es también un paradigma de nuestra sociedad.

Cesare Agustoni y sus hermanos*

El Ticino suizo, situado al sur de los Alpes, histórica y geográficamente formaba parte de la Lombardía, pero los suizos alemanes se lo anexaron. Los ticinenses se consideraron invadidos: su idioma, su cultura y su corazón pertenecían a la Lombardía.

Durante siglos la gente del Ticino vivió de una agricultura muy simple (básicamente de la vid y el castaño), ayudándose con las cabras. Tenían en los pueblos sus casas de piedra y una cabaña en la montaña para las cabras y sus crías. Vivían de la agricultura y de la emigración. Desde el siglo XV los ticineses practicaban la trashumancia: salían en primavera y regresaban a sus casas en otoño. Iban a ofrecer sus servicios de constructores a distintas ciudades. El oficio del lombardo, desde el Renacimiento o quizás

* Entrevista a Luis Agustoni en octubre de 2001.

antes, era ser constructor: arquitecto, diseñador, maestro de obra o albañil (*muratore*), oficio que se transmitía de generación en generación desde tiempos medievales.

"Mi familia proviene de una zona especial de Suiza –dice Luis Agustoni, señalando en el mapa de la región la última estribación del Ticino, el Valle di Muggio–. La primera mención de los Agustoni es que llegan al Valle di Muggio en 1540-1545 y que son de profesión constructores. Estos documentos están en la aldea de Caneggio, quizás el lugar más pobre del país. El paisaje es alpino pero de final de montaña. Es una geografía muy inhóspita, muy escarpada, que forma hombres de carácter sufrido, tenaz y trabajador."[1]

El Ticino era el paso obligado entre Suiza e Italia. Todo el comercio que pasaba por allí debía pagar peaje. Pero en 1848 se creó la Confederación Suiza y el Ticino fue incorporado a ella. El derecho aduanero pasó a manos de la Confederación, llevando a la quiebra a la rudimentaria economía ticinense.

Otro motivo de su pobreza fueron las guerras por el *Rissorgimento* italiano, que empezaron alrededor de 1820 para terminar recién en 1860, con la unificación de Italia. El Ticino apoyó decididamente al movimiento siendo refugio de los *carbonari* italianos. Cansado de esta conducta, el emperador Francisco José, en 1850, les puso un bloqueo: no podrían comerciar ni con Austria ni con Italia. Esto redujo a todos los pueblos del valle a la pobreza más absoluta y provocó la gran emigración a América. Unos tomaron el camino del norte y otros el de Argentina. "Los que vinieron aquí fueron los más afortunados –afirma Luis Agustoni–, pues en los Estados Unidos, por ignorancia,

1 Entrevista.

no los valoraron y trataron a hábiles constructores como si fueran picapedreros, reuniéndolos en Vermont, para trabajar de marmoleros. No encontraron su lugar en la sociedad. Por el contrario, toda la inmigración ticinense que llegó a la Argentina se enriqueció, porque lo hizo justo en el momento de la fiebre por construir, propia del período que empieza a mediados de 1850, después de la caída de Rosas, y que, casi sin interrupciones, continúa hasta la crisis de 1930. De la arquitectura colonial se pasó rápidamente a la italiana y luego a la francesa, italiana y ecléctica."

En la aldea se vivía de la agricultura hecha por el padre y las mujeres. No se casaban hasta los veinticinco años, pero se incorporaban al ciclo productivo desde los diez o aun antes. Tenían tiempo así de alfabetizarse y educarse. El padre hacía un contrato por cinco años con un *maestran*: le daba una suma de dinero y el *maestran* se comprometía a alimentar a su hijo, cuidarlo y enseñarle el oficio. Hasta los quince años los aprendices salían con el *maestran* a los caminos. El primer destino, en general, era el Véneto, en el norte de Italia. El segundo era la rica Suiza interna o el valle del Rin. Los que iban hacia el norte, llegaban hasta Alemania. Caminaban cincuenta kilómetros por día, es decir, unos cinco kilómetros por hora. Iban con sus herramientas en su bolso al hombro. Salían en primavera y trabajaban hasta el otoño, momento en que volvían a sus aldeas. Durante el invierno estudiaban y hacían vida de familia.

Cuando llegaban al lugar donde pensaban trabajar, armaban una gran barraca y allí se alojaban. Trabajaban diez horas diarias y guardaban hasta la última moneda para mandarla al pueblo. Hacían vida recoleta. Los sostenía el amor por los suyos y la fe católica. Una gran energía espiritual parecía darles fuerza en esas míseras condiciones de vida. Mientras tanto las mujeres trabajaban manteniendo toda la economía doméstica: los trabajos de la granja y de la huerta, la recolección de castañas, la fabricación de quesos, etc. Eran mujeres fuertes, aguerridas y muy trabajadoras. Desde los seis o siete años usaban la *gerletta* –canasto para transportar leña, pasto o frutos del huerto y del bosque–, que se llevaba a cuestas, adosada a la espalda. Cuando crecían, cambiaban la *gerletta* por la *gerla*, inseparable compañera en el monte, el campo o las escarpadas pendientes de la aldea.[2]

El orgullo del ticinense era ser *muratore*. Se despreciaba a la agricultura, propia de viejos y de mujeres. Era una región casi exclusivamente rural. "En la ciudad, la miseria se vuelve atroz; en el campo quien tiene un poco de tierra no se muere de hambre",[3] se decía.

"Todos escribían y leían, sacaban cuentas y la mayoría aprendía a diseñar –continua Luis–. Se supone que los viejos retirados enseñaban a los chicos los rudimentos del cálculo y el diseño antes de los diez años. A partir de 1850 hubo escuelas especiales de diseño. Mi abuelo, Cesare Agustoni, fue a la primera que se creó. Hay algo notable en la educación que se impartía a los chicos. Desde los seis hasta los diez años iban al colegio, donde se ponía especial énfasis en enseñarles a leer y a escribir con muy buena caligrafía, ya que, para la mayoría de ellos, durante tres estaciones del año, la carta iba a ser la única comunicación con su familia. Era imprescindible, entonces, la buena ortografía y caligrafía y hasta la manera de redactar, cosa que puede apreciarse en la correspondencia mantenida con sus parientes de la Argentina. No parecen cartas de campesinos: la letra perfecta, el modo elegante de expresar

---

2 Ezio Galli y Giuseppe Padovani, *Le memorie degli anziani ticinesi alla fine del millenio*, Salvione, Arte Grafiche Edizione, 2000.

3 *Ibíd.*

ideas y sentimientos, hablan de gente muy preparada. Tenían una fe sencilla, pendiente de la Providencia. En las cartas aparecen de continuo estas peticiones al 'buen Dios' pidiendo para ellos una *preghiera* o afirmando que rezan por los suyos."

Cesare Agustoni salió de Génova en 1875, en un vapor llamado *La France* y llegó a Buenos Aires con diecinueve años y el título de diseñador de construcción. En distintos momentos fueron viniendo sus hermanos: Giovanni, Bernardo, Ernesto, y Epifanio. Quedaron allá las dos mujeres y el mayor, Giuseppe que se había casado. Había una agencia particular, muy seria, en Lugano, a la que ellos le compraban los pasajes y la manutención hasta la llegada a destino. Eran inmigrantes espontáneos, no colonos.

"Mi abuelo llegó con su bolsa de herramientas y se dirigió a la embajada Suiza –evoca Luis Agustoni–. Justamente un señor Anchorena acababa de pedir a la embajada un constructor suizo, pues sabía que eran los mejores. A los pocos días de llegar, mi abuelo fue a verlo y pronto se convirtió en el hombre indispensable, la mano derecha de Anchorena, que lo tomó bajo su ala, lo ayudó y le pagó bien. Al poco tiempo empezaron a llegar los otros hermanos y pusieron juntos la empresa de construcciones Agustoni Hermanos. Fue el punto de partida para desarrollar un trabajo independiente que los hizo ricos a todos. Cinco de ellos se casaron aquí con mujeres de familia italiana, menos uno, que lo hizo con una española. Otro se había casado en la aldea. Hubo algunos problemas laborales porque a uno de los hermanos no le gustaba la construcción. Aprovechando, entonces, la Ley Avellaneda que permitía comprar campos con facilidades a los inmigrantes, el hermano aventurero tomó un Winchester y se fue al desierto a las tierras del sur acabadas de ganar al indio y compró allí cinco mil hectáreas, cerca de Pehuajó. Sus hermanos lo ayudaron. Como buenos suizos, apenas compraron la tierra, fundaron el pueblo, pidieron la estación, vino el ferrocarril, levantaron la iglesia y la escuela. Hoy figura en el mapa el pueblo con el nombre Agustoni."[4]

Los hermanos Agustoni construyeron, entre otros edificios, el de Obras Sanitarias y el Palacio de Justicia. Cesare Agustoni fue, en 1915, uno de los fundadores de la Casa Suiza y del Hogar Suizo (un hogar para ancianos situado en Villa Ballester). Actuó también en la Sociedad Filantrópica Suiza. Esta asociación tenía por objetivo ayudar a los compatriotas que habían caído en la miseria, según decía su acta de fundación: "Al aumentar la inmigración suiza a este país se hace sentir la necesidad de la fundación de una sociedad que, además de servir de unión y de decoro para los suizos aquí residentes, sirva para subsidiar y proteger a los indigentes caídos en la miseria". Los suizos veían en la asociación una fuerza indispensable para protegerse y progresar. Primero en Buenos Aires y luego en ciudades como Rosario, Santa Fe, Paraná, Concordia, Baradero, Concepción del Uruguay, Bariloche, etc., fueron apareciendo estas asociaciones desde fines del siglo XIX. Agrupaciones corales, artísticas estudiantiles, de socorros mutuos, etc., la mayoría de ellas siguen cumpliendo sus objetivos comunitarios.

Los Agustoni eran una familia muy unida. Por las cartas se los ve muy vinculados unos a otros. No bien tuvieron una buena posición económica, empezaron a ir y venir de América a Europa. Los argentinos, prácticamente, mantenían a los suizos y éstos los informaban de todo lo que sucedía. Siguiendo la costumbre, Cesare se casó grande, a los cuarenta y seis años, en 1898, con una muchacha de veinte,

---

4 Entrevista.

Josefina Bernasconi, hija de italianos, pero nacida en la Argentina. (Hay una carta del hermano mayor reprochándole que se casara sin consultar a la familia.) Bernasconi tenía un taller de marcos y dorados muy renombrado y la familia estaba más adaptada al país. Vivían en Buenos Aires en una casa que ya no existe, en Tucumán y Ayacucho.

Luis Agustoni tiene una visión crítica del proceso inmigratorio en la Argentina, muy distinta de la visión general: "El inmigrante era mirado con recelo por la sociedad –dice–. Las familias tradicionales no querían que sus hijas se casaran con inmigrantes. El pueblo se burlaba de ellos, de su acento y de sus costumbres. Seguramente por eso ellos se encerraban en las colectividades. Hubo recelo racial y cultural. Al criollo le fastidiaba que vinieran a robarle el trabajo, y la clase alta tradicional miraba con cierta desconfianza a la colectividad italiana. La reacción fue juntarse entre ellos y seguir hablando italiano. Llevaban una intensa vida social, entre la comunidad, por supuesto. (En la lista de regalos del casamiento de mi abuelo, escritos con preciosa caligrafía, no hay un solo apellido argentino.) Mi padre y su hermano fueron al La Salle y a la universidad donde mi tío se recibió de ingeniero y mi padre de médico. Los dos se casaron con argentinas y entraron a formar parte de una burguesía vinculada, profesional pero no socialmente, a la clase alta. (La fusión se produjo recién después de los sesenta.)

"En las generaciones hijas de la inmigración hay una decisión pendiente a tomar: '¿Me integro o no?' o '¿Cuánto me integro?'. Papá y Reinaldo, su hermano, fueron un ejemplo de este dilema. Reinaldo se mantuvo toda su vida estrechamente unido a la comunidad suiza. Sus amigos eran todos suizos, fue presidente vitalicio del Club Suizo, los fines de semana los pasaba allí remando o haciendo vida social. Su mujer era paraguaya y a su hijo no le interesa lo suizo, aunque habla italiano. En cambio papá eligió desprenderse de esa doble nacionalidad. En casa no se hablaba italiano ni se comían las comidas típicas. A diferencia de su padre y de su hermano, papá no frecuentaba el club. En esa generación se ve muy claro cómo cada uno elegía un camino distinto. Y el camino que eligió papá fue el de la argentinidad total, que nosotros seguimos. Mis hermanos y yo somos argentinos, mamá es argentina, descendiente de españoles. Lo único que había en casa que recordara a Suiza eran pequeños objetos: el distintivo que daban el día de la fiesta nacional (a la cual jamás me llevaron), un par de libros sobre el país... Creo que papá, como muchos otros, debe haber tenido un deseo y una necesidad muy grandes de integrarse culturalmente y salir de esa condición del 'hijo del inmigrante', aunque hablara con muchísima veneración de su padre.

"Ante el conflicto de identidad, mi abuelo se refugiaba en la fidelidad a su patria: donaba asilos, fundaba clubes... Nosotros reaccionamos cada uno a su modo: así como papá se construyó un hospital a su alrededor para refugiarse, yo construí un mundo teatral. Para papá el centro de la vida fue más el hospital que su casa. Lamentablemente, mi abuelo no pudo ver a sus hijos recibidos porque murió a los sesenta y ocho años, cuando papá tenía dieciocho".[5]

Cesare Agustoni y su mujer viajaron por última vez a Europa en 1913. Dejaron a su hija en un colegio suizo por un año y quedó atrapada toda la guerra. Él y sus hermanos apostaban al triunfo de Alemania: compraron marcos alemanes y perdieron mucho.

5 Entrevista.

"Papá siempre repetía una frase de abuelo –prosigue Luis Agustoni–: 'Para pasear y disfrutar, Europa; para trabajar y vivir, Argentina'.

"Mis hermanos fueron al Nacional Buenos Aires, pero mis padres cometieron el error de dejarme en el Newman, un colegio de clases altas en las que se sentía el recelo ante lo italiano, un recelo despectivo que yo viví con mucho fastidio. Como en mi casa no había un amor a los valores europeos, yo no tenía forma de resolver el problema. Opté por prescindir de la respuesta. En mi familia ni se vivía ni se hablaba de eso. Disfruté muchísimo el deporte, pero cuando salí no seguí practicando; mis amistades se prolongaron unos pocos años al salir del colegio, pero luego se fueron muriendo una por una porque no tenían nada que ver conmigo. En cambio, mis hermanos siguieron siendo amigos de sus compañeros del Buenos Aires hasta hoy.

"Creo que mi vocación artística la heredé de aquellos constructores. Y también del mundo que me fui forjando a través de los libros de mi padre, de la música de mi padre. La puerta de entrada a la cultura fue, para mí, el amor por la historia, que también me transmitió él. El amor por la historia abre las puertas del espíritu porque allí está centrado todo lo humano."

Luis Agustoni, reconocido director de teatro, actor y escritor, concluye la entrevista con la siguiente reflexión:

"Agradezco a mi abuelo que haya dejado a los suyos para venir a la Argentina. Si él se hubiera quedado en Suiza yo no estaría aquí. Soy hijo de la gran Argentina y ese amor por la patria lo hemos recibido mucho más que muchos autóctonos. Un lugar que nos permitió ser lo que somos".

John Hamilton, un pionero escocés en Malvinas y Santa Cruz*

John Hamilton nació en 1860 en el condado de Wick, al norte de Escocia. Allí el clima era muy duro y desolado: cielo gris, viento constante, pastizales ásperos, y continuo fragor de las olas contra las rocas. No tenía veinte años cuando viajó a las Malvinas, contratado por una empresa ganadera para trabajar en una compañía inglesa de tierras. Iba en busca de aventuras y nuevos horizontes, ya que en la cerrada sociedad de Gran Bretaña no había muchas oportunidades de ascenso económico y social. Las elecciones eran Canadá, Estados Unidos, Australia, Sudáfrica o la Argentina. En ese momento la Argentina era un opción muy válida por ser un país en pleno crecimiento. Algunos escoceses comenzaron a

* Entrevista a su bisnieto, Esteban Gallie Hamilton, en noviembre de 2001.

instalarse en la zona sur de la Patagonia, cuyo clima y paisaje les recordaba el de su tierra natal.[1]

Hamilton trabajó unos diez años en esa compañía de Malvinas y con sus ahorros compró tres islas. Una de ellas era la tercera en tamaño del archipiélago. Se llamaba isla Weddell (San José). Otra llevaría el nombre de su socio, William Saunders. John quería poblar su propia isla mezclando animales traídos de Escocia con fauna salvaje de la Patagonia. Ponies de las Shetland, guanacos y zorros se sumaron a la rica fauna local: pingüinos magallánicos, peltres gigantes y cantidad de aves marítimas.[2] Plantó árboles y construyó una cabaña que aún existe con el nombre de Hamilton Cottage.[3]

"Mi padre, Andrew Gallie Hamilton, iba allí con frecuencia –comenta Esteban Gallie, bisnieto de John–. Mi abuelo lo mandaba a hacer informes y echar un vistazo sobre las ovejas que allí pastaban. Pero a mi padre no le gustaba ir porque el clima era extremadamente crudo. Los venían a buscar en avión, los llevaban a Puerto Argentino y de ahí volaban a Río Gallegos."[4]

Al margen de los reclamos diplomáticos, las relaciones angloargentinas eran entonces bastante intensas. Cuando los británicos ocuparon Malvinas en 1833, vivían allí unos cuantos gauchos rioplatenses de los que habían ido acompañando al gobernador Luis Vernet. Había también bastantes animales (vacas, caballos, cerdos y gallinas) que habían ido

1 Según el perito Moreno, el clima comprendido entre el río Santa Cruz y el Cabo de Hornos es comparable al de las islas de la Gran Bretaña desde el Canal de la Mancha hasta el norte de Escocia.

2 El zorro patagónico fue considerado plaga por comerse a las ovejas.

3 La isla Weddell quedó en la familia Hamilton hasta la Guerra de las Malvinas, en 1982, cuando el Gobierno británico sugirió a la familia que vendiera la isla.

4 Entrevista.

llevando sucesivamente los españoles, el francés Bougainville, que dio a las islas el nombre de Malvinas, y el propio Vernet. “La cultura gauchesca rioplatense se mantuvo intacta. Pese al esfuerzo inglés de britanizar las islas, nunca se perdieron los vínculos entre éstas y el continente.”[5]

En 1845 el gobernador inglés importó novecientas ovejas del Río de la Plata pensando que el clima sería para ellas más propicio que para el ganado vacuno, pero al cabo de un año sólo quedaban ciento ochenta. Mejor suerte tuvo el uruguayo Samuel Lafone al comprar la mitad sur de la isla Soledad y poblarla con ovejas. Éstas se mezclaron con otras provenientes de Escocia, dando origen a grandes majadas de las que, con el tiempo, se nutrirían algunas estancias argentinas y chilenas. Luis Piedra Buena realizó muchos negocios entre las islas y el continente. Además de la caza de lobos, este pionero argentino practicaba el comercio entre las costas patagónicas, las islas y Punta Arenas. Llevó también ganado vacuno desde las Malvinas a la Isla Pavón, situada en medio del río Santa Cruz.[6] Durante la década de 1860, la Argentina había logrado insertarse en el mercado mundial agrícola-ganadero. Era el momento de buscar nuevas tierras fértiles, para aumentar las áreas sembradas, pero también las tierras áridas eran necesarias para lograr el desplazamiento de la ganadería (especialmente del ganado lanar). Allí estaba la extensa Patagonia. El inmenso y casi desconocido “desierto” poblado sólo por algunas tribus nómades y animales de la región. El Gobierno decidió encarar seriamente la exploración del territorio aún desconocido y la expulsión o traslado

5 Conrado Etchebarne Bullrich, *¿Malvinas o Falklands?*, Buenos Aires, Grupo Editor Latinoamericano, 1990.
6 *Ibíd.*

de los aborígenes tehuelches o araucanos (mapuches) establecidos en ellos. A partir de la Conquista del Desierto, finalizada en 1880, se incrementaron notoriamente los vínculos entre la Patagonia y las Malvinas. En 1884 el territorio patagónico fue dividido en cinco gobernaciones para su mejor administración.

A partir de agosto de 1885 se inició el arraigo de pobladores que se ubicaron en la costa atlántica y en ambas márgenes del Río Gallegos (gobernación de Santa Cruz). Se trataba de inmigrantes adaptados al clima del lugar, que contaban con un capital que les permitía afrontar los gastos, adquirir los animales necesarios y cumplir con los demás requisitos legales. Muchos tenían la ayuda de parientes, amigos o socios. Los que procedían de Malvinas eran de origen británico y los que venían de Punta Arenas eran de distintas nacionalidades: españoles, franceses, alemanes, ruso-judíos y algunos chilenos o uruguayos. Los primeros escoceses expertos en la cría de ovejas acudieron desde Malvinas interesados en la intensa promoción realizada por el gobernador de Santa Cruz, don Carlos María Moyano, quien viajó hasta allí para ofrecerles lotes con facilidades de compra. Además de las relaciones económicas se entablaron relaciones personales. El propio Moyano se casó con la malvinense Ethel Turner.

Había varias maneras de acceder a la tierra: trabajarla como arrendatario, comprarla en forma directa, en remate público o por la posesión de certificados de premios militares. Estos últimos eran generalmente vendidos por sus poseedores iniciales. (Por eso había tan pocos estancieros argentinos.)

La condición previa de arrendatario respondía a la Ley 817, sancionada en 1876 y conocida como Ley Avellaneda. Su fin era adecuar la distribución y uso de la tierra para lograr una mayor producción agrícola ganadera con destino a la exportación. La ley preveía un máximo de cuarenta mil hectáreas por persona o sociedad, "a razón de veinte pesos moneda nacional por cada dos mil quinientas hectáreas". El o los propietarios tenían que cumplir una serie de condiciones como construir poblaciones y corrales en cada lote e introducir animales, ovejas, cabras, vacas o yeguas.[7] Mauricio Braun afirma que, después de los ofrecimientos de tierras de Moyano, hubo en la Patagonia una verdadera invasión malvinera. No sólo de ovejas sino de estancieros, pastores, capataces, esquiladores y hasta perros ovejeros, por supuesto de raza escocesa. ¡Perros que no obedecían más que si les daban las órdenes en inglés![8] "Escoceses e ingleses provenientes de Malvinas o Punta Arenas se fueron afincando en los alrededores de Río Gallegos, Santa Cruz, San Julián o Lago Argentino. Trabajaron duramente, soportaron ásperas y ventosas soledades, sobreponiéndose a la aridez de la región, y muchos de ellos, avanzados los años, se fueron retirando a Buenos Aires o a Gran Bretaña con la salud quebrantada."[9] El proceso de ocupación de Santa Cruz se produjo en forma acelerada para responder a la urgente demanda de lana ovina del mercado europeo. Ésta fue tan grande, que la lana se exportaba directamente desde los puertos del sur, sin pasar por Buenos Aires.

Pronto comprendió John Hamilton que la isla Weddell no bastaba a sus aspiraciones y empezó a hacer contactos

---

7 Elsa Mabel Barbería, "Distribución de la tierra pública en Río Gallegos (1885-1914)", en *Centenario de Río Gallegos*, Municipalidad de Río Gallegos, Ed. Juan Bautista Baillinou, 1985.

8 Mauricio Braun, *Memorias de una vida plena*, Buenos Aires, s/e, 1945.

9 Roberto Hosne, *Barridos por el viento. Historias de la Patagonia desconocida*, Buenos Aires, Planeta, 1997.

con Punta Arenas y con la gobernación de Santa Cruz. Se había hecho muy amigo de Mauricio Braun, quien lo recuerda varias veces en su obra: "Dentro del elemento humano de origen británico, les cabe a los escoceses un importante papel en la ocupación del espacio rural, siendo reconocida su capacidad como ovejeros, dotados todos ellos de gran tenacidad, según consta en varios relatos de la época. Entre ellos figuran William Douglas, William Halliday, John Hamilton y George MacGeorge, algunos de los cuales ocuparon los campos situados en la ribera norte del Gallegos". Mauricio Braun, con mucha visión, había estudiado inglés desde los catorce años, mientras cuidaba ovejas en los campos de Punta Arenas, pertenecientes a su padre. "El inglés me permitiría progresar en el comercio, mi vocación, pues toda la economía regional estaba y estaría para siempre vinculada a Inglaterra: transporte marítimo, proveedores de mercaderías, consignatarios para la colocación de nuestros productos y banqueros (...) Recordemos además que debemos a los ingleses todos los implementos necesarios para la explotación lanar: máquinas esquiladoras, motores, alambre, harpillera de Calcuta, antisárnicos, etcétera."[10]

En 1886 Braun y Hamilton realizaron un viaje hasta Montevideo y juntos cruzaron el Río de la Plata en un barco de ruedas de la flota de Nicolás Mihanovich, otro pionero. John conocía gente en Buenos Aires, eran de la misma edad y se tenían mutua simpatía. "El viaje significaba nuestro estreno experimental en una atrayente metrópoli."[11] Braun compró unos doscientos caballos en una quinta de Morón, que pertenecía a unos amigos de Hamilton y luego se separaron. En compañía de otros tres escoceses tenaces

---

10 Mauricio Braun, *op. cit.*
11 *Ibíd.*

y aventureros, John Hamilton estaba por iniciar la hazaña más importante de su vida, recordada en Santa Cruz como "el gran arreo" o "la gran travesía". Sus acompañantes eran: Thomas Saunders, socio de toda la vida; George MacGeorge y Henry W. Jamieson, quien dejó un diario relatando las peripecias del viaje. Después de haber conseguido, cerca de Necochea, doscientos caballos, trescientas yeguas y seis padrillos, se dirigieron a Río Negro, donde compraron las cinco mil ovejas que planeaban llevar arreando hasta Río Gallegos. Para lograrlo deberían atravesar toda la Patagonia (más de dos mil kilómetros), "siguiendo la ruta india de los cursos de agua que había abierto Moyano, a más de cuarenta leguas de la costa Atlántica".[12] Esta hazaña les demandó dos años, durante los cuales debieron ocuparse de las pariciones, esquilas y periódicos baños antisárnicos a las ovejas. Lo más dificultoso fue cruzar los ríos. Éste era el motivo de que llevaran tantos yeguarizos: su carne, fresca o en charque, les servía de alimento y con sus cueros hacían unas especie de balsas o "pelotas" dirigidas con sogas, a la manera de los indios, con las que cruzaban a los animales de a uno o de a dos. Con este método primitivo cruzaron el río Negro, el Chubut, el Deseado, el Chico, el caudaloso Santa Cruz y el Coyle, hasta llegar a Río Gallegos. Durante la travesía tuvieron algunos encuentros interesantes y llegaron a compartir un fogón con el perito Francisco Pascasio Moreno. "Avanzaban sorteando los accidentes de terreno, superando vados y elevaciones, largas demoras en la época de las pariciones, esquilando sobre la marcha, con los rifles listos para algún inesperado ataque."[13] Siempre existía el peligro de que algún puma hiciera estragos

12 Yolanda Jamieson, *Arreos, asentamiento y desarrollo de la ganadería al sur del Río Santa Cruz*, en el Boletín de la SRRG, enero de 1992.

13 Roberto Hosne, *op. cit.*

entre las ovejas. Llevaban la misma vida que los aborígenes, durmiendo a la intemperie, aun en invierno, envueltos en ponchos de lana y quillangos de guanaco con la piel para el lado de adentro y pinturas tehuelches en el cuero exterior. Por las mañanas, después del café o el mate con charque y galleta, era necesario juntar a las ovejas más independientes que se alejaban del *piño*. Estos trabajos, aunque agotadores, no constituían el principal escollo que era la falta de agua en algunos trechos. Así sucedió en la zona de San Julián donde, después de perder el rumbo, estuvieron, ellos y el ganado, a punto de morir de sed. Providencialmente, días antes se habían encontrado, a orillas del río Chico, con una expedición del Museo Nacional de La Plata, dirigida por el científico y explorador Carlos Burmeister. En esa ocasión habían conversado largamente alrededor del fuego, despidiéndose al amanecer. Días después, varias leguas más al sur, los de la expedición científica vieron un fuego a la distancia. "Burmeister ordenó contestar lo que parecía una señal y poco después llegó galopando hasta ellos un jinete: era Saunders, uno de los ovejeros. Se habían internado entre elevadas mesetas y profundos cañadones cuando comenzaron a percibir que el baquiano se desviaba hacia el oeste. Habían perdido el rumbo a San Julián."[14]

Saunders explicó que a él le había caído en suerte reencontrar el camino y, llevando dos de los mejores caballos, había tomado la dirección sudeste según le indicaba la brújula. Después de galopar tres días seguidos rastreando las huellas de los expedicionarios, había visto a lo lejos el campamento y había encendido fuego esperando que lo vieran. Apenas repuesto y fijada por Burmeister la orientación,

14 *Ibíd.*

volvió a transmitir el rumbo a sus compañeros. Fue entonces cuando Jamieson descubrió la aguada que lleva su nombre: el oportuno hallazgo salvó la vida de los hombres y del ganado. Poco después, llegaban a su destino y repartían las ovejas en sus respectivas estancias. Al "gran arreo" le siguieron muchos otros hacia el norte, el sur y la cordillera, llevando o trayendo ovejas o caballos. Pero ellos fueron los pioneros.

Hamilton y Saunders habían adquirido la tierra por compra y formado cuatro estancias. *Punta Loyola*, situada en el estuario del Río Gallegos, era la principal. En su momento de mayor apogeo llegó a tener de cuarenta a cincuenta mil ovejas. Otra estancia *Little Hill* (*Morro Chico*), se dividió en dos, después que trazaron los límites con Chile: *Morro Chico* argentino, que continúa en manos de la familia Hamilton, y *Morro Chico* chileno, que pertenece a la familia Saunders. Las otras estancias eran *La Portada*, en territorio chileno, y *Pali Aike*.[15] Luego adquirieron un porcentaje de la estancia *Punta Alta*, actualmente en manos de la familia Pérez Companc.

Durante los primeros años estas estancias estaban administradas por sus propios dueños. Más adelante tuvieron administradores escoceses. Los peones eran escoceses, irlandeses y algunos criollos o mestizos de la zona, según puede apreciarse en las nóminas de los sueldos. Cada estancia se especializaba en un rubro distinto: en una vacunos, en otra ovejas. En cada una había un administrador que vivía en una linda casa, un capataz y peones. Las casas principales estaban construidas con madera y zinc. Eran muy confortables y algunas hasta tenían ciertos lujos como tapicerías, alfombras, pianos, etc. Se calefaccionaban durante todo el invierno con grandes estufas de hierro.

15 *Aike* en tehuelche significa "campamento" o "lugar".

En pocos años Hamilton proveyó a *Punta Loyola* de todas las comodidades. Hasta tenía un pequeño museo con antigüedades tehuelches. Se llevaba muy bien con los indios. Pero no todos los británicos triunfaron en la empresa. "Las condiciones para prosperar en la Patagonia eran básicamente dos: ser inteligente y saber controlar el alcohol –afirma Esteban Gallie–. Otros, en cambio, hicieron grandes fortunas y mandaron sus hijos a los mejores colegios de Inglaterra o al San Jorge en Quilmes. En general se casaban con gente de la colectividad. Había muchos escoceses y algunos ingleses e irlandeses. Yo conocí a uno de los últimos empleados rurales nacidos en Irlanda que había inmigrado a la Patagonia y que era considerado una reliquia en la estancia de la familia Griffin. La mayoría de los irlandeses eran católicos; entre los escoceses había protestantes y católicos. Las primeras generaciones se casaban entre sí. Recién a la tercera o cuarta generación se empezaron a casar con personas de otras nacionalidades."[16]

Casi la totalidad de la población de las estancias, europea o chilena, era masculina. El trabajador rural que vivía en los puestos era un hombre solo, a menudo sin más compañía que los perros y las ovejas. El casco estaba lejos y excepcionalmente vivían allí mujeres y niños pertenecientes a las familias de administradores y capataces.

Río Gallegos nació como una necesidad de ciudad-puerto de la producción rural, pero también para suplir la carencia de un centro social en esas inmensas soledades. En 1897 se dictó el decreto de mensura y trazado del pueblo, que hasta entonces había sido un caserío sin calles definidas. Los trabajos terminaron en dos años. Las actividades de la ciudad fueron requiriendo una mayor participación

16 Entrevista.

de mujeres, con lo que, paulatinamente, fue aumentando la población femenina. Al principio no había más centros sociales que las propias estancias, pero con la prosperidad empezaron a abrirse buenos hoteles y clubes británicos en Río Gallegos y Punta Arenas. También se reunían en la Sociedad Rural. Las fotos de principio de siglo muestran personas y ambientes que parecen haber sido tomados en Inglaterra. En esos años cuidaban mucho la ropa que los distinguía y les daba pertenencia.

En 1904, John Hamilton, que hasta el momento parecía haber renunciado al matrimonio, se casó en Buenos Aires con Olivia Heap, una escocesa que era jefa de enfermeras en el Hospital Británico de Buenos Aires. "El casamiento del bisabuelo fue bastante romántico –relata Esteban Gallie–. Como empezó a sentirse mal, sus amigos creyeron que tenía alguna grave enfermedad y lo convencieron de internarse en el Hospital Británico. Allí conoció a una enfermera escocesa. Se enamoraron, se casaron y viajaron a Inglaterra de luna de miel. En Londres, él se hizo un chequeo. Fuera como fuera, la enfermedad ya no existía y volvieron a Buenos Aires." Quizás habría estado enfermo de soledad.

Para 1920 Río Gallegos contaba con importantes sucursales bancarias, escuelas, centros de recreación y deportes, hoteles, frigoríficos, barracas, servicio telefónico, correo, periódicos, sala de espectáculos, algunos profesionales (médicos, abogados) y el Club Social, donde se reunían los ingleses y algún que otro estanciero amigo.

John y Olivia tuvieron dos hijas: Olive y Penny. Las dos eran lindas, pero Penny era muy llamativa por su pelo rubio. En cuanto tuvieron la edad suficiente, sus padres las mandaron a estudiar a un colegio pupilo en Escocia. Durante los veranos gozaban de la libertad de cabalgar por la salvaje planicie ondulada de *Punta Loyola*, desde donde podían contemplar el río desembocando en el océano Atlántico. No les faltaba nada. Tenían salud, belleza, dinero, el cariño de sus padres y amigos, y los maravillosos paisajes patagónicos.

Sin embargo, en ese mundo en apariencia perfecto, se estaba gestando el doloroso conflicto del verano de 1921 que terminó con el indiscriminado fusilamiento de gente inocente. A pesar de la Ley Avellaneda, que daba grandes facilidades a los arrendatarios, la ocupación de la tierra se había visto librada a las influencias políticas. Por un motivo o por otro, las tierras quedaron en pocas manos. Nada se desarrolló alrededor de la explotación de ovinos, cuyo fin principal era mandar a Europa la materia prima: ni agricultura, ni lavaderos de lanas o algunas etapas del proceso de fabricación, ni siquiera nuevas poblaciones. A los grandes ovejeros eso no les interesaba.

"Con los peones chilenos que cruzaban la frontera bastaba (...) En 1888 veintiséis arrendatarios de concesiones fiscales explotaban en Santa Cruz alrededor de medio millón de hectáreas (...) En 1908 el Gobierno, para fomentar el poblamiento de la región, facilitó la radicación de familias y el acceso a pequeñas explotaciones agrícolas, pero la situación no se revertía. El desequilibrio convirtió a la zona en una tierra de hombres..."[17] El incremento de la demanda de lanas había transformado a los ovejeros en grandes latifundistas, pero durante la Primera Guerra Mundial las ventas decrecieron. Al competir con las lanas australianas, los precios bajaron. Esta crisis lanera repercutiría en la calidad de vida de los peones: en algunas estancias la vivienda era miserable y la comida, insuficiente. Para mejorar sus condiciones, los trabajadores rurales

---

17 Roberto Hosne, *op. cit.*

empezaron a gestar movimientos de protesta que terminaron en episodios sangrientos.

Cuando esto sucedía, Olive y Penny eran adolescentes y estaban todavía en Escocia. Al terminar el colegio volvieron a la vida libre e intensa de *Punta Loyola*. Un día llegó lo imprevisto encarnado en un joven recién llegado de Inglaterra.

Alex Gallie era el menor de diez hermanos y había nacido con el siglo. Su hermano mayor, cónsul inglés en Punta Arenas, representaba a otro tipo de pionero, el hombre de negocios. Armó una administración de estancias con oficinas en Punta Arenas y en Río Gallegos y mandó llamar a su hermano menor, Alex, para darle una oportunidad. "Alex tendría unos treinta años cuando conoció y posteriormente se casó con mi abuela Olive", concluye Esteban. Se casaron en Punta Arenas, tuvieron dos hijos y más adelante fueron a vivir a Buenos Aires. Penny, contrariando a sus padres, se casó con un chileno y la familia se distanció. John Hamilton, que había lidiado con tantas dificultades, no pudo o no quiso lidiar con su hija. Tenía cerca de ochenta años, se fue a Buenos Aires y nunca más la volvió a ver. Para mayor desgracia, Olive se enfermó y murió dejando dos hijitos de cuatro y cinco años.

"Mi padre hizo la primaria en el San Jorge de Quilmes y la secundaria en Inglaterra –continúa Esteban–. Volvía para las vacaciones, pero durante la guerra tuvo que quedarse allí. Mi tía iba al Michael Ham y guarda un grato recuerdo de su colegio. Alex Gallie tiene ciento dos años (en 2002) y vive en Alabama."[18]

Han pasado muchos años pero los descendientes de los primeros ovejeros de Santa Cruz no olvidan la hazañas de sus abuelos y bisabuelos. El Club Británico de Río

18 Entrevista.

Gallegos reúne todavía a las familias pioneras. Una de ellas, los Halliday, acostumbran festejar todos los años la llegada del primero de ellos junto a otros pobladores, entre los que está John Hamilton. Se organiza una boleada de avestruces y guanacos, que son atrapados y posteriormente liberados. Todos los años, en febrero, en la estancia de *Los Pozos*, se juntan descendientes de escoceses, con más aspecto de gauchos que los mismos sureños, para cumplir el ritual.

En el Club Británico una placa recuerda los nombres de los pioneros. Entre ellos está Alex Gallie, único testigo viviente de ese tiempo fundacional.

Familia Glassmann*

Es una gloriosa mañana de noviembre en La Cumbre, valle de Punilla, provincia de Córdoba. Sentados en el jardín frente a la iglesia, el padre Sebastián nos informa sobre el origen de sus antepasados, su paso por Rusia y su llegada a la Argentina:

"Antes de venir aquí, los alemanes del Volga ya eran un pueblo de emigrantes. Sus abuelos o bisabuelos, originales de pueblos alemanes, habían viajado a Rusia en tiempos de Catalina la Grande con la promesa de que se iba a respetar su cultura, su lengua, sus tradiciones, su religión; que no tendrían que cumplir el servicio militar ni participar en la guerra. Iban a colonizar."[1]

* Entrevista al padre Sebastián Glassmann en noviembre de 2001.
1 Entrevista.

Los campesinos rusos los asombraron por su tosquedad y falta de cultura. En Rusia regía la servidumbre y casi nadie se interesaba por la alfabetización de los *mujiks*. Entre otras costumbres extrañas, tenían la de convivir en el tiempo frío con los animales (cerdos, vacas, gallinas), alrededor del fuego y sin ninguna ventilación. Pero eran muy buenas personas y los acogieron con hospitalidad en ese primer duro invierno. Los alemanes, a su vez, enseñaron a los *mujiks* a fabricar queso y manteca, industria que ignoraban. Con la llegada de la primavera continuaron la marcha y llegaron al caudaloso Volga, la Mamushka (abuelita), como le llamaban los rusos cariñosamente. Pero todavía faltaba bastante para la meta. Con esperanza atisbaban el horizonte pelado y amarillento de la estepa tratando de descubrir los bosques descriptos por los agentes rusos. Cuando llegaron a destino, a muchos se les saltaron las lágrimas al enterarse de que, ante la ausencia casi total de madera, tendrían que cavar en la misma tierra pozos rectangulares de unos dos metros de profundidad y techarlos con ramas y algo de barro. La oscuridad sólo se podía mitigar con ventanas hechas con vejigas de cerdo bien estiradas. Llegado el invierno, las reemplazaron con trozos de hielo cortados del río. Durante esos meses de frío y oscuridad debieron apelar a todos sus recursos espirituales para no sucumbir a la desesperanza. Cuando la ventana de hielo empezó a gotear se alegraron: anunciaba la llegada de la primavera. Había que aprovechar la luz y el calor trabajando con fuerzas sobrehumanas para no volver a pasar otro invierno tan mísero. Todavía ignoraban los ocultos motivos por los cuales habían sido instalados allí: Catalina la Grande, su coterránea, quería hacer de esas colonias una barrera humana para impedir el paso del peligro asiático, ya que tanto los calmucos tártaros como los kirguises de origen mongólico todavía se consideraban dueños de la región. Recién después de medio siglo de sangrientas luchas el peligro fue conjurado. "Separados del mundo, sin asistencia técnica ni económica, se mantuvieron unidos a toda costa; el único recurso para mantener su moral fue su confianza en Dios, que todavía conservan ostensiblemente sus descendientes en nuestros días."[2]

Las ciento cuatro aldeas o colonias madres representaron para Rusia un progreso admirable en su agricultura. Por espacio de dos siglos lograron conservar el idioma y las tradiciones. Muchas cruzaron con ellos el océano y cumplieron más de cien años en tierras argentinas.

Del Volga a la Argentina

A fines del siglo XIX las colonias alemanas del Volga estaban florecientes. Prosperaba la industria familiar del tejido de lana y de algodón en telares artesanales, y la molienda del trigo. Había talleres donde se fabricaban toda clase de máquinas agrícolas, ruecas, muebles, carros y botas de fieltro para el invierno. Sin embargo, existían tres grandes motivos que los impulsaron a abandonarlas: el primero fue que el zar Alejandro II dejó sin efecto la promesa de eximir a los colonos alemanes y a sus descendientes del servicio militar obligatorio; el segundo era el sistema del MIR, por el cual la tierra era redistribuida cada diez años entre los varones existentes, y cada vez les tocaba menos a cada uno. (Las hijas mujeres no heredaban.) En tercer lugar, estaba la nueva política de rusificación, por la cual se les obligaba a hablar ruso. Muchos temieron que esta política fuera en aumento y se les obligara a cambiar su religión por el rito ortodoxo. La mayoría de los colonos creyó necesario volver a emigrar, pero ¿adónde? Mandaron

2 Víctor P. Popp y Nicolás Dening, *Los alemanes del Volga*, Buenos Aires, Talleres de Gráfica Santo Domingo, 1977.

delegados exploradores a los Estados Unidos y al Brasil. Allí se enteraron de que Brasil no era un país apto para el cultivo del trigo y que en cambio éste crecía muy bien en las pampas de la Argentina. Y decidieron venir.

El Gobierno ruso, partidario de una emigración que dejaría libres tierras ya trabajadas, puso a disposición de los emigrantes un tren especial, con capacidad para más de mil personas con sus equipajes. En ocho días de viaje llegaron a Bremen, el puerto de embarque hacia lo desconocido. Muchos de los que pensaban afincarse en los Estados Unidos tuvieron que cambiar el rumbo hacia el Brasil o la Argentina, pues los controles para entrar al país del Norte eran muy severos. La Argentina estaba en plena expansión y el Gobierno había mandado a Europa promotores que hicieran conocer sus proyectos. Terminadas las guerras civiles en el Río de la Plata, había llegado el momento de atraer a la masa de inmigrantes que supiera arrancar la riqueza de una tierra fértil pero jamás cultivada. La provincia de Entre Ríos seguía debatiéndose con revueltas como la de Jordán Arana, que costó la vida al general Urquiza. La gente ya estaba cansada de sangre y desorden. "Por eso la llegada de los alemanes del Volga –narra una testigo de la época– trajo gran animación a toda la provincia y con ello se reavivó mucho el comercio..."[3] Los colonos llegaron en distintos períodos. En 1877, nueve familias de volguenses provenientes del Brasil fundaron la Colonia Santa María de Hinojo en Olavarría, provincia de Buenos Aires. El grupo, de cuatrocientas familias, que arribó a partir de 1878, fue el más beneficiado, pues el gobierno de Avellaneda les vendió veinte mil hectáreas al óptimo precio de un peso con cincuenta centavos la hectárea,

3 Citado en Popp y Dening, *op. cit.*

para ser pagados después de tres años. Fue éste el origen de la Colonia Alvear, en el departamento de Diamante. El segundo grupo no tuvo esos beneficios ya que debieron pagar veinte, treinta y hasta ochenta pesos la hectárea, pagaderos en cinco años. Tampoco recibieron elementos de trabajo, ni animales, ni material para construir las viviendas como habían recibido los del primer grupo. Muchos de estos colonos se reunieron en grupos de treinta o cuarenta familias y compraron los campos en forma mancomunada fundando muchas colonias, entre ellas: Kaminka (Santa María o Colonia Tres), Dehler (San José o Colonia Dos) y Hildmann (Santa Trinidad o Colonia Uno). Hacia principios del siglo XX llegó un tercer grupo de colonos a quienes ya les fue imposible adquirir tierras, pues su costo se había triplicado. Debieron trabajar como arrendatarios en alguna estancia y levantar sus casas en pequeñas colonias.

Con los primeros inmigrantes ruso-alemanes hubo problemas parecidos a los que tuvieron los colonos judíos por no querer construir sus viviendas en granjas aisladas sino en aldeas, como acostumbraban en Europa. Tenían sus razones para ello: en una aldea todo el pueblo estaría bajo la protección de la iglesia y los chicos tendrían cerca el colegio. También se sentirían más seguros ante posibles robos o ataques. El administrador amenazó al primer grupo con quitarles las carpas que les habían facilitado hasta que construyeran sus casas en el lugar indicado. Presionados pero no convencidos, los colonos deliberaron y pidieron el veredicto del propio presidente Avellaneda. Mientras esperaban la decisión presidencial para que no pudieran quitarles las tierras, recordando aquellas primitivas cuevas del Volga que habían fabricado sus bisabuelos, cavaron sótanos de cuatro metros con veinticinco centímetros de ancho por diecisiete metros de largo y dos de profundidad, y los cubrieron con ramas, follajes y tierra. Cuando el administrador se presentó con la fuerza pública a las órdenes del comisario de Diamante para retirar las carpas, los colonos, acomodados en sus cuevas, las tenían listas para entregar. Los policías italianos y turcos festejaron la ocurrencia con grandes risotadas y de allí quedó al lugar el nombre de "Vizcacheras". Por orden presidencial, la aldea fue respetada y poco después los colonos levantaron allí casas de adobe, reemplazado luego por ladrillos. Pronto las seis colonias-aldea de General Alvear empezaron a florecer con el trabajo tesonero de sus habitantes. "Había que limpiar las tierras de árboles, arbustos, palmeras, hormigueros, vizcacheras y otras malezas y alimañas; apenas existía un mal trazado camino entre dos ciudades importantes. Los comercios no disponían de suficiente mercadería y ropa para abastecer al millar de inmigrantes germanos; todo era primitivo y diferente."[4]

Algunos levantaron una segunda casa en el campo y allí pasaban los meses de la siega y la trilla, y generalmente todo el verano, con su familia. En las aldeas reinaba un sentido de igualdad y unidad, acentuado por la misma fe y las prácticas religiosas impuestas por cada religión. Tanto entre los evangélicos como entre los católicos, los domingos y en las festividades de sus iglesias, toda la comunidad asistía al templo para participar del respectivo culto. Esos días tan sólo se hacían las tareas de la casa y se daba de comer y beber al ganado. Oraban al comenzar el día y al retirarse a descansar, antes y después de comer. Lo curioso es que, católicos y protestantes, después de tantos siglos de separación, usaban las mismas fórmulas en esas oraciones cotidianas... Cumplían los ayunos y respetaban a los sacerdotes, pastores y maestros, dándoles un trato reverencial. Lo que más los mantuvo unidos fue la música. Había canciones

4 *Ibíd.*

para todos los acontecimientos, profanos y religiosos: desde el nacimiento a la muerte. Donde más se cantaba era en la iglesia y donde se hacía más música y baile era en los casamientos. La costumbre y los rituales del "casamentero" perduraron en las colonias argentinas hasta mediados del siglo XX.

Un dato curioso es que aquí se invirtieron las cantidades de aldeas protestantes o católicas: mientras en tierras del Volga la proporción había sido de un setenta por ciento de aldeas protestantes y un treinta por ciento católicas, en la Argentina sucedió lo contrario: fueron más las católicas que las protestantes. Las relaciones entre distintas confesiones, al igual que con los vecinos "gauchos judíos" de Basavilbaso y las colonias del barón Hirsch, siempre fueron excelentes.

Fundación de Santa Anita

"Mis bisabuelos –recuerda el padre Sebastián– no llegaron con las primeras oleadas de 1878, sino un poquito más adelante, a fines de siglo, y no se vieron tan beneficiados por la entrega de tierras. Los primeros inmigrantes habían sido bastante ayudados por las autoridades, en Entre Ríos y Coronel Suárez. Mis bisabuelos quedaron con pocas posibilidades. Providencialmente apareció el padre Becher, sacerdote alemán, para ayudar a los más pobres, los que habían tenido menos chance. Era de la congregación recién fundada del Verbo Divino. Comprendió el drama de esta gente y pidió permiso para dedicarse a ellos. Es por eso que la historia de mi pueblo, Santa Anita, es muy distinta de la de los otros pueblos. Él unió a todos los que tenían este problema, buscó tierras, consiguió campos en Entre Ríos y encabezó el éxodo. Familias enteras atravesaron en carros todo Entre Ríos desde cerca de Paraná, donde estaban. El padre Becher tenía un gran carisma y los entusiasmó con la idea de ir en busca de una Tierra Prometida confiando en la Providencia."[5]

Un testimonio de tradición oral recuerda estos momentos: "Mi mamá contaba que cuando vinieron de Santa María (hacia la nueva colonia), viajaron durante varias semanas porque tenían que descansar los caballos, alimentarlos y darles de beber. Y así llegaron al Phadersland,[6] parando cada tanto, haciendo fuego con bosta de caballo... hasta sabían parar a orillas de algún arroyo para hacer huecos en las barrancas que servían de horno para cocinar pan".[7]

¿Cómo había llegado a estas tierras aquel carismático misionero?

En 1875, el padre Janssen había fundado la Congregación Misionera del Verbo Divino, con el expreso fin de llevar la Palabra de Dios a aquellos lugares que más la necesitaran. Desde Colonia Esperanza, en la provincia de Santa Fe, una comunidad alemana clamaba por la presencia de sacerdotes que hablaran su lengua. El pedido llegó al fundador a través del obispo de Colonia (Alemania) y en 1889 fueron designados los padres Enrique Becher y Germán Löcken para viajar hasta ese remoto rincón. Ya instalados en Esperanza, el padre Becher se enteró de la existencia de colonias ruso-alemanas en la provincia de Entre Ríos y de la necesidad urgente que tenían de algún sacerdote que los entendiera y les predicara en su lengua. Su entusiasmo lo llevó a conseguir, en 1891, el cargo de párroco en Crespo, desde donde visitaba las demás colonias.

5 Entrevista.

6 "Campos del cura", como llamaban a Santa Anita.

7 Testimonio de la señora Bárbara Kloster, citado en Honeker de Pascal y Jacob de Hoffmann, *Santa Anita, una historia apasionante...*, Concepción del Uruguay, Entre Ríos, Artes Gráficas Yusty, octubre de 2000.

"...Viendo las condiciones precarias en que vivía la gran mayoría de los ruso-alemanes y observando que viviendo ellos dispersos por el campo, sin propiedad, sin templo y sin escuela, perdían su religión y buenas costumbres, y viendo al mismo tiempo la fuerte corriente inmigratoria que llegaba desde Rusia, el padre Enrique Becher concibió el vasto plan de adquirir, con la ayuda pecuniaria de la Congregación del Verbo Divino, un extenso terreno de campo para luego entregar, en lotes más o menos reducidos, a precios módicos y con favorables condiciones de amortización, a los pobres colonos que iban llegando de Rusia, facilitándoles así la posibilidad de adquirir propiedad suficiente para sus familias, de vivir juntos en una colonia y de conservar su fe y religión cristiana."[8]

Años después el mismo padre Becher contaba cómo la Providencia lo había ayudado en su empresa. Conoció en Buenos Aires a Faustino Crespo y a Brauss, y les explicó su plan para realizar la obra y comprar el campo "sin dinero". Ellos lo alentaron y le ofrecieron un préstamo a devolver con facilidades. Consiguió también hipotecas de las firmas Bunge y Born y Brauss Mahn, y generosos aportes de algunos particulares.

"Sin esta ayuda –escribía el padre Enrique Becher–, yo no hubiera podido fundar la colonia, y menos mantenerla. Yo andaba con gente pobre que no tenía campo ni ropa, sólo sabían manejar el arado. Con ellos fundé la colonia. ¡Todos juntos establecimos la colonia!" En carta dirigida al superior, el visitador de la Congregación le explicaba cómo se hacía la distribución de las tierras: "El P. Becher organizó la venta de los campos a los rusos [*sic*] de tal manera que él sigue siendo el propietario de la tierra hasta

8 Conrado Hummel, *Anales de la Parroquia y Colonia Santa Anita*, citado en Honeker de Pascal y Jacob de Hoffmann, *op. cit.*

que los rusos cancelen el valor de su respectivo campo más las máquinas y toda las demás prestaciones. En el ínterin él sigue siendo dueño de las cosechas. Un empresario mayorista adquiere todo el grano de los colonos cancelándolo al P. Becher, quien acredita a cada colono lo que le corresponde según las entregas".[9] Después del pago total de la deuda se otorgaba al colono el título de propiedad.

"Mi abuelo Glassmann fue a trabajar a la estancia *San Pedro*, propiedad del coronel Luis María Campos, casado con una nieta del general Urquiza –prosigue el padre–. Al poco tiempo de estar allí mi abuelo se casó. La familia de mi abuela era de apellido Bach y vivía en el campo, cerca de Santa Anita. Los dos tenían una muy buena relación con los patrones. Ellos le facilitaron algunas hectáreas, animales y herramientas para que empezara a cultivar, y a mi abuela, que vivía a veinte kilómetros de *San Pedro*, le llevaban periódicamente la ropa de cama, para que la lavara. Todo un grupo de colonos trabajaba en las tierras de los Campos Urquiza. El arreglo era que entregaban el veinticinco por ciento de lo cultivado. Les iba muy bien. Con el tiempo eso fue variando.

"Mi padre tenía como diez hermanos, y muchos se fueron porque no había tierra para todos. Mi padre se quedó con mi abuelo y allí nací yo, que también tuve diez hermanos. Cuando en los años cuarenta la situación se puso fea, mi padre, con alguno de mis hermanos, estuvo un par de años trabajando de hachero en el monte mientras mi abuelo seguía con el campo. La realidad fue cambiando: donde había diez colonos podían suplirse con dos y una buena maquinaria. En tiempos de Onganía se rescindieron los contratos. Daban cierta indemnización con la que

9 *Ibid.*

mi padre intentó comprar un campito, pero le duró muy poco tiempo porque compró sólo doce hectáreas. Los hijos ya se habían ido diseminando. Cuando se jubiló vendió eso y se fue a vivir al pueblo."

A pesar de que sus abuelos maternos habían nacido en la Argentina, su madre hablaba y leía perfectamente el alemán. Tenía un libro de oraciones y relatos bíblicos en alemán antiguo, escrito con letras góticas. Era muy lectora de la Biblia. Todos los chicos de las colonias de alemanes del Volga se habían criado así, en escuelas donde les enseñaban a leer y escribir en alemán, básicamente sobre los Evangelios, de los cuales podían recitar párrafos enteros. La enseñanza religiosa estaba muy unida a la de las primeras letras porque la escuela dependía de la parroquia. Recién en 1954 la escuela de Santa Anita se incorporó al régimen de escuelas fiscales de la provincia. El primer maestro, nombrado por el padre Becher, fue Francisco Glassmann.

Dio clases desde 1902 a 1907, año en que fue reemplazado por Juan Pedro Glassmann, quien también se desempeñó hasta 1913 como maestro cantor y sacristán. Lo habitual era que en las casas siguieran hablando alemán. Las celebraciones religiosas eran en latín y en alemán. Los cantos, todos en alemán, a varias voces. Poco a poco se fue enseñando el castellano. Era imprescindible para comunicarse con los criollos y con los otros inmigrantes.

"Recuerdo de chico que mis padres hacían las compras más grandes en Basavilbaso, un pueblo habitado casi exclusivamente por inmigrantes judíos. Tenían almacenes al por mayor, almacenamiento de cereales, etc. Los primeros médicos de Santa Anita, muy bien recordados, fueron judíos."[10]

10 Entrevista.

Recién después de 1950 comienza a haber matrimonios mixtos, es decir, con criollos o hijos de inmigrantes que no eran de origen alemán. Como tantos otros paisanos, el padre Sebastián y sus once hermanos tuvieron que emigrar, irse de Entre Ríos por falta de perspectivas laborales. Algunos se instalaron en Buenos Aires y se casaron con muchachas de distintas provincias. Fueron olvidándose de las costumbres.

"Pero –comenta esperanzado el padre– en ocasión del Centenario de Santa Anita, desde el año 2000 se nota un fuerte movimiento de recuperación. Se está llegando a una valoración del pasado. La gente joven se da cuenta de que no puede abandonar todo lo que es su patrimonio cultural; vuelve a la música, a la danza, a algunas costumbres y al idioma tan particular –un alemán del siglo XVIII mechado con criollo– que tratan de no perder. Santa Anita, con sus más de cien años de vida, es uno de los pueblos llamados 'levíticos' por la cantidad de religiosos que produjo. De allí salieron en ciento un años, hasta ahora, veintiocho sacerdotes y un obispo; treinta y siete hermanos de escuelas como La Salle o los maristas, y noventa y dos religiosas.

"El ambiente en que me crié fue muy religioso. Siempre recuerdo en mi familia esa presencia de la fe y de la oración. Un día nos visitaron unos franciscanos capuchinos que me dieron la idea de entrar al seminario. Mis padres aceptaron. Mucho después de mi ordenación mi madre me contó que ella, durante su misa de casamiento, le había pedido a Dios que les mandara un hijo sacerdote. No me lo había dicho antes porque no quería que me sintiera presionado. Después se produjeron todos los cambios y renovaciones en la Iglesia. Estuve un par de años en el seminario de Córdoba y, ya en tiempos del Concilio, hice dos años en el seminario de los jesuitas en San Miguel. Terminé en el seminario de La Plata. Atraído por la personalidad de monseñor Angelelli, obispo de La Rioja, pedí ser trasladado allí. Fue una experiencia única. Llegué allí pocos días antes del golpe del 76. Enseguida se produjo la prisión de algunos sacerdotes y varios laicos. A fines de julio mataron a dos sacerdotes, luego a un laico amigo, y el 4 de agosto, a monseñor Angelelli. Tuve que vivir toda esa dura realidad.

"La Rioja fue una experiencia muy enriquecedora desde el punto de vista religioso. Angelelli había logrado captar profundamente a la gente. Había excelentes curas, una amistad muy grande entre todos nosotros. Nos sentíamos parte del pueblo y la gente nos respondía. Estuve once años en Olta, algún tiempo en Milagros, un lugar más árido y adusto, y un par de años en la zona de Chilecito.

"Algo que me fue dado observar con relación a los criollos y a la inmigración del Volga es la distinta actitud frente al estudio y al conocimiento en general. Los nuestros, ante todo, querían trabajar. En La Rioja, en cambio, especialmente en el pueblito de Olta, hasta la gente más sencilla buscaba estudiar y progresar, por lo menos, terminar el bachillerato y, si era posible, ser maestro o seguir una carrera universitaria, pero había una verdadera preocupación por estudiar. La Rioja es cuna de maestros para todo el país. Desde la parroquia nos ha tocado ayudar a chicos y chicas que querían recibirse de maestros. Yo veo que mi gente de la colonia alemana no tuvo esa capacidad de decir: 'Vamos a estudiar'. Fueron muy trabajadores y algo progresaron, pero en ese esfuerzo grande no buscaron mejorar su status cultural. Hemos trabajado casi todos en forma independiente, sin juntarnos."

Hace cinco años que el padre Sebastián está en La Cumbre como párroco de la iglesia del Carmen. Está contento con su feligresía pero no olvida a su pueblo de origen alemán ni tampoco a sus criollos de La Rioja. Así como en los casamientos de Santa Anita se mezclan los sonidos de polcas, valses, chamarritas o chamamés, cree que en la Argentina se está forjando, lentamente, la síntesis que nos llevará a un mayor conocimiento y comprensión de todos los pueblos que la habitan, sin dejar por eso de recordar y valorar sus diversos orígenes.

Jules Gaston Bouillet y Clara Passemarte*

Si bien la inmigración francesa fue numéricamente menor, desempeñó en la Argentina un importante papel económico. Los franceses que llegaron desde distintas regiones y por distintos motivos tuvieron generalmente calificación profesional, cierto grado de instrucción, y medios capitales que invirtieron en el campo y la industria. Muchas de sus iniciativas contribuyeron enormemente al proceso de modernización de la Argentina.

En el período de mayor inmigración –entre 1857 y 1920– llegaron doscientos veinte mil franceses a la Argentina, de los cuales retornaron ciento veinte mil. Provenían mayoritariamente de las ciudades cercanas a París y sobre todo de las regiones rurales del sudoeste: el País Vasco, el Béarn. Algunos, de humilde origen, lograron con su trabajo ascender económica y socialmente.

* Entrevista a su bisnieta, Beatriz Frumento, en julio de 2002.

Jules Gaston Bouillet era hijo extramatrimonial de un general francés y una campesina de Lyon, y hasta los diecisiete años había sido pastor de ovejas. Suponen sus descendientes que su propósito al emigrar fue doble: labrarse un futuro y huir de otra guerra tan absurda como la franco-prusiana de 1870. Después del triunfo de los prusianos sobre las tropas francesas en Sedan, los republicanos moderados, Favre y Gambetta, habían hecho un golpe de Estado proclamando la Tercera República. El Gobierno levantó los impedimentos a la emigración y ése fue el momento elegido por Jules Bouillet para viajar a la Argentina. Poco después Francia perdía las provincias de Alsacia y Lorena, disputadas durante siglos a los alemanes. El descontento social produjo en 1871 el estallido conocido como la Insurrección de la Comuna de París, brutalmente reprimido con veinte mil ejecuciones.

Por esos años en las principales ciudades europeas proliferaban las Agencias Marítimas de emigración y colonización que publicitaban viajes a "las dos Américas" a precios bajos. Posiblemente el joven Bouillet haya leído en alguno de los *Boletines de la Asociación Franco-argentina* (*Messageries Maritimes*), propagandas como la siguiente:

SE PIDE

600 OBREROS PARA LOS FERROCARRILES A 10 FR POR DÍA, CON CASA Y COMIDA. PERSONAL DE SERVICIO: HOMBRES, MUJERES Y CHICAS, AGRICULTORES, COCINEROS Y COCINERAS, INSTITUTRICES A 100, 200 Y 150 FR POR MES, CON CASA Y COMIDA. LOS PASAJEROS SERÁN ACOMPAÑADOS HASTA BORDEAUX.

DIRIGIRSE DIRECTAMENTE AL SR. LOUIS PASTEUR, DIRECTOR DE LA AGENCIA MARÍTIMA, 16, RUE PRÉFECTURE, PRIMER PISO, PAU, PARA RESERVAR PASAJES CON SEÑA.

Dos pequeños diccionarios de fines de siglo, uno francés-español, y otro francés-alemán, perteneciente a Jules, que aparecieron en la biblioteca de su hijo, permiten deducir que había aprendido o tenía la intención de aprender esos idiomas. A pesar de ser tan joven, al partir dejaba una novia en Lille llamada Clara Passemarte, quien se había educado en un colegio religioso de esa ciudad. Jules, nacido en Lyon, probablemente habría ido a trabajar en las ricas minas de carbón de Lille.

Ya en Buenos Aires debió haberse conectado con la colectividad francesa (tal vez con algún conocido de su padre), porque no sólo consiguió un buen trabajo sino que, en unos años, pudo traer a su madre y a su novia. Con muy buen criterio, invertía en tierras todo lo que ganaba, tierras que conservó la familia hasta después de su muerte. Los franceses sabían lo que era el ahorro.

En 1883 nació su primer hijo, Enrique Bouillet. Con el tiempo tuvieron un negocio de importación de telas que quedaba detrás de la Casa Maple, sobre Carlos Pellegrini. "Mi bisabuelo –explica su bisnieta Beatriz Frumento– viajaba a Francia y allí compraba las telas para vender luego al por mayor a tiendas como Mayoral. Tanto progresó en este trabajo que pudo darse el lujo de mandar a sus hijos a estudiar a Francia. (Tengo guardados textos y boletines de sus estudios en París desde 1891.) Cuando los hijos crecieron, mis bisabuelos empezaron a prolongar por dos años sus estadías en Europa. Al volver de uno de esos viajes, compraron una casa en Villa Ballester porque 'tenía mejor aire' y Clara, mi bisabuela, estaba un poco enferma, quizá de tuberculosis. Murió al poco tiempo, dejando los hijos adolescentes."[1]

La familia había quedado muy conectada a Francia y a la colectividad francesa en la Argentina. Mientras terminaba en

1 Entrevista.

París su bachillerato, Enrique cooperaba con el trabajo familiar de una manera muy particular: iba al hipódromo de Chantilly, tomaba nota de lo que se usaba y mandaba después los detalles a Buenos Aires.

Creado en 1834 y situado a orillas del bosque frente al espléndido castillo, Chantilly era un centro de moda de la elegancia europea. La temporada hípica se abría el primer domingo de mayo, pero en junio adquiría una dimensión internacional, especialmente cuando se corría el Premio del Jockey Club, "el Derby francés", creado en 1836, que consagraba al mejor potro de su generación. Enrique no se perdía estas oportunidades de adelantar con sus dibujos los diseños de la temporada.

"Quizá fuera un poco arriesgado por parte de mi bisabuelo encargar esa tarea a un muchacho de dieciocho años –acota Beatriz–. Sin embargo, debía hacerlo bien, pues siguió mucho tiempo con ese trabajo hasta llegar a cruzar veintiséis veces el océano."

En uno de estos retornos a Buenos Aires, conoció en su propio negocio a la que había de ser su mujer. Su historia era muy particular. Como es sabido, desde mediados del siglo XIX hasta principios del XX existía la triste costumbre de dejar en los alrededores de la Casa Cuna a los hijos "clandestinos" de las niñas de sociedad que hubieran quedado embarazadas. Esta institución había sido fundada justamente para que las criaturas no fueran abandonadas en la calle o en la puerta de una iglesia. María Elena fue una de esas inocentes víctimas de la hipócrita moral de la época victoriana, pero tuvo la suerte de ser adoptada por un matrimonio italiano que no tenía hijos. Cuando murió su madre adoptiva, ella se puso a estudiar contabilidad y tuvo la suerte de entrar como cajera en el negocio de la familia Bouillet. Para entonces Enrique estaba trabajando en Francia y tenía una novia destinada por su padre en un arreglo de familias, como acostumbraban a hacer algunos franceses. Cuando llegó a la Argentina y conoció a la joven cajera de bellos rasgos hispanocriollos, se enamoró y, según cuentan, con un ramito de violetas le declaró su amor. La historia de Cenicienta volvía a repetirse.

Se casaron en 1912 y mostraron a su padre el hecho consumado: conoció a su nuera en el viaje de bodas que hicieron a Francia en 1913.

"Mi tío y mi mamá, Clara Bouillet, nacieron en Francia –cuenta Beatriz–. Mamá era una beba de meses cuando se declaró la Primera Guerra y tuvieron que huir para que no incorporaran a mi abuelo Enrique al Ejército francés. Huyeron primero a San Sebastián, en España, y mi abuela tuvo que volver sola a cerrar la casa. Sacó lo que pudo y lo demás lo regaló a nuestra vecina, que era madrina de mi mamá. (Cuando en 1955 mamá fue a conocerla, la pobre mujer creyó que venía a buscar sus cosas.) Mi abuela María Elena heredó de su padre adoptivo italiano el amor por la ópera y por la música en general. Mi abuelo le compró un piano, pero fue su hija Clara, mi madre, la que aprendió a tocar muy bien. Iban mucho al Colón."[2]

Mantuvieron el negocio muchos años. Enrique Bouillet se retiró antes de cumplir los cincuenta. Su posición económica era muy buena y tenía varias propiedades como capital. Volvieron de Francia a comienzos de la Primera Guerra en el *Principessa Mafalda*, que luego fue hundido por un submarino alemán. Vivieron un tiempo en Palermo. Los ingleses, alemanes y algunos franceses habitaban los barrios de la zona norte y Belgrano, porque la mayoría de ellos eran ejecutivos y jefes de empresas. Pero al poco tiempo los Bouillet se mudaron a Villa del Parque, que era zona de quintas, lo mismo que Devoto, y se suponía que,

2 Entrevista.

siendo terrenos altos, el clima sería menos húmedo. Beatriz recuerda con cariño esa gran casa de Villa del Parque con su inmensa biblioteca. Los nietos iban con mucha frecuencia a visitar a su abuelo, y los días de fiesta patria los hacía recitar poemas alusivos. También recuerda el romanticismo de su abuelo que seguía poniendo ramitos de violetas sobre el plato de su mujer...

Mientras tanto, el bisabuelo, Jules Bouillet, y sus hijas solteras vivían en un *petit-hôtel* de Paraguay y Ecuador. Tenían un comedor con grandes aparadores y un cuarto de música lleno de espejos donde estaba el piano y se realizaban las reuniones familiares. Allí murió, a los noventa y tres años, en 1950, aquel pastor de ovejas de Lyon que a los diecisiete decidió cambiar su vida y lo logró con esfuerzo y tenacidad.

Luis Frumento

Nació en 1875 en Saboya, y a los cinco años viajó con su familia a Buenos Aires porque a su padre lo habían contratado como ingeniero. Como Luis tenía inclinaciones humanísticas y sus padres eran muy religiosos, muy joven lo mandaron al seminario donde fue compañero de quien sería monseñor De Andrea. Pero él se escapó, se hizo socialista y "librepensador", y en 1900 se recibió de profesor en la Facultad de Filosofía y Letras. Dedicó su tesis a su amigo Carlos Pellegrini, también de origen saboyano.

"Mi abuelo paterno era un hombre culto y se preocupó de que sus cuatro hijos pudieran estudiar –dice Beatriz Frumento–. Mi abuela era de una familia tradicional argentina, los Costa, y todas sus hermanas se casaron con gente de prosapia criolla. Es extraño que ella lo hiciera con un hijo de inmigrantes. Murió muy joven y está enterrada en la Recoleta."

Como era muy difícil que un hombre solo y con poco dinero pudiera criar cuatro hijos, los tíos Costa llevaron un tiempo a sus sobrinos a vivir con ellos hasta que el padre pudo organizarse y darles un hogar. Para eso tuvo que dedicar todo su tiempo a la enseñanza. Daba clases de Historia, Filosofía y Lógica. Tenía todas las horas cátedra que podía abarcar y de noche trabajaba de corrector en un diario. Finalmente pudo alquilar una casita en Villa Devoto, cerca de donde vivían sus cuñadas. Los chicos tenían la libertad de la vida de barrio, jugaban con sus primos y amigos. Luis Frumento llevaba una vida muy sacrificada y sus hijos le tenían un gran respeto y un gran cariño. Todos fueron profesionales.

En una ocasión, Luis Frumento escribió un artículo sobre las dudas de un padre cuya hija no elige las humanidades sino una carrera científica, no vista con buenos ojos para las mujeres. Aunque fuera librepensador, compartía de algún modo la forma de pensar de los hombres de entonces que tanto celaban a sus hijas, según lo demuestra la siguiente anécdota narrada por su nieta:

"Marcela Frumento, mi tía, nacida en 1913, y una chica Brancatto eran las únicas mujeres de su promoción en la carrera de medicina y tenían dificultades en encontrar un turno para estudiar los cadáveres. Finalmente les concedieron los sábados. Una tarde, mientras estaban trabajando en la sala oyeron un carraspeo familiar: era mi abuelo, el librepensador, que había ido a controlar por sí mismo lo que hacía su hija los sábados a la tarde, como cualquier comedido burgués."

Marcela Frumento tuvo a su cargo la cátedra de Ginecología en el Alvear. También los nietos recibieron educación universitaria a instancias del abuelo. Beatriz eligió ser escribana.

Luis Gerónimo Frumento y Clara Bouillet se conocieron en las fiestas y reuniones de jóvenes que se hacían en Devoto. "Un día –cuenta su hija–, estaban ambos conversando en el porche (no en el zaguán porque era una casa de estilo inglés), se largó a llover y mi abuelo Enrique les dijo que entraran. Mi abuela María Elena convidó a su futuro yerno con una buena comida francesa y después mi mamá tocó 'Fascinación' en el piano. Parecía todo preparado para 'engancharlo' aunque, como decía mi papá, si hubieran sabido que él era un estudiante pobre quizá no hubieran sido tan hospitalarios. Según contaba, mi abuelo había visto en él un 'joven de gran porvenir' y por eso lo alentó. También pretendía a mamá el hijo de su socio, pero a mi abuelo no le gustaba porque era un hombre muy arrogante."

Eran los años del triunfo de los radicales: Yrigoyen, Alvear y nuevamente Yrigoyen, se sucedían en el gobierno. Luis Jerónimo Frumento era radical activo. Entre su grupo de amigos estudiantes de derecho estaban Horacio Manzi, los May Zubiría, los Insaurralde... "Tardó en recibirse porque fue uno de los estudiantes radicales que tomaron presos en la revolución del treinta –agrega su hija–. Lo cierto es que a mis abuelos no les importó que papá no tuviera patrimonio y que fuera un abogado recién recibido. Se casaron en 1936."[3]

En las historias de inmigración son muy frecuentes las casualidades o extrañas coincidencias. Claire Passemarte, la francesita educada en el colegio de monjas de Lille, nunca hubiera imaginado que ciento treinta años después una tataranieta suya, nacida en la Argentina y llamada como ella, Clara, iba a vivir en ese mismo colegio después de haber ganado una beca para estudiar literatura.

3 Entrevista.

Isaac Benzecry*

Las primeras persecuciones contra los judíos de España, en 1391, y la Expulsión de 1492, sumaron un importante aporte sefaradí –judío de origen y habla hispánica– a los pueblos judeo-árabe y judeo-bereber que habitaban Marruecos desde antes de la dominación romana. A fines del siglo XIX, Marruecos estaba dividido en dos protectorados, el del norte, con capital en Tetuán, dependía de España, el del sur, con capital en Casablanca, de Francia. Los judíos de Marruecos se había llevado siempre muy bien con los árabes.

"Mi padre, Isaac Benzecry, nacido en 1876, pertenecía a una familia muy numerosa de Tetuán –recuerda su hijo Elías–. Benzecry significa hijo de Zacarías o 'hijo del recuerdo'. Algunos venían de Fez, otros de Casablanca o de

* Entrevista a su hijo, Elías Benzecry, en noviembre de 2001.

Marruecos. Todos del norte de África. El Mediterráneo es una mezcla de razas e influencias que se remonta a la prehistoria. La familia de mi padre vivía en condiciones muy precarias en un barrio medieval amurallado, al que llamaban la judería. La casa era grande pero con muchas incomodidades."

Estos *cortillos*, como los llamaban los sefaradíes, eran varias habitaciones y algunas cocinas dispuestas alrededor de un patio y compartidas con otros parientes. "La pobreza llevó a emigrar a mi padre cuando tenía catorce años. Nunca supe de qué vivía mi abuelo. Mi abuela, con nueve hijos, era la que trabajaba. Mi padre deseaba irse para progresar y poder ayudar a su madre, a quien veneraba. Hablaba muy bien el francés porque, como no había escuelas públicas, la Alianza Israelita Francesa distribuía escuelas por todo Marruecos para los chicos judíos, y en una de ellas estudió mi padre. Todos los judíos de Marruecos que vinieron a la Argentina tenían una buena formación por esas escuelas."[1]

Una de las metas de la Alliance Israélite fue propagar la cultura europea ente los judíos orientales de Asia Menor y África del Norte. Con ese propósito crearon a fines del siglo pasado más de un centenar de escuelas en Marruecos, Egipto, Palestina, los Balcanes, Turquía y Túnez, utilizando el francés como idioma para impartir las clases.

Los sefaradíes fueron pioneros de la inmigración judía a América Latina. (Algunos habían ido antes al Brasil y se habían instalado, desde 1823, en la Amazonia, especialmente en Belém do Pará y Manaos, dedicados al negocio del caucho.) Pero recién a partir de 1880 hay evidencias de un movimiento migratorio directo de judíos desde

1 Entrevista.

Marruecos a la Argentina. Llegaban desde Tetuán, Ceuta, Tánger, en una corriente inmigratoria no organizada, en busca de mejores horizontes económicos y de perspectivas de progreso individual.

"Venían arrastrando costumbres atávicas de la España que habían dejado en 1492 –dice Elías Benzecry–. En Piedras al 1100 está el templo de los judíos de España, y hace poco inauguraron un complejo en la calle Borges. Al principio no se querían mezclar con los otros sefaradíes, los de Salónica y las islas del Egeo, aunque hablaran ladino, porque decían que eran turcos. Hasta la Guerra del 14 ellos entraron acá con pasaportes del Imperio Otomano; por eso, se les decía turcos como a los sirio-libaneses. Después se mezclaron todos, hasta los judíos alemanes de la calle Libertad, venidos mucho antes de la guerra. Algunos eran más alemanes que judíos.

"Mi padre estuvo dos o tres años en Brasil, pero no soportó el clima y, siguiendo el llamado de su hermano, viajó a Villa Mercedes, San Luis, donde ya estaban instaladas algunas familias marroquíes. En aquel tiempo eran muy numerosas, pero luego se desperdigaron: Abecazis, Bentomila, Beltrán, Benarós y otras. También llegó Moisés Pariente, que había sido académico en París y que fue el rector intelectual de todos."

¿Por qué habían elegido esa pequeña ciudad de provincia, nacida como fortín contra las avanzadas de los indígenas? Desde la llegada del ferrocarril, en 1886, que unía el puerto con la cordillera, Villa Mercedes se había convertido en un nudo ferroviario muy importante, y poco a poco empezaron a acudir los extranjeros, al principio con gran predominio de franceses, luego italianos, españoles y marroquíes.

"Los primeros inmigrantes estaban especializados en el comercio de tejidos, y señalaron el rumbo económico que tomaría luego la comunidad. Alguno de ellos traía capitales de alguna importancia y bajo su amparo vinieron los amigos y parientes pobres que trabajaban en los negocios de sus benefactores o bien conseguían crédito para abrir el propio. Se instalaron en la capital o marcharon rumbo al interior. Siguiendo las líneas de los ferrocarriles y las rutas, los judíos de Marruecos abrieron sus tiendas: Santa Fe, Córdoba, Chaco, Formosa, Entre Ríos, Mendoza, San Luis."[2]

Los hermanos Benzecry abrieron en Villa Mercedes una tienda de ramos generales a la que bautizaron "El Progreso", nombre muy acorde con la época y con las esperanzas de los emigrados. Estas tiendas conocidas como "baratillos" se fueron convirtiendo en grandes negocios por el crecimiento constante de la población. La ropa era muy importante y el atuendo marcaba el status, sobre todo entre las mujeres que frecuentaban la Plaza del Dos,[3] "centro neurálgico del progresista pueblo, punto de reunión de las niñas casaderas a la salida de misa o en las tardes y noches de retreta", como rememora un nostálgico periodista mercedino.[4]

"En cuanto mi padre ganó algún dinero –continúa Elías–, lo primero que hizo fue volver a Tetuán y comprar una casa para su madre. Fue también durante ese viaje cuando se hizo masón en la ciudad de Tánger, como me lo confesó en una ocasión." Mientras tanto la tienda "El Progreso" crecía a la par de la ciudad, más aún con la llegada de otros dos hermanos: el tercero, Miguel, a quien llamaban Omen Agen,[5] y el menor, Samuel. En los primeros años

---

2 *Presencia sefaradí en la Argentina* (Iaacov Rubel: coordinación editorial; Daniel Bargman y Leonor Slavsky: investigación y textos), Buenos Aires, 1992.

3 Así llamada porque allí había acampado, en tiempos bélicos, el Regimiento Dos de Caballería de Línea.

4 Artículo de Juan Acha en la publicación del *Centenario de Villa Mercedes (1856-1956)*.

5 Padre del famoso músico y director de orquesta, Mario Benzecry.

del siglo XX la ciudad tenía unos quince mil habitantes y un gran movimiento comercial. Ganaderos de Córdoba, La Pampa y San Luis viajaban en busca de tierras o hacienda. Miles de carretas, cargadas de cueros, plumas de ñandú y otros frutos de la tierra, completaban el camino del ferrocarril acercando a la villa los productos que serían trocados por mercaderías diversas: alimentos, vestidos y máquinas para el agro. Pronto se instalaría allí una sucursal del Banco de la Nación.

El 19 de diciembre de 1905 quedaría grabado a fuego en las mentes de todos los mercedinos y en los anales de la ciudad: ese día, el Banco de Villa Mercedes fue asaltado por el legendario trío de pistoleros formado por Butch Cassidy, la bella maestrita Etta Place y Sundance Kid, acompañados de otros bandoleros yanquis.[6] (Por supuesto, la población y las autoridades se enteraron mucho después de que se trataba de ellos.) Habían venido de Buenos Aires y en el furgón traían sus propios caballos, tan elegantes como sus dueños. Por nueve días ellos fueron la gran atracción de la Villa. Cabalgaban en forma espectacular, entendían de ganado y caballos, visitaban las estancias, pero también podían animar una velada con piano, canto y baile, o un fogón de la Plaza del Seis, con asado, vino y guitarras.

Los "gringos" se ubicaron en el hotel Young, y el mismo día de su llegada, Etta y su presunto marido salieron de compras por los baratillos de marroquíes y sirios llegados hacía pocos años. En el negocio de Benzecry Hermanos encontró Etta lo que buscaba: un precioso vestido de tarde que Isaac Benzecry declaró recién llegado de París. La intensa vida social que los forasteros llevaron a partir de entonces no les impedía recorrer a conciencia los alrededores.

6 En febrero de ese mismo año habían asaltado el Banco de Río Gallegos.

Su fin era estudiar a fondo el terreno por donde planeaban huir una vez cometido el asalto.

Cuando el 19 de diciembre la población oyó tiros y caballos a todo galope, creyeron que se trataba de una revolución. Poco a poco los rumores se fueron confirmando: los elegantes extranjeros habían irrumpido en el banco a punta de pistola y, al encontrar una resistencia que no esperaban, se habían retirado con unos veinte mil pesos, sin poder acceder al grueso del dinero que ascendía a cerca de ochocientos mil pesos. Los bandidos no habían contado con la reacción del gerente, Federico Hartlieb, y de su hija Emilia, de apenas quince años, que le alcanzó, desde la casa, su revólver y un Winchester, mientras ellos juntaban el dinero que estaba a mano. Comenzó entonces un feroz tiroteo. Butch Cassidy que no quería matar a nadie, dio la orden de retirada. Todos montaron y salieron al galope hacia el sur. Al llegar a la estancia La Ventura, pudieron cambiar sus caballos y escapar hacia Chile.

Cuando sucedió este inolvidable episodio, Isaac tenía unos veinticinco años y "El Progreso" seguía haciendo honor a su nombre. Al cumplir los treinta y dos años, con una buena posición económica, juzgó llegado el momento de formar una familia y, como la mayoría de sus compatriotas, volvió a buscar novia a su lugar de origen. Ya en Marruecos, su amigo Levi le presentó a su hermana, linda muchacha de dieciséis años, y en poco tiempo se decidió el casamiento, aunque la joven novia no estuviera muy convencida. "Mi madre era de origen judío-portugués y vivía en Ceuta con su familia. Eran de un nivel social y cultural superior al de mi padre. Mamá era la menor de ocho hermanos. Mi abuela materna era portuguesa nacida en Lisboa."[7]

---

7 Entrevista a Elías Benzecry.

La boda de los padres de Elías Benzecry se realizó en Ceuta, en 1910, siguiendo tradiciones sefaradíes y mediterráneas milenarias. Podemos asomarnos a ellas a través de otros testimonios orales que han sido recuperados:

"Frente a la gran mesa donde mi abuela había colocado las toallas y los camisones hilados a mano, desfilaron la madre y las hermanas de mi futuro esposo, mis primas, amigas y vecinas... El *aparar* (presentación del ajuar) era una reunión festiva que daba lugar a alegres comentarios y chistes (...) Dos días antes, la *convidadora* se presentó en mi casa con una gran bandeja de plata enviada por mi suegra. Una hermosa carpeta bordada con hilos de oro y otros de varios colores cubría los regalos... Levanté la carpeta con manos temblorosas mientras iba sacando los regalos, uno a uno, mientras la *convidadora* cantaba y hacía pasos de baile (...) Acaricié el *tas* dorado que serviría para echarme agua en la espalda y enjuagarme el pelo... entre los regalos emergían blancos y tentadores confites con almendras (...) y llegó el día del baño. Me senté en el piso delante de la pileta adosada a la pared. El mármol estaba caliente. Con murmullos cristalinos iba llenándose la pileta... Bajé la escalerilla. Mientras me iba sumergiendo poco a poco en el agua, la encargada del baño ritual me dio un confite y dijo una plegaria. Luego colocó sobre mi cabeza una rosca dulce y allí mismo la partió pronunciando otra bendición y agregó: 'Para que tengas pan... pan hasta la hartura'".[8]

El primogénito nació en Ceuta. Poco después, el padre viajó a preparar la casa de Villa Mercedes donde iba a vivir su familia.

8 Testimonios de "Vidas sefaradíes del ayer", citados por Helene Gutokowski en el artículo "Estampas del mundo sefaradí de ayer", en *Presencia sefaradí en la Argentina*, *op. cit.*

"Mi madre –sigue relatando Elías– vino de Ceuta a los diecisiete años, con mi hermano mayor de meses. Nosotros fuimos seis hermanos: tres y tres. Yo era el menor y tengo setenta y tres años. Nuestra familia no tenía tradiciones tan fuertes como otros grupos aunque conservaban algunos ritos. Mi padre se había acriollado completamente. En general los árabes y los judíos sefaradíes se acriollan con facilidad. Esa rápida integración se debe a las raíces comunes: el amor del gaucho por el caballo y la guitarra son también amores del árabe. Y hasta el tan criollo malambo es de origen hispano-árabe, como también el 'arrope' del noroeste argentino. Mamá hacía comidas sefaradíes para satisfacer a papá." *Borrequitas de queso*, albóndigas con harina de *matzá*, *pishkado* (pescado) con huevo y limón, o *travadicos* (empanaditas dulces de canela y azúcar que se usaban en la mesa del *Shabat*). En las visitas entre paisanos sefaradíes no era raro escuchar sus bendiciones a las niñas que servían los dulces. "Novia que te veamos", a la niña soltera. "Parida que te veamos" a la recién casada.

"Hace unos días, al encontrar a León Benarós, yo le pregunté: '¿Conservas la *jaquitía*?'. Más que un dialecto, la *jaquitía* son vocablos sueltos usados en el habla marroquí, como *preto*, por *negro*, o *mahzal*, por *suerte*. Recuerdo que mi padre decía: 'Si tú te casas por dinero será tu negro *mazhal*'. La música que escuchábamos en casa eran canciones sefaradíes, españolas antiguas, que mamá cantaba."

Algunas de estas canticas o romanzas, emparentadas con el romancero español, vienen de la Edad Media y aún las recuerdan los judíos sefaradíes de Esmirna, Rodas y Salónica:

¿Por qué lloras, blanca niña,
por qué lloras blanca flor?
Lloro por vos, caballero,
Que os vais y me dejáis.

O aquella rescatada por el cantante español Joaquín Díaz:
Tres hermanicas eran, blancas de rosa y ramas en flor.
Tres hermanitas eran, tres hermanicas son.

El día del *Pesaj* los sefaradíes acostumbran a leer la *Hagadá*[9] primero en hebreo y después en castellano. Al terminar la fiesta, a la noche, después de la aparición de las primeras estrellas, se derraman en los rincones de las casas y en los armarios hierbas frescas arrancadas de los campos o de los jardines, mientras se repite el versículo de la *Hagadá*: "Te hice multiplicar como las hierbas del campo..."; y también el augurio: "Año verde, que no se seque". Otra fiesta importante era la *Timimona*, "celebración típicamente marroquí, que señala la finalización del *Pesaj* y el reingreso del pan en el hogar. Es el deseo de felicidad entre amigos, parientes y vecinos que se visitan, deseándose unos a otros un "¡Dulce lo vivas!". La mesa se engalana con una serie de platos que simbolizan la abundancia y la prosperidad. Muchos son alimentos simbólicos, como la leche, miel, aceite, huevos y harina. En el centro de la mesa se pone una masa con levadura que va aumentando su tamaño minuto a minuto. Sobre ella cada uno pone lo que desea que crezca y prolifere.[10] Los marroquíes que vivían en Tánger recuerdan que, para esa fecha, momentos antes de la puesta del sol, ya "se veían muchos árabes desplazándose por las calles con bandejas cubiertas por pañuelos de seda, llevando a sus amigos judíos ramas secas de trigo en señal de amistad, miel, manteca, pescado fresco, habas verdes y levadura, para que al día siguiente, en cada hogar judío, pudiese amasarse el pan".[11]

9 Llaman así al Pentateuco, es decir, los cinco primeros libros de la Biblia.
10 Testimonios de "Vidas sefaradíes del ayer", *op. cit.*
11 *Ibíd.*

"Hice la escuela primaria en Villa Mercedes. Para entonces papá y mis tíos tenían sus propias tiendas. Compraban todo a crédito. Había buena fe en la gente y una gran confianza en el país. Había otros valores. Mi padre creyó que en Buenos Aires podría progresar como en la Villa. Tuvo un establecimiento textil en la calle Belgrano 950 y allí vendía solamente al por mayor. Cuando Einstein vino en el año 24, papá estaba en Buenos Aires. A la única colectividad que visitó fue a la española, que se llamaba Asociación Israelita Latina de Beneficencia y Misericordia, y papá tuvo el gusto de verse retratado junto a él.

"Con la crisis del 29 y 30 se vino todo abajo y volvimos a componernos a Villa Mercedes. Ya papá se sentía viejo y cansado. No tenía fuerzas para volver a empezar. Estaba en el Partido Conservador de San Luis y era muy amigo de Reynaldo Pastor, que fue gobernador de la provincia. En 1940 mi hermano mayor, León, se recibió de médico y Pastor le mandó un telegrama a mi padre diciéndole que pensaba designarlo jefe de un dispensario por Merlo. Mi hermano, que estaba en la Universidad de la Plata en la carrera docente, no quiso ir a Merlo porque tenía otros planes: llegó a ser titular de la cátedra de Ginecología en la Facultad de Medicina.

"A todo esto, mi padre se fue aislando cada vez más. No llegó a verme recibido de abogado porque yo era el menor. Mis tres hermanas iban a la escuela de las monjas. Mis padres pensaban que eso aseguraría su honestidad. Se encariñaron mucho con las monjas. Tanto que, cuando salieron, las ayudaban en las fiestas de fin de año: una tocaba el piano, otra dirigía la coreografía de las chiquitas que bailaban en el escenario. No había grupos tan cerrados y existía una especie de ecumenismo natural: mis hermanas se educaron en escuela de monjas, yo iba a colegio protestante y mi padre me llevaba a la sinagoga el día del Perdón.

"El domingo antes de morir, mi padre fue a barrer al cementerio judío, como preparando su lugar. Quería mucho a la Argentina y siempre decía: '¡Bendito sea este país! ¡Qué hermoso que es!'. Tenía una gran gratitud por el país y nunca le transfirió la culpa de su fracaso.[12] Mi madre murió a los noventa y dos años. y nunca volvió a ver a sus hermanos. Yo los conocí a todos allá en Ceuta. Uno de mis tíos, Alberto, había hecho en Brasil una gran fortuna con el caucho."

La comunidad marroquí representa un porcentaje pequeño de la comunidad sefaradí en la Argentina. Muchos hijos de inmigrantes accedieron a la educación universitaria. El excelente manejo del idioma que tuvieron desde el momento de su asentamiento permitió un fluido contacto con la sociedad hispanocriolla. Esto promovió la rápida asimilación y la desaparición de grupos enteros en el interior del país.

"La religión y algunas tradiciones se van diluyendo a medida que las generaciones van pasando –explica Benzecry– sobre todo cuando hay matrimonios mixtos. Mi hija mayor es abogada y trabaja en Tribunales, la segunda es licenciada en Letras y estudia Bellas Artes y el varón se está por recibir de ingeniero civil. Mi mujer es católica, educada en la Misericordia de Flores. Entiendo que para casarse no importa tanto tener religiones distintas, sino pertenecer al mismo nivel sociocultural. Con respecto a Dios, es uno solo para todos. Y aunque yo sea judío, creo en el mensaje de amor de Jesús."

12 Entrevista.

Los "gauchos judíos"*

Desde los años violentos que sucedieron al asesinato de Alejandro II, ocurrido en marzo de 1881, millares de judíos debieron abandonar la Rusia zarista. El hecho de que una de las anarquistas que intervinieron en el complot fuera de familia judía fue el pretexto usado para provocar *pogroms* y dictar leyes antisemitas.

Una tras otra se sucedían las restricciones: en 1882 se les quitó la tierra y en 1887 volvió a limitarse el número de posibles estudiantes universitarios. Los Reglamentos Provisorios que impedían el acceso a las profesiones liberales, a la agricultura y a la posesión de tierras, duraron hasta la Revolución de 1917. Cuando a estas disposiciones se añadió la prohibición de vivir en aldeas o fuera de la

* Comienzos y motivos de la colonización judía proveniente de Rusia.

zona de residencia o cerca de las fronteras, comprendieron que había llegado la hora de emigrar. Los más afectados por esta última disposición eran quienes vivían en Besarabia (Moldavia) y Kamenetz-Podolsk (Podolia). Un grupo de ellos se reunió en Catovitz para cambiar informaciones sobre sus posibles destinos. Su deseo era cultivar la tierra, no trabajar en fábricas como estaban ofertando los agentes norteamericanos. Decidieron mandar delegados a París para consultar a la Alliance Israélite Universelle. Entre ellos estaban Eliezer Kaufman y Jose Ludmer, que tenía un cuñado granjero en Minneapolis, Estados Unidos. Por este último se enteraron de que el país más apropiado para emigrar y dedicarse a la agricultura era la Argentina, y decidieron viajar allí.[1]

Desde 1881 el presidente Roca había encargado a su agente honorario en Europa "dirigir hacia la República Argentina la emigración israelita iniciada actualmente en el Imperio Ruso". El orden y la paz preconizados por su gobierno iniciaban el gran momento de poner en práctica las ideas de Alberdi y Sarmiento: poblar la Argentina de agricultores que la hicieran prosperar. Lamentablemente para los futuros colonos, el fomento de la agricultura menor, propiciado por la Ley de Inmigración y Colonización de 1876, no se cumplió en forma cabal por varias razones. Las tierras cultivadas se habían valorizado de tal manera que sus dueños no querían venderlas sino arrendarlas a los nuevos inmigrantes. En cuanto a los inmensos territorios tomados a los indios en las campañas del general Roca, fueron distribuidos como recompensa o vendidos como grandes latifundios entre personas allegadas al Gobierno. Para fines del 89, la tierra se había convertido en un valor

1 José Mendelson, "Génesis de la colonia judía en la Argentina", en *50 años de colonización judía en la Argentina*, DAIA, Buenos Aires, 1939.

financiero en manos de latifundistas y especuladores. Los primeros colonos judíos, llegados en agosto de ese mismo año, sufrieron las consecuencias de esas circunstancias.

Previamente, en París, Kaufman se había puesto en contacto con un tal Frank, agente comercial de la Oficina de Inmigración Argentina, y había arreglado un convenio según el cual los futuros colonos recibirían parcelas de la estancia Nueva Plata, perteneciente a Rafael Hernández, de quien Frank era representante. "Cada parcela tenía de veinticinco a cien hectáreas –según las posibilidades del comprador– y el precio era de ciento veinte francos la hectárea. A su arribo a la Argentina, Hernández debía proveer a los inmigrantes de útiles de labranza, alimentos y provisiones, todo a pagar después de la primera cosecha."[2] El viaje era subsidiado por el Gobierno argentino. A su vez, cada jefe de familia debía pagar cuatrocientos francos de seña.

Tardaron bastantes meses en reunir ciento treinta y seis familias (ochocientas veinticuatro personas) dispuestas a la aventura bajo el lema "Retornemos a la tierra". "La azada", canción popular del trovador Zunger, con letra en idish y en hebreo, se convirtió en el himno del grupo. También hubo dificultad en reunir los cuatrocientos francos. Muchos no los tenían y otros negaban tenerlos. Como era habitual, las organizaciones judías de Francia y Alemania se mostraron solidarias. Sigmund Simmel, rico comerciante y hombre público berlinés que ayudaba a sus correligionarios de Europa Oriental, se puso en contacto con la Alliance, comprobó la legitimidad del convenio, y juntos aportaron el dinero que faltaba. Gracias a sus gestiones, la compañía de navegación alemana proveyó a los viajeros de cocina

2 Haim Avni. *Argentina y la historia de la inmigración judía*, Editorial Universitaria, Universidad Hebrea de Jerusalén, AMIA, Comunidad de Buenos Aires, 1983.

propia y embarcó ganado en pie, para que pudieran comer carne *kosher*, según sus ritos. Después de muchas vicisitudes lograron embarcarse en Bremen en el vapor *Weser*, de bandera alemana, que llegó a Buenos Aires el 14 de agosto de 1889. Era la primera comunidad judía organizada, procedente de Rusia.

Vivían entonces en la Argentina algunos cientos de judíos de muy distintos orígenes y ocupaciones. Desde la época de Rosas o antes, había en Buenos Aires judíos occidentales, provenientes de Francia, Inglaterra y Alemania. Poseían fortuna y estaban asimilados al ambiente. Muchos tenían mujer e hijos cristianos. Hacia 1875 habían llegado los judíos sefaraditas procedentes de Marruecos, Grecia o Turquía, comerciantes al por mayor o minoristas, importadores de casimires y mercerías. Hablaban el ladino o el judeo, de origen castellano. No tenían mucho en común con los askenazis, provenientes de Europa Oriental, pero se reunían periódicamente en la Congregación Israelita, pequeño organismo fundado en 1862 por algunos askenazis que habían llegado en forma individual o como representantes de casas de comercio.

Finalmente, desde unos años atrás, se había instalado una mala ralea de individuos de origen centroeuropeo. Eran los llamados *Temeim*, "Impuros". La mayoría de ellos formaba parte de la Zoe Miwdal, asociación criminal de rufianes, que aprovechaba la prosperidad argentina y la aglomeración de hombres solos en las ciudades para dedicarse a la trata de blancas. Ellos fueron responsables de ciertos prejuicios contra los judíos en Buenos Aires.

Los pioneros del vapor *Weser*, en cambio, se mostraron ante los porteños como comunidad religiosa, con sus tradiciones y costumbres, rituales de bodas y velatorios. El rabino Aaron Goldman traía los dos rollos de la Ley y los libros santos. Muchos de los pasajeros también tenían libros sagrados. Con el tiempo, esta circunstancia iba a otorgar una característica peculiar a Moisesville, ciudad fundada por este grupo, que fue llamada "la Jerusalén de la Argentina". Pero antes de llegar a esto, los pioneros del *Weser* tuvieron que vivir muchas amarguras y desilusiones. La primera fue enterarse de que las parcelas del convenio no estaban disponibles: durante los ocho meses que duraron las negociaciones entre el grupo de Kamenetz y Frank, la tierra había aumentado su valor en la bolsa y Hernández se había retractado del negocio firmado en su nombre. Aunque se les devolvió el dinero adelantado, el perjuicio fue muy grande.

Los miembros de la Congregación pidieron un permiso especial para que el grupo pudiera quedarse en el viejo Hotel de Inmigrantes hasta que se decidiera su destino, y los delegados se pusieran en contacto con Pedro Palacios, estanciero que poseía grandes extensiones en el norte de Santa Fe. Hacia allí partieron en vapor por el Paraná hasta Santa Fe y luego en tren hasta Palacios, última estación del ramal que se estaba construyendo hacia Tucumán. Aunque no hay relatos de este viaje, podemos imaginar el asombro y admiración que deben haber sentido los pioneros ante la majestuosidad del Paraná, el verde intenso del litoral, la inmensidad del cielo azul sobre una llanura que parecía no tener fin. La curiosidad por conocer el lugar que les estaba designado no impedía el temor a una nueva desilusión.

Los más ortodoxos lamentaban tener que profanar el sábado viajando. Al llegar a Palacios, se encontraron con un páramo despoblado y cubierto de yuyos, donde sólo se levantaba la flamante estación y las casuchas de los obreros que estaban construyendo el ferrocarril a Tucumán. Les llamó la atención la presencia de algunos indígenas, posiblemente wichis del chaco santafecino.

Se acomodaron como pudieron en la estación y algunos vagones en desuso. Para comer tenían solamente vacas que sus matarifes sacrificaron al modo ritual. Las herramientas y provisiones –harina, azúcar y té prometidos en el contrato– no habían llegado. Quienes tenían algo de dinero compraron víveres en la vecina ciudad de Sunchales. Los otros debieron conformarse con carne y las galletas que los obreros del ferrocarril daban a los niños hambrientos. Lo peor era la sensación de abandono: no sabían el idioma; no había nadie que les enseñara las tareas que debían realizar; no podían comunicarse ni con el representante de Palacios, ni con los obreros, ni con los viajeros que pasaban en tren hacia Tucumán.

El representante de Palacios, por su parte, informaba a su patrón que los gringos hacían cosas incomprensibles, como matar vacas por la garganta y desperdiciar la mayor parte de la carne, y que tres días a la semana se lo pasaban sin hacer nada y leyendo. (Además del *Shabat*, aquel año las fiestas solemnes del mes de Tishre habían caído jueves y viernes, de ahí la conclusión apresurada del representante. El abismo, que sólo puede llenar la palabra, era una barrera demasiado grande entre ellos.)

Pasaron así, con mil privaciones, septiembre y octubre. El clima cálido o templado, los días de sol y las noches estrelladas brindaban alguna esperanza. Lo más terrible fue la muerte de cerca de sesenta criaturas, posiblemente contagiadas de cólera, que ligaron a sus padres para siempre a esa tierra donde estaba el cementerio. Palacios les mandaba bolsas de harina con las que, una vez vacías, se fabricaban túnicas, y así seguían ayudados por indios, obreros y viajeros. Los creyentes tenían fe en que la Providencia no los iba a abandonar. En efecto, la salvación llegó en forma imprevista. Estaba en ese momento en la Argentina el doctor Guillermo Loewenthal, médico higienista, para visitar varias empresas de colonización por invitación del ministro de Relaciones Exteriores de la Argentina, según Haim Avni, o "para estudiar el clima y su influencia sobre la higiene en los países de la zona subtropical", según José Mendelson.

Una versión cuenta que, en los breves minutos que duró la parada del tren, Loewenthal tomó nota de todo lo que habían sufrido los primeros colonos judíos desde su llegada a aquel desierto cubierto de yuyales donde estaban desde hacía cinco semanas. Otra versión dice que bajó del tren y se quedó unos días con los suyos. Ambas coinciden en que, al volver a Buenos Aires, escribió a Estanislao Zeballos, ministro de Relaciones Exteriores: "He encontrado en la estación Palacios a quinientos de esos inmigrantes en la miseria más espantosa, no teniendo, muchas veces, para comer más que un pedazo de galleta por persona durante cuarenta y ocho horas; muchos están enfermos; sesenta y un niños han muerto, y otros están en trance de morir, sin asistencia médica y sin medicamentos".

No conforme con esto, fue a ver al propio Palacios para contarle las condiciones en que estaban sus colonos. A la semana los colonos fueron trasladados hacia lo que es hoy Moisesville. Se les entregó una quinta y una carpa de lona a cada familia. Palacios les ofrecía trabajo en sus estancia y en las estancias vecinas hasta que pudieran levantar sus casas y cultivar los campos. Poco después, en un caluroso día de verano, llegó el estanciero para fundar oficialmente el futuro centro de la colonia. Todas las familias, encabezadas por el rabino Goldman, salieron a su encuentro y lo recibieron con el pan y la sal del ritual de bienvenida. El discurso del rabino fue traducido al castellano. Satisfecho, Palacios le preguntó:

–¿Cómo quisieran ustedes que se llamara la colonia?

–"Kiriath Moishe" (Villa Moisés) –replicó el rabino, y explicó–: Moisés sacó a los judíos de las penurias de Egipto y lo condujo hacia un país propio. Nosotros después de haber salido de la Rusia zarista y de haber llegado a la libre Argentina, nos sentimos a semejanza de nuestros lejanos antepasados, en un lugar que será nuestra patria.

Los fundamentos expuestos gustaron mucho al estanciero. De esta manera fue fundada Moisesville y tal fue el origen de su nombre.[3]

Dos años después aquello era una verdadera colonia agrícola. Así lo recuerda Alberto Gerchunoff, que entonces tenía ocho años: "A la mañana –las claras mañanas, calurosas y dulces, bíblicas mañanas del campo argentino– los israelitas de ancha barba se inclinaban sobre el suelo intacto, con sus palas redondas, con sus rastrillos y había algo de ritual, de místico, en la gravedad con que desempeñaban su sencilla tarea. Ya no eran los míseros y tristes judíos de Rusia, agobiados por el terror, envilecidos por la esclavitud. Caminaban erguidos y rompían la tierra, que ya no regaban con lágrimas sino con sudor, el sudor del labriego, de la buena fatiga (...) Pobres hombres, tímidos ante la naturaleza rústica, que habían vivido sus años claveteando zapatos o comerciando, en una trastienda siniestra, baratijas de a céntimo, se vieron de pronto en la necesidad de manejar caballos ariscos y uncir bueyes rebeldes al yugo (...) Los jóvenes se aficionaron pronto a la faena campestre. No tardaron en adoptar los métodos indígenas y aprendieron el empleo del lazo y de las boleadoras (...) Así comenzaron, redimiéndose, los Abraham, los Moisés y los Jacob, a labrar el campo."

El barón de Hirsch

Es imposible hablar de la inmigración judía en la Argentina sin dar al barón Mauricio de Hirsch y a su mujer,

3 J. Mendelson, *op. cit.*

Clara Bischoffshein, el lugar que merecen en ella. Hirsch descendía de una distinguida y progresista familia judeobávara que había prestado muchos servicios al Estado. Hizo su propia fortuna sembrando Europa de vías férreas, y cuando estaba en la cúspide de su poder, su único hijo, Lucien, enfermó y murió.

En lugar de encerrarse en su dolor, el matrimonio resolvió honrar su memoria con una gran obra, no sólo filantrópica, sino también política y productiva, para ayudar a los judíos de Rusia a salir de su situación humillante. Hirsch planeó crear una fundación destinada a la educación y enseñanza de sus correligionarios en la propia Rusia, pero cuando comprendió que ni al zar ni a sus funcionarios les interesaba la promoción de los judíos y que su fortuna corría el peligro de ser utilizada en otra cosa, interrumpió sus negociaciones pensando en la posibilidad de una emigración en gran escala.

Fue entonces cuando Loewenthal lo informó de las ventajas que ofrecía la Argentina para una empresa agrícola de gran alcance, y le habló con elocuencia del tenaz esfuerzo de los pioneros del *Weser* en el norte de Santa Fe, transmitiéndole su idea de crear en ese suelo virgen multitud de colonias bien organizadas.

"Éste es el gran mérito histórico del núcleo de oriundos de Kamenetz –apunta Mendelson–. Sus penurias y vicisitudes como agricultores dieron lugar a la elaboración, primero, y a la realización, luego, de la iniciativa de hacer obra de colonización judía en la Argentina; sus dolores de *pioneers* indujeron al doctor Loewenthal a concebir el plan."[4] Esta vez fueron los pequeños quienes movieron a los poderosos.

4 *Ibíd.*

La eficiencia del barón no se hizo esperar: de inmediato mandó a San Petersburgo al periodista inglés Arnold White para proponer al Gobierno ruso su cooperación con la salida de los judíos de Rusia. Al mismo tiempo envió a Loewenthal a Buenos Aires con el encargo de adquirir grandes extensiones de tierra y hacer las gestiones necesarias para organizar la llegada de los futuros colonos. El siguiente paso, dado el 24 de agosto de 1891, fue crear en Londres, con un capital de cincuenta millones de francos, la Jewish Colonization Association (JCA).

La urgencia se debía a que la situación de los judíos rusos era cada vez más angustiosa. Una vez facilitada la partida de Rusia, verdaderas bandas de emigrados se refugiaban en los puertos de Alemania, Francia y Constantinopla. Tanto las asociaciones judías de Francia como las de Inglaterra y Alemania "veían en los emigrantes una carga de la que había que deshacerse cuanto antes, facilitándoles el viaje a los países de ultramar (...) El temor de los judíos de Estados Unidos y de Inglaterra –así como el de los franceses y alemanes– era que el número excesivo de inmigrantes rusos a sus respectivos países hiciera tambalear la posición que habían conseguido".[5]

A mediados de 1891, cientos de inmigrantes llegados de Rusia a las ciudades del Imperio Austrohúngaro y de Alemania fueron seleccionados por comités locales y enviados a Hamburgo o a Bremen desde donde zarpaban, financiados por el barón Hirsch, hacia Buenos Aires. Según el reglamento de la JCA los principios de aptitud para ser colonos eran: estar físicamente en condiciones de trabajar, tener formación apropiada e hijos solteros pero con suficiente edad para el trabajo agrícola. En la práctica era

5 *Ibíd.*

tal la urgencia de dar un destino a esa gente que la selección no fue muy rigurosa. Por las mismas razones tampoco hubo tiempo de tener en la Argentina las parcelas de tierra y las rústicas casas listas para cuando llegaron los colonos seleccionados.

Los viajeros del *Pampa*
Enrique Dickman

En diciembre de 1891 llegaba al puerto de Buenos Aires el vapor *Pampa.* Traía a bordo, además de los habituales italianos y españoles, ochocientos diecisiete inmigrantes judíos que habían embarcado en Constantinopla. Su intención había sido viajar a Palestina, pero no pudieron desembarcar en Jaffa porque los turcos acababan de clausurar el puerto.

Entre los viajeros estaba un muchacho de quince años que había tenido que huir de su hogar a los trece por persecuciones de la policía zarista. Se llamaba Enrique Dickman y dejó por escrito interesantes detalles de su aventura.

Ganándose la vida como cadete de tienda o almacén o mensajero de hoteles, fue cruzando Rusia de norte a sur a pie o como pasajero clandestino, en tren o en vapor. Al llegar a Odessa, sobre el Mar Negro, debía decidir si emigraba a América del Norte, donde vivía un hermano de su padre, o a Palestina. "Un fuerte espíritu nacionalista judío se apoderó de mí, debido a la tremenda persecución política, racial y religiosa desencadenada en aquellos años por las peores fuerzas reaccionarias del zarismo."[6] Como no tenía pasaporte ni documento alguno, cruzó el Mar Negro, los estrechos del Bósforo, los Dardanelos y el Mediterráneo, y eludió los controles policiales haciéndose pasar por

6 E. Dickman, *Recuerdos de un militante socialista*, Buenos Aires, La Vanguardia, s/f.

hijo de una familia de emigrantes. Pero ni él ni los otros pasajeros pudieron cumplir sus sueños de trabajar la tierra en Palestina. Los trasladaron a otro barco y los dejaron en Alejandría. "Me encontré de pronto, a la edad de catorce años, solo, separado de mi hogar, a miles de kilómetros de distancia, en tierra de Egipto. ¿Qué hacer? ¿Adónde ir? ¿Qué orientación tomar?"

Después de unos días consiguió embarcarse como ayudante de un fogonero en un buque de carga que lo llevó a Constantinopla. Allí tuvo conocimiento de la obra del barón Hirsch. La JCA había abierto un registro donde se inscribieron unos cinco mil refugiados sin destino fijo.

"Un día –recuerda Dickman– corrió el rumor de que el barón Hirsch había resuelto enviar a la Argentina a setecientas cincuenta personas elegidas entre los cinco mil inscriptos, para formar una colonia (...) los cinco mil se reunieron frente a la oficina esperando ansiosos los nombres de los elegidos, que al ser llamados entraban por turno a la misma donde les entregaban la ficha, el pasaje y algún dinero para los gastos del viaje (...) al caer la noche, mi nombre fue proclamado (...) El que presidía la mesa, un señor de imponente barba, me observó durante un rato y luego habló a sus colegas en alemán, que yo entendí. 'Pero –dijo– éste es un muchacho, casi un niño, y no puede ser colono. Necesitamos padres de familia. No tiene sentido enviarlo a la Argentina.' Su colega de la derecha observó en cambio: '¡Vaya uno a saber el destino que espera en América a estos muchachos!'. En aquel instante se resolvió mi porvenir."

Junto con Dickman fueron admitidas unas doscientas familias integradas por más de ochocientas personas. Algunos religiosos fueron descartados porque se negaban terminantemente a dejarse cortar el pelo y la barba, y a cortarse los largos gabanes.

En el momento de partir, la comunidad judía de Constantinopla les regaló el *Sefer Tora*, el Libro Sagrado, perteneciente a la sinagoga de los residentes austríacos. La despedida fue muy emocionante: toda la colectividad había acudido al puerto. Muchos recordarían las palabras que les dirigió el director de la Alliance:

"Tened en cuenta que vais a la vanguardia, como pioneros de todos vuestros hermanos oprimidos en pueblos extraños, y que os han de seguir a la tierra de libertad (...) Vuestra misión es grande y santa: velar por vuestro porvenir y el de vuestros hermanos (...) Sed felices en vuestra nueva patria y en la noble profesión de agricultores que tendréis en adelante".[7]

El viaje por el Mediterráneo mostró a los sufridos viajeros la solidaridad y el cariño de los judíos sefaradíes, que en todos los puertos los esperaban para saludarlos y regalarles sus productos: aceitunas, pan, queso, pasas y toda la ropa que podían, pues estaban al tanto de su pobreza. Al llegar a Marsella bajaron del barco para dirigirse en tren hacia Burdeos, en el Atlántico, donde los esperaba el *Pampa*. En forma espontánea se formó una larga caravana hacia la estación de trenes, una extraña procesión formada por hombres, mujeres y niños cargados con toda clase de bolsos y paquetes.

"El pueblo marsellés se había volcado en balcones y calles mirando pasar, entre curioso y conmovido, ese desfile extraordinario de perseguidos y humillados por el brutal despotismo zarista, que iban en busca de una nueva patria y un nuevo hogar."[8]

---

7 Citado en L. Schallman, *Historia de los "pampistas"*, editado en el Congreso Judío Latinoamericano, Buenos Aires, 1971.

8 E. Dickman, *op. cit.*

El viaje tuvo momentos difíciles por las tempestades que parecían querer destruir el barco, pero a medida que avanzaban hacia el Ecuador renacía la calma. En el *Pampa* viajaban también otros inmigrantes de origen español e italiano. Según Dickman, la convivencia fue buena, "apenas alterada por alguna que otra rencilla". Como él, la mayoría gozaría el imponente espectáculo del inmenso océano y del cambiante color de sus aguas.

"Vi ballenas cerca del barco, vi tiburones que nadaban a la par del *Pampa* y lo acompañaban durante días, vi peces voladores, y vi albatros y gaviotas cerca de las costas americanas. Me abismé en la contemplación del vasto horizonte marino y de estupendas auroras y ocasos de sol: por primera vez en mi vida juvenil, gocé de amplia e ilimitada libertad espiritual. Abandoné la Vieja Europa, considerándola como el pasado; y vislumbré en lontananza el Nuevo Mundo como el continente del porvenir. Soñé despierto en la nueva tierra de promisión, en la Argentina, adonde me llevaba el Destino."

El 22 de diciembre de 1891, en un agradable día de verano, el *Pampa* hizo su entrada al estuario de aguas amarronadas del Río de la Plata. Con la ansiedad pintada en el rostro, los inmigrantes de distintas nacionalidades, fijas las miradas en la ciudad y el puerto, se sentían unidos en una misma esperanza.

"A las pocas horas –prosigue Dickman– pisé la hospitalaria y bendita tierra argentina, donde, como al caballero Lohengrin, nadie me preguntó de dónde venía ni quién era. Bastaba la condición humana para ser acogido con cordial y generosa hospitalidad. Yo, que tenía quince años, sentí en aquel momento la íntima y profunda intuición de la Patria Nueva a la que me incorporaba voluntaria y libremente. ¡Y en mis oídos sonaba la gran voz de la pampa infinita! ¡Bienvenido seas!"

Los días siguientes transcurrieron en el viejo Hotel de Inmigrantes de curiosa forma redonda, trayendo algunas dificultades imprevistas. No estaban todavía compradas las tierras a donde deberían ir y tendrían que quedarse un tiempo más en Buenos Aires. Los "Impuros" –rufianes de la Zoe Miwdal en busca de mujeres y socios– aprovecharon la situación para invitarlos a conocer la ciudad y convencerlos de que se quedaran. Al mismo tiempo trataban de soliviantarlos diciéndoles que iban a ser vendidos como esclavos; absurda calumnia que, sin embargo, repercutía en gente habituada por siglos a la inseguridad y el dolor.

Pero allí estaba Loewenthal gestionando la posibilidad de alojar a los recién llegados en un ignoto pueblito a diez leguas de Mar del Plata, llamado Mar del Sur, donde se acababa de inaugurar un gran hotel, construido en los años de grandeza que precedieron a la crisis del noventa y que aún no había sido estrenado. El barón estuvo de acuerdo en que a los futuros agricultores les vendría muy bien pasar allí el verano después de tanta incertidumbre.

Para un muchacho interesado en todo, como Dickman, el viaje en carretas desde Mar del Plata en compañía de auténticos gauchos fue una experiencia inolvidable.

"Nos condujeron en tranvía a la estación Constitución, de allí en tren a Mar del Plata, y en carretas –enormes carretas de antaño– al Boulevard Atlantique. Pernoctamos en el campo, en las inmediaciones de Miramar, antes de llegar al hotel." José Lieberman, hijo y sobrino de "pampistas", transcribe en *Tierra soñada* los recuerdos de aquellos días inolvidables.

"Cuando aquella impresionante caravana de sesenta carretas, guiada cada una por dos carreros y acompañada por una tropa de jinetes montados en caballos de los más variados pelos, se detuvo frente al rojo edificio del Boulevard Atlantique, en la solitaria localidad atlántica de Mar del Sur, los inmigrantes levantaron sus miradas al cielo, agradecieron a Dios por su misericordia para con ellos y con sus hijos, mientras fluían lágrimas de alegría de sus ojos (...) Todo era nuevo para ellos, desde aquellas carretas que en extraordinaria cantidad los habían conducido desde Mar del Plata hasta Mar del Sur, en dos días de viaje, hasta los conductores, los bueyes y los caballos, las tierras atravesadas y las impresionantes rocas del mar. Nunca habían visto campos tan densamente cubiertos de pastizales y en extensiones tan grandes que parecían interminables en la lejanía. Era su primer contacto con la pampa."

También era el primer encuentro con los "nativos", los famosos gauchos que tanto los intrigaban y que tanta importancia iban a tener en su nueva vida. Recordando a algunos que venían de los alrededores para ver a los extraños forasteros que veraneaban en el mar, Dickman los describe como "magníficos ejemplares humanos. Altos, esbeltos, bronceados, recios, algunos de hermosa barba, verdaderos tipos de gauchos". Los viajeros mayores, en cambio, no podían entender el porqué de sus gritos y de su alegría desatada, pero les parecieron buena gente y sus barbas negras tenían para ellos algo familiar.

"En esa tarde fresca y llena de colores, frente al rojo y elegante edificio del Boulevard Atlántico que se erguía como una fortaleza protectora, con la sensación agradable de encontrarse en una tierra donde todos eran iguales, los futuros colonos sintieron florecer en sus corazones una suave tranquilidad y una paz interior que nunca habían conocido."[9]

Durante esos tres meses surgió la alegría retenida por tanto tiempo. Se iniciaron muchos romances y las fiestas

9 J. Lieberman, *Tierra soñada*, s. d.

de los casamientos duraron días enteros. En el mejor salón del hotel se instaló una sinagoga donde se realizaban las oraciones diarias y la lectura de los libros sagrados. Algunos muchachos jóvenes como Dickman prefirieron la independencia de dormir en una carpa. "Comíamos en el hotel donde nos servían una comida abundante y sana –recuerda–. Nos bañábamos en el océano. Nos agenciamos una red para pescar, y al poco tiempo abastecíamos al hotel de pescado: corvinas, pescadillas, palometas, etc. Nos dedicábamos a cazar en las barrancas de la playa, loros y papagayos."

Hay quienes creen que estos pájaros fueron causa de la muerte de más de cincuenta niñitos pequeños contagiados por ellos. Con profunda pena los pioneros levantaron un humilde cementerio y despidieron sus restos con plañideros cantos tradicionales que sobrecogieron a los pocos habitantes de Mar del Sur. Mientras tanto el intrépido Dickman aprovechaba para ganarse unos pesos en las estancias y chacras vecinas.

"Trabajé con mi compañero una quincena en la cosecha de papas en una chacra cerca de Miramar. Gané veinte pesos. Fuimos al pueblo. Comimos en una fonda, nos sirvieron dulce y queso de postre y bebimos vino carlón. En una tienda me compré un par de alpargatas, una bombacha, un pañuelo y un chambergo. Y de gringo me transformé en criollo."[10]

El singular veraneo terminó a fines de marzo. Volvieron los gauchos con sus alegres gritos y se inició el viaje de vuelta. En Mar del Sur hay gente que recuerda todavía los relatos de sus abuelos sobre esos extranjeros que

10 No sólo era su única ropa la que llevaba puesta, sino que ésta le había quedado inservible después de haber tratado de agarrar en el campo un singular animalito que resultó ser un zorrino.

"se lo pasaban rezando con un poncho blanco sobre los hombros y lloraban a menudo sobre las tumbas de los niños... y que fueron los primeros turistas alojados en el Boulevard Atlántico".[11]

En Buenos Aires se embarcaron hacia Concepción del Uruguay y llegaron a la meta final de su viaje: las colonias de Entre Ríos. Sin embargo, iba pasar todavía un tiempo antes de que los colonos pudieran disfrutar de sus parcelas y casas. Por tres meses fueron instalados en una larga fila de vagones de carga. Era bastante incómodo pero nunca les faltó el alimento como a los de Moisesville. Fue allí donde los "gringos" aprendieron a tomar mate y pudieron relacionarse con la buena gente del lugar.

"Muy pronto los nuevos argentinos aprendieron de los gauchos a sentarse sobre calaveras de vacunos, cajones viejos de madera, pilas de bolsas o de leña, troncos de árboles y hasta sobre tablones colocados sobre pozos hechos en la tierra, con las piernas colgando hacia abajo (...) Los días domingos eran de fiesta en el campamento y la gente del pueblo iba a visitar a los 'rusos', trayendo la mayoría pequeños regalos, especialmente frutas y masas para los niños. Más tarde se inició un trueque de productos. Hubo danzas y canciones..."[12]

Esta vida, que duró otros tres meses, terminó con la dura realidad de la instalación en las colonias Clara y San Antonio. "No es tan sencillo abrir los surcos en la tierra virgen, ni amansar los novillos chúcaros, ni limpiar los campos y arrancar los raigones de la tierra; ni sembrar sin maquinarias adecuadas, ni ordeñar las vacas cimarronas, ni aprender el manejo de las segadoras, ni acarrear las bolsas

11 J. Lieberman, *op. cit.*
12 *Ibid.*

llenas de grano, ni luchar contra una invasión de orugas, ni soportar el desastre de una manga de langosta..."[13]

Poco a poco fueron aprendiendo de los gauchos las tareas necesarias y lograron sembrar las primeras hectáreas de maíz. En 1894 la JCA tomó una decisión fundamental para los recién llegados: la creación de escuelas en las colonias. Estos pequeños centros de civilización, donde aprendían los hijos de los colonos junto a los criollos, fueron el logro más eficaz para la integración de los niños con el medio y con su gente. Hubo también conflictos de origen religioso entre las distintas generaciones.

El caso de Dickman es paradigmático. Como muchos otros *jolostoi* –así llamaban a los jóvenes solteros–, Dickman hizo venir de Rusia a sus padres y hermanos. No era muy religioso y quería que su familia se adaptara a la vida rural argentina. Para lograrlo se impuso como un deber luchar "contra el clásico reposo bíblico de los sábados que se había convertido en un absurdo fanatismo antisocial". Y lo hizo de manera un tanto abrupta. Su familia había llegado en abril de 1894. El primer sábado se levantó temprano, prendió el fuego en la cocina y se puso a hervir agua para el mate. Después ensilló el caballo y ordenó a sus hermanos los trabajos que debían hacer ese día en la chacra.

"Papá –cuenta Dickman– se puso a rezar. Mamá, a llorar. Pero mis hermanos obedecieron mis órdenes, porque estaban de acuerdo conmigo. Mi proceder violento fue eficaz y produjo el resultado que yo buscaba: acabar con el fanatismo ancestral, producto de persecuciones religiosas y servidumbres raciales de los viejos países del Viejo Mundo y empezar una vida nueva y libre en el Nuevo Mundo, en la libre Argentina."[14]

13 *Ibíd.*
14 E. Dickman, *op. cit.*

Poco después, Dickman viajó a Buenos Aires para cursar el bachillerato como alumno libre, pero en los veranos volvía a trabajar al campo. En 1898 ingresó en la Facultad de Medicina, donde se graduó. Conoció a Juan B. Justo en 1895 y participó activamente en el movimiento socialista. En 1914 fue elegido diputado nacional, ocupando su banca durante veinticuatro años. Su labor parlamentaria fue brillante, representó a su partido en asambleas internacionales, escribió varios libros y fue director del diario *La Vanguardia*. Murió en Buenos Aires en 1955, después de una vida fecunda.

Salomón y Iente Weinschelbaum*

La historia de la familia Weinschelbaum está unida a la fundación de Moisesville. Los bisabuelos, Iente y Salomón, como tantos de los que embarcaron en Bremen en el vapor *Weser*, eran de Kamenetz-Podolsk. También a ellos habían

* Entrevista a su bisnieto, Emilio Weinschelbaum, en octubre de 2001.

tratado de convencerlos en Hamburgo y en Bremen de que fueran a los Estados Unidos, pero no estaba allí lo que buscaban. Llegaron con sus paisanos a Buenos Aires aquel mítico 14 de agosto de 1889 y fueron protagonistas de todas las vicisitudes narradas. Se habían casado muy jóvenes.

Tenían entonces veinticinco años y tres hijitos, de ocho, seis y medio y dos años. Uno de ellos sería víctima de la epidemia que segó tantas vidas infantiles. El dolor templó más aún el ánimo de Iente –"la *bove*" Iente, como la llamarían sus nietos–, acostumbrada, como "la mujer fuerte" de la Biblia, a enfrentar problemas y tratar de solucionarlos. El matrimonio se complementaba muy bien: ella era activa y él, contemplativo. De acuerdo con la vieja tradición judía, el hombre estudiaba las escrituras y se dedicaba a lo espiritual, mientras que su mujer se ocupaba de los asuntos prácticos. Entre los judíos varones el analfabetismo era casi inexistente porque debían leer las Sagradas Escrituras. Entre las hijas mujeres se elegía una para que aprendiera y ella era la encargada de leerles a las otras.

El matrimonio Weinschelbaum instaló en Moisesville un almacén de ramos generales muy modesto, que fue progresando. Empezaron de a poco, al fiado y con mercaderías que les iba dando la gente. Con el tiempo allí se vendían desde cepillos de dientes hasta rastras, y en los años veinte, hasta autos... La *bove* Iente se ocupaba de todo: hijos, tareas domésticas y negocio. El bisabuelo Salomón era un hombre encantador. Cumplía con su religión pero no invadía a los demás con imposiciones. Mientras él hablaba con Dios y escudriñaba las Sagradas Escrituras, la activa Iente viajaba a Buenos Aires a hacer las compras. Aunque tenía medios para viajar en primera clase, siempre lo hacía en segunda para tener con quien conversar. Elegía todo lo que creía necesario para el almacén, sin olvidar los encargos de sus clientes, y se lo mandaban por ferrocarril.

Por esos años la Argentina era un país donde todo funcionaba. Ernesto Weinschelbaum, el hijo que había seguido con el negocio mientras los otros hermanos se dedicaban al campo, no fue tan religioso como su padre. Tenía otros intereses y llegó a ser caudillo radical en el pueblo. El bisabuelo Salomón lucía con orgullo su larga y venerable barba blanca. Su hijo, en cambio, andaba afeitado.

La *bove* Iente vivió muchos años y sus bisnietos pudieron conocerla. Cuando murió aparecieron en el pueblo cantidad de mujeres solas a quienes ella había ayudado, llorando y lamentándose porque ya no tendrían su protección. Después de la prematura muerte de Ernesto, su hijo mayor, el negocio empezó a declinar.

"Mi padre, hijo de Ernesto, nació en 1906 –recuerda Emilio Weinschelbaum–. Casi todos los chicos estudiaban en las escuelas fundadas por los colonos que luego fueron donadas a la provincia de Santa Fe. Pidieron al Ministerio de Educación los programas oficiales y fundaron escuelas argentinas. En ellas, mi padre, como otros tantos compañeros, aprendió a hablar castellano. Tenía catorce años cuando murió mi abuelo Ernesto y desde los doce iba a estudiar el bachillerato a Buenos Aires."[15]

En la casa sólo se hablaba idish. (El idish es un idioma alemán del siglo XVI con palabras polacas, rusas, rumanas, etc., y un treinta por ciento de palabras hebreas. Lo mismo sucede con el ladino, castellano antiguo con el agregado de palabras turcas, búlgaras y hebreas. Lamentablemente, son idiomas que se están perdiendo.) Los maestros judíos no dejaban a los alumnos hablar idish en la escuela, para que aprendieran el castellano. Por la tarde iban a la escuela judía donde, además de hablar idish, estudiaban la Biblia en hebreo. Allí tenían una biblioteca muy importante, la

15 Entrevista.

Cadima, que servía también de salón de baile y de cine. Había libros en castellano y en idish. Las primeras actas de nacimiento, cuando todavía no había registro civil, se hicieron en idish. El primer Registro Civil se creó en Santa Fe justamente por el problema de estos casamientos judíos que no podían anotarse en los registros parroquiales.

En general, los primeros colonos no sólo se adaptaron, sino que amaron la forma de vivir del campesino criollo y la imitaron hasta mimetizarse, pero así como los judíos tomaban mate y utilizaban los aperos criollos, los lugareños a su vez aprendían bastante de ellos. Empezando por el idioma.

"Mis bisabuela Iente –recuerda Emilio– había llevado a vivir a su casa a una muchachita criolla de once años, Cipriana Justina Castro, para que acompañara a una de sus nietas, de la misma edad. Esta chica y sus dos hermanas llegaron a hablar el idish a la perfección porque era el único idioma que sabía hablar la *bove* Iente. La relación entre criollos y colonos judíos llegó a ser tan fluida, que el cuñado de Cipriana Castro, que tuvo como trece o catorce hijos, les puso a casi todos nombres judíos: Abraham, Salomón, David (por ahí una Rosario), Raquel, Jacobo... nombres que él oía en el pueblo."[16]

El abuelo materno de Emilio había llegado en 1891, en el *Pampa*, y fue a vivir cerca de un pueblito llamado Virginia, situado a trece kilómetros de Moisesville. Pero los judíos, aun viviendo en pleno campo, no estaban aislados: hacían cuatro casas, una en cada esquina del terreno. Inmediatamente se fundaba una comunidad. Eso les permitía tener maestro, médico, etcétera.[17]

16 *Ibíd.*

17 Ésta es la razón de los nombres de los pueblos "Las cuatro casas" y "Las doce casas", ambos en Moisesville.

Cuando la madre de Emilio terminó el bachillerato, quiso estudiar farmacia. Su padre aceptó y la mandó a Córdoba para seguir la carrera. Por casualidad, también el padre de Emilio había querido ser farmacéutico, pero cursó sus estudios en Tucumán. En algún momento el destino los unió y decidieron casarse. "Mi abuelo materno –continúa Emilio– hablaba polaco, ruso, idish y castellano. Era un hombre bastante liberal y no demasiado observante. Sin embargo, cuando mi padre le pidió la mano de mi madre, le contestó con esta insólita pregunta: '¿No le resultaría igual casarse con mi hija mayor que todavía está soltera?'." En esa generación el casamiento se veía como el comienzo de una sociedad, pero siempre fue considerado un acontecimiento muy importante. La fiesta duraba dos días y los que vivían afuera eran alojados. Era todo un acontecimiento.

(En 1999, al cumplirse los cien años de la llegada de los pioneros, hubo una gran fiesta en Moisesville. Hubo doma y toda clase de exhibiciones a caballo hecha por criollos de rastra y bombacha pero con apellido askenazi. Una señora viejita le preguntó a Emilio: "¿Usted es Weinschelbaum?". Después de comentarle lo que ella estimaba a esa familia, le contó que, siendo chica, se había quedado llorando porque no la habían dejado ir al casamiento de uno de los Weinschelbaum por causa de la lluvia. Cuando Emilio le preguntó el apellido de la novia, se dieron cuenta de que había sido el casamiento de sus padres. En Moisesville el pasado se encuentra a la vuelta de la esquina.)

Una vez casados, los padres de Emilio fueron a vivir a Rosario, donde instalaron una farmacia. Mientras la madre se ocupaba del negocio, el padre estudiaba bioquímica. Cuando se recibió, ella siguió encargándose de la farmacia mientras él hacía los análisis. Al llegar el primer hijo llamaron a Cipriana Castro, aquella niñerita que había aprendido a hablar con fluidez el idish. Ella ayudó a criar a los dos hermanos.

Pocos años después, ofrecieron a su padre un trabajo muy bueno en la Franco Inglesa y a su madre ser jefa de alcaloides, puesto muy importante y de mucha responsabilidad. Se instalaron en Buenos Aires y al poco tiempo ella volvió a tener una farmacia y él, un laboratorio de análisis. La madre compraba farmacias venidas a menos, las levantaba, se hacía de una buena clientela, y luego las vendía. (Vivían entonces en la calle Venezuela al 700. Ernesto y Emilio iban a la escuela Valentín Gómez en Piedras e Independencia donde tuvieron muy buenos maestros.) De chicos, los hermanos eran socios de la Hebraica, pero después no frecuentaron para nada la colectividad. Se sentían completamente argentinos y no se les ocurría que existieran comidas prohibidas.

En 1951 Emilio se recibió de bachiller y fue a estudiar un año a la Universidad de Columbia, con el apoyo de su familia. Pero se las ingenió para contribuir con los gastos de su educación: compraba licuadoras, que allá costaban treinta pesos, y las mandaba como presuntos regalos a sus conocidos. En realidad, era para venderlas acá en sesenta, que era un buen precio. Cuando tuvo que volver, después de un breve paso por la Facultad de Arquitectura, fue a recorrer Europa por tres meses. Volvió con deseos de estudiar sociología, pero era más práctico seguir derecho. Entró en la facultad el difícil año de 1954, y después del golpe del 55, rindió dieciocho materias y se recibió en el 57. Ya podía pensar en casarse, pero no había conocido todavía nadie que lo conmoviera. Si bien ni Emilio ni su hermano se habían propuesto casarse dentro de la colectividad, y en su familia, ya de cuarta generación, había muchos matrimonios "mixtos", el hecho es que los dos se casaron con mujeres judías.

"Conocí a Marina en Buenos Aires, en 1962. Sus bisabuelos habían llegado a la Argentina en el *Pampa*, en 1891. Ella conserva todavía el samovar que trajo su bisabuela. Un 1° de mayo del 62 un amigo me invitó a su casa a jugar al póquer. En eso estábamos cuando apareció Marina. Quedé deslumbrado. El 5 de mayo la invité a salir y el 14 le propuse matrimonio. Desde entonces estamos juntos y hace rato que somos abuelos." La familia fundada por Salomón y Iante se ha multiplicado en la Argentina.

Bernardo Halevy-Rabinovich y sus hijos*

Bernardo Halevy, nacido en Besarabia, no había querido hacer el duro servicio militar del Imperio zarista. Por lo tanto, no tenía documentación, no podía salir del pueblito donde vivía ni tener acceso a lo que era la vida urbana. También tenía vedada la universidad. Todos esos motivos lo movieron a emigrar. La familia lo ayudó a conseguir el pasaporte de un muerto para poder salir de Rusia. Es así como se convirtió en Bernardo Rabinovich. Se acababa de casar y tenía un hijo, era joven y apto para el trabajo agrícola, es decir, cumplía todos los requisitos exigidos por la JCA. En 1891, con el

* Entrevista a su bisnieto, Daniel Rabinovich, en diciembre de 2001.

contrato firmado, se embarcó en el *Pampa* con su mujer y su hijito, y después del obligado paso por la Rotonda, el viejo Hotel de Inmigrantes, fue enviado con otras familias directamente a la Colonia Mauricio, la primera fundada por el barón Hirsch en el oeste de la provincia de Buenos Aires.

Vivieron un tiempo en carpas pero pronto hicieron sus casas de adobe. A cada colono le daban una parcela de tierra a pagar en cuatro o cinco años, un caballo, una vaca y algunos enseres a cambio de pagar una renta anual a la administración. Los principios fueron difíciles, como para todos los colonos, pero se sentían libres y con muchas posibilidades de salir adelante. Bernardo y su mujer tuvieron cuatro hijos. Israel, que había nacido en Besarabia, llegó a ser el más criollo de todos y se dedicó de lleno a hacer producir el campo. Samuel, que no se casó, lo acompañó en esta empresa; Salomón siguió medicina y se recibió antes de fin de siglo, y Rosita, la única mujer, nacida en 1901, fue una de las primeras bioquímicas argentinas. (Su marido, Ignacio Pirosky, dirigió la lucha contra el mal de Chagas.)

Al cabo de un tiempo prosperaron. Colonia Mauricio estaba situada en plena llanura pampeana, interrumpida su monotonía por pequeños bosques de sauces y de álamos. Los colonos sembraron alfalfa y cereales y fueron los primeros en introducir en el país el cultivo del girasol. Los hermanos Rabinovich eran muy emprendedores. "Gente de mucha visión –dice su nieto con orgullo–. Mi abuelo Israel se hizo rico rápidamente y comenzó a comprar y arrendar campos por su cuenta, sin depender de la JCA. A principios de este siglo era un potentado. Tenía una consignataria de hacienda y una vivienda en Carlos Casares, el pueblo más cercano a Colonia Mauricio."[18]

18 Entrevista.

Después de casarse, Israel dejó de vivir en el campo. Pero viajaba continuamente. Era un verdadero gaucho judío. Todos sus peones eran criollos y de ellos aprendió a hacer manualidades con el cuero: riendas, bozales, etc. Andaba siempre con botas y bombachas y viajaba en tren al campo con la pistola en el cinto por si tenía algún problema... Sus hijos nacieron en Carlos Casares, donde había una colectividad muy importante. La ciudad tenía unas cuarenta o cincuenta mil personas, cuatro sinagogas, y la mitad del pueblo era judío. Allí estudiaron la primaria, pero por los años veinte fueron a vivir a Buenos Aires. En esa generación hubo muchos matrimonios mixtos, como recuerda Daniel: "Se empezaron a mezclar, sobre todo en mi familia materna. Tengo primos hermanos que iban a escuela de curas... En mi familia paterna casi no hubo mezcla. En cambio en la generación siguiente, la de mis primos, casi todos los casamientos fueron mixtos. Yo soy una excepción."[19]

Los Rabinovich eran una familia agnóstica. No cumplían el *Shabat*. El abuelo Israel iba a la sinagoga el día del Perdón y prendía unas velas en Año Nuevo. La abuela, Ana Rabin, tampoco era muy observante. Su padre había tenido el mismo problema de la falta de pasaporte para salir de Rusia y lo había solucionado de la misma manera que su futuro consuegro. Se llamaba Bishnibet y el apellido adoptado fue Rabin. Israel y Ana tuvieron ocho hijos, todos profesionales.

"Creo que el aspecto musical me viene de mi viejo –afirma Daniel Rabinovich–. Aunque no tenía ni idea de música, se pasaba el día silbando o cantando tangos. Sé letras enteras de tangos que nunca en mi vida canté. En casa de mi mamá, que eran todas mujeres, todas las hermanas estudiaron un poco de piano. Mis dos hermanos y yo tuvimos una educación musical. De chico estudié violín. Después empecé con

19 *Ibíd.*

la guitarra y me metí en un grupo folklórico. A eso de los diecisiete, dieciocho años empecé a tocar en conjuntos y a interesarme en la vida coral. Entré al coro de la Universidad de Ingeniería, que era el mejor. Allí lo conocí a Gerardo Masana y me hice muy amigo de Marcos Mundstock, a quien conocía del colegio. Yo fui al Nacional Belgrano, el mismo colegio al que fueron mi padre y mis tíos."

Junto con este amor por la música y el canto, Daniel conservaba, intacto, su amor por el campo donde se crió y trabajó durante las vacaciones. Pero después de la muerte del abuelo, los campos se fueron vendiendo. "Sentí que a mi vida le faltaba algo, como si tuviera dentro un agujero. Pasé una gran angustia. Imposible olvidar la convivencia en los veranos con veinte primos: charlábamos, guitarreábamos, andábamos a caballo, cosechábamos sandías, íbamos a buscar choclos, es decir, una vida muy linda y plena."[20]

Para tratar de llenar ese "hueco", en 1978 Daniel se compró un campo. Fue el peor negocio de su vida. Lo tuvo trece años, compró caro, vendió regalado y se le inundó. "Pero por lo menos me di el gusto de volver a sentir en mi piel algo de lo que me imagino que sentía mi abuelo... Él era un gaucho hecho y derecho, y todos heredamos algo de eso, el amor a la tierra. Mis dos hermanos y yo necesitamos ese contacto con la tierra y nos encantan los jardines, las vacas, los caballos, los perros y los animales en general. Todos tenemos algo que ver con la tierra."

Recuerda poco a sus abuelos maternos: "Ellos fueron inmigrantes de principios de siglo y tuvieron siete hijas; la menor era mi madre. Mi abuelo murió poco después. Mi abuela Rosa tenía una librería en la calle Corrientes, trabajaba y crió a sus siete hijas, pero sin las exigencias de la generación anterior y sin el rigor judaico. Quizás un poco

20 Entrevista.

por necesidad, ya que teniendo tantas mujeres tenía que mirar con simpatía a los chicos que se acercaran a ellas. Se casaron todas y todas tuvieron uno o dos hijos, cuatro de ellas con no judíos. Mi madre fue la única que tuvo tres hijos."

Cuando Daniel conoció a su mujer, Susana Silowicki, se encontró con otro tipo de familia judía, mucho más tradicional. Eran inmigrantes de primera generación y tenían frescas las costumbres heredadas. Se casaban muy jóvenes y, aun sin ser religiosos, la educación era mucho más severa. "Recuerdo que cuando yo le hablaba a Susana, por ejemplo, de mi primo, Josué González Escudero, ella preguntaba extrañada: '¿Cómo es que se llama así?'. Le costaba entender que tuviera un primo '*goim*'. Yo accedí al judaísmo mucho después, por una búsqueda propia. Tenía cierto problema de identidad: era de una familia en la que había muchos cajetillas, algunos hasta de apellido, y yo me llamaba Daniel Abraham Rabinovich. Tampoco sabía muy bien en qué consistía el judaísmo. Empecé a buscar. A los diecinueve años fui a la Facultad de Derecho y me puse de novio con una chica judía, mi actual mujer. Creo que de alguna manera busqué por ese lado mi identidad. Era agnóstica como yo, pero me hizo conocer una familia judía tradicional que hasta hablaba idish. Entre ella y Marcos Mundstock aprendí a entender un poco ese idioma. Ahora por lo menos sé de qué se trata el *Pesaj,* la Pascua judía que recuerda la liberación de Egipto y el Paso del Mar Rojo.

"Mi papá hizo el *Bar Mitzvah* pero no nosotros, que fuimos criados de un modo más liberal. Eso sí, a los varones nos hizo circuncidar, yo creo que por respeto a su papá, que se lo impuso. Yo no estoy para nada de acuerdo con la circuncisión en general y menos en mi caso, aunque pasó hace mucho tiempo. Pero les cuento a mis hijos todo lo que sé del judaísmo. Tanto Inés como Fernando están bastante al tanto de las costumbres, fiestas, etc. Las comidas se mantienen porque mi suegra es una gran cocinera y algo nos ha enseñado. A mí me divierte mucho cocinar, dejar de pensar un buen rato. En cuanto a canciones judías, me acuerdo algunas pero del lado de mi abuelo Israel, algo polaco."

Daniel fue por primera vez a Israel en el año ochenta, con su grupo de Les Luthiers. Actuaron en Jerusalén, Jaifa y Tel Aviv, donde viven más de seiscientos mil hispanohablantes. Se considera ciudadano del mundo y le gustaría que no hubiera ni límites ni banderas. "Nunca tuve problemas de discriminación –afirma– y eso que fui a un colegio de Barrio Norte y a una facultad bastante fascista, pero también había librepensadores. Había una vida paralela a la universidad de una riqueza cultural enorme. Buenos Aires sigue siendo una ciudad de mucha cultura, pero la vida universitaria ha decaído por completo."

Aun desviándonos algo del tema inmigratorio, se impone preguntar por el origen de Les Luthiers.

"A Marcos lo conocía del colegio y del Club Colegiales. Yo sabía por una prima mía y por algunos amigos que el mejor coro era el de la Facultad de Ingeniería. Con total caradurismo (había que ser universitario para participar y yo estaba en quinto año), me colé en un ensayo y después me acerqué al maestro. Le dije que estudiaba derecho y que quería cantar allí porque en mi facultad no había coro. Todo mentira, pero pude entrar. Ahí conocí a toda la barra. Carlos Núñez es biólogo. Él y Marcos, con cincuenta y nueve años, son los mayores, después vengo yo, que tengo cincuenta y siete, López Puccio tiene cincuenta y cuatro y Jorge Marona, cincuenta y tres.

"Cuando nos conocimos, Jorge era el nene porque tenía dieciséis años y nosotros más de veinte. Gerardo Masana, que tenía unos cuantos años más que nosotros –era del 37–, fue el que inventó todo esto. Desgraciadamente, murió en 1973, a los treinta y seis años... Lo conocí en 1961.

Él ya tenía formación musical. Era el que más sabía música de nosotros. En el 64 compuso la cantata *Modatón*, cuya letra era el prospecto de un laxante, y la hicimos para el festival de coro del 65 en Tucumán. Fue un éxito y ahí comenzó todo. Tenía mucho sentido del humor y mucha gracia. Su muerte fue uno de los golpes más grandes de mi vida."[21]

Daniel está orgulloso de su familia. Su mujer, Susy, trabaja como abogada; Inés, la hija mayor, es periodista, estudió teatro y trabaja en Radio Nacional. Fernando es ingeniero industrial y es bastante músico, toca teclado y guitarra, pero sólo como aficionado. Daniel siente gratitud por su patria que tantas oportunidades dio a los suyos, y se pregunta, como tantos de nosotros: "¿Por qué estamos como estamos?, ¿qué podemos hacer para vivir acá en paz?". Como es creativo y optimista, añade: "Tengo la fantasía mágica de juntarnos y ayudar a hacer algo nuevo y distinto." Como lo hicieron su bisabuelo Bernardo y su abuelo Israel.

Rebeca Sigal de Pomerantz*

La familia Pomerantz (oriunda de la Pomerania) vivía en Grodno, Lituania, donde la vida era bastante más

---

21 Entrevista.
* Entrevista a su nieto, León Pomer, en noviembre de 2001.

llevadera que en otras provincias del Imperio Ruso. "El apellido se lo puso el Registro Civil ruso a fines del siglo XIX. Yo lo cambié por motivos periodísticos", nos aclara el historiador León Pomer.

Los judíos de Lituania habían ido llegando de Alemania a mediados del siglo XIII. Según Noe Cociovitch,[22] en su pueblo los católicos eran quienes más los ayudaban y "las vacas judías pastaban en compañía de las gentiles con los cuales se convivía pacíficamente".[23] Pero después del asesinato de Alejandro II las cosas cambiaron. En escuelas y universidades siempre había existido el *numerus clausus*, que limitaba la cantidad de estudiantes judíos. Después del atentado disminuyeron aun más las posibilidades de estudiar.

Como en toda la Europa Central, la mayoría de los varones estudiaba en las escuelas de cada comunidad, organizadas en torno de las sinagogas, ámbito de reunión, religión y cultura. El noventa por ciento de los judíos sabía leer.

Los judíos lituanos nunca se conformaron con la falta de cultura. "Con un poco de esfuerzo se importaron libros; las mujeres leían literatura '*jargon*' (en idish), y la juventud, textos que estaban al alcance de su entendimiento; en cuanto a la cuota mínima de música se la cubría con el canto, bastante desarrollado entre las masas."[24] Al enterarse los lituanos judíos de las facilidades brindadas por la Jewish Colonization Association (JCA), fundada por el barón de Hirsch, como ya vimos, se fue formando entre ellos una favorable actitud hacia la colonización en la Argentina, más aún al saber que todos gozaban allí de igualdad de derechos y libertad, y que el gobierno tenía interés en la

22 Ilustrado judío lituano que escribió el viaje de sus compatriotas a Moisesville.

23 Noe Cociovitch, *Génesis de Moisés Ville*, Buenos Aires, Ed. Milá, 1987.

24 *Ibíd.*

inmigración. Los delegados lituanos ante la JCA, reunidos en asamblea con los futuros colonos, propusieron algunas ideas. "Antes que nada debían preocuparse por las necesidades religiosas. Se procuró que al grupo no le faltasen rollos de la Torá, matarifes rituales y, en especial, maestros para los niños, sin los cuales nadie se movería del lugar."[25]

Desde Grodno, el grupo tomó un tren a Hamburgo, donde se embarcaron. Iban amontonados, pero eso no fue lo peor. "Lo que le quedó más grabado de aquel largo viaje a mi abuela Rebeca –recuerda León Pomer– fue ver a la tripulación alemana bañando con mangueras al pasaje de tercera: las mujeres vestidas y los hombres con el torso desnudo."[26]

Rebeca Sigal debió ser una mujer de mucho coraje. Tenía cuatro hijos y estaba embarazada de mellizos. Durante el viaje en barco, su marido no se había sentido bien. Cuando desembarcaron su estado se agravó y al poco tiempo murió de alguna enfermedad desconocida. Tenía sólo treinta y tres años.

"Los llevaron a todos a Moisesville –sigue recordando Pomer– y los alojaron en una tiendas muy precarias donde unos funcionarios franceses, muy bien trajeados y elegantes, según mi abuela, los trataban con mucho desprecio y les hablaban en francés. Los administradores del barón de Hirsch se sentían aristócratas y consideraban unos desarrapados a los judíos de Europa Central. La preocupación de la judería más rica de Francia era que no llegara una ola inmigratoria que estropeara la imagen que de ellos se tenía. Era una colectividad de alto nivel económico. Había intelectuales y políticos destacados. Los judíos de Rusia, en cambio, habían vivido raleados y acosados conviviendo con

25 *Ibíd.*
26 Entrevista.

una población nativa muy rústica y elemental. El libro de Chéjov, *Los campesinos*, describe muy bien al tipo de gente con la que tenían que convivir."[27]

Los judíos rusos y lituanos tenían un nivel cultural superior. Los abuelos de Pomer habían traído con ellos cantidades de libros. Leían en ruso, en idish y en hebreo. Adoraban a Tolstoi y a Gogol, pero se sentían judíos. Conservaban el hebreo como lengua sagrada para leer los libros sagrados. El idish era el idioma cotidiano. El primer grupo de judíos lituanos que se instaló en Moisesville llegó a la Argentina el 27 de diciembre de 1894.

"Mi abuelo era un hombre de sinagoga. No sé de qué vivían. Creo que allí la gran trabajadora era la abuela. Las mujeres judías estaban acostumbradas a trabajar no sólo en la casa sino en el comercio. Mi abuela, Rebeca Sigal, vivió hasta los ochenta y cinco años. Contaba que ellos no pasaron hambre sino apuros durante el primer año. Estaban construyendo el ferrocarril a Tucumán y los obreros indios del Chaco santafecino les daban pedazos de carne."[28]

Debe de haber sido muy difícil la adaptación a una tierra tan distinta, que hasta las estaciones estaban al revés: en invierno era verano y en otoño, primavera. El trabajo del campo era muy pesado y no estaba de acuerdo con sus hábitos. Los lituanos hacían sus casas de madera, por la abundancia de bosques. En Moisesville debían hacerla de ladrillos cocidos con techos de chapas de zinc, sin cielos rasos ni pisos de madera. Peor aún era tener que encender el fuego con bosta de vaca y hasta tapizar el piso de tierra con bosta seca. Pocos años más tarde, por iniciativa de un buen administrador llamado Cohen, Moisesville

27 Entrevista.
28 *Ibíd.*

perdería ese aspecto desolado al cubrirse de paraísos, eucaliptos y otros árboles.

Un importantísimo aporte de los judíos lituanos iba a ser la industria lechera. Ellos eran especialistas en fabricar quesos y toda clase de productos lácteos. Cuando a eso se unió el cultivo de la alfalfa que enriqueció el alimento del ganado, la riqueza de Moisesville comenzó a ser una realidad.

Entre los colonos había mucho sentido comunitario, y gracias a eso pudieron sobrevivir la abuela viuda y sus seis hijos. Ayudar a "la viuda y el huérfano" estaba considerado como una obligación moral en el Deuteronomio, antiguo libro de la Biblia.

Los muchachos empezaron a trabajar en el campo desde muy chicos, a los doce o trece años. Todos estudiaron la primaria y algunos, más tarde, la secundaria. Rubén, el padre de León, que había hecho la primaria en Moisesville, completó la secundaria, ya grande, en Bahía Blanca. Era un hombre muy culto, un autodidacta, muy lector. A los veinte años, decidió trasladarse junto con su familia a Médanos, colonia en la provincia de Buenos Aires que no había sido organizada por Hirsch, sino que se había ido formando espontáneamente. No querían depender más de los administradores. Médanos era una zona muy rica en trigo y maíz. Allí vivió toda la familia hasta que los hijos se fueron casando. Todos trabajaban la tierra, pero ésta no alcanzaba para las nuevas familias. Cuando vendieron el campo, Rebeca Sigal vivió temporadas con cada uno de sus hijos, hasta que Samuel, el mayor, quedó viudo y con un hijo. Feliz de sentirse otra vez necesaria, la *bove* Rebeca fue a tomar las riendas de la casa hasta que murió. Entre los hermanos se repartieron los libros traídos de Lituania.

"Mis abuelos trajeron una devoción por el libro heredada por mi padre y sus hermanos. Yo aprendí a leer con el *Billiken*, sentado en las rodillas de mi papá. (Le gustaba contarme historias. De entonces, quizá, viene mi vocación.) Murió a los setenta y pico de años de un problema cardíaco. Siempre me impulsaron a la lectura, a veces sin mucho criterio didáctico, como cuando para mi séptimo u octavo cumpleaños me regalaron *David Copperfield*. Casi siempre los regalos fueron libros.

"Mi madre nació en un pueblo de Carlos Casares llamado Timote (donde fue asesinado el general Aramburu). En toda esa región había bastantes colonos judíos. Mi abuela materna había venido de lo que ahora es Moldavia y entonces se llamaba Besarabia, una región rumana que pertenecía al Imperio del zar. Vino por los mismos motivos: las persecuciones. La capital de Moldavia hoy se llama Kischinev. Para mi abuela esa palabra representaba el horror de los *pogroms* desatados después del asesinato de Alejandro II."[29]

Los judíos rusos que no emigraron se fueron reuniendo en un partido socialista que llamaron Pund. Este partido trató siempre de mantener su identidad judía y en tiempos de las persecuciones apoyó al sionismo. Los bolcheviques lo combatían insistiendo en que los judíos no tenían por qué segregarse del resto de los trabajadores.

Los abuelos maternos de Pomer, los Rozichner, se establecieron en Carlos Casares. En los primeros tiempos no había mucha comunicación entre las colonias judías, por la falta de buenos caminos, pero esto se fue subsanando. Uno de los Pomerantz se puso de novio con una chica de Carlos Casares. Su casamiento reunió a toda la familia. Allí se conocieron Rubén Pomerantz y Ana Rozichner, se

29 Entrevista.

pusieron de novios, se casaron y fueron a vivir a Bahía Blanca. Con la parte que le había tocado por la venta del campo, Rubén se asoció con un primo suyo que tenía negocio de muebles. Era masón, algo muy raro en un judío, y había estudiado para rabino. Rubén era un campesino que nunca entendió de negocios, pero le fue bien hasta la crisis del treinta, en que ambos se fundieron. Como Rubén era entendido en cosas de campo, entró a trabajar a una empresa cerealera. Era una especie de clasificador de trigo. Tenían un buen pasar.

"Viví en Bahía Blanca hasta los veinte años. El servicio militar lo hice primero en el Regimiento de Patricios de Buenos Aires; de ahí pasé a la Escuela de Caballería y de allí a Neuquén. Volví a Bahía y me casé muy joven, a los veintidós años, con una muchacha judía, aunque antes había tenido novias que no lo eran. Allí había una importante comunidad israelita y otras instituciones. Pero lo más necesario para un judío era el cementerio, tener la seguridad de que su cuerpo descansaría en tierra sagrada. En casa no éramos religiosos. No había comidas prohibidas ni nada por el estilo. Durante el *Pesaj* mi abuela comía el pan ácimo; nosotros, no. Mi padre era un socialista agnóstico. No era un ateo, sólo agnóstico. Un 'liberal', decían en esos tiempos."

Rebeca Sigal, la abuela paterna, tenía malos y buenos recuerdos del "pueblito" lituano, el "*shtetl*", como ella lo llamaba, término idish que pasó al habla norteamericana como tantos otros. Se acordaba de la vida comunitaria, de las fiestas, de cómo se cantaba y bailaba en los casamientos. Esas tradiciones se conservaron en la Argentina. Cuando se reunían con familiares y amigos acostumbraban a cantar a coro canciones en idish que en su origen eran melodías rusas. Tocaban flauta y acordeón, pero sobre todo violín. (En los Estados Unidos hay conjuntos de este tipo que han trascendido su origen y son considerados como música local.) También había teatro en idish en Bahía Blanca. La comunidad estaba muy integrada. Todos los chicos estudiaban. Tenían el mandato.

"Mis padres nunca iban a la sinagoga. Cuando murió mi abuela paterna, mi padre, algo presionado, dijo una oración por los muertos en la sinagoga. Como no la sabía ni leía hebreo la tuvo que aprender de memoria. Es muy difícil leer el hebreo porque no tiene vocales. El hebreo ha sido declarada lengua oficial de Israel y el idish se está perdiendo totalmente. Es una pena."

León Pomer, historiador con varios libros en su haber y profesor en distintas universidades de la Argentina y el Brasil, tiene dos hijas y varios nietos. Siempre recuerda el coraje de su abuela paterna que tuvo que criar sola a todos sus hijitos en aquella Argentina de fines de siglo y les inculcó el orgullo de haber logrado lo que lograron.

Constantino Izrastzoff*

Monseñor Constantino Izrastzoff llegó de Rusia a la Argentina en 1891, recién casado y enviado por el emperador con la misión de dar asistencia espiritual a los extranjeros de religión ortodoxa. Su llegada fue una respuesta al pedido de inmigrantes rusos, sirios, griegos y rumanos, quienes hacia fines del siglo XIX no tenían donde reunirse para celebrar su culto.

En la Iglesia Ortodoxa sólo los monjes y los obispos son célibes. Los sacerdotes se casan. La mujer de Constantino, Elene Bouhays Savi, era de familia belga, pero había vivido siempre en San Petersburgo y quería mucho a su ciudad. En la "Santa Rusia", como llamaban a su patria, la vida estaba signada por la religión. Todos los días, antes de ir al trabajo, los funcionarios públicos iban a misa y las

* Entrevista a su nieto, Iuri Izrastzoff, en diciembre de 2001.

fiestas patrióticas eran todas religiosas: San Alejandro, San Nicolás, el santo patrón protector de cada ciudad, etc. Todo se festejaba en la iglesia.

Los Izrastzoff llegaron a Buenos Aires cuando la Argentina empezaba a recuperarse de la crisis que tuvo su punto álgido en la revolución del noventa. En ese momento, la presidencia estaba en manos de un buen conductor, Carlos Pellegrini, "el Gringo", como lo llamaban sus amigos por ser su padre saboyano y su madre inglesa. Después de presentar sus credenciales, Izrastzoff se dedicó a conocer a su comunidad. Todavía no había feligreses establecidos. Casi todos eran marineros que pasaban en Buenos Aires estadías prolongadas mientras los barcos mixtos de vela y de vapor se reparaban y proveían de mercaderías.

Izrastzoff había estudiado para sacerdote en el Seminario de San Petersbugo y había hecho un máster en Teología, carrera de gran valor cultural agregado. Se pagaba sus estudios dando clases de francés. Su padre también había sido sacerdote y vivía de lo que le daban los feligreses, y su madre era la que organizaba la casa y la vida hogareña. Cuando venían los feligreses con un pollo o algún otro regalo, él no quería aceptarlo pero su mujer, más práctica, los esperaba afuera y les decía: "Él les da el alimento espiritual, está bien que ustedes le den el material". Y se quedaba con el regalo. Iuri Izrastzoff, nieto de Constantino, es quien recuerda estas anécdotas familiares relatadas por su abuela. "Ella –dice– pertenecía a una familia católica romana. Su padre era un ingeniero belga especialista en corazas para barcos de guerra y fue contratado por una fábrica alemana equivalente a la Krupp. El tipo de aleación que allí se fabricaba era tan secreto que cuando se hacía la 'colada' se quedaban todos varios días encerrados sin poder salir, tanto ingenieros como operarios. Mi bisabuelo materno fue uno de los pioneros de la industria pesada en Rusia. Con sus ganancias compró, cerca de la fábrica, casitas que alquilaba a los obreros, quienes, por cierto, tenían bastante buen nivel económico y cultural."[1]

Esta situación era bastante excepcional en la Rusia zarista de fines de siglo XIX, que estaba iniciando con mucha dificultad su proceso de industrialización mientras surgía la nueva clase social del proletariado, luego de la liberación de los campesinos.

"Mi abuela estudiaba en un colegio católico y un tío muy rico le había prometido un viaje por toda Europa para cuando se recibiera. Cuando llegó el momento, las monjas, para celebrarlo, hicieron un té al que invitaron a los muchachos que estudiaban en la Academia de Teología. Mi abuelo Constantino quedó flechado y, después de visitarla varias veces, le regaló un pequeño esmalte con un paisaje de la ciudad de Yalta, que tenía grabado adentro las palabras: 'No me olvides'. Aunque a mi abuela le gustó el regalo y quien lo ofrecía, no quiso entusiasmarse demasiado para no perder el viaje prometido por su tío y trató de borrar la inscripción. Finalmente se pusieron de novios, ella se hizo ortodoxa (lo que implicaba más un cambio de formas que de fondo) y se casó con el teólogo sacerdote."[2]

Al poco tiempo viajaron a Buenos Aires y se dedicaron de lleno a levantar el templo de Parque Lezama, en la calle Brasil, cuyas cinco esbeltas cúpulas bizantinas, azules y doradas, dan al lugar un exótico toque oriental. El templo, dedicado a la Santísima Trinidad, comenzó a construirse en 1898. La obra fue conducida por el arquitecto noruego Alejandro Christophersen.

El 19 de octubre de 1901, monseñor Izrastzoff, representante de la Iglesia Católica Apostólica Rusa en el

---

1 Entrevista.
2 *Ibíd.*

Extranjero –tal era su nombre completo– celebró la primera misa, con la presencia del presidente Julio Argentino Roca. El público argentino pudo admirar su fastuosa decoración interior donde resalta el *iconostasio*, que separa el altar del lugar donde se sitúan los fieles. El zar Nicolás II y la zarina Alejandra habían enviado para la ocasión cincuenta cajones con piezas artísticas y religiosas de gran valor que hoy pueden apreciarse. Entre ellas sobresalen los íconos dorados y fuertemente coloridos que unen a la estética la función didáctica de ilustrar pasajes del Evangelio y vidas de los santos. Muchos fueron traídos de Ucrania y del monte Athos, en Grecia, sitio famoso por sus milenarios monasterios levantados sobre altísimas rocas.

La familia vivía en la casa parroquial donde nacieron los cinco hijos, cuya lengua materna fue el francés y la segunda, el castellano. Tuvieron que estudiar el ruso especialmente para poder hablarlo. En la Argentina casi no había rusos. Pedro Christophersen, el cónsul de Rusia, era noruego...

Cada dos años la familia volvía a su patria. Como principal representante de la Iglesia Ortodoxa en la Argentina, Brasil, Chile y Uruguay, Izrastzoff tuvo un importante sueldo desde 1891 hasta 1917, año de la Revolución Bolchevique. Durante su ministerio hizo levantar diecisiete iglesias ortodoxas en pueblos y ciudades (Montevideo, Santiago de Chile, San Pablo, Oberá, Apóstoles, Quilmes, Berazategui, Lanús, etc.). Como consecuencia de la Guerra del 14 y, sobre todo, desde la Revolución Bolchevique de 1917, la inmigración rusa ortodoxa constituía ya una presencia importante.

Los hermanos Izrastzoff estudiaron en el Colegio Nacional del Sur, hasta tercer año. "En 1912 mi padre entró en un monasterio ruso creyendo que tenía vocación para monje –recuerda Iuri–, pero pronto desistió de la idea. A partir de 1915 mi abuelo quedó solo en Buenos Aires y mi abuela se instaló en Rusia con sus cinco hijos, para que hicieran sus estudios en una escuela para nobles de San Petersburgo, donde se estudiaban las carreras de Magistratura y Diplomacia. Los cinco siguieron diplomacia. Allí los sorprendió la Revolución de 1917 y no pudieron volver a la Argentina hasta el año veinte. Tanto papá como sus hermanos perdieron de repente su patria y su carrera. El único que pudo terminarla fue el mayor, que llegó a ser secretario de embajada en París. Mi abuelo estuvo cinco años solo en la Argentina, con su familia dispersa. Todos sus hijos estaban combatiendo en la Primera Guerra y cuando llegó la Revolución pasaron a formar parte del Ejército Blanco. Mi tío Sergio se escapó por el norte de San Petersburgo y cruzó el mar Báltico helado. Mi tío Gabriel era correo secreto del Ejército Blanco. En una ocasión, una patrulla comunista paró el barco donde iba y él se asustó tanto que les vomitó encima. Lo dejaron ir sin revisar. El percance lo salvó de la muerte."[3]

Al ver el sesgo que tomaban los acontecimientos, la familia trató de volver a la Argentina, pero no pudo. George, el padre de Iuri, viajó de San Petersburgo a Moscú buscando el vagón de tren donde estaban todos los muebles de la familia. Cuando llegó a Moscú tuvo que eludir a los francotiradores que dominaban las calles. De allí viajó hasta una ciudad turística del Cáucaso, donde una partida lo detuvo. Lo pusieron contra una pared para fusilarlo. Él hizo la señal de la cruz y bajaron los fusiles. Era en los comienzos de la Revolución y todo estaba demasiado confuso.

George volvió a San Petersburgo con su madre y, en 1920 intentaron la huida de Rusia por el Mar Negro. Ante la inminencia de la derrota, los llamados "rusos blancos",

3 Entrevista.

contrarios a los bolcheviques, se iban desplazando hacia el Mar Negro, donde barcos extranjeros llevaban a las familias hacia otros destinos. Una tormenta feroz destruyó el barco en que viajaban, dejándolo a la deriva. Se les había acabado el agua, y la gente, desesperada, quería tomar agua de mar. George, que tenía unos veintitrés años y era el más joven y el más fuerte entre ellos, evitó que lo hicieran, y para calmarlos les daba cucharadas de alcohol. Cuando al día siguiente vieron la costa, en medio de una calma chicha, no sabían si era rusa o turca. Felizmente era turca y se salvaron. "Fue tal la impresión de mi abuela por todos estos acontecimientos –añade su nieto– que perdió el pelo. Años después, al llegar a París le volvió a crecer..."

Antes de llegar a Francia habían estado en Estambul donde George, que sabía dirección coral sacra, pudo establecerse dirigiendo un coro litúrgico de rusos mientras esperaban el final de la Revolución para volver a Rusia. Al comprender que, por el momento, no había ninguna posibilidad de cambio, George aceptó el ofrecimiento de unos amigos rusos que tenían una fábrica de chocolate en Orléans, Francia, y trabajó allí como calderista. En 1925, cuando se dieron cuenta de que la Revolución era algo sin retorno, todos, menos el mayor, volvieron a la Argentina. Poco después, Constantino Izrastzoff se hizo ciudadano argentino, y hasta sus últimos años festejó con almuerzos familiares el 25 de Mayo y el 9 de Julio.

Mientras tanto George, a los veintiocho años y sin carrera definida, pensó en trabajar la tierra. En los territorios fiscales, por un pequeño canon, el Estado entregaba grandes extensiones a quien quisiera trabajarlas. Las tierras que le tocaron quedaban en Charata, última estación del ferrocarril que sale de Resistencia para el norte, cerca de Formosa. El clima era terrible: calor espantoso por el día y frío por las noches. Pero tenía que trabajar en algo. Su padre le dio el dinero que necesitaba y el Gobierno le entregó las tierras que, en realidad, eran bosques. A los nuevos dueños les tocaba desmontar, preparar las parcelas y sembrar el algodón. Pero... el primer año llovió mucho y todo se perdió. Al año siguiente hubo sequía, al tercero una peste que estropeó las plantas y el cuarto año, cuando empezaban a levantar una buena cosecha, llegó la langosta y se comió todo. "Papá, que era tan creyente, por única vez en su vida pensó en matarse –confiesa Iuri–. Le daba vergüenza volver a Buenos Aires habiendo perdido todo el capital prestado por su padre. Se sentía un incapaz y el medio ambiente no lo ayudaba para nada a superar su depresión. Adivinando algo de esto, mi abuela decidió ir a visitarlo. Como tenía un poco de reuma dijo que el calor de la zona le iba a hacer bien. Mientras tanto el Gobierno lo había nombrado 'aforador de tierras y bosques'. Su trabajo consistía en poner un sello a la madera de quebracho para que los leñadores pagaran un aforo al fisco. Fue un año de sequía y a mi abuela le hizo tanto bien el clima seco y caluroso que se curó y al tiempo se volvieron. Cada vez que mi padre recordaba esta época negra, mi abuelo lo consolaba diciendo: 'No importa, hijito, hemos curado el reuma de tu madre'."

De vuelta en Buenos Aires, George se enteró de que el Gobierno necesitaba contadores para impuestos. Se puso a estudiar y consiguió el puesto de inspector de impuesto a los réditos. Así fue como, visitando el campo de los Barberán, conoció a María Florencia. La vio y se dijo: "Con esta mujer me voy a casar".

Luis Barberán, el padre de María Florencia, era correntino y había ido a estudiar derecho a Buenos Aires. Pero murió su padre y tuvo que ocuparse del campo. Se dedicó también a la política y llegó a ser intendente de Curuzú Cuatiá, donde estaba el Regimiento IX de Caballería. Era liberal, de los de pañuelo celeste. Su mujer, también muy criolla, se llamaba Elena Escalada. "Mi padre les cayó muy bien –continúa Iuri–. Tenía treinta y siete años y muy buen aspecto, era alto y elegante. Estaba estudiando para sacerdote. Cuando se puso de novio con mamá, una correntina muy sincera y espontánea, ella le dijo de primera intención: '¡Que me case con un ruso, puede ser, pero mujer de cura, no, che...!'. Y él dejó los estudios."

Al poco tiempo de casarse fueron a buscar a George Izrastzoff por desertor del Ejército argentino, ya que él había nacido acá y tenía doble nacionalidad. No fue difícil demostrar que esos años le había sido imposible salir de Rusia por haber estado envuelto en algo mucho más grave que la conscripción.

El primer destino de casados, como inspector de réditos, fue Resistencia, donde nació Iuri, el mayor. Otra vez George viajaba al Chaco, adonde no había pensado volver jamás después de su fracasada empresa agrícola. Pronto pidieron traslado por los terribles calores y los mandaron a San Francisco, Córdoba, donde nació su segundo hijo. Finalmente se instalaron en San Rafael, Mendoza.

"Volvimos a Buenos Aires en el 43 –recuerda Iuri–, y hasta el 55 vivimos con mis abuelos en la casa parroquial de la iglesia de Parque Lezama. Mis abuelos paternos llegaron a cumplir las bodas de oro. Él murió en 1950, a los ochenta y ocho años, completamente ciego por un glaucoma. Sin embargo, nunca se quejó y oficiaba como si viera. Tenía un secretario para contestar su voluminosa correspondencia, tarea que le llevaba mucho tiempo. Cuando conoció a mamá, tuvo que verla a la luz del sol y le dijo: '¡Qué linda es usted!...'.

"Mi abuela sobrevivió a mi abuelo cinco años. Era una persona muy especial. Cuando le preguntábamos si había sufrido mucho por la guerra en la que estaban involucrados cuatro de sus hijos, ella respondía: 'Sufría por no tener más hijos para que pelearan por mi patria'. Aunque de familia belga, ella siempre se sintió rusa. Durante la Segunda Guerra no quería comer pensando en que 'sus pobrecitos rusos' no podían hacerlo. Mamá tenía que convencerla de que esa actitud no los ayudaría."

Muchos rusos que habían escapado de la Rusia bolchevique a distintos países de Europa, ante la amenaza de la Segunda Guerra Mundial, emigraron a la Argentina y se instalaron en el Gran Buenos Aires. Entre ellos había muchos profesionales. Al finalizar la guerra, en 1946 desembarcaron en tal cantidad que el Hotel de Inmigrantes no daba abasto. Iuri Izrastzoff recuerda que abrieron el templo para albergar a algunos.

"Sacábamos las alfombras de la iglesia y las poníamos en los cuartos de recepción, sacristía, etc., para que pudieran dormir los recién llegados. Mi hermano y yo les servíamos té en unas inmensas pavas enlozadas. Casi todos entendían algo de francés, que había sido su segundo idioma hasta la Revolución."

Algunos sacerdotes crearon una fundación para ayudar a los inmigrantes, y la unión de las iglesias rusas en el exilio formó un grupo especial de ayuda. Se abrió una iglesia en Obligado y Juramento donde existía un garaje de tranvías al cual le habían incorporado camas transformándolo en un lugar para el descanso. Allí se alojó un grupo muy numeroso de rusos. Otros consiguieron, por medio de la Cruz Roja Francesa, un predio, en Castelar, muy parecido a una caballeriza, con divisiones que hacían las veces de cuartos; allí iban las personas que tenían a su cargo niños o ancianos.

Los sacerdotes se comportaron como verdaderos pastores de su grey. No sólo aconsejaban a los exiliados sino que trataban de distraer y cultivar a los niños mientras sus padres buscaban trabajo, haciéndolos bailar las danzas tradicionales y representar obras de teatro. Les leían poesías rusas y cuentos que les recordaran su tierra. Finalmente, el lugar se fue convirtiendo en una especie de centro cultural que agrupaba a los inmigrantes y exiliados rusos. Todos colaboraban con lo que sabían, y se formó una verdadera compañía teatral: los artistas plásticos se ofrecieron para hacer la decoración, y las madres más habilidosas armaron los trajes cosacos: una camisa muy bordada, un pantalón similar a la bombacha de gaucho, botas, y el distintivo gorro de piel. Ese baile, llamado *Ghapac*, fue adoptado como baile típico de rusos y ucranianos. Con el correr del tiempo y con el asentamiento casi definitivo, los rusos fomentaron las obras teatrales, conciertos de música sacra, popular, y hasta llegaron a alquilar teatros en la calle Corrientes.

Núñez, Ballester, Temperley y Quilmes eran y son los cuatro focos más importantes de la emigración rusa en Buenos Aires. Allí se levantaron las primeras iglesias rusas, reconocibles a simple vista por sus grandes cúpulas azuladas. La religión ha sido algo fundamental entre los ortodoxos rusos. Todas las fiestas principales se festejan en la iglesia. Pascua es considerada como la fiesta de las fiestas. Durante las siete semanas de vigilia de la Cuaresma no comen ni carne, ni huevos, ni leche. Sólo una mezcla de verduras como ají, cebolla, tomate y berenjena, todo picado con aceite y sal. La solemne misa pascual empieza a las once de la noche y termina a las cuatro de la mañana. Son notables los coros masculinos de graves voces armonizadas que repiten una y otra vez: "*¡Cristos voskrese! ¡Vosponi voskrese!*". (¡Cristo ha resucitado! ¡Verdaderamente ha resucitado!).

Para la ceremonia se prepara un *kulich*, una especie de pan dulce que se acomoda sobre bonitas fuentes con carpetas bordadas. Al final de la misa el sacerdote los bendecirá en el jardín y será lo primero que pruebe la familia al llegar a su casa. Allí la fiesta continúa después de la larga vigilia. Sobre la mesa debe haber fiambres, pescado ahumado, lechón, ensaladas, gelatinas de pescado, nabo rallado, vodka, y todo debe quedar allí durante tres días para convidar a las visitas. Se ofrecen huevos duros pintados con diferentes motivos. Son el símbolo de la vida. Y siguen los gozosos saludos: "¡Cristo ha resucitado! ¡Verdaderamente ha resucitado!". Durante cuarenta días después de Pascua se saluda de ese modo y se acompaña con tres besos. Así, exactamente como en Rusia, se realizaban los festejos durante los primeros tiempos de la inmigración.

"Si tuviera que decidir cuál, entre todas las influencias rusas que recibimos, fue la más importante –concluye Iuri Izrastzoff–, diría que la música, especialmente la litúrgica. Fue algo fundamental en nuestras vidas, y más aún en la de mi padre, pues estaba muy unida a los aspectos religiosos, y él, en el fondo de su alma, guardaba esa inclinación hacia el sacerdocio. Cuando pasábamos temporadas en Curuzú Cuatiá, todos los domingos tocaba el armonio en la iglesia. Era tan creyente, que iba a la iglesia romana porque necesitaba seguir alguna liturgia, aunque el rito fuera distinto. También nosotros íbamos todos los domingos rigurosamente a misa, vestidos como para una fiesta. Al comienzo de las clases mi abuelo celebraba un Te Deum para pedir la bendición de Dios para todos los maestros y alumnos. Para Navidad cantábamos villancicos rusos."

Iuri Izrastzoff entró a trabajar en una agencia de publicidad. Allí conoció a María Antonia y al poco tiempo se pusieron de novios y se casaron por el rito ortodoxo. Fue muy emocionante para ellos viajar a San Petersburgo, la patria de los abuelos Izrastzoff. También visitaron Moscú y Vladimir, la ciudad sagrada.

"La Argentina fue para mis abuelos la patria de adopción –concluye Iuri–. Cuando Nicolás II lo ennobleció, en agradecimiento a los favores hechos a la Corona, mandaron hacer el escudo de armas al entendido en heráldica y éste trazó uno muy original: una colmena con cinco abejas, sus cinco hijos, los colores de la bandera imperial rusa entrelazados con el azul y blanco argentino, y en lugar de águilas, cóndores americanos, en alusión al lugar al que dedicaron años de su vida."

Pablo y Sofía Lenzner, pioneros de la Patagonia*

Hasta fines del siglo pasado, la posesión efectiva de las tierras de la Patagonia argentina era más una expresión de deseos que una realidad. Tribus nómades de tehuelches deambulaban por las áridas mesetas buscando alimento para sus caballos, y guanacos para sustentarse, vestirse y hacer sus tiendas. Periódicamente, alguna expedición exploradora bordeaba sus costas o se internaba por ríos, como el Santa Cruz, que desembocan en el Atlántico. Así lo hicieron Fitzroy y Darwin en 1834, y en 1859, el argentino Luis Piedra Buena. Diez años después, el audaz capitán de la Marina inglesa, Jorge Musters, atravesaba toda la Patagonia de sur a norte en un viaje de dos años a caballo, guiado por los indios. Menos conocidos pero igualmente

* Diario de Pablo Lenzner. Entrevista a Hermann Haupt, uno de sus nietos.

aventureros y trabajadores, muchos pioneros de distintos orígenes aprovecharon la venta de tierras fiscales en la Patagonia para iniciar, desde abajo, sus empresas pobladoras. Uno de ellos fue Pablo Lenzner, quien, afortunadamente y a pedido de los suyos, dejó unas memorias inéditas.[1]

Pablo Lenzner era el menor de nueve hijos de un agricultor de Sajonia. Desde joven quiso trabajar la tierra, pero en Alemania el hijo mayor es el que la hereda. A los demás se les costea una carrera o se les da o presta alguna suma de dinero para que puedan empezar. Como en su patria no tenía posibilidades para lo que quería y le fascinaban los países extraños y lejanos, pensó en viajar a América del Norte, pero cuando llegó al puerto, se enteró de que el barco en que pensaba partir acababa de irse. Sin embargo, estaba por zarpar otro para América del Sur. Al recordar las exóticas historias que un compañero del servicio militar le había relatado, sobre un hermano suyo radicado en Chile, se decidió por el sur. Se embarcó en octubre de 1892, con rumbo a Buenos Aires, en el buque *Belgrano*, de bandera argentina. Así vio a la Buenos Aires de fin de siglo: "...era en ese entonces una ciudad de unos seiscientos cincuenta mil habitantes, con sistemas sanitarios muy rudimentarios; el transporte público se realizaba con tranvías tirados por caballos, y por las tardes se podía admirar a las porteñas pudientes que iban y venían entre la calle Florida y Palermo en lujosos carruajes tirados por hermosos caballos. El puerto se comunicaba con la ciudad, cuyas edificaciones comenzaban recién a partir de la barranca,[2] a través de caminos levantados con terraplenes que cruzaban por las zonas bajas de lagunas y barro aproximadamente donde actualmente se encuentra el Correo Central, y donde los domingos se solía cazar patos".

---

1 El diario, escrito en alemán gótico, se va mezclando cada vez más con palabras y expresiones argentinas.

2 Actualmente, calle Leandro N. Alem.

No conocía a nadie y casi no hablaba español, por lo que a las pocas semanas decidió participar en la empresa de dos compatriotas, los señores Dunzelmann y Oerthmann, para formar una colonia agrícola al sur de la provincia de Córdoba. Y un buen día de 1893 el ferrocarril lo dejó en el pequeño pueblo de Canals, formado por la comisaría, algunos ranchitos y varios boliches. Después de unas semanas de trabajo, compró una chacra de cien hectáreas con el dinero que le había dado su madre. Allí pasó tres años viviendo en un rancho de dos piezas con paredes de barro y trabajando la tierra. Lo hacía en forma comunitaria: uno de los vecinos aportaba la cosechadora y otros tres, los carros de transporte de cereal. La trilla se realizaba "como en los tiempos de Abraham": tiraban el cereal cortado en el piso de un corral, lo hacían pisotear por los caballos y separaban la paja del grano de trigo echando paladas al aire. Pero la experiencia agrícola no fue afortunada: el primer año la cosecha de maíz fue devorada por las langostas, el segundo plantó trigo pero tuvo que venderlo a menos precio de lo que lo había comprado. Cuando el tercer año volvió a parecer la temida "manga" de langostas ocultando el sol, decidió vender todo, excepto su mejor caballo, y cabalgó en busca de trabajo hasta Bellville, de ahí a Rosario y a San Nicolás. Recién en Pergamino obtuvo un empleo como ayudante de mayordomo en la estancia Santa Ana de un señor Roth, con un sueldo de treinta pesos por mes. Después intentó otros trabajos hasta que, en 1897, conoció en Buenos Aires al hacendado escocés John Hamilton, que le habló del interés del Gobierno argentino en poblar la Patagonia, más específicamente el territorio de Santa Cruz. Lo que le contó Hamilton lo animó a vender su caballo y comprarse un boleto de ida en el buque *Villarino*, único medio de transporte posible, pues hasta el extremo sur no llegaban ferrocarriles ni diligencias y tampoco existían caminos.

En octubre de 1897, Pablo Lenzner desembarcaba en Río Gallegos, fundada apenas dos años antes. Allí consiguió un empleo como ovejero a cinco libras inglesas por mes, en la estancia *Marcach-Aike*[3] de Kark y Osenbrug. En esa época, en el territorio de la actual provincia de Santa Cruz, sólo existían asentamientos humanos o estancias en la zona costera sobre el océano Atlántico, donde el clima era más benigno y se contaba con un mínimo de medios de transportes marítimos que comunicaban con Buenos Aires o con las Malvinas. Toda la zona de mesetas entre la costa y la cordillera, que a la altura de Río Gallegos tiene una extensión de trescientos kilómetros estaba deshabitada y considerada una estepa insostenible como explotación ganadera. Recién en la zona cordillerana de Lago Argentino, a unos trescientos veinte de Río Gallegos, donde más tarde sería el pueblo de El Calafate, estaban afincados los ingleses Game & Cattle, primeros pobladores estables. Era ésta una bellísima región de lagos y bosques, mucho más protegida de los extremos del clima que las mesetas y estepas intermedias en donde no existía árbol alguno, sólo una cobertura de pastos y arbustos secos achaparrados, llamados "mata negra". En esa región de estepas ventosas, estaba situado *El Chingolo*, un campo de doce mil quinientas hectáreas, arrendado al fisco por los argentinos Cornelio Baca, Leopoldo Lanús y Miguel Grijera, quienes encargaron al joven Lenzner armar y organizar todo lo necesario para la cría de ovejas. Durante más de tres años con la compañía de un solo peón, se esforzó en cumplir lo pactado.

"Lo primero que hice al llegar a *El Chingolo*, después de diez días de carreta –relata Lenzner en sus *Memorias*–, fue recorrer a caballo el campo para familiarizarme, buscar

3 Como vimos en el capítulo sobre la familia Hamilton, *aike* significa "lugar" o "campamento" en idioma tehuelche.

los mojones y establecer un lugar para la construcción de la futura casa. Comencé habitando en invierno y en verano en una pequeña carpita de lona. Con cuatro chapas y cuatro paredes de tierra construimos una cocina-comedor. En las noches de invierno, para dormir nos sacábamos solamente las botas, y usábamos una especie de 'pantufla' en los pies, confeccionada con la piel de los guanacos. Yo dormía abrazado a las botas para que al día siguiente, al ponérmelas, no estuvieran escarchadas. La comida consistía en carne de ovejas y mate, con los que desayunábamos al salir el sol, ya que por las distancias a recorrer, no pararíamos a almorzar. La cena la preparaba el primero que regresara con la caída del sol. Pasábamos meses sin contacto con la ciudad. Para poblar el campo, trajimos un arreo de cinco mil ovejas de Río Gallegos."

En 1903, después de cuatro años de trabajar sin descanso, pudo entregar la estancia *El Chingolo* armada y funcionando con doce mil ovejas. Era hora de que Lenzner tuviera su propia tierra. Al año siguiente la empresa de Ramos Generales Braun & Blanchard le ofreció comprar a medias –ellos ponían el capital y él, su trabajo– un campo llamado el *Librún* (deformación fonética del francés Le Brun, un dueño anterior.) Estaba situado justo a mitad de camino entre Río Gallegos y Lago Argentino. "Comenzamos allí con cuatro mil ovejas, en el invierno más crudo que me tocó vivir en cincuenta años. El termómetro llegó a registrar 36° bajo cero (...) Por entonces el fisco me adjudicó el arrendamiento de ocho leguas de tierras fiscales adyacentes al *Librún*. Una de las tareas más laboriosas era construir los kilómetros y kilómetros de alambrados, por las grandes distancias, los costos, lo duro de perforar el suelo rocoso a pico y pala, y la lentitud de transportar todo en carretas (...) Al no existir aún los alambrados, era necesario recorrer a caballo a diario de sol a sol y arriar las ovejas para mantenerlas dentro de los límites del campo."

En la soledad de la estepa tenía algunos vecinos: a ochenta kilómetros de Río Gallegos estaba situado estratégicamente el boliche La Esperanza, parada ineludible en el camino hacia Lago Argentino. Sobre el río Coyle, el escocés Roberto MacDonald había fundado en 1890 la estancia *La Vanguardia*. Un invierno en que el río se heló totalmente, Lenzner fue a visitar a su vecino sobre patines de hielo. Otros pobladores cercanos eran el griego Nicolas George, dueño de *Barranca Blanca*, y a unos cien kilómetros vivía el alemán Ernesto von Heinz, poblador de la zona de *Tapi Aike*, no muy lejos de la frontera con Chile. Con la afluencia de tantos extranjeros, la Patagonia argentina se había convertido en una región cosmopolita, donde casi todos los elementos para fabricar una casa (chapas, clavos, armazones de hierro, etc.) venían de Inglaterra y la mayoría de las transacciones se efectuaban en libras.

Las ganancias obtenidas en el *Librún* sirvieron además para arrendar por un tiempo, con otros socios, unas cincuenta mil hectáreas detrás de Lago Argentino. Eran lugares salvajes y difíciles pero de una gran belleza y aptos para la cría de ovejas. Pero era muy trabajoso cabalgar trescientos kilómetros (ida y vuelta) desde el *Librún*. Peor aún era la forma que tenían de cruzar el frío y caudaloso río Santa Cruz: luego de desnudarse y hacer un hato con la ropa, se untaban todo el cuerpo con grasa para no helarse. Después hacían entrar a los caballos que tenían más fuerza para soportar la correntada y cruzaban agarrados de sus colas.

Cuando terminó de construir su casa en el *Librún*, Pablo Lenzner pensó que había llegado la hora de poner fin a sus días de soltero. Tenía casi cuarenta años y hacía mucho tiempo que no se tomaba unas vacaciones ni veía a los suyos. Además tenía el estómago algo estragado de tanto comer carne de oveja, y no se sentía muy bien. Decidió ir a reponerse a su patria y allí le aconsejaron la visita a un *spa* de lujo, "El Ciervo Blanco", atendido por el prestigioso doctor Schmidt. "El sanatorio del doctor Schmidt me gustó mucho, y más aún me gustó su hija Sofía de veintidós años". Pablo Lenzner comprendió que su vida de "soltero, gitano y trovador, llegaba a su fin".

Sofía Schmidt era una hermosa mujer, muy dulce pero a la vez aguerrida y audaz. Desde el primer momento se sintió atraída por ese apuesto compatriota curtido por los vientos y los soles de la Patagonia argentina, y por lo que contaba de ese lejanísimo lugar, tan distinto de todo lo que conocía. Quienes no estaban muy conformes con la elección eran los padres de Sofía: no la habían criado y educado en los mejores colegios para que un aventurero se la llevara al fin del mundo. Pero contra el amor no hay razones que valgan. Sofía y Pablo se comprometieron y se dieron palabra de matrimonio. Al año siguiente, después de hacer algunos arreglos en la casa del *Librún*, Pablo Lenzner volvió a buscarla y se casaron en secreto, sin el consentimiento de los padres de ella. En realidad fue un rapto elegante. Pero no olvidaron ni siquiera el Steinway de cola sin el cual Sofía, gran pianista, no podía vivir.

Mucho amor y mucha fortaleza debía tener esta muchacha de veintitrés años para desempeñarse como lo hizo, en un medio tan hostil, demostrando la verdad de un bello dicho alemán: "Cincuenta hombres construyen una casa y una sola mujer hace de ella un hogar". Éste fue el desafío con que se encontró Sofía cuando llegó aquel anochecer al *Librún*, después de un interminable viaje. La travesía de Buenos Aires a Río Gallegos en el buque *Mendoza* había durado casi tanto tiempo como el cruce del Atlántico desde Hamburgo a Buenos Aires en el *Cap Arcona*. Faltaba el cruce de árida meseta y de tres ríos. En la Partagonia no había calles ni caminos. Viajaban en carretas con ruedas de cuatro metros para poder pasar los ríos. En una de ellas iba el Steinway.

Fue una suerte que se acabara de inaugurar una balsa para cruzar el Río Gallegos. Habían iniciado el viaje por tierra en un flamante *sulky* descapotado, armados con una botella de ron para combatir el frío. Tuvieron que pasar el río Coyle Sur con el agua llegando al asiento y luego de pernoctar en la estancia *Las Vegas*, cruzaron el Coyle Norte, sin poder evitar quedar "cubiertos de barro hasta las orejas". Con emoción recuerda el viejo pionero este momento tan crucial en sus vidas:

"Al anochecer llegamos al *Librún*. Y al día siguiente, después de cuarenta días de viaje, al amanecer y mirar por la ventana, Sofía pudo ver la estepa hasta el horizonte, blanqueada por una nevada, y barrida por el siempre presente viento patagón." Era el 1° de noviembre de 1911.

Aunque el marido había intentado preparar mentalmente a su joven esposa sobre la vida y el entorno que le esperaba después de aquel original viaje de bodas, tenía serias dudas sobre su reacción frente a este nuevo mundo, tan distinto de la prolija clínica del doctor Schmidt. Muchos años después escribiría estas palabras reveladoras: "Ella superó todas mis expectativas, pues nunca insinuó ni se lamentó de nada, sino que, por el contrario, fue mi apoyo y mi compañera incondicional en todo momento".[4]

Secundada por su familia, Sofía supo formar un hogar cálido y culto en la desierta extensión patagónica, a pesar de que los comienzos fueron durísimos. No podían tener gallinas porque se las llevaba el viento. Por la misma razón

4 Pablo Lenzner, *Recuerdos de mi vida en la Patagonia*, traducido al castellano por Hermann Haupt, inédito.

era imposible tener huerta. Fabricaron unos invernaderos de vidrio y allí pudieron cultivar algo. Había carne de oveja y se proveían en Río Gallegos de pan, azúcar, harina, etc. Sofía estaba acostumbrada a los crudos inviernos alemanes y sabía cómo prepararse durante el verano para esos interminables meses oscuros y fríos. Hacía toda clase de conservas y se manejaba con comodidad en ese clima inhóspito.

Empezaron a llegar los hijos que tuvo sola, con ayuda de su marido: Clara, la primera, en 1912; el segundo, Federico, el único asistido por un médico alemán que estaba de paso, murió a la semana de nacer. Sofía decía con tristeza que el médico europeo no había sabido manejarse sin la infraestructura adecuada y, por atenderla a ella, había descuidado a la criatura, que se enfrió y murió por esa causa. Luego vinieron con felicidad los otros tres: Erica, en 1915; Ernesto, en 1916; y en 1918, Germán.

Sofía entendía bastante de medicina. Ella misma se ocupaba de las enfermedades de sus hijos que, por otra parte, eran fuertes y sanos. No tenía personal de servicio ni ayuda, tan sólo un indio que le hacía de niñera, pero se negaba a dormir adentro aun en los días más fríos. Siempre lo hacía envuelto en un quillango delante de la puerta. Cuando ella le preguntaba por qué no entraba a dormir a la casa, le contestaba: “Un ser humano no debe dormir nunca bajo techo porque pierde sus instintos”.

Durante muchos años tuvieron como vecinos a tribus de indios tehuelches, gente sumamente pacífica con los que no tuvieron problemas. Eran hospitalarios y amables, de una estampa fornida, los hombres altos como de un promedio de un metro ochenta. “La invasión del hombre blanco a sus territorios de caza, sus alambrados y el desplazamiento de las manadas de guanacos por ovinos, y con ello la alteración de su milenaria forma de vida, hacía razonable que ante el hambre y la poca caza disponible se alzaran con alguna que otra oveja."[5]

Los Lenzner tenían amistad con ellos. Una fotografía de esa época muestra al viejo cacique Copache, cubierto de pieles de guanaco y vincha, posando de pie junto a los niños Lenzner. "Los tehuelches han desaparecido prácticamente como una cultura independiente, por la invasión del hombre blanco, por la transmisión de enfermedades que antes les eran desconocidas, y porque también se fueron mezclando con todos los grupos humanos que poblaron la Patagonia. Pero fundamentalmente se extinguieron por los efectos devastadores causados por las bebidas alcohólicas que nuestros bolicheros supieron venderles en cantidades."[6]

Tenían algunos peones chilenos para el trabajo de campo y desde los diez años también los chicos trabajaban, tanto varones como mujeres. En este sentido Pablo Lenzner era inflexible. Desde muy temprano salían a caballo a recorrer el campo. Los caballos eran los animales más resistentes. La vida del poblador dependía de ellos a diario. También los perros ovejeros eran compañeros insustituibles. Cuando los alambrados eran todavía escasos hubiera sido imposible realizar los arreos sin los perros ovejeros. Todos colaboraban. Sofía hacía hasta el jabón con la grasa de las ovejas. O todos aportaban o no prosperarían, solía decir el padre. Sofía era mucho más flexible y, a pesar del trabajo constante, se dio tiempo para enseñar piano a sus dos hijas, que tocaban a la perfección. Durante los meses de verano ella les enseñaba a los cuatro a leer y a escribir.

En cuanto progresaron un poco, viajaron varias veces a Alemania durante el invierno. En junio, julio y agosto, los padres viajaban o descansaban mientras los hijos iban

5 *Ibíd.*
6 *Ibíd.*

a un colegio alemán; entre ida y vuelta pasaban mayo y septiembre navegando. Durante el mes de viaje no estaban ociosos: llevaban lana y tenían que cardarla para hacer sus propios colchones o rehacerlos, como hacían los colchoneros, que por entonces iban de casa en casa con su máquina cardadora. Al hábito del trabajo unido a la tenacidad en llegar a una meta, se había agregado la circunstancia de las demandas del mercado europeo.

En el período comprendido entre los años 1900-1920, coincidió la expansión de ganado lanar en toda la Patagonia argentina con la demanda extraordinaria de lana (que no se volvió a repetir nunca más en la historia) para abastecer a una población mundial en constante aumento. Basta recordar que casi todos los colchones de la humanidad fueron de lana –si no eran de paja o crin de caballo– hasta la mitad del siglo XX. Se dio una coyuntura muy favorable por la necesidad de lana: en Europa necesitaban mantas para la guerra que, se sabía, estaba por estallar. No existían todavía los productos sintéticos que, con el tiempo, serían los principales competidores de la producción de lana y algodón

Este mundo de trabajo y paz doméstica se vio de pronto amenazado. "En la primavera de 1920 se desataron hechos inquietantes y trágicos en la Patagonia." Las pretensiones de la Sociedad Obrera, según dieron a conocer en varios manifiestos, eran justas y elementales: querían buena comida y buenas condiciones de higiene en sus viviendas. En algunas estancias las tenían, pero en otras recibían un trato miserable. Los obreros estaban representados por Antonio Soto, un muchacho de apenas veintitrés años, nacido en El Ferrol. De tipo celta, alto y atractivo, tenía carisma y sabía hablar a los suyos. En mayo de 1920 fue elegido, en asamblea, secretario general de la Sociedad Obrera de Río Gallegos. Lamentablemente, entre los líderes del movimiento rural en esta primera huelga había algunos reconocidos bandoleros.

Los Lenzner se enteraron de estas noticias por la gente que pasaba por el *Librún*. Eran muchos, pues la estancia estaba situada a un costado del camino que une Río Gallegos con Lago Argentino y El Calafate. En los últimos días de noviembre, Pablo Lenzner decidió ir a Gallegos en su automóvil para averiguar qué ocurría y aprovisionarse. No imaginaba que él y su familia iban a participar en el más cruento enfrentamiento de la primera huelga, que traería consecuencias desastrosas para cantidad de inocentes. A mitad de camino se cruzó con el comisario Ritchie de Río Gallegos y seis policías que viajaban en dos Ford T hacia el Lago Argentino y pasarían por el puesto de *El Cerrito*.

Ignoraban que, horas antes, había ocurrido allí un sangriento episodio entre cerca de doscientos huelguistas y policías. Los primeros tenían de rehenes a dos estancieros de la zona. Después de una fuerte balacera, el comisario y su grupo consiguieron escapar y pararon en el *Librún*, donde Sofía, ayudada por Clara, limpió y vendó a los heridos. Conversaron con la dueña de casa y decidieron partir en los dos autos. Sofía y los chicos, con alguno de los heridos irían a Gallegos,[7] parando en las estancias o puestos del camino para avisar a sus moradores el peligro que corrían.

Mientras tanto Lenzner hacía sus compras en el pueblo relativamente tranquilo. Grande fue su sorpresa al ver el Ford T del comisario abarrotado por su familia y los heridos. Lo principal estaba a salvo pero temía por su estancia. "Los peones que trabajaban allí no tenían intención de

---

7 Según relataba Sofía, por el lado del río había una especie de balsa donde ubicaron el auto para acelerar el viaje por agua.

plegarse a la huelga. Después que los huelguistas cortaron los alambrados para robar los caballos, se ofrecían a ir a pie a revisar los molinos, pero tenían miedo de realizar otras tareas. Fue necesario postergar la esquila hasta marzo de 1921."[8]

Aunque algunos dirigentes de la primera huelga fueran bandoleros, los reclamos de los huelguistas eran justos. Así parecen haberlo entendido los estancieros que firmaron el Convenio con sus obreros el 30 de enero de 1921.[9] Entre las firmas de Mauricio Braun, Alejandro y José Menéndez, Ernesto von Heinz, Kark y Osenbrug, Juan Bitsch y cantidad de sociedades anónimas, etc., citadas por Bayer, está la firma de Pablo Lenzner. Pero las circunstancias iban a dejar en la nada este pliego de condiciones.

Los sangrientos hechos de *El Cerrito* esgrimidos en contra del gobierno de Hipólito Yrigoyen provocaron la intervención del Ejército. El teniente coronel Varela, comandante de las tropas llegadas de Buenos Aires, convenció a los quinientos huelguistas de devolver los caballos robados y las armas. Parecía que la paz había vuelto a la Patagonia. Se pudo realizar la esquila, la señalada, los baños antisárnicos, etc. No sabían que faltaba lo peor.

En la primavera de 1921 volvían a correr rumores acerca de que se habían formado grupos armados que asaltaban y robaban los establecimientos, llevándose a los propietarios como rehenes, pero respetando a mujeres y niños. Los Lenzner pensaron que era tiempo de retirarse por un tiempo a Río Gallegos. Sofía y los chicos, que aparentemente no corrían peligro, viajarían en el auto a la madrugada. Don Pablo que, como propietario, era un posible

---

8 Pablo Lenzner, *op. cit.*

9 Este convenio figura en el tomo 1 de la obra de Osvaldo Bayer, *Los vengadores de la Patagonia trágica*, Buenos Aires, Galerna, 1974.

rehén, partiría esa misma noche a *Tapi Aike*, estancia que su amigo Von Heinz tenía en la frontera con Chile. Ya en territorio chileno, emprendería el largo viaje a Punta Arenas y allí esperaría un tiempo que las cosas se calmaran.

Llegó a *Tapi Aike* pasada la medianoche y se enteró de que su amigo Von Heinz ya estaba a salvo en Río Gallegos. Comenzó entonces el largo viaje a caballo hasta Puerto Natales, donde tomó un vehículo para Punta Arenas. Al llegar allí y no tener noticias de su familia, convenció al capitán de un barco chileno para que lo llevara a Gallegos sin pasaporte. Una vez en el pueblo, pidió a un amigo que lo acercara en auto, pero a cinco kilómetros del *Librún* se les acabó la nafta. Cuando su mujer lo vio llegar caminando, con una lata en la mano, más preocupada que alegre por su vuelta le dijo que tenía que irse inmediatamente porque lo estaban buscando.

Durante su ausencia, Sofía había demostrado de lo que era capaz. Decidida a no dejar sola la casa, al llegar los huelguistas los había enfrentado, armada con una escopeta. Contó a su marido que "estaban liderados por un joven chileno de unos veinte años de apellido Soto, un ex actor de teatro con un excelente poder de oratoria, bastante respetuoso con ella. Arengó a mi gente para que se les unieran y se fue sin causar ningún daño". Portándose como un caballero, Soto le había explicado a Sofía los motivos que los llevaron a esa situación extrema.

Pablo y Sofía quedaron en reunirse en Río Gallegos, pero ella y los chicos no pudieron salir de la estancia por la inesperada irrupción de unos ochenta huelguistas. Presintiendo lo que estaba pasando, Lenzner, acompañado por tres soldados y un cabo, pudo entrar en el *Librún* sin ser visto por los huelguistas.

Más de veinte años después, don Pablo recordaría con todo detalle la forma en que se prepararon para un eventual combate: "Mi mujer, con un revólver, se ofreció a relevar al guardia que estaba apostado frente al galpón; acomodamos a los chicos en el suelo, y pusimos todos los colchones y muebles contra las paredes para amortiguar posibles balazos a través de la delgadas paredes de chapa de la casa. Pero todo resultó una falsa alarma. Al día siguiente, al revisar los alrededores, ya no quedaba nadie más en las cercanías. Sofía, mi mujer, quedó muy sorprendida por lo atemorizados que habían estado todo el tiempo los soldados. Detrás de la cocina, sobre un cerco donde ella solía colgar la ropa para secar, había encontrado varios calzoncillos recién lavados...".

Después de aclarar que él no tuvo participación en el tremendo y sangriento episodio de los fusilamientos en la zona de Lago Argentino, Lenzner concluye: "La rebelión fue aplastada brutalmente por los uniformados en muy poco tiempo y, años más tarde, el teniente coronel Varela fue a su vez víctima de un atentado, a manos del anarquista alemán Kurt Gustav Wilckens".

El 1° de febrero de 1822, Antonio De Tomaso, diputado del Partido Socialista, citó en el Congreso de la Nación unas palabras de Pablo Lenzner que no dejaban muy bien parado al Ejército: "Un fuerte hacendado, el señor Lessner [*sic*] –dijo–, rogaba a las autoridades de Río Gallegos que retiraran de su establecimiento a los soldados de Gendarmería, por cuanto al amparo del uniforme cometían toda clase de hechos delictuosos...".[10]

Las huelgas del 20 y del 21 dejaron un sabor amargo en todos los pobladores. Nadie podía negar que se había actuado con brutalidad, dejando el saldo de mil quinientos obreros muertos (la mayor parte de ellos, fusilados sin

10 Osvaldo Bayer, tomo 3, *op. cit.*

juicio previo). Durante unos años pareció haberse detenido la corriente inmigratoria, tanto del exterior como del propio país. Sólo los chilotes seguían aventurándose por necesidad.

Los Lenzner conservaron el *Librún*, pero fueron a vivir a una estancia en Sierra de la Ventana llamada como la dueña de casa, *La Sofía*, comprada con las ganancias obtenidas en la venta de ovejas. Era una estancia muy linda, de tres mil hectáreas, en plena sierra. Después de tantos años de tierras áridas, gozaban la maravilla de tener cantidad de árboles. Sin embargo, todos guardaron un gran amor por la estepa a la cual nunca llamaron "el desierto", como se decía en Buenos Aires y en el resto del país para referirse al territorio donde vivían y fueron expulsados los indígenas tehuelches o de origen mapuche.

Cuando llegaron a Sierra de la Ventana, no conformes con los árboles de los alrededores, quisieron también forestar las montañas. Para eso doña Sofía tenía un sistema muy bueno: como sus invitados eran generalmente muy deportistas, a cada uno de ellos –incluso a sus propios nietos– les daba una mochila llena de plantitas para que las trasplantaran en el lugar de las sierras adonde hubieran llegado. La competencia entre unos y otros hizo que plantaran cada vez más arriba y el paisaje se pobló de follaje.

Más adelante compraron un campo en Azul. Cada vez tierras más fértiles y más cercanas a Buenos Aires. Durante el invierno vivían en una casa del barrio de Belgrano, donde la vida volvió a ser como lo había sido en Alemania: servicio, muebles, cuadros, vida social, reuniones culturales, música, etc. La familia merecía un descanso.

"Clara, la hija mayor se casó con Conrado Haupt, director de una de las grandes compañías laneras. Era una mujer muy vital que andaba a caballo desde su niñez, y siempre amó la vida de campo. Tuvo dos hijos. Erica se casó con el director de la misma empresa, pero especializado en comercio exterior, y tuvieron tres hijos. El *Librún* pasó a manos de Ernesto, el mayor de los varones, y ahora lo tiene uno de sus dos hijos. Los tres hijos de Germán, en cambio, han vuelto a la tierra de sus abuelos. También los nietos de Pablo y Sofía se criaron en el campo, pero era una campo más confortable, en Azul, muy distinto de la Patagonia. Allí iban al colegio y fueron a Buenos Aires para hacer sus estudios universitarios. Para la generación anterior lo importante era el trabajo y bastaba con la cultura adquirida en la casa. La generación siguiente necesitó más. No se sentían porteños, pero sí argentinos. Estaban muy arraigados a la tierra y siempre tuvieron muy buena relación con la gente del lugar."[11]

"Sofía fue una mujer muy respetada, que se hizo valer –añade Silke–. Acompañó dignamente a su marido en una época en que el éxito del hombre era lo fundamental. Él murió unos años antes que ella. Yo no lo conocí, pero con ella intimé bastante. Cuando me casé vivíamos casa por medio, y cuando mis hijos eran chiquitos, yo iba a verla muy seguido porque me encantaba escuchar sus historias. Siempre me llamó la atención que en un lugar tan inhóspito como era el sur de la Patagonia, pudieran conservar su cultura y sus costumbres, entre ellas, la música, tan importante para los alemanes. Se festejaban sobre todo las fiestas religiosas: Navidad y Pascua eran las más importantes. Recuerdo a Clara, mi ex suegra, tocando villancicos en el piano para Navidad en la estancia de Azul."[12]

En 1946, al terminar sus recuerdos patagónicos, en 1946, Pablo Lenzner agregó, a manera de epílogo:

11 Entrevista a Silke Dross, ex mujer de C. Haupt, nieto de don Pablo.
12 *Ibíd.*

"Mientras escribo estas líneas y en retrospectiva ya sobre el final de mi vida, sé que debo estar muy agradecido por el destino que me tocó vivir en la Argentina. Tuve una mujer que me acompañó en todo momento, que supo armar un verdadero hogar, inclusive haciendo de maestra, enseñándoles a leer y escribir a los niños en la ausencia e inexistencia de cualquier escuela; de enfermera y partera, al no haber médicos ni farmacias a ciento cuarenta kilómetros a la redonda, en *sulky* o a caballo, y que me dio cuatro hijos sanos, que ahora, adultos, han encontrado cada uno su camino. En lo personal, creo que pude resistir los tiempos difíciles, por un lado gracias a la suerte de disponer de una muy buena salud, y por el otro, a tener un carácter austero y con pocas pretensiones. Aún hoy en día suelo recordar con placer y nostalgia aquellos tiempos rústicos."[13]

13 Pablo Lenzner, *op. cit.*

Torcuato Di Tella*

Sentado junto al fuego, en su sólida casa de piedra situada en medio de los Abruzos, Giuseppe Tomaso di Tella, último barón de Sesano, veía con preocupación cómo iba menguando su patrimonio. Aparte de la casa familiar de Capracotta[1] tan sólo le quedaban algunas tierras y ovejas. No había tenido más remedio que hacer un poco de comercio trayendo pescado desde la costa. Se había casado con una prima, Teresa di Tella, y tenían tres hijos varones: Salvatore, Amato Nicola y Cesarco. El primero había sido destinado al sacerdocio y para 1860 estaba estudiando

* Datos y citas del libro de Torcuato S. Di Tella, *Torcuato Di Tella, industria y política*, Buenos Aires, Grupo Editorial Norma, 1993.

1 Capracotta es una de las comunas más altas de toda Italia, a 1416 metros sobre el nivel del mar.

en el monasterio franciscano de la vecindad. Los otros dos ayudaban ocupándose de la pesca y de los pocos pastores y peones que iban quedando. Era el año de la expedición de Garibaldi, cuando la nobleza había pasado de ser un privilegio a convertirse en algo incómodo. Lo mismo ocurría con la religión. Se habían disuelto los conventos y Salvatore tuvo que cambiar la carrera eclesiástica por la de las armas.

Cuando diez años después murió el barón, los hijos campesinos llamaron a Salvatore, el fraile-soldado, que tenía más "mundo" y podría ayudarlos con sus ideas. En efecto, Salvatore compró un molino harinero que funcionaba con máquinas, pero –nunca se supo bien por qué– el molino no funcionó y tuvieron que venderlo a precio vil. Esto decidió a los hermanos a buscar fortuna en otra parte, y eligieron la Argentina porque tenían allí un primo, Carmine di Tella, a quien le había ido muy bien como joyero. Hacia allí partió toda la familia en 1894. Amato Nicola, siguiendo la tradición, se había casado con una prima, Ana María di Tella, y habían tenido cinco hijos: dos varones y tres mujeres. El mayor, Giuseppe, se quedó en Florencia estudiando agronomía. El menor tenía dos años y se llamaba Torcuato.

Llegados a Buenos Aires, Cesareo decidió afincarse, con su mujer, en la provincia de San Luis, mientras Salvatore y Nicola experimentaban con la elaboración de cigarros. "Eran años difíciles, y la América no se hacía tan fácil. A los pocos años hubo que cerrar el negocio y darse cuenta de que la Argentina, que pasaba por una etapa muy crítica de su historia, con crisis económicas y constantes intentonas revolucionarias de los radicales, no estaba hecha para ellos. Fue necesario pedir ayuda al consulado para que los repatriara a todos, menos a Adele, la hermana mayor, recién casada e instalada en Lobería."[2] Se iban, pero dejaban parte de su familia, lo que equivalía a dejar algo de sí mismos.

Se instalaron en una *masseria*, es decir, una gran casa de campo, en Bagnoli, al sudeste de Nápoles. Pero en 1905 murió Nicola. Su mujer quedaba con dos hijas adolescentes y Torcuato, de trece años. Salvatore era muy bueno para instruir a sus sobrinos, pero no para trabajar la tierra. Los parientes de la Argentina los animaban a volver asegurando que las cosas habían cambiado y que el país estaba en su momento de mayor prosperidad. Vuelta a emprender el viaje con las escasas comodidades que podía ofrecerles el buque.

"Cuando llegaron al puerto de Buenos Aires –según palabras de Torcuato S.– se encontraron con el primo joyero, Carmine, que les evitó la ignominia de alojarse en el Hotel de Inmigrantes (...) Había que establecerse en la ciudad pero ya sin capital para iniciar una empresa; había que esperar que el país realmente saliera adelante, y uno con él (...) La nueva patria fue el barrio, ahí asentaron las raíces, ahí estaban las escuelas, los negocios atendidos por sus dueños, los cafés adonde los hombres iban a jugar a la baraja o a los dados."

Allí empezaron una nueva vida de trabajo y heroico ahorro. Torcuato, de catorce años, estudiaba, preparado por su tío, para rendir libre en el Colegio Nacional Mariano Acosta, trabajaba de cajero en una juguetería y se iba caminando para ahorrar los centavos del tranvía. Sus hermanas cosían para grandes tiendas mientras Salvatore les leía obras de Leopardi o Carducci. "En el medio porteño, aún hostil y desconocido, la única solidaridad fuerte como una roca era la familia, a la que convirtieron en

2 Torcuato S. Di Tella, *op. cit.*

algo sagrado, lo único que absolutamente no se discutía: el verdadero sindicato del inmigrante."[3]

Al poco tiempo Torcuato, que era un muchacho muy despierto, consiguió un buen empleo y pudo aprovechar los viajes en tranvía para estudiar. Entonces fue que se le ocurrió poner mayúscula a su *di* "para que lo llamaran antes en los exámenes", según decía. Ya estaba decidido a estudiar ingeniería.

El año del Centenario, 1910, trajo mucho movimiento y visitantes extranjeros que quedaron admirados ante los adelantos del país. Torcuato, de dieciocho años, estaba atento a todo lo que ocurría y así supo aprovechar la primera oportunidad que se le brindó de dar el salto del empleo fijo a la pequeña empresa. Había conocido dos hermanos italianos, Guido y Alfredo Allegrucci, que eran técnicos mecánicos y disponían de un pequeño capital. Apreciando las cualidades del muchacho, le propusieron formar una sociedad y fundar un taller destinado, por el momento, a fabricar máquinas para amasar pan. Acababa de salir una reglamentación que prohibía amasar el pan a mano por razones higiénicas, y en el país existían muy pocas batidoras importadas.

"Torcuato había tenido la idea de que la batea donde se amasaba el pan, en vez de redonda, podía hacerse alargada, con las paletas montadas en un carrito que se fuera desplazando, dando tiempo a la masa a enfriarse, lo que facilitaba toda la instalación y mejoraba la calidad. Alquilaron un local en Rioja 121 y comenzaron a fabricar una máquina que se patentó al año siguiente bajo la marca SIAM [Sociedad Industrial Americana de Maquinarias Di Tella]."[4] Era el comienzo de algo grande.

3 *Ibíd.*
4 *Ibíd.*

Las máquinas tuvieron un gran éxito. Como querían expandirse, al poco tiempo Torcuato recorría el país en un auto recién comprado y volvía lleno de encargos que sus socios temían no poder cumplir. Pero Torcuato intuía que "para no caerse había que seguir corriendo, y la Argentina daba amplias posibilidades para este tipo de apuesta".

Mientras tanto, en la vida de Torcuato había pasado algo trascendental: se había enamorado. Cuando la conoció en 1913, María tenía dieciocho años y hacía sólo tres que había llegado de Casale Monferrato, en el Piamonte, para reencontrarse con sus padres, quienes habían venido mucho antes a Buenos Aires a "hacer la América" sin lograrlo. El padre, que era relojero, murió a poco de llegar su hija, y por un tiempo tuvieron que vivir del trabajo de modista de doña Virginia, la madre. A María no le gustaba coser y consiguió un empleo en el Banco Ítalo-belga. Vivían en forma modesta pero con dignidad.

Una amiga común los presentó. María era una verdadera belleza de tipo alto y fino, como los italianos del norte. Torcuato parecía un *gentleman*. Era inevitable que se enamoraran. Él empezó a darle clases de inglés bajo la vigilante mirada de doña Virginia. Al año y medio llegó, por escrito, la declaración de amor, original como lo era Torcuato. Empezaron las salidas, al teatro o a remar al Tigre, siempre en compañía de madres o tías o las hermanas de Torcuato o los hermanitos de María. Como el teléfono era por entonces un lujo, se escribían varias veces por semana.

Esta vida tranquila se vio bruscamente interrumpida en 1915 por una carta del Ejército italiano llamando a las filas a Torcuato. Si no iba, sería considerado desertor. En ese momento todos creían que la guerra iba a ser muy corta, como la franco-prusiana de 1870. A Guido Allegrucci le parecía que ir era una locura. Él ya estaba casado y con hijos. Pero Torcuato creyó conveniente acudir al llamado y, con su sentido práctico habitual, pensó que podría aprovechar para mandar máquinas amasadoras de Italia a la Argentina. Su madre había muerto y Laura, una de las hermanas, acababa de casarse.

El problema era el viejo tío Salvatore, Bianca, la hermana soltera y, por supuesto, María. Al principio ella estaba decidida a sacrificarse, pero siempre creyendo que sería cosa de unos meses. Una de sus cartas, protestando por la situación, revela su sensatez e inteligencia:

"La pasividad a que estamos obligadas nosotras las mujeres es realmente una gran injusticia. ¡Si supieras cómo, en estos días, envidio a los hombres! (...) Imagínate la angustia de esos meses que pasarán con una lentitud terrible, pensando en los trabajos, en las incomodidades a las que te encaminas. Y ser impotentes, condenadas a esperar las inexactas noticias que nos dan los diarios a seis mil millas de distancia. Ese pobre Colón *l'ha proprio fatta grossa*, ¡menos mal que no lo hizo adrede! Oh, nuestro sueño, Torcuato, como era tonto pensar que nos debería traer sólo alegrías; ¡que pudiese realizarse tan fácilmente, sólo con amarnos tanto, que nos costaba tan poco! Pero no importa, si los hijos de Italia son todos *'Balila'*, las hijas sabrán ser dignas".

Si la pobre María hubiera sabido cuántos años iban a pasar antes de poder realizar sus sueños hubiera estado mucho más angustiada. Tampoco Torcuato sabía a ciencia cierta qué era lo que estaba buscando. Ya desde el barco volcaba en las cartas su amor y su nostalgia:

"He decidido no conmoverme a ningún costo. Pero cuando el barco se alejaba y veía dos brazos que se agitaban, que poco a poco se confundían con otros, con miles de otros, y después nada... en fin, te lo digo pero que nadie lo escuche, he llorado... Verdaderamente es una debilidad que no corresponde a un futuro guerrero. Casi me enojo contigo, haces que me conmueva demasiado, y pobre de mí si me conmuevo. Corro el riesgo, mañana que estaremos en Santos, ¡de bajar y tomar otro barco para Buenos Aires! También estoy enojado contigo porque eres demasiado bella. Comparándolas contigo todas las mujeres me parecen feas, y te soy fiel a pesar mío".[5]

Durante el año 1916, Torcuato pudo visitar a sus parientes y a los de María y hasta tuvo tiempo para establecer las relaciones comerciales que necesitaba par su empresa. Pero al año siguiente, "se acabó el turismo bélico", según palabras de su hijo. El valor demostrado durante el tendido de las líneas telefónicas, que le estaba encomendado, en medio de un intenso fuego de metralla, le hizo ganar tres condecoraciones: la *Medaglia per Merito di Guerra*, la *Medaglia Internazionale* y el "*Encomio Solenne*".

A fines del 18 pudo viajar a Buenos Aires con una licencia. Sus amigos de la Facultad de Ingeniería lo recibieron como un héroe. No lo veía así la madre de María, que le recriminaba la falta de planes de casamiento. Torcuato quería casarse, pero después de haberse recibido, lo que implicaba tres años más de espera. La cosa se puso mucho más seria al volver definitivamente en 1919. Su insistencia en terminar primero la carrera era vista como absurda, porque él ya tenía un buen pasar como empresario. También a María le era difícil entenderlo, y a veces lo tomaba como una falta de cariño. Ella estaba dispuesta a cualquier sacrificio, con tal de que lo compartieran. Pero Torcuato tenía ideas muy firmes respecto a la importancia de tener el título de ingeniero para progresar en sus empresas industriales y temía que las obligaciones de una familia no se lo permitieran.

5 Carta citada en Torcuato S. Di Tella, *op. cit.*

María, presionada por su madre, amenazó con romper el noviazgo. En una carta del 1° de julio de 1919, que ella guardó celosamente, Torcuato se muestra dolido y asombrado:

"Yo nunca, nunca, nunca había pensado ni lejanamente en la posibilidad de que nosotros no fuéramos un día el uno del otro; yo nunca, nunca, nunca había pensado en ese coeficiente aleatorio que la prudencia nos enseña a tener en un noviazgo (...) Tú has hecho un silogismo, razonamiento perfecto, con sus tres partes: '1°) debes elegir entre la carrera y mi amor; 2°) tú has elegido la carrera; conclusión; 3°) por lo tanto, mi amor no te interesa. Pero ten en cuenta que si la primera parte está errada, el silogismo se transforma en sofisma. De todos modos, agregas, 'antepones la carrera a mi amor y dejas éste por último'. No siempre las cosas que se hacen primero son las más importantes. Una cúpula, por ejemplo, es la parte más importante de un edificio, pero ni siquiera a Miguel Ángel, que algo entendía, se le hubiera ocurrido comenzar a construir San Pedro por la cúpula".[6]

Pero ni toda la elocuencia de Torcuato ni sus alusiones arquitectónicas pudieron convencer a María ante la cruda realidad de un noviazgo que ya llevaba cinco años, período largo aun para aquellos tiempos. Por último, él escribió: "Tú has escrito la palabra fin y te he respondido que yo no la he escrito, que para mí no estaba escrita, pero sólo para mí. Tú eres libre, completamente libre, sin que yo exija para mí la recíproca. Cuando a las palabras yo pueda agregar los hechos volveré a la luz y si de tu libertad no hubieras hecho mejor uso, serás libre de ponerme en libertad".

Los dos debieron sufrir mucho, pero quizás ese sufrimiento les sirvió para valorarse mutuamente y, casi diez años después, en 1928, unirse en feliz matrimonio.

6 *Ibíd.*

Durante los locos años veinte, la Argentina entró decididamente en la era del automóvil. En término de unidades por habitante llegó a tener un parque automotor tan elevado como el norteamericano. Esta situación traía aparejada una gran demanda de surtidores de nafta y productos similares para vender en las estaciones de servicio. Atento a las oportunidades, Di Tella y su socio empezaron a fabricar surtidores inspirados en modelos extranjeros.

"Este ramo fue uno de los principales que permitieron a la SIAM entrar al mundo de los grandes negocios, incluyendo viajes de Di Tella a Inglaterra."[7] Al mismo tiempo, SIAM se había puesto en contacto con la petrolera oficial YPF, lo que llevó a Di Tella conocer y hacerse amigo del general Enrique Mosconi, su presidente. Cuando en 1925, YPF firmó un contrato para distribuir nafta en todo el país, Mosconi compró a SIAM una gran cantidad de surtidores. Ante la gran demanda hubo que agrandar las instalaciones. En 1928 la SIAM, transformada en sociedad anónima, se trasladó a Barracas y amplió sus actividades hacia otros rubros: producción de hornos, batidoras y otros accesorios para panaderías.

Para entonces la empresa daba trabajo a setenta y cinco obreros y quince empleados, y seguía en expansión. Se crearon subsidiarias en San Pablo, Montevideo y Santiago de Chile, y la empresa compró terrenos en Avellaneda para construir una gran planta industrial. En 1930, mientras el país se debatía en una crisis política, económica y social, en la planta de Avellaneda trabajaban trescientos sesenta y siete obreros y unos veinte empleados administrativos. Sin embargo, en mayo del 31, Di Tella estaría a punto de quebrar o entrar en concurso de acreedores, de lo que se salvó, según sus propias palabras, "por un milagro".

7 Torcuato S. Di Tella, *op. cit.*

Existe una interesante carta de Giuseppe, hermano de Torcuato, escrita desde la Italia que sufre las consecuencias de la Guerra del 14. Es un testimonio de la versatilidad de los problemas económicos y sociales. En ese momento la Argentina era vista como un país joven y con futuro mientras que de la "pobre Europa" poco se esperaba. Pensaba Giuseppe que en naciones jóvenes y llenas de futuro, como las de Sudamérica, hasta las revoluciones podían servir como inevitables crisis de crecimiento, mientras que "en esta vieja y arruinada Europa, exhausta por la guerra, de la que hoy se sienten las verdaderas, profundas y dolorosas heridas, las revoluciones nos hacen galopar hacia la decadencia y hacia la servidumbre económica del nuevo mundo. ¡Pobre Europa!".[8] Faltaba todavía lo peor: la Segunda Guerra. Pero también de sus horrores se repondrían los europeos.

"No está claro desde cuándo Di Tella había adoptado ideas socialistas", dice su hijo Torcuato, autor de su biografía. Al ver avanzar las ideas fascistas en Europa y en el mundo, Di Tella financió en gran parte la Concentrazione Antifascista organizada por Filippo Turati, dirigente del ala reformista del socialismo italiano, desde su exilio en Francia. Tampoco le fue fácil, en tiempos de huelgas, "compatibilizar su activa militancia socialista en el campo internacional con su rol de patrón enfrentado a demandas obreras que seguramente consideraría imposibles de conceder, especialmente si el resto de los empleados no se plegaba".[9]

Di Tella tenía muy buenas relaciones con el subgerente del Banco Alemán Transatlántico, Jorge Schmidt, argentino hijo de alemanes, que era miembro del directorio de SIAM.

8 Carta citada en Torcuato S. Di Tella, *op. cit.*
9 Torcuato S. Di Tella, *op. cit.*

Él fue quien lo ayudó en el 31 para que no quebrara. Esta amistad molestaba a la embajada norteamericana.

En una carta del año cuarenta, Di Tella se defendía de la absurda acusación de filofascista: "...simplemente quiero decirle que he sido antifascista cuando la mayoría de los ingleses y americanos se tragaban la propaganda, admirando los trenes que llegaban puntuales a Italia, cuando Mr. Churchill volvía de Roma entusiasta y diciendo que si hubiera sido italiano se habría puesto la camisa negra".

Di Tella, siempre atento a la realidad, tenía ciertos presagios que comentaba a su amigo, José Luis Romero. Pensaba que "algo iba a pasar en el país con esa masa de obreros que se estaba acumulando en la periferia de las grandes ciudades, difíciles de integrar en el existente sistema de partidos y que él conocía bastante bien porque ya para aquel entonces empleaba unos cuantos miles de ellos".[10] Le preocupaba la justicia social. Ya en 1939 había advertido que la legislación a favor de los obreros no había adelantado en forma proporcional al desarrollo y la prosperidad industriales. Colaboró en la *Revista de Economía Argentina*, dirigida por Alejandro Bunge, promotor de la industrialización del país y defensor de los derechos de los obreros.

En 1942, Di Tella publicó *Dos temas de Legislación del Trabajo. Proyectos de Ley de Seguro Social Obrero y Asignaciones familiares*. Se manifestaba contrario a los aportes estatales porque temía "el intervencionismo representado por el Estado empresario que se vuelve fácilmente empresario monopolista". El tiempo le daría la razón.

En la década del cuarenta, Di Tella se había convertido en una persona rica, influyente y respetada: en 1944 fue nombrado profesor adjunto de la Organización Industrial

10 *Ibíd.*

en la Facultad de Ciencias Económicas. Adquirió por entonces dos estancias e inició la compra de "una muy sólida pinacoteca, con el asesoramiento de Lionello Venturi". Además de hacerlo por gusto, estas adquisiciones le significaban poner un importante patrimonio fuera de toda contabilidad para que no le pasara lo mismo que durante la primera posguerra.

Con el advenimiento del peronismo, la política proteccionista se instaló en el país. Perón tenía interés en atraer a Di Tella y le ofreció la Secretaría de Industria, pero éste no aceptó.

Como si intuyera que su vida no iba a ser muy larga, Torcuato Di Tella empezó a preparar su sucesión. Sus hijos, Torcuato y Guido, eran todavía muy jóvenes. Desde chicos los llevaba todos los domingos a visitar la fábrica para que se fueran familiarizando. Torcuato S. no parece guardar un buen recuerdo de esas visitas: "Esa tortura era sólo compensada por la perspectiva de pasar por El Molino a tomar una granadina, mientras se compraban exquisiteces para el sólito antipasto en la casa de Laura, donde se hacían las comidas familiares".[11]

La familia era muy importante y así se lo había demostrado su propia historia de lealtades y solidaridades entre parientes y amigos. Había varios sobrinos trabajando en la empresa. El más comprometido era Torcuato Sozio, de treinta y un años, hijo de Laura. Un gran golpe para el empresario fue que su hijo mayor no quisiera seguir sus pasos ni dedicarse a la industria sino a la sociología.

En el verano de 1947, Di Tella viajó con su familia por los Estados Unidos y Europa, y aprovechó para hacer "una verdadera *razzia* de obras de arte y muebles antiguos con los

---

11 *Ibíd.*

que terminó de dar un carácter de pequeño museo a su casa del barrio de Belgrano", según recuerda su hijo Torcuato S.

En 1948 realizó un último viaje a los Estados Unidos. A la vuelta tuvo un derrame cerebral del cual nunca se repuso. Ese año murió, a los cincuenta y seis años de edad.

Torcuato Di Tella, verdadero pionero de la industria argentina, poseía imaginación, creatividad y constancia, cualidades propias del verdadero hombre de empresa. Siempre estuvo alerta a las necesidades de la sociedad y trató de dar respuestas eficaces. En su memoria sus descendientes crearon la Fundación Di Tella, creadora a su vez del instituto y de la universidad que llevan su nombre. El Instituto Di Tella, fundado en 1958, fue en los años sesenta un refugio de las nuevas y discutidas tendencias artísticas. La universidad (fundada en el 91) tiene como objetivo "la formación de líderes sociales, políticos, académicos y de negocios para enfrentar los desafíos que derivan de los nuevos sistemas sociales y económicos". Ambas instituciones han colaborado eficazmente al enriquecimiento cultural de la Argentina, patria de adopción del ingeniero Torcuato Di Tella que tanto hizo por su progreso.

Pedro Noro y la petite Rosinette*

Para llegar a Settimo Vittone, encantador pueblito piamontés de la provincia de Turín, es necesario adentrarse en el Valle de Aosta y seguir, hacia el norte, el camino que se estrecha entre el río Dora Baltea y la montaña. Un poco antes de llegar, está Montestrutto con su castillo medieval. En sus archivos aparece por primera vez el apellido Noro en el año 1600. En cuanto se deja la ruta para entrar en Settimo Vittone (cuyo nombre viene de una medida usada en la antigua Roma), el camino se estrecha entre alegres viñedos y enseguida aparece la iglesia románica de San Lorenzo, con su baptisterio del siglo XI. Las callecitas siguen subiendo entre grandes casas de piedra con techos de tejas, y Jorge Noro Villagra pregunta a un lugareño dónde queda el cementerio. Éste lo mira con curiosidad y dice:

* Entrevista a su nieto, Jorge Noro Villagra, en octubre de 2002.

–Usted no es de aquí, ¿para qué quiere visitar el cementerio?

–Estoy buscando la tumba de Lauro Noro, hermano de mi padre.

El hombre se estremece:

–¡Hace dos minutos estaba hablando de él con esas dos señoras! Era mi médico, y también el de ellas. ¡Qué ojo clínico tenía! Aquí nomás está su casa y la calle que lleva su nombre.

En su despacho de juez civil, Jorge Noro Villagra narra el viaje que hizo con su mujer, Elisa Díaz de Vivar, también jueza, en busca de los orígenes de su familia paterna.

Pedro Noro, el *Nono*, había venido a la Argentina en el año 1900, trayendo como único capital su título de farmacéutico recibido en la Universidad de Turín, que enseguida revalidaría en la Universidad de La Plata. Dejaba a su madre y sus hermanas en Settimo Vittone y una novia en Villeneuve, a unos treinta kilómetros de Settimo. Cinco años antes, en 1895, había terminado sus estudios de medicina en Italia y había hecho el servicio militar como ayudante de un capitán médico que enseñó al joven farmacéutico toda clase de primeros auxilios y hasta prácticas más serias que, años después, en la Argentina, le serían de suma utilidad. Su destino era un pueblo situado en el límite entre Córdoba y Santa Fe. Entonces se llamaba Las Liebres. Allí se instaló Pedro Noro como único farmacéutico y con la autorización de ejercer la medicina en cinco leguas a la redonda.

Su novia se llamaba Rosa Acotto, pero en Villeneuve, donde se hablaba más en francés que en italiano, se la conocía como *la petite Rosinette.* Todos la habían visto desde los cinco o seis años, de la mano de su madre, ir a ayudar a sus parientes enfermos. Era la mayor de seis hermanitos a los que tuvo que cuidar cuando Secundina, su madre, murió. El padre, Marco Acotto, que fue alcalde de Villeneuve durante más de veinte años, creyó conveniente casarse con una hermana de su mujer para dar una madre a sus hijos. No suponía que ésta, después de perder un hijo al nacer, se convertiría en una eterna enferma, es decir, una carga más para la pequeña Rosinette. Por suerte, tenía de vecinas a las monjitas que atendían el jardín de infantes del pueblo, en el piso inferior de la casa de los Acotto. Ellas le enseñaron a coser, tejer y cocinar, y pudo asistir al colegio hasta tercer grado. Su especialidad eran las sopas: sopa de pan con repollo, sopa de verdura y la auténtica *soupe à l'oignon*. También hacía polenta y la famosa *fonduta* hecha con leche, huevos y el buen queso fontina de la región.

Una de sus hijas, Elda Noro, dejó escritas para sus sobrinos unas cariñosas memorias sobre sus padres, donde la describe "más bien pequeña, gordilla, cabellos castaño claro, tenía una tez magnífica que conservó hasta la vejez; un cutis acostumbrado sólo al agua y jabón. Tenía los ojos celestes (¡oh, los ojos celestes de mi madre que me saludaron en el último día de su vida!, no los olvidaré mientras viva...), color que heredamos sus seis hijos. Era dulce y firme sin amaneramientos ni remilgos: una mujer con un gran sentido práctico".[1]

Cuando tenía diecinueve años, Rosina conoció a Pedro Noro, el hombre que cambiaría su destino llevándosela a la Argentina. El encuentro se dio un día en que el Ejército realizaba maniobras especiales en el valle, en las que participaba uno de los hermanos Acotto. Rosina buscaba a su hermano con la vista cuando vio a un joven morocho y barbudo, sucio por el polvo del camino. Se miraron y ella comentó a sus hermanas: "¡Qué feo ése de la barba!".

1 Elda Noro, *Minicrónica familiar: la historia valdostana*, manuscrito.

Esa misma noche –cuenta su hija Elda–, su hermano llevó a su casa a ese "barbudo feo", "lavado, peinado, distinguido con su barbita puntiaguda, y lo presentó como el farmacéutico de la compañía. Se miraron y fue un auténtico *coup de foudre* para ambos. Al término de las maniobras el joven farmacéutico de veintiséis años, que todas las noches había ido a lo de Acotto a 'tomar café' después de cenar, fue a hablar con mi abuelo y le pidió permiso para escribir a Rosinette". Al año siguiente, fines de 1899, Pedro Noro partía para la Argentina en busca de mejores horizontes económicos.

La historia familiar de Pedro tenía ciertas semejanzas con la de Rosina. También su padre había quedado viudo y con una hija, y se había vuelto a casar con una maestra, Teresa Rufino, con quien tuvo seis hijos, dos varones y cuatro mujeres.

"El abuelo Juan poseía muchos terrenos en la alta montaña de Settimo –recuerda su nieta, Elda Noro– y comerciaba en ganado en todo el Valle de Aosta. Era un hombre progresista, abierto a todas las novedades y muy amante de la lectura." Tanto él como su mujer, Teresa, habían planeado dar estudios a todos sus hijos. Antes de morir ella le prometió que así lo haría. Hacerlos estudiar fue la razón de su vida, y para lograrlo hubo que vender los campos y contraer deudas que se fueron pagando meticulosamente. Las cuatro hijas fueron maestras destacadas y los dos varones, médico y farmacéutico. Antes de seguir farmacia, Pedro, que era muy piadoso, estaba estudiando para cura en el seminario de Ivrea, con muy buenas calificaciones. Pero a los dieciséis años dijo que no quería seguir y se mantuvo firme a pesar de las presiones de su familia.

"La vocación del *Nono* era la medicina –agrega su nieto–, pero por problemas económicos y razones prácticas, eligió farmacia, que era una carrera más barata y más corta. Tenía una intuición especial para diagnosticar y recetar, lo que hacía que lo consultaran mucho, sobre todo cuando vivió en Jujuy."

Como buen italiano, Pedro Noro amaba la música, especialmente la ópera, aunque también era un experto en gregoriano y en arreglos musicales, pero de joven no tenía dinero ni para una guitarra y se conformaba con tocar la ocarina con habilidad. Mientras estudiaba en la facultad, vivía con su hermano Giacomo en una buhardilla de Turín y pasaba parte del verano en la finca de sus tíos. Un día que estaba tocando la ocarina mientras cuidaba las vacas, vio una gran comitiva de elegantes alpinistas custodiados por carabineros que se dirigían al Monte Rosa. Enseguida paró de tocar. Un oficial de carabineros se acercó a la carrera, diciendo: "¡Toca muchacho, toca. La reina quiere oír tu música". Mientras el rey Humberto iba a cazar al Valle de Aosta, la reina Margarita prefería pasar una temporada en uno de los valles de Gressoney, donde iba todos los veranos. Pedro tocó, la reina sonriendo agradeció con un aplauso y una inclinación de cabeza, y la comitiva retomó su camino. Los reyes eran muy sencillos y disfrutaban de las excursiones a la montaña. Humberto, recordado como "el rey bueno", iba todos los años a cazar gamuzas en la reserva real de Val Savaranche. Al pasar por Villeneuve bajaba de su *landau* y saludaba al alcalde Acotto: "*Nous sommes des vieilles connaissances*".[2]

"Un día –cuenta Elda Noro–, mirando a los jóvenes que respetuosamente lo rodeaban, el rey le preguntó a mi abuelo. '¿Qué puede hacerse por esta linda juventud?'. El abuelo contestó que les habría gustado recibirlo con banda de música, pero no tenían dinero para comprar los instrumentos. El rey Humberto regaló el dinero y la banda se hizo."[3]

2 "Nosotros somos viejos amigos."
3 Elda Noro, *op. cit.*

Años después, en 1900, recién llegado a Buenos Aires, Pedro fue testigo del profundo dolor que provocó el asesinato del rey Humberto entre sus paisanos.

"Desde todas las calles de la ciudad afluyeron por centenares los italianos residentes hacia la Plaza de Mayo en un silencio total. Fue una gran manifestación de pesar y homenaje. La municipalidad decidió poner su nombre a una calle del centro."[4]

Una vez que se recibió, se le presentó a Pedro el problema: ¿dónde encontrar, sin capitales, una farmacia? Un colega le habló de las oportunidades que brindaba la Argentina y de la buena experiencia que amigos comunes habían tenido allí. Tomó entonces la decisión de partir, a pesar de las súplicas de su familia. Como en Settimo todos se conocían, alguien le dijo que Paolo Sardino, un muchacho de su edad, estaba también haciendo planes para viajar y se pusieron de acuerdo para hacerlo juntos. Sardino se instaló en Rosario y Noro, en La Plata, y luego en aquel pueblito de Córdoba donde pudo abrir su propia farmacia.

Una de las primeras cosas que hizo al estar asentado fue comprarse una guitarra. Le estaba yendo bien, pero no podía arreglarse solo con la casa y el negocio, de modo que pidió a su madre que le mandara a su hermana Laura, la menor, para que lo ayudara. (Era algo muy común entre las familias mediterráneas, ya fueran libanesas, griegas o italianas.) Nos preguntamos por qué no hizo venir entonces a su novia. Seguramente se lo pidió pero Rosina estaba todavía ocupada con su padre y sus hermanos menores. Era una persona tan buena y servicial, que ninguno de los que la rodeaban (su padre en primer lugar) querían que se fuera tan lejos.

4 *Ibíd.*

Laura se embarcó en compañía de la madre de Paolo Sardino, que iba a visitar a su hijo, dedicado al comercio de exportación en la ciudad de Rosario. Fue así como Pedro y Pablo volvieron a encontrarse en el puerto de Buenos Aires, esperando el barco donde venían sus respectivas hermana y madre. Laura Noro y Pablo Sardino, que apenas se conocían de haberse visto en Settimo, simpatizaron de inmediato. Poco después este último abrió una sucursal de su negocio en Las Liebres y se pusieron de novios. Laura empezó a escribir a su madre para que le buscara una sustituta, ya que quería casarse pero no quería dejar solo a su hermano.

Al mismo tiempo Pedro lanzaba su ultimátum a su novia: o venía a casarse con él o terminaban el noviazgo. La familia de Pedro apoyó la decisión que solucionaba su problema y comenzaron los preparativos del viaje de Rosinette, la hija del alcalde. La noticia corrió y pronto se presentaron viajeros candidatos para acompañarla y acompañarse mutuamente: una profesora de francés, cuyo único hermano insistía en que fuera a vivir con él, y un señor casi ochentón y viudo a quien sus cuatro hijos, emigrados a la Argentina hacía muchos años, pedían que se decidiera a viajar.

"En un día de julio de 1905 –escribe su hija Elda–, aquella que en Villeneuve apodaban todavía *la petite Rosinette* (aunque ya tenía veintisiete años), abandonó su pueblo, padre, hermanos y cuñados con su ajuar preparado con amor en las largas noches de invierno, todo cosido y bordado a mano, y un pequeño bolso tejido de mallas de plata, lleno de marengos de oro, regalo del abuelo. El coche paterno que la llevó a Aosta tuvo que salir del pueblo a paso de hombre porque todos se volcaron a la calle para saludarla (...) Mamá partió. ¡Adiós, querido Villeneuve, queridos campos llenos de flores en primavera, querida iglesita de Saint Nicolas! (...) Adiós también a aquellas costumbres, las ceremonias navideñas con los pastorcillos y pastorcillas llevando una ovejita al párroco a la misa de medianoche, que cantaban en la iglesia el '*D'oú viens tu, jeune berger, d'oú viens tu?... Je viens de l'étable de Bethléem, oú j'ai vu un miracle qui me plaît fort bien...*'.[5] Adiós también a las fiestas y a las canciones puebleras que ella había canturreado muchos años después a esta hija, gran admiradora de las canciones folklóricas italianas y argentinas. ¡Quién sabe si las cantan todavía! '*Annette avec Lubin, s'aiment à la folie, folie pour la vie, va les unir demain...*'."[6]

Finalmente, Rosinette llegó al puerto de Buenos Aires donde la estaba esperando Pedro y la pareja de recién casados formada por Laura y Pablo. Del barco, casi sin detenerse, se fueron a la iglesia de La Merced, donde todo estaba preparado para la boda. ¡Tenían siete años que recuperar!

Cuando sus hijas les preguntaban "¿no tuvieron miedo que, después de siete años, no se gustaran?", ellos les contaban la historia de una muchacha a quien sucedió algo parecido: un paisano, queriendo casarse, recordó a una joven con la que había bailado algunas veces en su aldea y le escribió para que viniera a casarse a la Argentina. Fue con dos amigos, también piamonteses, a buscarla al puerto, pero mientras conversaban en la sobremesa, él se dio cuenta, aterrado, de que no estaba con ánimo para enfrentar la aventura matrimonial... y se lo dijo. Le pidió perdón y ofreció pagarle todos los gastos. Pero ¿cómo iba a volver a su

---

5 "¿De dónde vienes, joven pastor, de dónde vienes...?" "Vengo del establo de Belén donde he visto un milagro que me gusta mucho."

6 "Annette y Lubin se aman con locura, locura de por vida, los unirá mañana."

pueblo con esa deshonra? Uno de los amigos, comprendiendo la desesperación de la joven le propuso con timidez: "Apenas nos conocemos, pero usted me ha resultado simpática. Si me acepta, me caso con usted".

Añadían que pocas veces habían conocido una pareja tan feliz.

Los Noro se instalaron en el pueblito de Córdoba y allí nació Aldo, su hijo mayor. Llegaban cartas de Settimo Vittone y de Villeneuve rogándoles que fueran a visitarlos. También Pedro y Rosina deseaban mostrar a su hijo y volver por un tiempo a su patria, y sin pensarlo mucho, estos piamonteses, acostumbrados a la trashumancia por atavismo, se embarcaron hacia Italia.

El segundo hijo, padre de Jorge, sería el único nacido en Settimo Vittone. Como esperaban una Teresa, le pusieron Teresio.

Cuando debían volverse a la Argentina, Pedro recibió de su madre esta insólita propuesta: "Nosotras somos todas mujeres. Ustedes ya tienen a Teresio, ¿por qué no nos dejan a Aldo?". Lo más increíble fue que Pedro aceptó. (Interrogada años después Rosinette sobre este episodio, contestó solamente: "En esos tiempos se hacía lo que el marido decidía".) La explicación que da el nieto de Pedro es que el *Nono* adoraba y veneraba a su madre, que había quedado viuda tan joven y había luchado para dar estudios a todos sus hijos.

Se volvieron a Las Liebres sin su hijo mayor, que apenas tenía dos o tres años, y allí fueron naciendo Elda, Eli, Piero y Lauro. Pedro se asoció a su cuñado Sardino en el negocio de exportación e importación, y después de un tiempo se mudaron a Rosario. Allí los chicos hicieron la primaria. Pero esta atípica familia inmigrante no se quedaba quieta por mucho tiempo. Debe de haber pesado en su ánimo la idea de que ellos eran para su hijo mayor unos perfectos desconocidos (aunque se escribían y mandaban fotografías) y tampoco ellos lo conocían a él. El hecho es que todos partieron a Settimo Vittone y allí vivió toda la familia unida, cerca de unos siete años. Pedro, que era una persona muy componedora, fue nombrado Juez de Paz, Rosinette estaba feliz de haber recuperado a su primogénito y tener otra vez cerca a su padre y sus hermanos y los cinco chicos (Aldo, Teresio, Elda, Eli y Piero), pudieron terminar de cursar la exigente secundaria, el *Liceo* italiano.

Cuando Aldo estaba por entrar en la universidad, el *Nono* detectó que tenía "malas compañías". Eran los comienzos de la Italia fascista y de la aparición del comunismo. Todo era muy confuso. Antes de que el muchacho se le "descarriara", decidió llevárselo a la Argentina con él para que empezara a estudiar allí. Una pariente los acompañaría para atenderlos. El resto de la familia se quedó en Settimo Vittone.

Padre e hijo fueron directamente a Jujuy. ¿La razón? El *Nono* había conocido en Turín un paisano que tenía allí una farmacia y quería venderla. Él se la compró y entre los dos la atendían. Al poco tiempo, Rosina, con mucha cordura, opinó que la familia debía estar toda junta y partieron a su nuevo y definitivo hogar. Pero Lauro, el más chico, que tenía entonces diecisiete años, todavía no había terminado el *Liceo*, por lo que creyeron conveniente que se quedara en casa de la tía Laura, casada con Sardino. El sueño de la *famiglia unita* parecía no poder lograrse.

Instalados en Jujuy, Aldo y Elda tenían que viajar todas las semanas o quedarse en Tucumán para estudiar farmacia en la universidad. Teresio estudió pero no llegó a recibirse. En 1932, Pedro Noro había hecho construir una nueva farmacia en la esquina de Belgrano y Necochea. Como les iba muy bien, abrieron otra en San Pedro y luego una tercera, también en Jujuy. Fueron años prósperos, de nuevas amistades y afianzamiento en el lugar.

Los Noro eran muy especiales y, por consiguiente, sus amigos también lo eran. "La casa de mi abuelo estaba abierta a todos ellos –recuerda Jorge Noro–. Mis tíos intimaron con artistas e intelectuales más abiertos que el resto de la sociedad jujeña, como Atahualpa Yupanqui o Ariel Ramírez, a quien mi tía Elida preparó su primer concierto y le aconsejó que dejara lo clásico y se dedicara al folklore. También estaban entre los amigos Salvador Mazza, el que investigó el mal de Chagas, y Yolanda Pérez, aquella 'Niña Yolanda' de la famosa zamba, que para el carnaval recibía en su casa de Lozano, camino a la quebrada, a todos los poetas y guitarreros. Nosotros hemos asistido a esas inolvidables guitarreadas que terminaban con el sol alto y volvían a armarse en cuanto caía el sol."[7]

Elda, además de bioquímica, escribió las obras de teatro: *Courage* y *Presidente Arena*. Esta última, del año 44, trata sobre una mujer que es elegida Presidente de la Nación. Llegó a representarse en Buenos Aires. También fue Elda la primera secretaria de redacción del diario *Esquiú*.

Teresio se casó con una auténtica tucumana. "Conoció a mamá en la plaza principal de Tucumán, dando 'la vuelta del perro' –cuenta Jorge–. Se llamaba María Julia Villagra. Descendía de una vieja familia criolla. Ella y su hermana habían sido criadas por dos tíos abuelos, monseñor Villagra y su hermana, porque sus padres, que vivían en el campo, habían muerto muy jóvenes. Se supone lo difícil que habrá sido trabar una relación entre 'la vuelta del perro' y la vigilancia del tío cura. El hecho es que mi padre pidió permiso para visitarla y llegaron a ponerse de novios y casarse. En Jujuy nacimos los cuatro hermanos."

7 Entrevista.

Pedro Noro seguía siendo muy piadoso. Era terciario franciscano, iba a la misa más temprana de la iglesia de San Francisco y allí cantaba con su bella voz de barítono. Su inquietud musical lo llevó a formar el Coro de Santa Cecilia, el primero de Jujuy. Todos lo querían porque era muy buena persona. Si algún cliente no podía pagar el remedio, lo mismo se lo daba. Era muy desprendido y muy sensible frente a la miseria humana. Desde el mostrador de su farmacia ayudaba a los más necesitados. "Recordaré siempre a las mujeres de los barrios pobres de Jujuy –escribe su hija Elda–, que se llegaban a él trayéndole a sus pequeños quemados por la disentería y desahuciados por los médicos del hospital. Él los curaba con infinita paciencia y a veces los salvaba. Los desheredados de las villas, entre los años 1930 y 1946, lo llamaban 'el santito'."

La familia conserva de esos años el libro de la primera farmacia de Jujuy donde están asentadas las recetas de una serie de preparados con yuyos para distintas dolencias. "Lamentablemente –agrega su nieto–, los hijos empezaron a dedicarse a la minería para hacer negocio, pero les fue mal. Fueron estafados y se fundieron. En unos meses perdieron el bienestar económico adquirido con tanto esfuerzo. Un amigo de la familia dijo entonces al jefe de la familia: 'Mire, don Pedro, ahora hay una ley de quiebras, ¿por qué no se presenta en concurso?'. 'Jamás lo haría –dijo él–, quiero pagar a todos los que debo'. Así perdió todo lo que tenía. Era tan recto que aunque la ley se lo permitiera, no quiso hacerlo. Creo que era más lo que le debían a él sus deudores de siempre que lo que él debía a los proveedores."[8]

Durante todos esos años Lauro, el hermano que había quedado en Italia, después de terminar el *Liceo*, había

8 Entrevista.

entrado a la Facultad de Medicina de Turín, pensando reunirse con los suyos cuando tuviera el título de médico. No pudo hacerlo. Vino la Segunda Guerra Mundial y lo mandaron a Grecia. Al terminar la guerra, volvió a casa de su tía donde lo esperaba su prima Miri, de la que estaba enamorado. Lauro había pensado venir a la Argentina antes de casarse, para pedirle al padre que lo ayudara a instalarse como médico allá en Italia. Finalmente decidieron que era mejor viajar ya casados.

Cuando llegaron a Jujuy en el 47, se encontraron con que la farmacia estaba fundida y su padre no podía ayudarlos ni siquiera para que se volvieran a Italia. Felizmente Miri Sardino, prima y mujer de Lauro, había heredado de su padre parte del negocio que había quedado en Rosario. La vendió y con eso pudieron vivir un tiempo hasta que él encontró trabajo como director del Hospital Naval de Ushuaia. Allí nacieron sus dos hijos. Pero la soledad de Ushuaia en esos años era tanta que Lauro empezó a pensar seriamente en volverse a Italia. "¡Adónde te he venido a traer!", contaba Miri que le decía su marido.[9]

En el año 1948, Pedro y Rosina se fueron a vivir a Buenos Aires con sus hijas mujeres y el hijo menor. Aldo se quedó en la farmacia, y Teresio, el padre de Jorge, iba y venía de Jujuy por cuestiones laborales. Elda se puso a trabajar en Salud Pública con su título de farmacéutica. Eli trabajó en una farmacia social del Ejército. "Al poco tiempo mi abuelo murió y mi abuela no tardó en seguirlo –concluye Jorge Noro Villagra–. Mis mejores recuerdos de ella se remontan a nuestra vida en Jujuy. Los más

9 Ellos volvieron a Italia, pero sus hijos habían quedado con la añoranza de ese remoto lugar y uno de ellos quiso pasar allí el año 2000. Viajó a Jujuy con un matrimonio amigo y, tomando la ruta 40, descendieron hacia el sur hasta llegar a Ushuaia.

antiguos que tengo son de aquella casa. Recuerdo la *bagna cauda* y otras comidas típicas del norte de Italia. También las canciones de mi abuelo."

Pedro Noro y Rosina Acotto llegaron a tener catorce nietos, doce de ellos viven en la Argentina y dos en Italia. La unión familiar sigue existiendo más allá de las distancias.

Manuel Sadosky y sus padres Natalio y María*

En la plenitud de sus ochenta y ocho años, Manuel Sadosky nos recibe con una amplia sonrisa:

"No creo ser el más apropiado para hablar de inmigración. Nunca me sentí inmigrante, ni tampoco mis hermanos. Mis padres llegaron a la Argentina en 1905. Venían de Rusia, de una aldea llamada Ekatherineslav, en Ucrania. El país era entonces tal como lo pinta Tolstoi. A los judíos no les estaba permitido estudiar; sólo podían trabajar en artesanías. Mi padre Note, Natalio Sadosky, era zapatero, pero tanto él como mi madre se sentían muy postergados y expuestos a los *pogroms* que podían desencadenarse en cualquier momento."[1]

---

* Entrevista a Manuel Sadosky en septiembre de 2001.
1 Entrevista.

Tenían tres hijos cuando decidieron emigrar a la Argentina. Dos de ellos, de uno y dos años, murieron al poco tiempo de llegar, quizá de escarlatina, en el Hospital de Niños. Les quedó la mayor, Dina, que entonces tenía tres años y era en verdad muy bonita. Se sentían desamparados en el Hotel de Inmigrantes. No sabían el idioma y eran analfabetos. Había asociaciones israelitas que los ayudaban.

El primer destino de la familia fue un conventillo. Después se mudaron a una casa en Moreno y Urquiza, donde Note instaló su zapatería frente a la escuela normal Mariano Acosta, acontecimiento que marcó sus vidas.

"Yo soy el menor y para el tiempo de mi llegada ellos ya estaban arraigados. La Escuela nos amparaba y era el centro de todo. Los cuatro varones estudiamos allí mientras las tres mujeres lo hacían en otra cercana. La Escuela nos descubrió el mundo del conocimiento y la amistad. Nos abrió nuevas puertas, nos dio las mejores posibilidades. Había muy buenos maestros y la enseñanza era extraordinaria. Aprendíamos más en el sexto grado de antes que en el bachillerato actual. La biblioteca tenía los cincuenta tomos del Espasa que consultábamos con avidez para hacer nuestras monografías. Había una buena colección de libros. Todavía recuerdo algunas de *Las cien mejores poesías en lengua española*. A Tolstoi lo leí a los quince años. Todos mis hermanos eran buenos alumnos; por esa razón siguieron, con toda naturalidad, carreras universitarias."

El colegio Mariano Acosta era una escuela secundaria modelo. Allí iban los practicantes y les enseñaban a los chicos (practicantes de la talla de José Luis Romero o de Jorge Romero Brest). Manuel recordaba cuando, entre varios alumnos, fabricaron una pecera. Ellos eran los encargados de la limpieza y mantenimiento de los peces y las plantas. Esto se llamaba "Escuela activa". El profesor Fesquet era uno de los promotores. Lamentablemente, el programa dejó de funcionar después de los años treinta. Había excelentes maestros, como Arturo Marasso Roca, profesor de Literatura muy admirado por Cortázar, condiscípulo de Manuel pero en otra sección. (Ya en el bachillerato, Cortázar hacia peñas en cafés cercanos a las que acudían algunos compañeros del colegio.)

"La Argentina nos dio todas las posibilidades culturales. Éramos pobres, pero en casa nunca faltaba con qué cubrir las necesidades y algo más: con mucha frecuencia se quedaban a comer algunos amigos de cada uno de los cuatro hermanos. La mesa se hacía muy interesante y divertida. Por supuesto, la familia había adoptado desde el principio el mate, el puchero y otras comidas económicas argentinas. La gran mayoría de mis compañeros eran pobres como nosotros. Muchos de ellos eran también hijos de inmigrantes, aunque eso era algo que no preocupaba a nadie ni formaba parte de nuestras conversaciones. Teníamos la clara conciencia de ser argentinos y estábamos orgullosos de serlo. Jamás me sentí discriminado, sino, por el contrario, muy mimado por los maestros. Siempre me sentí argentino. En casa casi no se hablaba de la vida en Rusia.

"Estábamos muy bien donde estábamos. No teníamos parientes, pero los suplían algunos compañeros de barco de mis padres a quienes llamábamos tíos, 'los tíos Segura', porque así se llamaba el barco en que llegaron. Dentro de ese grupo estaba la abuela de Aída Bortnik a la que durante muchos años veíamos en su puesto de retazos del mercado Spinetto (los pobres comprábamos retazos de tela para remendar la ropa). Teníamos un solo tío auténtico que vivía en la colonia de Carlos Casares y era fotógrafo. Allí había escuela primaria y secundaria. También sus hijos fueron universitarios. Él nos sacó la única fotografía que tenemos de esos tiempos."[2]

Miñie y Note no querían recordar aquel pasado de zozobras y humillaciones. Les interesaba el presente y el futuro de su familia. Su idioma era el idish, pero tuvieron que aprender el castellano. Cuando no deseaban ser oídos por los chicos, hablaban en ruso. En esa familia los protagonistas eran los hijos; ellos eran los principales destinatarios de la libertad, la cultura y el progreso que habían encontrado en la nueva patria. Note leía dificultosamente *La Prensa* y se interesaba mucho por la guerra.

Los primeros recuerdos de Manuel, nacido en 1914, estaban unidos a los acontecimientos de la contienda y a los nombres de sus personajes principales. La Revolución Rusa de 1917 los alegró porque representaba la libertad para sus correligionarios. Durante el período de Lenin, del 17 al 23, no hubo discriminación. Con Stalin volvieron las persecuciones. Si bien Note y Miñie no hablaron nunca muy bien el castellano, veían a Buenos Aires como el Paraíso. El único momento que tuvieron miedo fue durante la Semana Trágica, sobre todo cuando se enteraron de la existencia y los métodos brutales de la Liga Patriótica, tan parecida a los *pogroms*. Pero para ellos eran tan naturales las persecuciones, que las miraban con un resignado fatalismo. Demás está decir que ninguno de los hijos compartió esa forma de pensar.

"Mi papá leía algo, pero mi mamá, no. Mi hermana Juana, que era una maestra nata, le enseñó a leer y a escribir. Todos teníamos dos nombres. Yo, en realidad, me llamaba Lázaro. Manuel no es un nombre judío. Mi papá tenia varios obreros zapateros; un español empezó a decirme Manolito y me quedó ese nombre. Pero en casa me llamaban Lázaro.

---

2 Entrevista.

Otra de mis hermanas, a quien llamábamos Juana, era María. El mayor, Francisco, que fue abogado, en realidad se llamaba Ismael; el nombre de Carlos, que fue médico, era Abraham, y mi compinche, al que llamábamos Luis, en los papeles era David. La menor era la excepción: se llamaba solamente Esther."[3]

Estos significativos cambios de nombre quizá fueron debidos a que no vivían un ambiente judío. No eran muy religiosos, pero los padres iban al "*shill*" (sinagoga) en algunas ocasiones. Para el *Pesaj* (la Pascua) los primeros años, comían el pan "*matze*" (sin levadura), pero cada vez en paquetes más chicos hasta que dejaron de hacerlo.

Todos querían recorrer y conocer algo más de la Argentina, pero en ese momento casi nadie se podía dar el lujo de un viaje de vacaciones. Gracias a uno de sus amigos, Héctor Luis Schinelli, hijo de un médico que lo invitó un verano a Córdoba, Manuel pudo conocer las sierras. También tuvo oportunidad de pasar unos días en el mar. Delia, "la linda", trabajaba en Harrods en la sección zapatería. Un verano la mandaron a la sucursal de Mar del Plata y llevó a su hermano menor. Era el año 29. Estaba empezando primer año. A través de las exposiciones de La Rural pudo también conocer algo del campo argentino.

Mientras duró la infancia, la principal diversión era el fútbol. Cuando Manuel creció tuvo que dejar de jugar por no tener el físico apropiado, pero estaba al tanto de todo lo que ocurría en ese mundo tan particular. "En el 24 perdimos con los uruguayos. Sabía de memoria todo el equipo", recuerda. También les gustaba el box.

"Con mi hermano Luis, en el 23, hicimos un aparato de radio a galena para poder oír la pelea de Firpo-Dempsey. Como no teníamos auriculares, un vecino nos los prestaba

---

3 Entrevista.

de a ratos. Vivíamos en plenitud una vida intensa. Llegábamos a la noche agotados. Mis hermanas ayudaban a mi madre en los trabajos de la casa. Delia, la mayor, fue la única de los siete que no siguió estudiando porque fue una especie de madre sustituta.[4] Mi hermana Juana, es decir, María, era una maestra excepcional. Estudió en la Escuela N° 8, en la calle Rioja, a seis cuadras de casa. En ese tiempo era muy importante ser maestro, y no digamos director de escuela, que hasta tenía su domicilio en el mismo edificio.

"Mi padre se ponía muy contento cuando el director lo saludaba al pasar. Ahora los chicos no saben ni cómo se llama el director. Desde muy chicos todos trabajábamos. Yo empecé a dar clases a los diez años. Los propios maestros recomendaban a los padres de algunos compañeros que tomaran clases con algún practicante. Era un país donde había pobreza, pero no miseria. Hasta los linyeras podían viajar en el furgón de cola de los trenes, según lo dispuso Croto cuando fue gobernador de Buenos Aires. Por eso les llaman *crotos* a los vagabundos."[5]

Al ser el menor, Manuel tuvo la ventaja de criarse en el mundo cultural de sus hermanos mayores, donde en las conversaciones se paseaban con naturalidad desde Filipo de Macedonia hasta Lloyd George, el vigoroso primer ministro británico, o se interrumpía el almuerzo compitiendo en recitar de memoria alguna de *Las cien mejores poesías de la lengua española*.

"Como en casa no se hablaba más que de lo que se trataba en la escuela, iba aprendiendo toda clase de temas sin darme cuenta."

---

4 La linda Delia, casada con un judío rumano, se fue a vivir a Salta. Tuvieron un hijo que con el tiempo se recibió de ingeniero. Trabajaba en Techint y todo le anunciaba un porvenir brillante cuando murió repentinamente en su escritorio. No se supo de qué. Fue un golpe terrible para la familia. Para peor, esto coincidió con "la noche de los bastones largos".

5 Entrevista.

Aunque Miñie y Note no actuaban mucho en la comunidad, el sentimiento de solidaridad estaba muy acentuado en ellos. Su principal objetivo era trabajar para el progreso de su familia y estaban más que satisfechos con los resultados que empezaban a obtener.

Algo que llamaba mucho la atención de Manuel era la amistad entre algunos maestros que no pertenecían al mismo colegio ni al mismo barrio, pero parecían compartir algo especial. Con asombro veía cómo profesores de otros colegios pasaban a buscar a sus colegas y se iban juntos conversando animadamente. Este hecho lo llevó a pensar en la importancia de la amistad, que no dependía de la convivencia diaria sino de algo más sutil: intereses e ideales comunes como los que luego desarrollaría con sus compañeros, compañeras y alumnos de la facultad.

Con el ingreso a la universidad, Manuel entraba en una nueva etapa que le iba a deparar grandes alegrías y satisfacciones, pero también dolor, desilusión y rabia frente a la injusticia y la estupidez de algunas autoridades.

Manuel entró en la Facultad de Ciencias Exactas en 1932. Allí conoció a Cora Ratto, de familia radical y catolicismo militante. Tan distintos orígenes no fueron impedimento para que se enamoraran. Cora era una linda muchacha y tenía una gran personalidad. Militó primero en la Acción Católica y luego en la Federación Universitaria Argentina. Mario Bunge, que los conoció cuando tenían veinte años y él andaba todavía de pantalones cortos, recuerda:

"Se la veía marchar al frente de las manifestaciones estudiantiles, del brazo de los principales dirigentes. Era enérgica y autoritaria, y sabía hablar en público. En cambio, Manuel, aunque de carácter muy firme, siempre tuvo con todo el mundo la suavidad de un maestro primario de la escuela sarmientina. Manuel me enseñaba a entender la matemática que intentaba enseñarnos el ingeniero Eduardo

Edo, que mantenía con su materia una relación fría y distante. Manuel y Cora me sentaban a su mesa de trabajo donde ambos estudiaban el enorme *Cours d'analyse mathématique* y de vez en cuando yo les sorprendía las sonrisas cómplices que se intercambiaban."[6]

En 1935 apareció en la facultad un extraño y genial personaje. Se llamaba Misha Cotlar y era también de origen inmigrante. Su padre tenía un kiosco de diarios en el Uruguay y él, por diversión, solía solucionar los problemas de las revistas de ajedrez. Nunca había ido a la escuela, pero hablaba el ruso y el francés que su padre le había enseñado. Su aspecto ingenuo y bondadoso, con unos ojos claros siempre asombrados, era lo más parecido a un ángel. Cuando resolvió un complicadísimo problema de una revista de ajedrez, el director de la publicación fue a buscarlo, muy intrigado. Se encontró con un genial autodidacta y lo animó a viajar a la Argentina para estudiar en la Facultad de Ciencias Exactas. Luego de un exhaustivo examen los profesores Massera y La Guardia, entusiasmados por el caso, decidieron que podía asistir a las clases como oyente, aunque no hubiera terminado ni siquiera la primaria.

Allí se conocieron con Manuel y Cora, que estaban en tercer año de la carrera, y se hicieron muy amigos. Invitado a lo de Ratto, Misha demostró poseer, además, un gran talento musical, tocando a la perfección sonatas de Mozart y de Beethoven. Cora confesaba que recién le habían entusiasmado las matemáticas cuando hizo su tesis bajo la dirección de Misha Cotlar. Años después fue becado en la Universidad de Chicago donde enseñó como profesor. Aún dura su amistad con Sadosky.

En 1934 Manuel y Cora se pusieron de novios, siguieron estudiando juntos la carrera, y en 1937 pudieron licenciarse

6 Testimonio de Mario Bunge en octubre de 2001.

con un brillante promedio. Correspondió a Cora la medalla de oro. "Pero sólo el cuño –recuerda Manuel–, porque el oro tenía que ponerlo el ganador por razones económicas." Se casaron y fueron a enseñar matemáticas a la Facultad de Ciencias Fisicomatemáticas de la Universidad Nacional de la Plata. No era mucho lo que ganaban, pero eran jóvenes y seguían su vocación. A Manuel siempre le gustó difundir entre sus amigos las ultimas novedades que le llegaban. "Nos intercambiábamos libros y revistas –recuerda Mario Bunge–. Cuando enseñaba en La Plata consiguió que las principales editoriales académicas inglesas le enviaran a crédito las novedades que iban publicando en matemática y física. Manuel nos las mostraba y nosotros comprábamos las que podíamos. Hacía de bibliotecario y de librero por amor al arte. Siempre que nos veíamos, cosa que solía ocurrir semanalmente, comentábamos teorías, libros o noticias políticas del día."[7]

El 23 de mayo de 1940 nació Cora Susana, en la que ambos padres pusieron todo su cariño y expectativas.

Poco después de empezar la Segunda Guerra Mundial, Cora, con un grupo de amigas y alumnas, fundó la Junta de la Victoria, que organizaba reuniones y recaudaba fondos para ayudar a los aliados. Cuenta Mario Bunge que Augusto, su padre, presidente de la Confederación Argentina de Sociedades de Ayuda a los Aliados, se veía a menudo con Cora y a veces con Manuel, a quien llamaba "el príncipe consorte".

La situación cambió bruscamente en 1943 con la revolución nacionalista de los coroneles de la cual surgiría el coronel Perón. La Universidad fue intervenida. Carlos Pascali, el interventor, era antirreformista, y una de las primeras medidas que tomó fue dejar cesantes a los Sadosky y a

7 *Ibíd.*

otros compañeros. Se arreglaron dando clases particulares a los aspirantes a ingresar a la Escuela Naval.

En el 47 Manuel y Cora obtuvieron una de las mil becas que De Gaulle, inspirado por su ministro Malraux, había otorgado para investigadores jóvenes de todo el mundo. Ellos irían a trabajar al Instituto Poincaré, en París. Aunque la asignación no era demasiado onerosa, resolvieron hacer el viaje, y con Corita de seis años llegaron al crudo invierno parisién. Al año siguiente, con alguna ayuda económica de sus hermanos, fueron a trabajar al Instituto de Cálculo de Roma. La vida de posguerra tenía sus limitaciones, ampliamente compensadas por tantas maravillas de la vieja Europa que pudieron conocer y por las amistades que hicieron. De vuelta en Buenos Aires a la casa de la calle Paraguay, no pudieron trabajar en la universidad por no aceptar la exigencia de afiliarse al Partido Peronista. Manuel siguió dando clases y escribiendo; Cora consiguió un buen trabajo en la editorial Abril.

Después de la revolución del 55, la Universidad de Buenos Aires los convocó. Se presentaron a concurso y ganaron la cátedra de Análisis Matemático en la Facultad de Ingeniería y luego en Ciencias Exactas, donde era decano Rolando García. El rectorado estaba a cargo del doctor Risieri Frondizi. Comenzaba la etapa más brillante en la historia de la Universidad de Buenos Aires.

"Fue una especie de milagro que duró diez años, del 56 al 66 –recuerda Sadosky–. Entre alumnos y profesores se logró crear una excelente relación. Prácticamente había que echar todas las tardes a los alumnos porque no se querían ir, entusiasmados con sus trabajos y experimentos. Éramos como una familia. El presidente Illia nos consideraba la joya de su gobierno. Estábamos trabajando por el país porque aparecíamos en revistas internacionales a través de excelentes trabajos."

Este período, que comenzó en 1957 con la aprobación y aplicación del Estatuto Universitario, fue considerado una época de oro por el nivel científico y académico alcanzado. "Por primera vez tuvo la Universidad autonomía con respecto al Estado al ponerse en práctica el sistema de gobierno colegiado de estudiantes, profesores y graduados. Muchas de las ideas formuladas en la Reforma Universitaria de 1918 se hicieron realidad en ese período, como los concursos docentes y la libertad y renovabilidad de las cátedras."[8]

En 1961 Sadosky logró la hazaña de introducir la computación en la Argentina. La máquina era inmensa y los estudiantes la llamaron "Clementina". Su idea era organizar la carrera de computador científico para generar recursos humanos que dieran apoyo a la investigación. Todo esto terminó en 1966 con la violenta intervención de la UBA en lo que se llamó "la noche de los bastones largos". Rodolfo Busch, director del departamento de Química, Física Inorgánica y Analítica, escribió entonces un relato inmediato de los hechos.

El 28 de junio de 1966 el doctor Arturo Illia, presidente constitucional, fue depuesto por las Fuerzas Armadas y el general Juan Carlos Onganía ocupó el poder. Un mes después el gobierno quitó a la UBA su autonomía. El rector, los decanos y demás funcionarios pasaban a ser meros administradores dependientes del Ministerio de Educación. El rector Hilario Fernández Long presentó de inmediato su renuncia. Lo mismo hicieron en el anochecer de ese día el decano y el vicedecano de Ciencias

8 Rodolfo Busch, Warren Ambrose, Raquel Adyz, Adriana Fangmann, *et al.*, *La noche de los bastones largos*, Secretaría de Cultura, Centro de Estudiantes de Ciencias Exactas y Naturales, Universidad de Buenos Aires, 1985.

Exactas, Rolando García y Manuel Sadosky, durante una reunión apresuradamente convocada en la Manzana de las Luces, donde entonces estaba la facultad. Mientras tanto la policía recibía la orden de rodear la facultad a la que muchos uniformados consideraban "nido de bolches". Nadie sabía entonces que el general Fonseca, jefe de Policía, estaba presenciando la operación desde el monumento a Roca, ni que a las once de la noche el general Señorans había ordenado tomar la facultad costase lo que costase.

"Cinco carros de asalto, dos coches patrulleros, dos celulares y un carro del cuerpo de bomberos, con alrededor de un centenar de policías, rodearon poco después de las 23 la Facultad de Ciencias Exactas de Perú y Diagonal Sur", podía leerse en los diarios del día siguiente. A los cinco minutos de conminar a los estudiantes a retirarse, la policía rompió la puerta de Perú 222. Rodolfo Busch cuenta lo que vivió:

"Se oye ruido de madera al romperse y estampidos que parecen provenir del patio... Se oyen gritos y una especie de ladridos, como órdenes ladradas. Empiezan a sentirse los gases lacrimógenos. Poco a poco la atmósfera se vuelve irrespirable... ya estamos entre policías armados hasta los dientes con bastones y cascos, que golpean, gritan e insultan mientras nos arrean hasta el patio... Tienen apretujada a la gente, las manos en alto contra la pared... '¡Qué mirás vos, hijo de puta!' Bastonazos a la cabeza. '¡Al que apoye las manos en la pared le reviento los dedos!' Golpes. Órdenes ladradas. '¡Más arriba las manos! Al primero que las baje lo bajamos. ¡Quiero ver sangre hoy..!' Hay una doble fila de policías con garrotes... parece que hay que pasar entre la doble fila de bestias con palos...".[9]

9 *Ibíd.*

Y sigue el espeluznante relato. También Sadosky lo recuerda, ¡cómo olvidarlo!

"Nos hicieron pasar corriendo por un corredor mientras nos pegaban con palos. El general Fonseca había dado la orden de desalojar y lo hicieron. No entiendo cómo no mataron a nadie. Lo que más me indignó es que pegaban a las mujeres. Por suerte habíamos hecho salir antes a una chica que estaba embarazada. La gente era muy solidaria. Recién en la comisaría, al pasar frente a un espejo, me di cuenta de que estaba todo ensangrentado, y me limpié la cara. Me habían pegado con un palo de goma. Los policías estaban muy asombrados, porque los detenidos no éramos la clase de gente que ellos solían ver. La presencia de un gran profesor norteamericano, Warren Ambrose, impidió que nos pasara algo peor. Le habíamos prevenido lo que podía suceder, pero quiso quedarse porque le interesaba ver de cerca la situación. Él fue quien dio a conocer al mundo la barbarie de aquella noche en un artículo publicado en el *New York Times*."[10]

A partir de esa fecha, Sadosky actuó como experto de la UNESCO y del Programa para el Desarrollo de las Naciones Unidas, y fue contratado por diversas universidades latinoamericanas. Un tiempo vivieron en Barcelona mientras su hija, Corita, obtenía una beca para estudiar en Chicago con el gran matemático argentino Alberto Calderón. Poco después se casó con Daniel Goldstein, doctor en Medicina, y fue a enseñar matemáticas en la Universidad Howard, de Washington. Al tiempo Manuel y Cora tuvieron la alegría de ser abuelos. Con frecuencia viajaban a los Estados Unidos para visitar a su hija y su nieta.

En 1982, en una de esas visitas a Washington, Cora Ratto de Sadosky enfermó repentinamente y murió rodeada de los suyos.

---

10 Entrevista.

"Cuando Cora murió –recuerda Mario Bunge–, Manuel quedó náufrago y envejeció súbitamente. Lo rejuveneció la oportunidad de volver a ser útil, esta vez como orientador de la política científica y técnica del gobierno de Alfonsín. Pero se sentía muy solo porque su hija y su nieta estaban en Washington.

"Por suerte –sigue relatando Bunge–, había una viuda igualmente sola y necesitada de compañía y cariño, la menuda Katún, a quien habíamos visto varias veces, cuando joven, en el consultorio de su padre, el doctor Emilio Troise, amigo del mío y de Manuel. Pues bien, a la vuelta de muchos años Katún y Manuel se encontraron accidentalmente en la casa de la calle Paraguay. Recordaron antiguos tiempos y, asombrados de vivir en el mismo edificio de departamentos, acordaron dar un paseo en la plaza cercana. Corita, que estaba pasando unas semanas con su padre, les hizo gancho. Terminaron casándose. Manuel rejuveneció una vez más. Katún es afectuosa, está siempre en movimiento y de buen humor, cocina maravillosamente, y lo obliga a Manuel a levantarse de cuando en cuando de su escritorio."[11]

En 1984 Manuel Sadosky recibió el titulo de Profesor Emérito de la Universidad de Buenos Aires y en abril de 2001, el histórico Club del Progreso lo nombró Socio Honorario por su brillante trayectoria. El humilde zapatero de Ekatherineslav estaría orgulloso de sus hijos y nietos profesionales y de su bisnieta estudiante de Ciencias Políticas en la Universidad de Chicago.

11 Testimonio de Mario Bunge.

Pedro Ignacio Irungaray y María del Pilar Iriberri*

Los vascos siempre se han vanagloriado de ser un pueblo soberano que dicta sus propias leyes y que, desde sus riscos y montañas, ha impedido el paso de imperios. Afamados navegantes desde tiempos medievales, la pesca del bacalao llevó a los marinos vascos a territorios desconocidos, y como otros pueblos montañeses, a pesar del profundo amor por su tierra, muchos se vieron obligados a emigrar. El "caserío" representaba la unidad de explotación agrícola-ganadera, alejada de los grupos urbanos, que no alcanzaba para ser explotada por los numerosos hijos de la familia. Se elegía entonces un heredero según sus aptitudes. No siempre era el mayor y era muy frecuente que fuese alguna hija. Los segundones o "cadetes" debían tomar otros caminos. Si no tenían vocación por las

* Entrevista a su nieto, Juan Irungaray, en octubre de 2001.

carreras militar o eclesiástica, antes que ir a hacinarse en las ciudades industriales, preferían emigrar.

Desde el siglo XVI llegaron los vascos a nuestro territorio para fundar ciudades y poblar el nuevo mundo. Vascos eran Juan Ramírez de Velazco, Juan de Garay y Francisco de Argañarás, por citar algunos.[1] Otra oleada llegó con la fundación del Virreinato del Río de la Plata, cuando el Auto de Libre Internación permitió el comercio entre el puerto de Buenos Aires y todos los de España y América. Muchos se casaron con criollas y fueron el tronco de grandes familias.

A partir de 1839, concluida la primera guerra carlista,[2] comenzó en el País Vasco una emigración notable de simpatizantes carlistas hacia Sudamérica. Un setenta y ocho por ciento de ellos eran varones y un veintidós por ciento, mujeres. Pero fue a mediados y fines del siglo XIX cuando se produjo la gran eclosión, luego que la Argentina mostró sus intenciones de acoger a nuevos pobladores bajo las nuevas garantías constitucionales y la meta propuesta de lograr orden y progreso en su territorio. La entrada del Río de la Plata en los circuitos internacionales generó una gran cantidad de empleos. Los más duros y mejor pagados fueron ocupados por oriundos del País Vasco y Navarra. La exportación de lana creció enormemente y algunos vascos se dedicaron a actuar como intermediarios entre los ganaderos argentinos y los exportadores, por lo general extranjeros. Los más afortunados se hicieron dueños de estancias y de saladeros o se convirtieron en medianos comerciantes.

1 Respectivos fundadores de La Rioja, Buenos Aires y Jujuy.

2 Guerras por la sucesión de la Corona de España llamadas así por don Carlos de Borbón, aspirante a la Corona apoyado por los grupos tradicionalistas (muchos del País Vasco), que discutía los derechos de Isabel II, apoyada por grupos liberales.

En el año 1876, mientras en la Argentina regía la Ley General de Inmigración y Colonización o Ley Avellaneda, en España el triunfo de los liberales en la tercera guerra carlista imponía el servicio de quintas a los jóvenes vascos y navarros –como ya lo tenía el resto de los españoles– y daba fin a sus fueros.[3] Los vascos que simpatizaban con los carlistas y no querían servir a la recién restaurada monarquía borbónica eligieron emigrar. Tampoco les atraía a los jóvenes la perspectiva de pasar una larga temporada de su vida en los cuarteles del Ejército. Por esa razón en esos años se percibe un aumento de viajeros menores de quince años. El 13 de marzo de 1877, un grupo de emigrados vascos residentes en la Argentina fundó en Buenos Aires la sociedad Laurak-Bat, con la intención de mantener viva la causa por las reivindicaciones forales.

Otro importante motivo de emigración, que llevó a juntarse en la misma localidad a varios del mismo pueblo, fue el llamado de parientes o vecinos que habían progresado y les ofrecían algún trabajo. Los vascos viajaban solos o en compañía de algún pariente o amigo. Si les iba bien, como ocurría en la mayoría de los casos, mandaban llamar a su familia o volvían con sus ganancias a construirse grandes casas.

Erratzu es uno de los quince pueblos del Valle de Batzán que, enclavado en los Pirineos, constituye el municipio más extenso de Navarra, con una superficie de trescientos setenta y cuatro kilómetros cuadrados. Sus prados, bosques y flores, famosos en toda Navarra y las Provincias Vascongadas, realzan las ricas tradiciones folklóricas de

3 Los fueros vascos eran un conjunto de leyes, privilegios y costumbres que habían marcado la vida política y administrativa del País Vasco durante siglos. Eran los únicos que aún pervivían en España. La ley del 21 de julio de 1876 los eliminó.

sus pueblos cuya arquitectura combina lo señorial de sus viejos palacios de piedra con la rusticidad de sus caseríos. En 1870 partió de allí Alejandro Prudencio Irungaray y se instaló en Fray Bentos (Uruguay), después de haberse casado con María Esponda, de origen vasco-francés, con la que tuvo doce hijos.

De allí pasaron a tierras de Gualeguaychú y Concepción del Uruguay (Entre Ríos), siempre dedicados a la actividad agropecuaria. Hacia 1890 arrendó una estancia de once mil hectáreas donde llegó a tener veinte mil ovejas. Su buena posición económica le permitió comprar seis mil de esas hectáreas y dar trabajo en sus campos a muchos compatriotas.

En 1907 llegó a la Argentina su sobrino, Pedro Ignacio Irungaray, muchacho de diecisiete años que venía a probar fortuna por las razones expuestas: eran muchos hermanos para compartir la herencia y no quería hacer el servicio militar. Era también del pueblo de Erratzu, cercano a Pamplona y al castillo de Olite, cuyas casas se caracterizaban por tener el primer piso de piedra y el segundo de madera. La causa de esta particularidad se remonta a los tiempos de Enrique de Anjou, poderoso señor de Navarra y luego rey de Francia, quien prohibió que las casonas solariegas tuvieran más de un piso para evitar estériles competencias entre señores. (Como siempre habían sido hombres libres, todos los vascos se consideraban hidalgos.)[4]

Cuando Pedro Ignacio llegó, no sabía hablar castellano y sólo había hecho estudios primarios en su aldea. Pero era un muchacho trabajador y tesonero, con intenciones de progresar. Luego de aprender bien el idioma y las tareas de campo, decidió instalarse por su cuenta, animado

4 Entrevista.

por dos amigos de su pueblo que habían alquilado campos cerca de Necochea. Varios vascos habían participado en la fundación de la ciudad en 1881, siendo Dardo Rocha gobernador de la provincia de Buenos Aires.

Pero ya veinte años antes, cuando el Río Salado era la frontera con el "desierto" habitado por el indio, unos cuantos de ellos habían cruzado el río Quequén Grande para poblar la región. Eran hombres fuertes y sufridos que se ocupaban de los trabajos más pesados: levantar alambrados, abrir jagüeles y cavar fosos.

Tratar de poblar un campo en el partido de Necochea alrededor de 1870 era una aventura digna de ser recordada. Durante toda la década los indígenas de Calfucurá habían estado rondando e invadiendo los alrededores. Los narradores del lugar atesoran anécdotas de estos tiempos como aquella de los vascos que estaban trabajando en un jagüel, se enfrentaron a pedradas y hondazos con un grupo de indios que los habían atacado y los obligaron a huir. Desde entonces, cada vez que los indios veían a estos hombres haciendo pozos, seguían de largo... Había corrido la voz de que había unos tipos, en el campo, que hacían pozos como los peludos y que tiraban piedras y eran muy resistentes.

Pedro Ignacio arrendó un campo al lado del río Quequén. Tenía agricultura y ganadería. Todavía no había máquinas y todo se arreglaba con la fuerza de los caballos y de los brazos: arados, trilladoras, etc. Trabajó duro unos quince años y entonces pensó que era el momento de volver a sus verdes montañas, a su familia y a su aldea. Vendió todo lo que tenía, con excepción de los caballos, que los dejó a su socio Iriberri, y, en 1922, a los treinta y dos años, volvió a su tierra como un triunfador.

Pero ya no era lo mismo. Ni él era el mismo. La mayoría de sus amigos había emigrado. El pueblo se recuperaba todavía de una impresionante tromba de agua que en 1913 había irrumpido en el valle arrancando árboles y casas a su paso y partiendo en dos la iglesia. Se dio cuenta, además, de que extrañaba el mate y la inmensidad de la pampa, el canto de los teros al atardecer, los arreos a caballo con el fresco de la madrugada, las noches estrelladas con su croar de ranas...

Volvió a la Argentina y arrendó otro campo cerca de Necochea, al que llamó *La Dulce*. Con sus viejos caballos y mucho tesón volvió a trabajar la tierra hasta que acabó comprando ciento cincuenta hectáreas. Desde su vuelta iba con más frecuencia a casa de su socio y amigo Iriberri. María del Pilar, una de sus hijas, se había convertido durante su ausencia en una linda joven de diecisiete años. Pedro Ignacio tenía treinta y siete, pero eso no fue un obstáculo para nadie. Se casaron y sus dos hijos nacieron en *La Dulce*. Siempre mantuvo la correspondencia con la familia en España. Por otra parte, según recuerda su nieto, Juan Irungaray, en su escritorio tenía un *Martín Fierro* traducido al vasco, que leía constantemente.

"La influencia de la mujer vasca en la familia era decisiva, porque ella era la que estaba siempre –explica Juan Irungaray–. Los hombres vivían navegando o en la guerra. En general las mujeres vascas son muy alegres. Ellas transmitieron las tradiciones de cantos y comidas que traían ya incorporadas, como la *baztanzopak*, plato que se preparaba en todos los pueblos del Valle de Batzán. Mi bisabuela materna era ama de llaves de una condesa y mi bisabuelo era chofer. Ellos eran de Lezaca, cerca de Fuenterrabía. Después que se casaron y tuvieron varios hijos, decidieron emigrar porque se quedaron sin trabajo. Mi abuela María del Pilar fue la única que nació acá. Mis abuelos hablaban en vasco entre ellos pero a nosotros no llegó el idioma aunque la gran mayoría de nuestros amigos lo hablaban."[5]

5 Entrevista.

En España corrían los duros años de la Guerra Civil. El 26 de abril de 1937 la comunidad vasca oyó con consternación la horrible noticia: Franco, con el apoyo de los aviones alemanes, había ordenado el bombardeo de Guernica... primera población que sufría esa catástrofe.

Una de las consecuencias de la guerra fue la expatriación de los dirigentes políticos, militares y sociales de la zona republicana, entre ellos muchos representantes del clero vasco, que eran antifranquistas. La gran mayoría de ellos se refugiaron en Francia, pero muchos siguieron viaje a la Argentina y el Uruguay, donde fueron muy bien recibidos. El presidente Ortiz, hijo de un emigrante vizcaíno, publicó un decreto por el cual se permitía la entrada al país de vascos "sin distinción de origen y de lugar de residencia". A su vez, un grupo de vasco-argentinos, dirigidos por el ingeniero José Urbano de Aguirre, formó en Buenos Aires, en 1938, un comité proinmigración vasca, para ayudar a los que venían huyendo de la guerra.[6]

"Todos los peones de *La Dulce* –comenta Juan Irungaray– eran vascos que venían escapando de la Guerra Civil. A uno de ellos, de quince años, mi abuelo le enseñó a hablar castellano. Ahora tiene ochenta y ocho y es como de la familia. Nos vio nacer a todos. (Pero la mayoría de los vascos que vinieron durante la Guerra Civil eran gente muy pobre. Vinieron como empleados y nunca llegaron a independizarse.)

"En 1951, mi abuelo compró una casa en Necochea. Hasta entonces, un maestro irlandés iba a la estancia para dar lecciones a sus dos hijos. En Necochea empezaron a ir al colegio. Ya desde el año 38 viajaban a la ciudad para cumplir con diversas actividades: guitarra, mi padre; piano,

6 Alberto Sarramone, *Los abuelos vascos en el Río de la Plata*, Azul, Biblos, 1995.

mi tío. Allí existe una gran colectividad vasca. Un día mi abuelo, con otros paisanos, decidieron fundar un centro vasco en Necochea. Mientras no lo tuvieron, se reunían en un hotel llamado Vasconia. Allí se formaron las distintas comisiones y el primer cuerpo de baile. Mi bisabuelo, padre de mi abuela María del Pilar, tocaba el *xistu* y el *txistulari* (flauta y tamboril), mientras mi abuelo enseñaba los distintos bailes. Mi padre integró el primer cuerpo de baile en 1937."[7]

Las danzas tradicionales, usadas en fiestas sociales, religiosas o cívicas eran un nexo de unión entre la cultura madre de Euskal Erria y la *diáspora*.[8] Tanto el baile como los coros desempeñan un importante papel en la integración de la comunidad vasco-navarra porque logran estrechar las relaciones entre los diferentes grupos. Danzas de espada, de hombres solos, mixtas, mascaradas de carnaval, procesionales, etc., que abarcan desde pasos y gestos muy arcaicos, hasta modernos valses o polcas. Muchas se vienen interpretando sin interrupción desde hace más de cuatrocientos años. Otras se pierden en la prehistoria.

En distintas ciudades de la Argentina surgió por esos años la necesidad de constituir algún tipo de organización estable que permitiera a los distintos sectores de la comunidad intercambiar conocimientos, investigar el folklore y organizar eventos de manera conjunta. Así fueron formándose los primeros centros vascos, no sólo en las grandes ciudades, sino hasta en los pueblos más pequeños.

La iniciativa de Irungaray y sus amigos los llevó a comprar una esquina para hacer un centro vasco. "Lo hicieron entre todos –afirma su nieto–. Empezaron a levantar el

---

7 Entrevista.
8 Se llama así a los descendientes de vascos que viven en distintos países.

edificio de la nada. Ahora es un lugar céntrico, pero entonces era un baldío donde paraban los circos. Para empezar la obra, hicieron una fábrica de ladrillos. Con ellos y con lo que sacaban de la venta, empezaron la construcción. Hoy es el mayor Centro Vasco de la Argentina, con frente a tres calles. Su nombre es Euska Echea, es decir, casa vasca."[9]

Es costumbre que cada centro festeje a un santo como patrón, generalmente el que venera cada pueblo. En Necochea se festeja a San Ignacio de Loyola el 31 de julio. Andrés Zabala, también de Erratzu, muy devoto del santo vasco, donó quinientas hectáreas de campo para hacer un colegio jesuita y la devoción prendió en toda la ciudad. Los festejos, que duran todo el día y son muy pintorescos, se han convertido en un clásico esperado todos los años.

Se empieza con "el alegre despertar". A las cinco de la mañana comienzan las bombas de estruendo, y los más jóvenes (de doce hasta veinticinco años) van a las casas de los socios principales a despertarlos con cantos, música y baile. Allí los reciben con una mesa preparada con café, masitas, etc. Después van a cantar a la Radio Municipal para que hasta los enfermos o incapacitados de asistir puedan participar. Luego el grupo del coro y los bailarines se dirigen a la municipalidad a buscar al intendente. Le hacen una guardia de honor con las espadas y lo acompañan a la misa de San Ignacio de Loyola. Después de la misa se hacen bailes en la plaza y se realiza una ofrenda al retoño del árbol de Guernica, plantado por Leoncio Iriberni, bisabuelo de Juan Irungaray.

También participa de este encuentro la colectividad danesa que, junto a la vasca, es la más grande de Necochea.

9 Entrevista.

Hay otros importantes centros vascos en Mar del Plata, Tandil, Bahía Blanca, Rosario, La Pampa y en todo el país.[10]

Cada uno festeja un santo diferente. A su vez, una vez al año se reúnen representantes de todos los centros vascos de la Argentina en un lugar elegido el año anterior. En el año 2001, la reunión fue en Mar del Plata, donde se le llama, desde 1970, Fiesta Nacional Vasca.

"Cuando entré en la Facultad de Medicina de La Plata –cuenta Irungaray–, me encontré con muchos amigos de distintos centros vascos del país que iban allí a estudiar. (La gente de la provincia prefiere estudiar en La Plata porque es una ciudad más pueblerina.) Entre todos, hombres y mujeres de Maipú, Bahía Blanca, Tandil, etc., formamos un cuerpo de baile... Desde entonces, aunque hace muchos años que somos médicos, nos volvemos a encontrar siempre en las reuniones anuales. De cada centro vienen unas doce personas. Los festejos duran una semana. Hay encuentros de literatura, de música, etc., y el viernes cada centro vasco presenta un baile. Hay distintas actividades culturales. Casi todos cantan en coros. El más conocido es el Lagun Onak."

"Pero no todos los vascos están tan integrados –aclara–. Mi mujer, Belén Orruma, es de ascendencia vasca. Ellos eran de Guipuzcoa, pero perdieron el rastro. Ella no

10 Sólo en Buenos Aires existen cinco centros vascos activos, además de la Asociación Cultural y de Beneficencia Euskal Echea y de la Fundación Vasco-argentina Juan de Garay. Hay también centros activos en las siguientes localidades: Arrecifes, Azul, Bahía Blanca, Balcarce, Bariloche, Bragado, General Rodríguez, Cañuelas, Comahue, Comodoro Rivadavia, Concordia, Córdoba, Coronel Pringles, Chacabuco, Chascomús, Chivilcoy, General Acha, General Roca, José C. Paz, Jujuy, Junín, La Plata, Laprida, Lomas de Zamora, Macachin, Magdalena, Maipú, Mar del Plata, Moreno, Necochea (Centro Vasco Euzko Etxea, Avenida 58 y Calle 65), Olavarría, Paraná, Pergamino, Río Cuarto, Rosario, Salliquelo, San Nicolás, Santa Rosa, Tandil, Villa María. Hay muchos centros en formación o que están esperando la personería jurídica.

había vivido todas las tradiciones que vivimos nosotros. Conmigo empezó a conocer sus raíces. Curiosamente la historia de mis abuelos maternos había estado ligada a la de los suyos. Nos enteramos casi por casualidad: mis padres se conocieron en Necochea. Ella había nacido aquí, pero su familia era castellana, de Burgos. Mi abuelo materno, nacido en Burgos, vino de chico con los padres a Dorrego, y cuando creció, arrendó un campo allí. El propietario era un vasco. Se hicieron muy amigos y, pasados los años, mi abuelo se lo compró. Más adelante, ya casado con mi abuela materna, vendieron todo y se fueron a Necochea. Cuando yo me puse de novio con Belén, mi actual mujer, se la presenté a mi abuela (que ahora tiene noventa años) y ella le dijo: '¿Orruma? Yo a vos te conozco de alguna parte'. No le hicimos mucho caso, hasta que un día le preguntó: '¿Tu abuelo no se llamaba Tito?'. En efecto, era Tito Orruma, y su padre, bisabuelo de Belén, era quien le había arrendado el campo a mi abuelo, el nacido en Burgos." Sorpresas que nos deparan las historias de inmigración.

Mi abuelo y mi padre tuvieron la satisfacción de ver crecer y aumentar las actividades en el Centro Vasco fundado por ellos y saber que sus nietos y bisnietos, siendo bien argentinos, seguirían también sintiéndose vascos.

Abraham Sacas Curi y Grace Coulthard*

"Me esfuerzo en ser un humilde servidor del Señor"[1]

En los países que han tenido una importante corriente inmigratoria, como Estados Unidos y la Argentina, son frecuentes los casamientos entre personas provenientes de distintos países y distintos mundos culturales. "El amor es ciego y no sabe de colores", decía en el siglo XVIII el padre Gumilla, al comentar las uniones entre criollos, indios, mestizos, mulatos o negros, principal característica de la sociedad hispanocriolla. Abundan también en estos

* Memorias de Abraham Sacas Curi y entrevista a su hija Eunice Curi de Enríquez, en agosto de 2002.

1 Con estas palabras comienza Abraham Sacas Curi su *Recopilación autobiográfica*, a las 23.20 horas del 14 de octubre de 1937, inéditas (facilitadas por su nieto, Jorge Curi).

países, las historias donde la casualidad, el azar o la Providencia han enlazado los hechos de manera caprichosa provocando situaciones poco comunes, como en este caso que pasaremos a relatar.

Abraham Curi había nacido en 1884 en un pueblo de nombre Berni, en la región de San Juan de Acre, la bíblica Tolemaida. Estaba situada a dos leguas de la costa mediterránea, en la frontera con la antigua Fenicia, y en ese momento pertenecía a Siria. Luego pasó a formar parte del Líbano y, para el tiempo en que Abraham era un joven de veinte años, pertenecía a Palestina y había caído bajo el detestado dominio turco. Todo era muy confuso.

Me pierdo en tus pilares y portales,
soy judío, cristiano, sarraceno,
medieval y nostálgico cruzado.
Heme aquí en tus murallas,
amigo y enemigo, como un péndulo.
¡Vuelve al mar, San Juan de Acre, a la vendimia,
a cimitarras y estandartes vuelve,
por un lamento vuelve al mediodía
vuelve al mar, vuelve al tiempo!
¡San Juan de Acre en el mar,
en la ruta del día,
con un sabor a trópico,
con un dejo a Corán, a Biblia, a viejo![2]

Las tres cuartas partes de la población sirio-libanesa era mahometana, pero la familia Curi pertenecía a la cuarta parte, la que practicaba la Ortodoxia Cristiana, hasta que se convirtieron al protestantismo anglicano.

---

2 Fernando González Urizar, *Ánima viva*, Santiago de Chile, Editorial Patris, 1998.

El padre de Abraham se llamaba Yacob Yusef Musa.[3] Era el artesano del pueblo: carpintero, peluquero, médico, etc., lo que le permitió sostener una buena posición económica, ser estimado y respetado. Se había casado con una joven llamada Nássera,[4] y habían tenido ocho hijos: cuatro varones y cuatro mujeres. Abraham recordaba una infancia sencilla y feliz, yendo al colegio de la Iglesia ortodoxa, donde aprendió a leer la Biblia y realizar las primeras operaciones matemáticas, mientras sus amiguitos musulmanes, en sus escuelas, hacían las mismas operaciones pero leyendo el Corán. Sin embargo, pocos en el pueblo sabían leer.

"El que lo hacía bien era considerado sabio y a las mujeres no les era permitido aprender." Yacob, que, según su hijo, "no sabía ni la o redonda", quiso que estudiaran tanto sus hijos como sus hijas y los envió a la escuela Evangélica Anglicana, donde Abraham asistió hasta los dieciocho años y aprendió a hablar inglés.

Cuando tenía diez años empezaron las desgracias con la muerte de la joven madre. Poco después murió Elena a los dieciocho años, "la más hermosa del pueblo", según su hermano. La mayor se casó y lo mismo harían las menores.[5]

La gravitación de la mujer en la sociedad árabe es muy intensa. No puede existir un hogar sin un ama de casa del linaje familiar. Yacob estaba preocupado pensando que, en cualquier momento, sus otras hijas se casarían, y entonces, ¿quién cuidaría de él? Abraham ya era un joven de provecho. Al terminar sus estudios en la Escuela Anglicana había trabajado como agricultor y había aprendido el oficio de molinero. Estaba, pues, en disposición de buscar

---

3 Santiago José Moisés.
4 Victoria.
5 Abraham Sacas Curi, en su *Recopilación autobiográfica*.

esposa. Yacob empezó su tarea: había en el pueblo varias muchachas atractivas y muy dispuestas a casarse con el apuesto Abraham, tan alto y tan forzudo que podía doblar con su mano una vara de hierro. Pero Abraham se negó a dar ese paso trascendental para su vida. Como árabe y como cristiano creía en el matrimonio indisoluble. Hasta que no llegara alguien capaz de provocarle la emoción necesaria para aceptar compartir sus ideales toda una vida, no se casaría.

Ante tan rotunda negativa, Yacob decidió tomar el toro por las astas, es decir, casarse él mismo, a pesar de sus ochenta y cinco años. Y lo hizo "con una joven de treinta años, montañesa, gordita y rubia que le dio cuatro hijos".[6] Abraham conoció sólo al mayor de sus medio hermanos. Cuando llegaron los demás él estaba emprendiendo otra vida, muy lejos de su tierra. Dos motivos lo decidieron a dar ese paso. Según sus propias palabras: "Habiendo aprendido de los misioneros y misioneras inglesas a valorar la libertad democrática, esperaba la oportunidad de poder salir de Palestina en busca de la bendita libertad de la que el país carecía bajo la dominación del despótico gobierno turco."

Su hija Eunice agrega otro motivo: el temor de llegar a matar. "Él tenía una prima a la que quería mucho; los turcos la raptaron y no volvieron a verla nunca más. Toda la familia fue a buscarla. Sus captores la hicieron aparecer por la ventana amenazándola por atrás con revólver, no tuvo más remedio que decir que no quería ir con ellos, y que se quedaba por propia voluntad. Este episodio, sumado a las injusticias que veía cometer a los turcos contra los palestinos, fue lo que hizo que mi padre se fuera de su

6 Así lo asegura Abraham en su *Recopilación autobiográfica*. Su hija Eunice dice que tenía ochenta años, lo que, de todas maneras, constituye una hazaña.

país. Él era cristiano y no quería matar a nadie, pero si continuaba viendo injusticias, con la fuerza que tenía podía llegar a hacerlo. Para evitarlo, se fue. Con gran dolor de la familia se fue."[7] Recordaría seguramente el episodio en que Moisés, viendo a un egipcio maltratar a un hebreo, lo mata y debe huir al desierto.

Su cuñado Mitre le prestó el dinero necesario para el pasaje, pero lo que más preocupaba a Abraham era conseguir el permiso y la bendición paterna. Su tío Soleimán, que dos años antes había permitido a su hijo viajar a la Argentina, intercedió por él y consiguió la bendición paterna, que le fue impartida en medio de una mutua emoción. Ambos sabían que no se verían más en este mundo. "Toda mi parentela, más de cuarenta personas, me acompañaron por más de media legua, entonando endechas semejantes a las que se hacían a los difuntos. Esto fue el 24 de abril de 1907."[8]

Su tío Soleimán lo acompañó hasta Haifa, donde tuvo que pagar a un comisionista que se encargaría del traslado al barco. En ese momento el gobierno turco no permitía la emigración, bajo pena de muerte. "Disfrazado de marinero me llevó en un bote hasta un barco carguero inglés que iba a Alejandría." El siguiente puerto fue Marsella, donde le robaron los documentos. Por esta razón y porque no le alcanzaba el dinero exigido para poder entrar en los Estados Unidos, tuvo que cambiar de rumbo y tomó un barco francés que viajaba a Buenos Aires. "Después de todo, era Dios quien guiaba mis pasos y ordenaba mis caminos."

Una mañana de junio de 1907 llegó a destino. Habían pasado cuarenta y un días desde la salida de Haifa. Tenía veinticuatro años y una gran confianza en Dios. En el

7 Entrevista.
8 Abraham Sacas Curi, *op. cit.*

puerto lo estaba esperando su primo Jusof y otros parientes y paisanos. Era domingo y lo llevaron a una fonda árabe en la calle Reconquista. Lo que más llamó su atención fue un pequeño recipiente de madera con un palito hueco del cual todos chupaban alternativamente pasándolo de mano en mano, "y así, con el mate, comencé mi vida en el país".[9]

Ese mismo año, 1907, pero en muy distintas circunstancias, llegaba desde los Estados Unidos, con su padre y su madrastra, una niña, Grace Coulthard, cuya familia descendía de otros famosos inmigrantes: los pioneros escoceses del *Mayflower*. Dos mundos completamente distintos, pero que en algún momento se iban a encontrar.

"A la tardecita de ese domingo –sigue relatando Curi– mis primos me llevaron a un lugar llamado Villa Devoto donde había unas pocas casas y las calles estaban sin asfaltar. Pasados unos días, me entregaron una canasta con mercadería: alfileres, agujas, peines, espejos y cintas que debía vender 'todo a veinte'." Aparte de no saber el idioma, semejante trabajo estaba muy lejos de sus aspiraciones así que, antes de un mes, ya lo había cambiado. "Devolví la mercadería, fui a vivir con otros primos en la calle Reconquista y comencé a trabajar en la remoción de escombros de la aduana quemada, cobrando un peso con treinta centavos por día." De allí pasó a trabajar en la construcción del ferrocarril a Tucumán. Fue el primero de sus viajes en los que recorrería casi todo el país. Su itinerario comenzó en Añatuya, Santiago del Estero. Dos meses después bajó a la ciudad de Santa Fe para trabajar en la construcción de la Casa de Gobierno con la empresa "Antonio Ferrari Hnos.". Era una Argentina pujante donde nunca faltaban las ofertas de trabajo y la mano de obra se pagaba muy bien.

9 *Ibíd.*

La empresa tenía un taller de herrería artística y Abraham, que conocía el oficio, se detenía a observar a los obreros. Advirtiendo su interés, el capataz le preguntó si sabía hacer ese trabajo. Cuando le contestó que sí, el capataz le dijo:

–Deje los baldes de cal ahora mismo y venga a trabajar aquí.

El oficial de la herrería se opuso, pero el capataz insistió:

–En último caso, si no sabe quedará despedido.

Tan bien lo hizo que al año quedó como encargado del taller. Era joven, tenía un buen trabajo y compañeros para salir a divertirse. Pero esa vida no lo satisfacía del todo. "No supe luchar para mantenerme en la pureza del Evangelio –escribe en sus memorias–, y aunque nunca perdí la fe, mis costumbres comenzaron a relajarse."

Un domingo de julio del año 1909 caminaba con sus amigos por la calle Salta, en la ciudad de Santa Fe, cuando le llamó la atención un letrero, pero como recién empezaba a leer castellano, tuvo que esforzarse para captar su sentido. Decía: "Local Evangélico: se predica el Evangelio domingos y jueves a las 20 horas. Entrada libre".

–¡Vámonos, Abraham, que ésos son los "masónicos"! –le dijo uno de sus acompañantes. Al preguntarles quiénes eran esos "masónicos" o masones, como aclaró alguno, ellos en su simpleza le contestaron:

–Son los que no creen en la Virgen ni en los Santos.

Y siguieron su camino. Pero al volver por la misma calle en el momento que se celebraba el culto, se conmovió profundamente al escuchar un himno cuya música creyó reconocer aunque no entendía las palabras. Viendo que se detenía, el muchacho de la puerta lo invitó a entrar, y le dio un pequeño folleto. Pero ya sus amigos se iban y Abraham le aseguró que volvería el jueves. Al llegar a su cuarto, no se pudo dormir sin leer algo de ese folleto titulado "El

Sembrador". Sin comprender muy bien el castellano leyó las palabras evangélicas: "Vengan a Mí los que estén cansados y agobiados, que yo los aliviaré" (Mateo 11: 8). Hacía meses que no leía su Biblia en árabe,[10] pero sabía consultarla y encontró la cita: "Fue como si un rayo de luz hiriera mi corazón. Me pregunté, ¿quién está cansado y agobiado como yo? Caí de rodillas al lado de mi cama, lloré, pedí perdón a Dios y me dormí muy feliz. En sueños vi mi nombre escrito en el cielo con letras de oro".[11]

Al día siguiente, en el trabajo, contó sus dudas a un obrero paisano suyo que se caracterizaba por su seriedad. "Él me dijo que esa gente era la misma que enseñaba el Evangelio en nuestro país y que tenía la misma fe. Le pregunté si me acompañaría el jueves y me contestó que lo haría con mucho gusto." Ese día, con gran expectativa, entraron a la misión anglicana y se sentaron en uno de los primeros bancos. El misionero, un pastor londinense llamado Roberto Hogg, los recibió amablemente. Luego comenzó la lectura. Era la Parábola del Hijo Pródigo. "Entonces reconocí que yo era el Pródigo que regresa al hogar del Padre (...) Al día siguiente fui al trabajo lleno de alegría."

Desde su infancia había sentido el llamado de Dios y se estaba preparando para ser pastor cuando las circunstancias de la vida lo alejaron. Ahora creía llegado el momento de "consagrarme enteramente a la obra del Señor". En 1910 se trasladó a Rosario con la empresa para construir el cuartel de bomberos y el Hospital Centenario. Allí frecuentó la Iglesia Metodista. A fines de 1912 oyó hablar de la obra del "*colportage*", es decir, la venta de Biblias para hacer llegar las Sagradas Escrituras a quienes no

10 Este ejemplar de la Biblia, que ya tiene ciento treinta años, está ahora en manos de su hija, Eunice Curi de Enríquez.

11 Abraham Sacas Curi, *op. cit.*

hubieran tenido la oportunidad de conocerlas. Se dirigió a Dios con palabras similares a las de Moisés antes de ir a ver al faraón: "Señor, Tú sabes que soy pobre de palabra, pero, con todo, indícame qué debo hacer". Consultó además al pastor, Federico Barroetaveña, y éste le consiguió un cajón de Biblias y Nuevos Testamentos para la venta.

Cargado con ellos, el 1° de enero de 1913 comenzó en Rosario su trabajo de difusión de Biblias a bajo precio. Los primeros tres meses "la venta era muy reducida y las amenazas eran muchas". Estaba utilizando para vivir los ahorros de su trabajo en la empresa constructora y llegó un momento en que se desalentó. Una mañana en que no pudo colocar ni un folleto, cansado y con hambre, se sentó en un umbral y se quedó dormido. Cuando despertó pensó volver a su casa, dejar el "*colportage*" y retomar el trabajo en la construcción.

Estaba por subir al tranvía, cuando vio un matrimonio sentado en el jardín de su casa, que daba a la calle. Al ofrecerles la Biblia empezaron a burlarse de él. Entonces sucedió lo inexplicable: sintiéndose revestido de un poder que no emanaba de él sino de algo superior, comenzó a hablarles sobre la importancia de las Sagradas Escrituras y de cómo ellos estaban perdiendo esa oportunidad de cambiar sus vidas. El hecho es que le compraron una Biblia. Alentado y con nuevas fuerzas, siguió su trabajo, y al llegar a su casa, había vendido casi todo lo que llevaba. "Esto marcó el fin de mi desaliento y me revistió de valor para continuar la propagación de la Buena Nueva de salvación."

El siguiente paso eran las giras por el país. Comenzando por la provincia de Santa Fe, entre 1913 y 1914, recorrió las provincias de Córdoba, Corrientes, Chaco, Formosa y Misiones hasta el Alto Paraná. En 1915 pasó a Entre Ríos, luego a Santiago del Estero, La Rioja, Catamarca y Tucumán. En 1916 empezó a recorrer la provincia de Buenos

Aires (Rojas, Pergamino, etc.) y luego el noroeste: Tucumán, Salta y Jujuy hasta llegar a Yacuiba, La Quiaca y Villazón, en Bolivia.

Luego se estableció en San Pedro (Jujuy) para organizar cultos en los pueblos aledaños, como Fraile Pintado, la serranía y la propia ciudad de Jujuy. En Tucumán, conversando con el rector del Seminario de Teología, llegó a la conclusión de que debía poner al día sus conocimientos teológicos y estudiar mejor el castellano. La esperanza de volver a Palestina se había alejado a causa de la Guerra del 14 y sus consecuencias. Empezó a pensar en casarse, pero... ¿con quién? Para aceptar su vocación tenía que ser alguien muy especial. Sólo un Padre providente podía buscarle la compañera ideal. Decidió, por lo tanto, confiar en Él y esperar. Tenía treinta y dos años.

El 25 de mayo de 1916 debía viajar desde San Pedro a la ciudad de Jujuy para predicar. Una misionera norteamericana le entregó una carta para una compatriota suya que vivía en Jujuy. Estaba por comenzar el culto cuando vio entrar a una mujer joven seguida de cinco niños. Quedó impresionado por el óvalo perfecto de su rostro, sus expresivos ojos azules y la elegancia sencilla de su vestido blanco. Cuando terminó el servicio y se acercó a los fieles, ella ya se había ido. Preguntó quién era esa señora con tantos hijitos y le contestaron que eran sus hermanos, y que la señorita se llamaba Grace Coulthard. ¡Era la destinataria de la carta!

Abraham creyó adivinar en esta casualidad la mano de la Providencia y quiso entregarle la carta personalmente. Uno de los fieles lo acompañó a su casa. Cuando entró, lo primero que vio fue un retrato de ella: estaba de perfil, con el rubio pelo recogido como se usaba entonces. En ese momento sintió que no podría amar a ninguna otra mujer que no fuera ésa. Por la tarde del mismo día volvió a visitarla, esta vez sin acompañante y, según cuenta su hija Eunice, ese mismo día le declaró su amor. También ella había sentido el flechazo, pero le dijo, con mucha sensatez, que antes de casarse tendría que recibirse de pastor. "No puedo casarme con un vendedor de Biblias", fue el argumento, y él comprendió que tenía razón. Por otra parte, Ruth, su hermanita menor, a quien ella criaba, era todavía muy pequeña.[12]

La historia que rodeaba a Grace era muy complicada. Su madre, Alicia Kerby de Lewis, había quedado viuda muy joven con dos hijas mujeres y dos muchachitos. Era una linda pelirroja de ojos azules y no le faltaron pretendientes. Vivían en un pueblo del noroeste de los Estados Unidos, casi en el límite con Canadá. Se casó, muy enamorada, con George David Coulthard y fueron felices hasta que ella enfermó gravemente. Cuando murió, su marido se encontró de golpe con dos bebas de cuatro y dos años, y cuatro adolescentes del matrimonio anterior de su mujer. La mayor, Jessy, era una señorita hecha y derecha. George estaba desorientado. No le parecía correcto vivir viudo y con una hijastra de diecisiete años, pero, por otra parte, necesitaba una mujer en su hogar. Decidió casarse con ella, y Jessy aceptó.[13] Grace, que tenía unos cinco años, no se llevaba muy bien con su media hermana-madrastra.

Como Coulthard era muy aventurero y le habían dicho que la Patagonia argentina ofrecía grandes posibilidades y vivían muchos pioneros escoceses, quiso conocer esa región tan mentada y viajó con su familia en 1907. Se quedaron cuatro años viviendo cerca de Bariloche. Grace

12 Entrevista.

13 Es extraño que no se hayan puesto obstáculos, tanto religiosos como jurídicos, a este matrimonio entre padrastro e hijastra.

llegó con nueve años y volvió a los Estados Unidos con trece y tres hermanitos, que luego aumentaron a cinco. De esa época guardaba algunos recuerdos melancólicos y otros felices. Nunca olvidaría los paseos por el lago Nahuel Huapi pescando con Jorge Newbery, amigo de su padre, cuya estancia, *La Primavera*, era un verdadero paraíso terrenal. Tampoco podía olvidar la soledad árida de Neuquén, como se refleja en uno de sus poemas, traducidos por su hija:

"La arena del desierto / es todo lo que veo, / barrida por el inquieto viento. / No hay árboles para ser sacudidos / ni flores para doblarse (...) Unas pocas casas de adobe, / un pequeño camino / para ser barrido / por el viento y la tierra (...) Un sonido se escucha a través del viento. / Es el rugido del tren / trayéndonos a nosotros / aquí exiliados, / noticias de nuestros seres queridos. / Se va... y vuelve... / Otra vez quedamos solos."[14]

En los Estados Unidos, Grace continuó sus estudios y se recibió de maestra a los dieciséis años. Cuando se enteró de que su padre quería volver a la Argentina y radicarse en alguna provincia del noroeste, ella pidió trabajar como institutriz. Gracias a los conocidos que tenían en la Argentina y a su precoz madurez, consiguió entrar a lo de Bouquet Roldán, primer gobernador de Neuquén y volver a los lugares añorados donde había vivido en su infancia. Mientras tanto, su padre se había instalado con su joven mujer y sus cinco hijos pequeños en una hacienda de Yuto (Jujuy), donde tenía cría de caballos y un aserradero de madera.

Un día sucedió lo imprevisto: Jessie Lewis, quizá cansada de sus tempranas obligaciones domésticas, se fugó con un peón español que trabajaba en el aserradero, dejando a

14 Grace Mirtle Coulthard, *Vientos del Neuquén*, manuscrito proporcionado por su hija, 1911.

su marido y a sus cinco hijitos. Grace, que entonces era institutriz en lo de Honorio Pueyrredón, acudió al llamado de su padre para hacerse cargo de los chicos y del hogar. Fue con todos una verdadera madre, especialmente con la menor, Ruth, tan pequeña que no recordaba a Jessy, su madre, a la que nunca volvieron a ver.

Antes de viajar a Buenos Aires para estudiar en el seminario, Abraham y Grace se encontraron, viajando de San Pedro a Jujuy, y viceversa. En diciembre, él compró los anillos de compromiso y, al ver en el camino unas hermosas manzanas importadas, le llevó una docena. Cuando Grace las vio, quedó impresionada: eran de la granja que su medio hermano materno, Josef Lewis, tenía en Spoken, en el estado de Washington, donde vivía, a miles de kilómetros de esa remota localidad de la América del Sur.

Ese día sellaron su noviazgo y fijaron dos años para casarse. En esos dos años, durmiendo cuatro horas por día, Abraham terminó su carrera. Sólo una vez, a finales de 1917, viajó al norte a ver a su novia. Ella estaba viviendo entonces en Orán con su padre y hermanos, en un lugar llamado Isla de la Cruz en plena selva. Abraham llegó a la estación la noche del 24. Su novia y su padre lo estaban esperando con caballos porque la isla estaba a tres leguas de la estación. Fue una maravillosa Nochebuena que empezó con las estrellas y el silencio, lleno de pequeños ruidos nocturnos, de la selva, y siguió con el ruidoso recibimiento de los chicos en la casa. El novio se quedó hasta febrero y a su regreso visitó todos los pueblos del camino vendiendo Biblias y Nuevos Testamentos a la gente del lugar. Grace decidió quedarse viviendo en Tucumán con sus dos medias hermanas menores. Viajarían a Buenos Aires en cuanto Abraham terminara sus estudios. Entonces podrían casarse.

El 26 de noviembre de 1918 Grace y Ruth llegaban a Buenos Aires y se hospedaban en la Asociación Cristiana Femenina.

"Como pudimos, compramos los muebles, menaje, ropa de cama, etc. –recuerda Abraham–. La Misión me había autorizado a alquilar una casita en Liniers por la que pagaba cuarenta pesos por mes. El sábado 2 de diciembre, a las dos de la tarde, nos casamos en el Registro Civil de Flores, frente a la plaza. Después fuimos al Colegio Ward en cuya capilla sería el casamiento religioso. La señora Aden tocó la marcha nupcial, el doctor Drees y su señora fueron los padrinos y el pastor Samuel Craven ofició la ceremonia. Se habían congregado unas cincuenta personas entre pastores, compañeros de estudio y otros. El *lunch* fue a nuestro costo, y cuando terminamos, fuimos a nuestra casa en Liniers."

Un sirio-libanés nacido cerca de San Juan de Acre se casaba con una norteamericana descendiente de puritanos escoceses llegados en el *Mayflower* en una capilla metodista del porteñísimo barrio de Flores. Cosas de la inmigración...

La primera parroquia de Curi fue en el barrio de Liniers. Los siguientes destinos fueron: Colón, a orillas del río Uruguay, tierra de inmigrantes chacareros suizos y piamonteses, y Paysandú, cruzando el río, ciudad criolla de la Banda Oriental. Abraham tenía que ocuparse de los luteranos suizo-alemanes que, domingo a domingo, se acercaban a la parroquia en carros o *sulkies*. Después del almuerzo cruzaban el río para asistir al culto y a la escuela dominical en Paysandú. Dormían allí, pasaban el lunes haciendo visitas a los fieles y el martes volvían a Colón a recorrer las colonias en *sulky*, llevando con ellos a Víctor, su primer hijo.

Al año siguiente nació Daniel y poco después fueron trasladados a la localidad de Durazno y a otros pueblos del Uruguay. En el 26 su destino fue San Juan, en Cuyo, donde estuvieron diez años y nacieron sus hijas Grace y Eunice. Los querían mucho y la iglesia tuvo un enorme éxito, como nunca lo había tenido. Para demostrar el estado de ignorancia en que estaba la feligresía, Curi cuenta esta curiosa anécdota:

"Al día siguiente de nuestra llegada, recibimos la visita de un hermano y miembro de la Junta Oficial, según se presentó. Nos traía un racimo de uvas que pesaba más de un kilo y nos anunció que se iba por unos días a Buenos Aires a visitar a su compañera.

"–¿Es usted casado? –pregunté.

"–No, porque tengo otras seis mujeres –contestó.

"–Siendo cristiano usted debería casarse con la que es madre de sus hijos y dejar a las otras –le reconvine.

"–¡Es que con todas tengo hijos! –fue la respuesta. No tuve más remedio que expulsarlo de la iglesia. Con todo, fue muy buen amigo."

Cuando tanto la casa parroquial como la iglesia estuvieron reparadas y florecientes, Abraham pidió ser trasladado a Villa Mercedes, San Luis, porque la altura sobre el nivel del mar de San Juan no le hacía bien a su mujer.

En Villa Mercedes la parroquia tenía a su cargo el Colegio Rivadavia, y Abraham solicitó la ayuda de una amiga que había sido directora de escuela. En seis meses les dejó organizado el colegio.

"Papá era director y profesor de matemáticas mientras mamá enseñaba inglés –dice Eunice–. Empezó a dar clases particulares y ganó bastante dinero. Por esa razón mis hermanos varones pudieron ir pupilos al Colegio Ward de Ramos Mejía. El Colegio Rivadavia era de doble escolaridad. Creció muchísimo en esos años. Mi mamá llevaba a sus alumnos a dar examen a Córdoba. Estuvimos allí ocho años."

El siguiente destino de los Curi fue Chivilcoy, y por último, Azul. Tuvo allí, como ayudante, a un pastor metodista que se casó con su hija Grace y se fueron a vivir a los Estados Unidos.

Estando en Bahía Blanca le llegó a Abraham la jubilación. Eunice, su hija menor, trabajaba y al mismo tiempo estudiaba en el Instituto de Letras de Bahía Blanca. "Los del instituto quisieron que me quedara como ayudante de cátedra –aclara– pero yo prefería volver a estudiar en Buenos Aires y pedí en el trabajo un pase para la sucursal. Allí conocí a mi marido. Él era contador y yo secretaria del presidente. Al año y medio de noviazgo nos casamos."

Aunque totalmente entregado a su hogar y a su trabajo de evangelización, Abraham no había olvidado a la gran familia que dejó en Palestina. Después de la guerra intentó buscarlos, pero fue en vano. Con los años, como suele suceder, se acentuaban los recuerdos de su tierra y sus parientes. A pesar de este desarraigo, Abraham estaba satisfecho con su vida. Había podido ser un instrumento en las manos del Señor y éste lo había recompensado.

Después de morir su mujer, a la que tanto había amado, Abraham perdió el interés por todo. La llegada de una nueva generación fue un motivo para vivir.

Ya podía morir en paz. Dejaba en su nueva patria, la Argentina, a tres de sus cuatro hijos y numerosos nietos y bisnietos.

Hipólito Fernández*

Hipólito Fernández había nacido en León, el 13 de agosto de 1891. Era el segundo de ocho hermanos. Desde muy joven trabajó la tierra junto con su padre mientras el mayor, Francisco, iba a probar fortuna a la Argentina, y el resto de la familia ayudaba en todos los menesteres de campo. Tenía diecisiete años cuando su padre enfermó de gravedad. Poco antes de morir, lo llamó y le dijo: "Eres el mayor de los varones que queda en mi casa. Tienes que hacerte cargo de tu madre y de tus hermanos". Aprendió a hacerse respetar y obedecer para poder sacar la familia adelante. Dos años después, Francisco lo llamó para que fuera a trabajar con él. Buenos Aires se había convertido en una ciudad pujante, había muchas posibilidades, podrían prosperar y ayudar mejor a los suyos. Hipólito dejó el manejo

* Entrevista a su hija, Lucía Fernández, en mayo de 2001.

de las pocas parcelas de tierra que la familia poseía en manos de su hermano Pelayo y, deseándole suerte, se embarcó.

Después de la emotiva despedida se abocó a conocer el reglamento del barco, horarios de comidas, etc., que estaban anotados a la vista. Al llegar a "Recreaciones" leyó con atención una advertencia que siempre tuvo en cuenta: "No juegue por dinero. Hay jugadores profesionales que le vaciarán el bolsillo como por encanto". La comida era bastante buena: desayunaba café negro con pan o galleta. Las comidas principales consistían casi siempre en sopa, un plato de carne o pescado con verduras, pan y vino. No había mucho que hacer en el barco. Algunos paisanos habían llevado sus instrumentos musicales (rabeles, panderos, guitarras, gaitas) y acompañaban a los que cantaban; más allá alguno contaba historias y otros jugaban a la lotería. Las mujeres casadas vigilaban a sus críos mientras tejían y charlaban. Esto, en los momentos de calma, porque cuando las aguas estaban agitadas, el "mal de mar" dejaba a muchos postrados en los camarotes. Finalmente, en una radiante día de diciembre de 1910, llegó a la brillante Argentina del Centenario. Desde el barco podía abarcar con su mirada la gran extensión de Buenos Aires y los modernos edificios de estilo francés que competían en altura con las torres de las iglesias coloniales.

"¿Qué voy a hacer yo en una ciudad tan grande?", pensaba.

Venía de una aldea y tenía diecinueve años. En cuanto desembarcaron llevaron a todos los viajeros al flamante Hotel de Inmigrantes, aún no inaugurado por Roque Sáenz Peña, donde les dieron un buen desayuno. Después de hacer los trámites de Migraciones, salió a buscar a su hermano entre la multitud, pero no lo veía. No tenía miedo: si él le había dicho que iba a estar, allí estaría. En efecto, al rato lo vio agitando un diario. Le costó reconocerlo con esa vestimenta: ¡saco y corbata!... ¡Jamás lo había visto así vestido! Años después, al conversar con su hija de estos primeros momentos de inmigración, comentaba:

–Seguramente el traje sería horrible, pero ¡yo lo veía tan elegante![1]

Después de los abrazos y primeros saludos, Francisco le mostró en el diario los dos trabajos que había creído convenientes para que eligiera. Pero él prefirió que su hermano, que tenía experiencia, lo aconsejara. Éste lo llevó a la tienda de don Alfonso Sáenz en las calles Medrano y Rivadavia. Allí, el muchacho que no había hecho más que trabajar la tierra tuvo que aprender lo que eran crespones, encajes y otras clases de géneros. Más que eso le costó tener que adaptarse a un modo de vida tan distinto. Vivía en la tienda, pero como no había mucho lugar, tenía que dormir en un colchón colocado arriba de un mostrador. La primera noche, al recordar las pulcras sábanas de hilo que tejía su abuela en la rueca, no pudo dejar de llorar.

Un día su hermano le anunció que le había conseguido un trabajo como vendedor de casimires en la casa Iriarte, donde tendría un sueldo más alto. Habló con don Alfonso y éste le dijo: "Hipólito, yo no te puedo pagar eso, pero vete porque tú tienes un gran futuro por delante. Si en un mes aprendiste de crespones y puntillas cómo no vas a aprender de casimires". A los dos años, la historia volvió a repetirse cuando Francisco le consiguió trabajo en la casa Muro, una prestigiosa sastrería. Mucho después, evocando esos tiempos austeros, recordaba las veces que había pasado por delante de los cinematógrafos contando las monedas para después reaccionar: "No, este mes no voy al cine porque todavía no le mandé plata a mi madre".

1 Entrevista.

Una mañana, al ir a su trabajo en la sastrería, los dos hermanos vieron en la puerta un camión de la confitería del Molino.

–¿Qué es lo que pasa? –preguntaron.

–Hay una reunión con la gente de Liverpool –les contestaron.

Tocado por una súbita inspiración, Hipólito dijo a su hermano:

–¡A eso nos vamos a dedicar nosotros! ¡A importar casimires de Inglaterra!

Tendría entonces veintitrés años.

Alquilaron dos habitaciones en lo que es hoy Hipólito Yrigoyen (entonces Victoria) y Sáenz Peña, y allí se dedicaron a importar, cortar, distribuir y vender. Ellos cubrían todos los rubros. La misma Casa Muro les facilitó los contactos. Tenían su propio importador y su despachante era la firma "Queen and Merfing". Empezaron a crecer. Estaban muy bien vistos en el mercado por su comportamiento honesto. No habían quitado a nadie su cartera de clientes y sin embargo los clientes aumentaban.

Allí tomaron conciencia de su escasa preparación: tenían estudios rudimentarios... los que podían hacerse en una aldea agrícola española a fines del siglo XIX. ¡Cuántos días se habrían quedado sin poder ir a la escuela por los metros de nieve que había delante de la casa o por las exigencias de la siembra o la cosecha! Estaban en inferioridad de condiciones para competir con la gente dedicada a ese rubro. Decidieron entonces ir por las noches a los cursos de las Academias Pitman. Allí perfeccionaron su ortografía y aprendieron un inglés que les servía para entender, aunque no para hablar. No querían traductores.

Por entonces vivían en la pensión de doña Carmeta, pero estaba llena de estudiantes bulliciosos que hacían bromas pesadas a la pobre "Catalana", como ponerle un esqueleto en el tanque de agua. Los hermanos buscaban algo más tranquilo y así encontraron, en Cangallo al 1300, la pensión de Lococo (italiano) y Magdalena (valenciana). Tenían en el mercado un puesto de huevos y otro de pescado, y les estaba yendo bastante bien. Lococo propuso a los hermanos poner un cine y ellos aceptaron. El cine, que se llamó Buckingham, estaba en la calle Corrientes al lado del actual cine Los Ángeles. Pero ellos no eran hombres de la noche. Preferían trabajar de día, así que se retiraron quedando en muy buena relación con los Lococo.

Alquilaron después un local en Paraná 289. La Argentina crecía y, con ella, quienes habían venido a hacerla crecer. Hipólito decidió que había llegado el momento de casarse. La guía del inmigrante español aconsejaba: "Al llegar a mozo, en edad de casarse, si puede hacerlo, si se enamora, debe hacerlo con mujer argentina. Sus amigos están aquí, sus hábitos de hombre aquí los adquirió, y sus hijos deben ser argentinos, porque él también casi lo es". Pero esta vez Hipólito no hizo caso a la guía.

"Mis padres se conocieron de un modo muy curioso –cuenta Lucía Fernández–. En realidad ya se conocían de España, porque eran primos segundos. Las abuelas de ambos eran hermanas. Un día, al verla en las tiendas San Miguel, él se acercó a ella y le preguntó:

"–Perdón, ¿usted es española?

"–Sí –le contestó ella, bastante secamente, para evitar cualquier equívoco.

"–Y, por casualidad, ¿no será pariente de Wenceslao Orejas?

"–Soy la hija mayor –contestó mamá, asombrada. Él le confesó que la reconoció por su pelo, muy particular, de un rubio rojizo. Y aunque habían pasado muchos años, él se acordaba de 'la coloradita de Wenceslao'. Quizá se habían conocido en el cumpleaños de alguno de los doce hijos de Wenceslao, que era abogado y tenía un buen pasar. Ellos vivían en Ponferrada, pueblo que crece a la sombra del inmenso castillo de los Templarios. No se llevaba bien con mi abuela, 'con madre', como decían mis tías. Siempre fue la rebelde de la familia."[2]

Wenceslao Orejas se había trasladado de León a Sevilla, con toda su familia, por razones de trabajo. Eulalia y Elvira, las dos mayores, ya eran señoritas. Un día lo invitaron a una importante reunión y las llevó a las dos. Era una costumbre habitual, pues su mujer estaba casi siempre embarazada y prefería quedarse en su casa. En un momento dado, se acercó alguien para felicitarlo por "lo bien que baila sevillanas su hija". Él, muy ofendido, pues consideraba a las sevillanas un baile excesivamente popular, contestó:

–Ninguna de mis hijas sabe bailar sevillanas.

–Perdón –repuso otro–, la que baila allí con tanta gracia, esa coloradita, ¿no es suya?

Había aprendido a bailar en la calle, con los chicos y chicas del barrio de Triana (el equivalente a haber aprendido a bailar el tango en lo de Hansen por los mismos años). No terminó bien la historia porque el duro castellano-leonés, en lugar de alegrarse por la gracia y el salero de esa criatura de dieciséis años, reaccionó como un bárbaro. "Ella nunca habló de eso –dice su hija–, pero sé por mis tías que, mientras él la golpeaba, ella preguntaba: '¿Pero yo qué hice?'. Es evidente que un andaluz jamás hubiera reaccionado de esa manera."[3]

Existe el lugar común de que los españoles son alegres, extrovertidos y jocosos. Así son, en realidad, casi todos los andaluces, pero los castellanos, en cambio, son de pocas palabras, serios, muy rectos pero inflexibles.

2 Entrevista.
3 *Ibíd.*

"A pesar de todo, este episodio no disminuyó el cariño que padre e hija se tenían y mamá guardó un hermoso recuerdo de Sevilla. 'No hay mejor lugar en el mundo para vivir', decía. Por otra parte, creo que no pudieron doblegarla: un día, poco después de este episodio, mi abuelo, al apoyar su maletín en la mesa, se asombró al ver la forma en que ésta se bamboleaba. 'Es que allí Eulalia y Javier bailan el charlestón', le confesó la cocinera. Y así era. Con Javier, un primo andaluz más o menos de su edad, traían una gramola y bailaban alegremente usando la mesa como 'tablao'. Esta vez no hubo castigo porque lo que molestaba a don Wenceslao era que la viera la gente. Además el charlestón tenía mejor fama que las sevillanas."

Hipólito era cuatro años mayor que su prima Eulalia, pero a pesar de que estaban muy enamorados, tuvieron un noviazgo bastante largo, de tres o cuatro años. El leonés era muy responsable y de ninguna manera iba a casarse sin poder ofrecer a su familia la tranquilidad necesaria. Recuerda su hija que iba a veces enfermo al trabajo, y al preguntarle su mujer, "¿para qué vas, estando así?", él le contestaba: "Hoy traen mercadería y lo que hay que hacer se hace".

Cuando llegó el momento, alquilaron primero un departamentito en la calle Jean Jaurés; después otro, un poco más grande, en la calle Paraguay. La tercera mudanza fue a la casa propia, construida en Caballito.

A todo esto, el local de la calle Paraná les había quedado chico porque no tenía ni primer piso ni sótano, necesarios para almacenar la mercancía. El emprendedor Hipólito encontró un local con subsuelo y montacargas en Victoria 968. En 1941, como seguían progresando, compraron una casa muy vieja en la misma calle para tirarla abajo y construir algo a su gusto. "A mamá le desilusionó un poco no poder comprar, como habían planeado, una casita en Mar del Plata para los veraneos. Pero papá tenía muy clara la consigna leída en la *Guía del inmigrante español (1929-1931)*: "Acostumbrarse a la idea de que ha de luchar para abrirse camino por sus propias fuerzas y con todas sus fuerzas en medio de un mundo entero de adversarios y en un ambiente de egoísmo e indiferencia glacial, donde por ventura encontrará un mano amiga: ése debe ser el pensamiento primordial que ha de arraigar en su ánimo el inmigrante español".[4] También se refería la guía de don Ramón Cabezas a la gran ventaja que tenían los españoles de alcanzar el triunfo "por nuestra mayor constancia y paciencia en el trabajo". Ya llegaría la hora de disfrutar lo conseguido.

La casa de la calle Victoria fue construida con todas las comodidades necesarias. El arquitecto era medio pariente, y ellos le daban las indicaciones de lo que querían. "En el primer piso –sigue recordando su hija–, papá tenía un gran atril donde hacía sus propios diseños de casimires. Sacaba hilos de una alpaca azul, por ejemplo, y le enhebraba otro colorado, los ponía en un cartón y los ingleses le mandaban la tela tal cual él la había imaginado. Era diseñador sin saberlo." Con el tiempo mandaron traer al hermano menor, a quien Hipólito llevaba quince años. Los hermanos Fernández llegaron a ser uno de los dos exportadores más fuertes de casimires en la Argentina.[5] Vendían a las sastrerías y a los confeccionistas en general como James Smart, Vega, etc. También a particulares.

El 17 de octubre de 1945, Eulalia fue a buscar a su hija al colegio por los rumores que se corrían entre los vecinos.

---

4 Ramón Cabezas, *Guía del inmigrante español en Buenos Aires (1929-1931)*, citado en Hugo José Rodino, *Inmigrantes españoles en Argentina: adaptación e identidad. Documentos (1915-1937)*, Buenos Aires, Ediciones Biblioteca Noé y *Página/12*, 1999.

5 El otro era la familia Fano.

–¿Que está pasando? –preguntó a su marido, que venía del centro.

–No sé –contestó él–, pero las calles del centro están llenas de gente y en la Plaza de Mayo muchos se lavan en la fuentes los pies lastimados de caminar, quién sabe desde dónde vienen... Es una gente que yo no vi nunca en Buenos Aires...

Eran los provincianos con sangre indígena, los llamados desde entonces “cabecitas negras”, cuya existencia era aún ignorada por algunos inmigrantes. También ellos querían ser protagonistas en su propia tierra.

Don Hipólito estaba muy agradecido a la Argentina, pero nunca quiso nacionalizarse para no tener compromisos políticos. Muchas veces fueron al negocio a pedirle que se afiliara al Partido Peronista, pero él les decía:

–Disculpen, yo soy español. Quiero mucho a la Argentina pero no me meto en política.

Cuando el Gobierno prohibió las importaciones, los hermanos Fernández fundaron la Cámara de Mayoristas. Se abrieron fábricas textiles en Argentina, algunas excelentes como las de los Tewal, casimires alemanes que hacían el “guanaquito”, exacto al pelo de camello inglés. Los Fernández, que ya tenían la experiencia y las carteras de clientes, empezaron a distribuirles los productos.

La comunicación con la familia que vivía en España era constante. También estaban en contacto con la colectividad: eran socios de La Región Leonesa, un club que estaba en la calle Humberto I. “Casi siempre íbamos para los almuerzos del 9 de Julio o del 25 de Mayo Allí se encontraban con todos su paisanos, y aunque a papá no le gustaba el baile, mamá bailaba todo lo que quería. Era muy alegre.”

Don Hipólito podía considerarse un triunfador: con su intuición y su trabajo tesonero había aprovechado las oportunidades que el país le brindaba. Tenía dos hijos:

varón y mujer. Vivían felices en su casa de Caballito, cuando la repentina muerte de Eulalia trajo a sus vidas el dolor. "En el año 46, después de la muerte de mamá, papá se retiró del negocio, aunque se daba una vuelta por allí todos los días. Francisco, el mayor, había muerto y Fidel, el menor, era quien se hacía cargo de todo. También él fue un hijo excelente. Compró para mi abuela la casa que mis tíos habían puesto en venta en la aldea leonesa."[6]

El 16 de junio del 55, desde el balcón de su casa, en la calle Rivadavia, padre e hija pudieron ver cómo venían los camiones cargados de obreros y dos sindicalistas armados los hacían bajar para llevarlos a Plaza de Mayo. Poco después vieron caer las bombas. A don Hipólito le dolió que la Argentina próspera y pacífica a la que él llegó siendo un muchacho en 1910, hubiera cambiado tanto. Tenía siempre presentes las palabras de don Ramón Cabezas en su célebre guía: "La finalidad de un español que llega a este país joven deber ser, sin olvidar a España y a los suyos, formar en éste, que eligió para sus luchas, sus actividades de hombre y su familia, haciendo lo posible porque en su casa se quiera a España y se conozcan sus virtudes y sus grandes hechos históricos. [Pero además] sus deberes son: querer bien y sinceramente esta tierra de sus hijos y olvidar, en familia, que es extranjero. Ser argentino en el pensar y en el decir". Don Hipólito tenía la conciencia de haber cumplido con estas normas y hacía votos para que la patria de sus hijos y sus nietos siguiera en el camino de la libertad y el progreso.

6 Entrevista.

Francisco Prati*

Francisco Prati, nacido en 1887 en Castel Colonna, pequeñísimo *paese* montañoso de Le Marche, cercano al Adriático, había heredado de su abuela materna la noble apostura de la antigua familia de los Panzini; de su abuelo materno, Dionisio Abbati, el don preciado del amor a la música; y de su padre, médico del lugar, la responsabilidad y dedicación al trabajo.

"Tomba di Senigallia, luego llamada Castel Colonna, estaba construida en una colina mirando al mar Adriático, rodeada de una antigua muralla de ladrillos de origen medieval. Tenía poco más de cien habitantes y veintinueve casas viejas e incómodas. Mucho sol en verano y nieve en invierno, pero un sanísimo aire que daba energía y salud a los cinco hermanos Prati (...) Francisco era reservado,

* Entrevista a sus hijos, Leonardo y María Victoria, en julio de 2001.

estudioso, la mayor parte del tiempo la pasaba con sus libros y encontraba placer tocando el piano."[1]

Senigallia, que recibió su nombre de las tribus de galos senones instalados allí desde el siglo IV a. C., fue la primera colonia romana sobre el Adriático conocida por la belleza del territorio, el clima y las riquezas naturales del lugar. Estaba a sólo catorce kilómetros de la pequeña Tomba di Senigallia, y allí fueron a estudiar los dos varones mayores los primeros años de licenciatura técnica que terminaron en Ancona. También tuvo el joven Francisco el privilegio de vivir un tiempo en Roma al comienzo de sus estudios universitarios, que terminaron con una beca en el Politécnico de Turín, donde obtuvo el diploma de Ingeniero Industrial en 1910. Por esos años era difícil conseguir un buen trabajo. Sus hermanos, Olinto y Enrique, lo habían encontrado en California. Francisco prefirió acompañar a su padre a la Argentina, y en 1912 se embarcó con él para ver de cerca las perspectivas que se le ofrecían. "Un día decidí salir de Italia e ir a otro país, confiando poder obtener mejor retribución y un porvenir más interesante del que podía esperar en mi patria",[2] confesó años más tarde en un reportaje. Era bien consciente del tesoro de cultura e historia que dejaba atrás, pero también de las oportunidades que lo estaban esperando más allá del océano. La Argentina de 1912, en pleno auge pastoril y urbanístico, acababa de dar ese año el paso más importante hacia la democracia: en febrero el presidente Roque Sáenz Peña había puesto su firma a la Ley 8871 que decretaba la obligación del sufragio secreto y universal. Al desembarcar, padre e hijo habían sentido una corriente de vitalidad entre la

1 Daniel Benvenuto, *La poética de la industria. Vida y obra de Francisco Prati*, Buenos Aires, Fraterna, 1990.

2 Citado en Daniel Benvenuto, *op. cit.*

multitud que llenaba las calles, plazas y confiterías de Buenos Aires. Se oían palabras en distintos idiomas: francés, árabe, italiano, alemán... Francisco sentía que en ese ambiente habría oportunidades para los hombres de iniciativa. Se hospedaron en una pensión que quedaba en la calle Junín 245. Salieron a pasear y al volver se confundieron y tomaron por Ayacucho. Al llegar al 245 se dieron cuenta de su error. En vez del hotel había una chapa que decía: "Carlos Spada, médico cirujano". Giuseppe se preguntó entonces: "¿Será el mismo que fue compañero mío en Bolonia?".

Llamaron y, efectivamente, se trataba de él. Es de imaginar la alegría con que fueron recibidos. Fue entonces cuando Francisco conoció a María Cristina Spada, hija del doctor, que pronto sería su novia. En las tertulias que siguieron a este encuentro, mientras Francisco y María Cristina tocaban el piano a cuatro manos, Carlo Spada contaba a su viejo amigo las vicisitudes de su vida de inmigrante y la novela de amor que le había tocado vivir. Los Spada eran una familia de la Romagna que tenía una buena posición económica. El hecho de que Carlo viajara a la Argentina se debió a una decisión muy personal: se había casado y se dio cuenta de que no amaba a su mujer. Como no tenían hijos pensó que lo mejor era poner el océano entre los dos y se embarcó para la Argentina.

Llegó en 1889, poco antes de la revolución que terminaría derrocando a Juárez Celman por haber llevado al país a una crisis económica y financiera que estalló en el noventa. Estaba trabajando como médico voluntario en la Cruz Roja, en plena revolución, cuando lo llamaron de una casa particular para que atendiera a algunos heridos que habían recogido. Así conoció a María Carpentiero, una joven italiana que trabajaba en esa casa como institutriz. Los Carpentiero eran terratenientes cercanos a Nápoles que habían perdido todas sus tierras. La madre había venido a la Argentina con sus dos hijas y sus pocas pertenencias para invertir en el país que parecía tan promisorio. Pero llegaron en plena crisis y perdieron lo que habían invertido. La madre se volvió a Nápoles con una de las hijas. La otra, María, decidió quedarse como institutriz enseñando a los chicos el francés que había aprendido en la escuela de monjas. El médico y la institutriz se enamoraron, y como no podían casarse, desafiando al mundo vivieron juntos hasta que la primera mujer de Spada murió y pudieron legitimar su unión. Así nació María Cristina. Francisco y ella se enamoraron y se pusieron de novios.

El primer trabajo del joven ingeniero fue en el Ministerio de Obras Públicas. Su principal obra fue la fuente de la Plaza del Congreso. Después lo contrató un empresario italiano para montar una planta hidroeléctrica en las Georgias del Sur, donde había mucha explotación ballenera. No era un trabajo común: las islas Georgias del Sur están situadas en la región polar de América del Sur. Desde allí mandaba a su novia cartas que, lamentablemente, con el correr de los años, sus dueños destruyeron. Además del trabajo oficial, Prati tuvo la gran satisfacción de poder regalar a los hombres que vivían en ese destierro helado, el tesoro de la música. El capitán Larsen, uno de los suecos que habían llegado al Polo Sur con ayuda del presidente Roca en 1903, al serle presentado, le dijo: "¿Es usted italiano?, entonces sabe música. Aquí tenemos un piano, pero nadie sabe tocar". Desde entonces tocó todas las noches ante la emoción de esos hombres curtidos que no podían disimular su nostalgia.[3]

Francisco, que tenía una gran inclinación por el arte, dibujó con tinta china, en sus momentos libres, unos

3 Anécdota relatada en Daniel Benvenuto, *op. cit.*

preciosos cuadritos de las Georgias.[4] Al volver de este exótico viaje, Francisco Prati y María Cristina Spada se casaron en Buenos Aires el 5 de enero de 1914. Los testigos fueron el hermano de la novia, Carlos Spada, y Olinto Prati, hermano mayor del novio, que había decidido probar fortuna en las plantaciones de algodón del Chaco. Enrique, el otro hermano, seguiría en California dedicado a la industria vitivinícola. Mientras tanto se había declarado la guerra. Como tantos otros compatriotas, Prati volvió a Italia para ofrecer sus servicios a su patria y su mujer lo acompañó. No fue demasiado duro porque no estaban en el frente, sino que Francisco debía ocuparse de una fábrica de armamentos en Bolonia. María Cristina recordaba que un soldado les traía leche fresca y huevos todas las mañanas. Allí nació María Victoria, el 2 de mayo de 1917.

Al finalizar la guerra, la familia volvió a Buenos Aires y se instaló por un tiempo en la casa de la calle Ayacucho, de los abuelos Spada. Francisco tenía treinta y dos años y deseaba hacer algo importante. Entró a trabajar como ingeniero en la Compañía General de Fósforos, fundada por un grupo de italianos en 1888. Parecía algo muy sencillo: para fabricarlos se necesitaba el pabilo (mecha de algodón impregnado en estearina) que se importaba de España, y el sesquisulfuro de fósforo, importado de Suecia. La cajita se hacía con cartón nacional, y en los talleres gráficos de Barracas se les imprimía nombre y decoraciones. Estos simples elementos iban a desencadenar la creatividad del empresario que estaba latente en Prati. Sabía que debía estar alerta a las necesidades de la sociedad y aguzar el ingenio para dar respuestas eficaces.

---

4 También hizo otros dibujos cuando estuvo de soldado en Bolonia y cuando fue de luna de miel a Montevideo.

"En la Argentina a la que había ingresado Prati funcionaba un esquema por el cual las exportaciones de granos y carne proveían los recursos necesarios para comprar en el extranjero productos industrializados a un precio muy conveniente, que desalentaba el desarrollo de industrias. Era más barato comprar afuera que producir en el país y existía una cultura que reconocía las ventajas de este sistema de tipo colonial (...) Prati estaba convencido de que la Argentina tenía que desarrollar su industria para ocupar un lugar preponderante en el contexto del mundo."[5]

Había que partir de los elementos necesarios para la industria fosforera y elaborarlos en el país. De allí podrían extenderse a otras industrias complementarias. Las industrias base de la Compañía General de Fósforos eran el algodón, el cartón (o papel) y el diseño gráfico. La hilandería instalada en Bernal para elaborar el pabilo de los fósforos empezó a producir todo tipo de hilados destinados al consumo. Antes fue necesario traer de Europa técnicos y obreros especializados. La industria gráfica para la impresión de las cajitas se extendió a la impresión de revistas, libros y guía telefónica, y la fabricación de cartón derivó hacia la producción de celulosa y todo tipo de papeles así como otras industrias sucedáneas (filtros, telas metálicas, tintas gráficas, etcétera).

Este emporio industrial, como es obvio, no se creó de un día para el otro, sino que fue el resultado de la visión, la imaginación y la lucha constante. El algodón, por ejemplo, apenas se explotaba en el país a pesar de que las tierras del Chaco eran especiales para su cosecha. En 1920 viajó allí una comisión enviada por la Compañía General de Fósforos. Sobre la base del informe técnico realizado

5 Daniel Benvenuto, *op. cit.*

por el ingeniero Prati, la compañía resolvió instalar en la ciudad de Resistencia una fábrica para el acopio y desmote del algodón y poco después una fábrica para elaborar aceite con la semilla. Al mismo tiempo se instalaba en Bernal una fábrica de hilados y otra de papel a la que se agregó una moderna máquina para producir cartón.

En 1922 Prati fue nombrado Director de la Compañía. Casi todo estaba en sus manos. Por entonces vivían en la misma fábrica de Bernal. Allí nació el tercer hijo, Leonardo, y poco después volvieron a vivir en el último piso de la casa de la calle Ayacucho.

"A principios de 1926 la compañía ofrecía un panorama imponente de actividades múltiples e interesantes que aportaban al país bienestar y riquezas. Cada una de las industrias explotadas había adquirido un desarrollo tan grande que a todas luces se imponía un desdoblamiento, una separación con el fin de conseguir una mayor elasticidad y cierta autonomía que facilitara el estudio y la aplicación de nuevas iniciativas, de nuevos métodos, de nuevos y más rápidos controles financieros y administrativos. Ese progreso empieza el mismo año de 1926. La fábrica de papel de Bernal se separa de la Compañía General de Fósforos y junto con otras tres empresas papeleras, la Argentina, de Zárate, la Fénix, de Campana y la fábrica de San Nicolás, forma una nueva entidad que se denomina La Papelera Argentina."[6]

En 1929, a raíz de una maniobra de la compañía sueca que abastecía de sesquisulfuro de fósforo, la Compañía General de Fósforos cambió su nombre por el de Compañía General Fabril Financiera, más acorde con la cantidad

6 *Historia de un grupo de empresas industriales en la Argentina (1888-1948)*, Buenos Aires, Talleres Gráficos de la Compañía General Fabril Financiera, 1949.

de empresas que manejaba: fábrica de hilados, fábrica desmotadora y aceitera, de Resistencia, y talleres gráficos y algunas inversiones en la industria del papel.

La materia prima del papel es la celulosa, que se encuentra en los árboles. Un italiano, el ingeniero Umberto Pomiglio, logró sacarla de la paja del trigo que en la Argentina se tiraba. La noticia había aparecido en 1927 en un diario de Italia y el ingeniero Silvio Gagliardi, que había hecho un curso con Prati sobre la industrialización del algodón, fue a verlo para contárselo. Prati se interesó en el asunto y, al poco tiempo refundó Celulosa Argentina usando como materia prima la paja del trigo. Más tarde, La Papelera Argentina del Grupo Fabril, junto con Celulosa Argentina SA pudo por fin afrontar el problema de la fabricación de la celulosa con materia prima nacional. Con la guerra iniciada en 1939 las importaciones de celulosa, como tantas otras, comenzaban a gravitar negativamente en la balanza de pagos del país. Prati propuso hacer celulosa de mejor calidad a través de la forestación.

"La tierra misionera es particularmente generosa para la inversión en árboles: un pino alcanza allí, en siete años, la altura y contextura que en Suecia logra a los veinticinco."[7] Prati se lanzó a una campaña de difusión y esclarecimiento de este tema. "Hay que crear una sensibilidad del árbol, así como se ha creado una hipersensibilidad petrolera –dijo en un reportaje de 1950 en *El Cronista Comercial*–. Los hombres de gobierno y los hombres de empresa deben meditar seriamente acerca de esta gran posibilidad argentina, hasta ahora apenas conocida." Con el impulso de Prati, Celulosa Argentina decidió encarar la forestación en distintos suelos, principalmente en Misiones donde plantaron ochenta y cinco mil hectáreas de araucarias, planta autóctona de

7 Daniel Benvenuto, *op. cit.*

la zona, muy cotizada por la longitud de sus fibras. También en las islas del Tigre se plantaron muchos álamos y pinos.

Prati se distinguió de otros empresarios porque en ningún momento pensó en enriquecerse a costa de lo que hacía. El enriquecimiento era una consecuencia pero no un ideal.[8] Él mismo desarrolló este concepto en una conferencia: "Los hombres de empresa no trabajan solamente para obtener ganancias, sino también porque sienten el estímulo del placer de crear, que es el de hacer realidad una idea, tal como el artista que crea por la satisfacción de elaborar y dar substancia a su visión interior".[9]

En la carrera ascendente de Francisco Prati hubo también algunos momentos oscuros debidos al arbitrario comportamiento de Román Subiza, secretario de Asuntos Políticos en 1953, "uno de los peores elementos del gabinete peronista", según Félix Luna. La actitud serena de Prati, unida a su constancia hizo que, con el tiempo, la situación se pudiera revertir.

Al evocar esta excepcional figura de inmigrante-empresario, no es posible dejar de mencionar su gran pasión por la música. "En su casa siempre sonaba la música clásica de cualquier tipo –recuerda su nieto Daniel–. La radio siempre estaba sintonizada en Radio Nacional o Municipal. Se mantenía permanentemente actualizado con las últimas novedades... Tenía gran cantidad de instrumentos: violines, violoncelos, un clavicordio, un órgano, pianos." Eran famosas entre sus amistades las veladas musicales en su quinta La Serena. Allí se interpretaron por primera vez tres cuartetos inéditos de Donizetti que llegaron a sus manos.

8 Entrevista.

9 Conferencia dada por F. Prati en 1959 en la Asociación Dante Alighieri de Buenos Aires.

Iba con su mujer a cuanto concierto podía y ambos estaban asociados a todas las sociedades musicales. Los domingos a la tarde iban al Colón a ver ópera. Llevaba a sus hijos y, más adelante, a sus nietos. Empezó a tocar el violoncello después de los cincuenta años. Su hijo Leonardo estudió violín y las dos hijas, piano. Tenía una gran amplitud de criterio con respecto a la buena música. En 1972-1973, su nieto Francisco, de dieciocho años, tocaba la batería en Sui Generis, el famoso conjunto de rock, que recién empezaba a darse a conocer.

"Hicimos varias funciones en Mar del Plata y vivía ese enero con *Babbo* y *Mamina*, mis abuelos. Charly García venía varias veces por la tarde para ensayar, ya que el *Babbo* tenía allí uno de sus seis o siete pianos. A la hora del té *Mamina* nos invitaba a sentarnos con ellos a la mesa. Charly tenía veinte años, el pelo largo hasta los hombros, jeans descosidos, un sol pintado por él en la espalda de su campera, en fin, un enorme contraste entre un señor de ochenta y cinco años, que no tenía el menor contacto con esa música ni con esa juventud... En una de las primeras ocasiones, sentados a la mesa, el *Babbo* le preguntó a Charly por sus estudios de música y se enteró de que había hecho el conservatorio de muy chico y se había recibido de maestro de piano." Después de escucharlo tocar, el *Babbo*, como le decían sus nietos, quedó encantado y desde entonces, siempre lo llamó "maestro".

Una de sus nietas afirma que una vez en Mar del Plata el *Babbo* los había llevado a un concierto de rock y otro asegura que le hubiera encantado Piazzola, de haber llegado a escucharlo. En cambio no le gustaba la comedia musical. "Era muy buen abuelo –dicen sus nietos mayores–. Nos llevaba los fines de semana a la quinta. Le gustaba proteger a todos, por eso no quería que tuvieran muchos hijos. Más de tres le parecía un exceso."

Todos los domingos, la familia se reunía en casa de los abuelos a tomar un copetín. La abuela organizaba los martes almuerzos especiales para los nietos. El *Babbo* siempre quiso tener cerca a los suyos. "Cerca sí, pero no juntos", eran sus sabias palabras. Hizo construir la casa de departamentos de la calle Juncal, para que en cada piso viviera uno de sus hijos casados. En el noveno vivía el matrimonio. De los tres hijos sólo Tita, la que murió, no siguió una carrera, porque no podía decidirse por alguna en especial. Leonardo siguió ingeniería como su padre. María Victoria, la hija mayor, estudió filosofía y letras en la casa de la calle Viamonte. Entró en el año 35, cuando todavía no era muy frecuente que las mujeres siguieran carreras universitarias y menos aún que se recibieran y enseñaran.

En 1958, don Francisco Prati recibió la noticia de que había sido distinguido por el Gobierno de Italia con el título de *Cavaliere del Lavoro*, que tanto merecía. También merece su figura un mayor reconocimiento póstumo como pionero de la industria argentina, por la que tanto hizo y por la sensibilidad demostrada con sus obreros y empleados en una época en la que no había mucha conciencia social. Es necesario que las generaciones actuales tengan ejemplos de este tipo en estos momentos de descreimiento y desazón.

Francisco Prati murió el 17 de agosto de 1974 a los ochenta y seis años. La familia que fundó con María Cristina Spada sigue unida y recordándolos. En un rasgo de adaptación a los nuevos adelantos de la técnica, se comunican entre ellos por Internet (padres e hijos, primos, tíos y sobrinos) y hasta se pasan recetas de cocina y datos de toda índole, de una a otra generación. Los abuelos estarían encantados.

Yubrán Massuh y su familia tucumana*

"La llegada de mis ancestros sirios a la Argentina data de 1898 –dice Víctor Massuh–, pero la radicación definitiva de mis padres y de mis tres hermanos mayores se hizo en 1922. Yo fui el primero, entre ellos, que nació en este país." Yubrán Massuh eligió ir a Tucumán porque allí estaban sus parientes y amigos, entre ellos un hermano que era pastor protestante. Instaló allí una imprenta mientras su mujer, Balomia, se ocupaba de todo lo doméstico.

La inmigración sirio-libanesa, compuesta de musulmanes, judíos y cristianos arabehablantes, provenientes de Siria y del Líbano, era vulgarmente conocidos en la Argentina como "inmigración turca", puesto que esos países formaron parte del Imperio Otomano hasta fines de la Primera Guerra Mundial. A partir de 1860 comenzaron a

* Entrevista a su hijo, Víctor Massuh, en octubre de 2001.

llegar sirio-libaneses a la Argentina, cada año en mayor cantidad hasta fines de la década del veinte. La mayoría eran hombres solos que luego llamaban a su familia o la iban a buscar. Hasta 1907, la salida del Imperio Otomano fue clandestina. Desde que se abrió la frontera el número de inmigrantes creció en forma notable. La mayoría venía con la idea de quedarse algunos años, ahorrar plata y volver con los suyos. En general, se adaptaron muy bien al ambiente, y algunos hasta se casaron con gente de aquí o de otras colectividades. La llegada de los hijos los arraigaba de manera definitiva. Muchos lograron hacer fortuna, pues eran personas confiables y honestas en su trato comercial y humano.

Los sirio-libaneses, sobre todo los instalados en las provincias del noroeste, se acriollaron de tal manera que la influencia de esta colectividad fue mucho más fuerte de lo que parece a primera vista. Si bien a quienes llegaron adultos les costó mucho aprender el idioma, sus hijos no tuvieron la menor dificultad y hasta se reían cariñosamente de su pintoresca pronunciación.[1]

(Hay que recordar también que los primeros españoles que poblaron América traían incorporada una cultura árabe con la que convivieron durante siete siglos. Sus tempranas influencias están presentes en la cadencia voluptuosa de la zamba, en nuestro malambo, cuyo zapateo se parece mucho a los zapateados árabes; por no hablar del lenguaje, tan incorporado que no dudamos en dar categoría de rancia criolledad a palabras de origen árabe como arrope, jazmín o algarrobo.)

1 Existen entrañables testimonios de la inmigración sirio-libanesa en: Elsa Serur Osman, *Cuentos de inmigrantes*, Buenos Aires, Lumen, 1997; Carmen Sanpedro, *Madres e hijas*, Buenos Aires, Planeta, 2000; Ángeles de Dios Martina, *Mujeres inmigrantes*, Buenos Aires, Dunken, 2001.

Mientras Siria y el Líbano fueron parte del Imperio Turco, una gran cantidad de muchachos de catorce años o menos emigraron huyendo del severísimo servicio militar de cuatro años de duración. También llegaron a la Argentina muchos cristianos (maronitas, católicos ortodoxos, melquitas, etc.) y judíos sirio-libaneses, en busca de libertad religiosa. "Solamente una minoría de los árabes en la Argentina son de fe musulmana. Dado que la política del Imperio Otomano perseguía principalmente a los cristianos, éstos constituyeron la mayoría de los árabes que llegaron a nuestro país."[2]

La causa principal por la que vino Massuh con toda su familia fue, según su hijo, "por la desilusión que le causó el incumplimiento de la promesa que el coronel inglés Lawrence, llamado 'de Arabia', había hecho a los árabes de que obtendrían la independencia de la dominación turco-otomana si ayudaban a los Aliados durante la Guerra del 14. Los turcos fueron desalojados luego de la triunfal entrada de Lawrence en Damasco. Pero no vino la Independencia sino el Protectorado. Inglaterra ocupó Egipto, Jordania y Palestina; en cambio, Siria y Líbano quedaron para los franceses".[3]

Yubrán Massuh era escritor; por eso, lo primero que hizo al llegar a Tucumán fue instalar la imprenta y fundar un periódico escrito en caracteres árabes que se llamó *La Fraternidad*.[4] Duró quince años y tuvo suscriptores en todas las provincias. Su imprenta fue la primera que utilizó esos caracteres en el norte argentino. Mientras sus hijos

---

2 Gustavo Dalmazzo y Héctor Francisco, "Los credos de los 'turcos'", en *Todo es Historia*, Nº 412, Buenos Aires, noviembre de 2001.

3 Entrevista.

4 Escribió varios libros; uno de ellos, traducido al castellano en 1950, lleva el sugestivo título de *Encadenado pero siempre adelante*.

crecían y se educaban hablando perfectamente el castellano y adoptando con toda naturalidad las costumbres de la tierra, el padre estaba más pendiente de lo que había dejado atrás que de su realidad tucumana. Sus colaboraciones en diarios de El Cairo, Damasco y Beirut lo tenían conectado al Cercano Oriente.

Esta actitud se acentuó durante el proceso de transición, vivido por Siria y el Líbano, de protectorados a naciones independientes: la firma del tratado con Francia, en 1936, que aseguraba su integridad territorial y consagraba su derecho a pertenecer a la Sociedad de las Naciones; los avatares de la Segunda Guerra Mundial; la declaración de De Gaulle en 1941, reconociendo la independencia de estas naciones (que recién se hizo efectiva en 1943); la creación de la Liga de los Estados Árabes en 1947; su entrada en las Naciones Unidas... La muerte lo libró de ver los dolorosos enfrentamientos que vendrían después.

Lo que sentía Yubrán era no poder transmitir a sus hijos el entusiasmo por su antigua tierra. Esto lo llevó a encerrarse cada vez más en la lengua y la literatura árabes, a las que dedicó gran parte de su vida, y a seguir comunicándose con el grupo de escritores en dicha lengua, que formaban un movimiento literario desplegado por toda América con el nombre de *Al-Mahjar*, que significa éxodo o exilio. Este movimiento literario llegó a todo el mundo árabe e influyó en sus escritores. Así lo pudo comprobar con orgullo su propio hijo, Víctor Massuh, al entrevistar en El Cairo al egipcio Naguib Mahfuz, que acababa de recibir en 1988 el Premio Nobel de Literatura.

"En aquella ocasión le pregunté a Mahfuz cómo evaluaba el movimiento *Al-Mahjar*, integrado por escritores árabes radicados en América y su respuesta fue rotunda: 'Ellos ejercieron sobre mí una influencia poderosa y, además, contribuyeron a la renovación de la lengua y la literatura en estas tierras. Ellos trajeron a nuestras letras una vitalidad, un colorido y una música desconocidos hasta entonces. Era como si un verdor lujurioso irrumpiese en pleno desierto. Los sentíamos distintos pero fundamentalmente nuestros', terminó diciéndome. Esos escritores protagonizaron en tierras americanas un acto de creación con el más frágil de los instrumentos: la palabra escrita. Solitarios, pobres, hablando en español, inglés o portugués con sus hijos, fueron fieles al pacto sagrado con la lengua materna. Mahfuz tenía razón. La renovación de la literatura y de la idea en países del Oriente Medio tuvo en buena parte de su génesis en oscuros inmigrantes de Argentina y del resto del continente."

Massuh cita, además, el libro *L'Islam et l'Occident*, del argelino Sliman Zeghidour, donde éste afirma que el movimiento *Al-Mahjar* contribuyó a la renovación de la lengua árabe, modernizó sus estructuras y sus ritmos y sus escritores intentaron una integración de contenidos culturales de Oriente y Occidente, poniéndose por encima de las diferencias que separaban al cristianismo del Islam.

También Balomia, la madre de Víctor, que era cristiana, veneraba la lengua y la cultura de su tierra, según se desprende de esta anécdota relatada por su propio hijo: "Yo tendría siete u ocho años y era bastante pendenciero. Un día la maestra me reprendió: 'Mañana no entrás a clase si no venís acompañado de tu mamá'. No le dije nada a mi mamá y al día siguiente no entré a clase. Enterada, mi madre me preguntó por qué no le había transmitido el pedido de la maestra. Le contesté: 'Porque usted habla en árabe y no habla bien el castellano y eso me da vergüenza'. Indignada, me dio unos cuantos cachetazos mientras decía: 'Debes sentirte orgulloso del árabe, una lengua en la que habló Dios, que no habló en castellano'. Aunque era cristiana, mi madre se refería al Corán. Entre golpe y golpe, interesado en el tema le pregunté: '¿En qué otro idioma habló?'. 'En el de la Biblia y en el de los hindúes', me contestó (...) Luego constaté, leyendo a San Juan de la Cruz, que mi buena madre se había equivocado: Dios también había hablado en español".

Aunque los pioneros sirio-libaneses de fe musulmana eran muy apegados a su religión y a sus tradiciones, el entorno cotidiano, la falta de escuelas árabes, los medios de difusión, etc., hicieron que muchos de sus hijos se integraran y fueran absorbidos totalmente por la nueva sociedad, llegando en algunos casos a cambiar su religión. Por aquel entonces no se contaba con mezquitas, material didáctico, guías, ni entidades religiosas.

No sucedió lo mismo con los católicos y cristianos, que encontraron la misma fe en su país de adopción. La segunda generación estuvo más alejada aún de las tradiciones religiosas y del conocimiento del idioma. Es interesante comprobar el asombroso poder de adaptación de los hijos o nietos de sirio-libaneses, sobre todo comparándolo con otras colectividades más cerradas. "Pese a ser el idioma de mi infancia y pese al cariño por mis padres –explica Massuh–, el mundo árabe comenzó a volvérseme distante y a entrar en la niebla de la indiferencia."

Hay en casi todos los descendientes de los mal llamados "turcos" una identificación con la tierra y con el folklore argentinos que ha producido figuras como Eduardo y Juan Falú, Jorge Cafrune, Domingo Cura, Yerbita, etc... A su vez, la comida árabe (parienta de la griega, turca y sefaradí) o algunos de sus ingredientes, como las especias y los postres con miel, nueces y queso, han tenido gran aceptación entre los argentinos. Si bien la comida de los árabes del desierto era muy sencilla y se basaba casi exclusivamente en carne de cordero y algunas hierbas, al conquistar el Imperio Persa, junto a las sedas y las especias procedentes del extremo Oriente, llegaron a Bagdad la pasta y los helados. De las suntuosas cocinas persas pasaron a los árabes, y gracias a éstos, a través de Sicilia, entraron en Occidente, especialmente en Italia y España. En la cocina hispanoárabe se hacía mucho uso de la cebolla y la canela, el azafrán, poleo, cilantro, albahaca, orégano, comino, jengibre, espliego, hierbabuena y flores de clavo. La mayoría de estos elementos pasaron a las cocinas argentinas.

Tanto los árabes como los judíos askenazi provenientes de Europa Central llegaron a Buenos Aires durante el período de la inmigración masiva. Pero ni éstos, ni los sirio-libaneses, ni los sefaradíes de Grecia y los Balcanes, estaban incluidos dentro de los grupos preferidos por la elite argentina. Todos ellos formarían parte de la "inmigración exótica". Lo más ofensivo era que llamaran "turcos" justamente a quienes habían sido sus víctimas. La inmigración de árabes y judíos sirio-libaneses tampoco fue vista como ventajosa desde una perspectiva económica, puesto que los buhoneros urbanos y rurales, así como los pequeños comerciantes, no eran considerados beneficiosos. Por el contrario, privaban a la agricultura del aporte inmigratorio y, además, su enriquecimiento relativamente rápido proponía un mal ejemplo a otros recién llegados. A pesar de la desconfianza inicial, cargada de prejuicios, los sirio-libaneses no sólo se integraron y trabaron lazos firmes con los argentinos y demás inmigrantes, sino que dieron a conocer su cultura a través de sus clubes y sociedades.

"En 1936 se contabilizaban ciento ochenta y nueve instituciones árabes en todo el país, treinta y cuatro de las cuales estaban en la Capital Federal. Ninguna colonia extranjera había logrado una red tan importante."[5]

---

5 Dalmazzo y Francisco, *op. cit.*

Víctor Massuh destaca el fenómeno de integración logrado en la Argentina por los distintos grupos migratorios y autóctonos de diferente religión o costumbres que fue dando lugar a una nueva identidad. Él realizó todos sus estudios –primarios, secundarios y universitarios– en la ciudad de Tucumán y allí pudo apreciar cómo los muchachos de tradicionales familias hispanocriollas se entremezclaban con otros de hogares modestos descendientes de italianos, españoles, judíos, árabes, polacos o japoneses. "La educación pública fue el corazón de este proceso –aclara–. Allí católicos, judíos, islámicos y protestantes intercambiaban bromas fraternas, se encontraba iguales y finalmente las religiones se daban la mano. En Tucumán vi matrimonios donde el azar del amor resultaba más fuerte que las diferencias de clase, origen, fortuna o credo."

En 1949, Víctor Massuh se casó con Mary Huri, también de origen sirio, cuyos padres eran amigos de los de Víctor y pertenecían a la comunidad. Dos años después, el matrimonio dejó Tucumán por la opresiva cerrazón del medio en que vivían. Víctor era dirigente antiperonista, algo que no perdonaba el monolítico partido oficial. En Buenos Aires pasaría más inadvertido. Allí nació su hija Gabriela.

Es necesario destacar la amistad y similitud de objetivos entre inmigrantes sirio-libaneses, árabes y judíos. Un artículo de Ignacio Klich[6] demuestra, sobre la base de documentos, que "si bien la génesis del conflicto árabe-sionista antedata la primera guerra entre Israel y los países circunvecinos, dicho conflicto no afectó las relaciones entre árabes, judíos y árabe-judíos en la Argentina, especialmente

6 Ignacio Klich, "Árabes, judíos y árabes judíos en la Argentina de la primera mitad del novecientos", en *Eial*, vol. 6, N° 2, 1995.

hasta 1948". Y da como ejemplo la cantidad de colaboraciones de judíos, tanto sefaradíes como askenazis, para la fundación de centros asistenciales propuestos por sociedades árabe-islamitas, como la de Córdoba y otras. Es también notable la presencia de judíos desempeñando los más altos cargos en el Banco Sirio-libanés, en el Patronato Sirio-libanés y en la Cámara de Comercio Sirio-libanesa.[7] Lamentablemente, la escalada de violencia que sacude al Oriente Medio ha ido abriendo heridas y rencores entre pueblos árabes y judíos.

La amistad existente entre Víctor Massuh y Santiago Kovadloff los impulsó a realizar un acto simbólico que reflejara la antigua unión entre descendientes de árabes y judíos, que no debía ser interrumpida por lo que ocurría entre Palestina e Israel: el 14 de noviembre de 2002, ambos pensadores se asociaron al histórico Club del Progreso que, desde su fundación en 1852, destaca la necesidad de "unir las ideas y los hombres". Dos años atrás, en el año 2000, hubo un importante precedente de este acto, cuando el Club Sirio, para festejar sus sesenta años de vida, pidió a Massuh y Kovadloff que dieran una conferencia conjunta. Ellos eligieron hablar sobre los dos grandes figuras del siglo XII cordobés: Averroes y Maimónides, árabe el primero, judío el segundo, ambos aristotélicos y dignos representantes de la España tolerante y abierta cuyos reyes se decían "de moros, judíos y cristianos". La

7 En abril de 1925 se fundó el Banco Sirio-libanés del Río de la Plata, primero de nombre árabe en el mundo y único, que en sus estatutos –por disposición expresa de su fundador, Moisés José Azize– dedicaba un artículo a disponer que un porcentaje de sus ingresos fuera destinado a obras de beneficencia. Este banco resultó una gran ayuda para los inmigrantes de lengua árabe al permitirles desempeñar las tareas necesarias para afianzarse económicamente y facilitarles el crédito que les negaban los otros bancos, en *Dalmazzo y Francisco*, *op. cit.*

conferencia, dicha en la Biblioteca Nacional, frente a representantes de ambas colectividades, terminó con el emotivo saludo de ambos expositores y de sus oyentes.[8]

En el caso de la familia Massuh, el ejemplo del padre escritor y la valoración de ambos progenitores por su propia cultura influyeron en su hijo Víctor, doctor en Filosofía y miembro de dos academias nacionales. En 1957 y 1958 Massuh hizo estudios de posgrado en la Universidad de Tübinger (Alemania) y en 1964 en la de Chicago (Estados Unidos). En 1968 volvió a Tucumán para doctorarse en Filosofía con una tesis titulada *Nietzsche y el problema religioso.* Más adelante fue profesor en la Universidad de Buenos Aires y embajador argentino en Bélgica y ante la UNESCO, cuyo Consejo Ejecutivo presidió hasta 1983. Es autor de numerosos libros, de títulos sugerentes y reveladores, donde expone sus teorías integradoras que sugieren la esperanza e invitan a la reflexión: *La Argentina como sentimiento*, *El diálogo de las culturas*, *América como inteligencia y pasión*, *El rito y lo sagrado*, *El llamado de la Patria Grande*, *La libertad y la violencia*, etc. En uno de los últimos, *Cara y contracara, ¿una civilización a la deriva?*, sus constantes interrogaciones y denuncias sobre las contradicciones de nuestra civilización no quedan en quejas estériles, sino en un llamado a la esperanza activa y creadora: "Maravilla de la historia humana: aunque haya metido un gusano en sus mejores frutos, siempre renacen el asombro, la lucha, la voluntad de intentar de nuevo: se cuentan las bajas y se limpia el campo. La reflexión, entonces, es una vela de armas para reiniciar la aventura".[9]

8 El texto de esta conferencia fue publicado en un opúsculo por el diario *Página/12.*

9 Víctor Massuh, *Cara y contracara, ¿una civilización a la deriva?*, Buenos Aires, Emecé, 1999.

Vángelo Grapsas*

Ésta es una historia diferente. Entre las muchas causas de inmigración (económicas, políticas o religiosas) es raro encontrar alguna que, como ésta, responda a motivos semejantes: Dimitrula vino a Buenos Aires a casarse porque se había jurado a sí misma no hacerlo jamás al uso de su tierra, la isla griega de Leucade, al oeste del Peloponeso. Era muy tímida y le daban mucha vergüenza todas esas ceremonias, aunque ahora las recuerde con cariño.

En cuanto a Vángelo, que años después sería su suegro, había llegado a Buenos Aires en 1923, huyendo de varios que querían vengar el honor con su muerte. En toda la isla de Leucade eran conocidas sus aventuras con mujeres casadas. Y decían en el pueblo que ellas eran las que lo buscaban. Así fue creciendo su fama de irresistible y el encono

* Entrevista a su nuera, Dimitrula Grapsas, en octubre de 2001.

de los maridos engañados, hasta que un sacerdote amigo lo llamó un día y le dijo: "Vángelo, váyase porque lo van a matar. Váyase lejos. Vaya a la Argentina. Yo voy a hacer los trámites. Sus hermanos están cansados de cuidarle las espaldas".

En Buenos Aires se encontraban ya instalados una buena cantidad de griegos que habían llegado a principios de siglo huyendo de la guerra contra los turcos. Aunque el grueso de la inmigración griega se dirigió a los Estados Unidos, un caudal importante de comerciantes y profesionales fueron arribando a la Argentina en dos etapas: la primera desde 1890 hasta 1924; la otra, después de la Segunda Guerra, entre 1945 y 1952. Finalmente, la Argentina fue, junto al Brasil, el país que mayor cantidad de griegos recibió durante este siglo.

Muchos se habían afincado en Lomas de Zamora, otros en Ensenada, Berisso y La Plata, y otros en Pompeya, donde surgieron las primeras sedes, escuelas e iglesias de la colectividad.[1] La de Buenos Aires todavía no tenía Iglesia propia, y para las ceremonias religiosas, casamientos, bautismos, etc., acudían la Iglesia Ortodoxa Rusa de Parque Lezama.

Como Vángelo Grapsas se dio cuenta de que la cosa venía en serio, dejó a su familia y se embarcó para Buenos Aires. Tenía treinta y siete años cuando partió, cambiando el azul del Mediterráneo y sus blancas casitas, que surgían entre sierras escarpadas, por el monótono horizonte de la ciudad junto al río color de león. Atrás quedaba Leucade, su

1 En 1910 un grupo de inmigrantes griegos de la vecina localidad de Ensenada, ansiosos por tener un lugar donde reunirse, hablar su idioma y seguir con sus costumbres (bailes, música, comidas, religión y cultura), fundaron la primera Colectividad Helénica, no solamente del país, sino de toda Sudamérica, con 162 socios.

isla, vecina a Itaca, la isla de Ulises, con sus milenarios olivos, sus viñedos y las cabras triscando entre las piedras. Ulises había tardado casi veinte años en volver. Él tardaría más.

"Mi suegro era el más buen mozo de la isla –relata Dimitrula– y aunque era hombre casado y con cinco hijos, todas las mujeres estaban detrás de él. Su familia era la más rica del pueblo, pero los padres murieron dejando siete hijos. El mayor era Vángelo, que entonces tenía quince años. La Iglesia se encargaba de administrarles los bienes, pero no tenían a nadie que cuidara de los más chicos. Un día lo llamaron sus tres tíos para hablarle como hombre y jefe de familia, y le dijeron: 'Tienes mucha responsabilidad con tantas hermanas para casar y hermanos para hacer estudiar y trabajar. ¿Por qué no te casas con Marina, que es una mujer seria, responsable y trabajadora, y sabrá cuidar de la casa, de la panadería y de tus hermanos?'. Temían lo que podría pasar al resto de la familia si él se llegaba a enamorar y se casaba con una adolescente de su edad. Como entonces se hacía mucho caso a los razonamientos y consejos de los mayores, a pesar de que la novia era más de diez años mayor que él, Vángelo aceptó. Al principio las cosas iban bien, pero cuando mi suegro se hizo hombre y se puso cada vez más atractivo, empezó a vivir lo que no había hecho de joven y a tener aventuras con cuanta mujer se le acercara. Mi suegra era una santa que vivía trabajando: de la casa a la panadería, de allí a dirigir los obreros, con seis cuñaditos que atender y los hijos que iban llegando. Pero no podía hacer nada."

Tony, uno de sus hijos, tenía seis años cuando su padre vino a la Argentina. Era el que más le escribía y le mandaba fotos de todos. Seguía viviendo en la antigua casa de los Grapsas, que aún está en la familia, una gran casa de más de doscientos años, restaurada, que queda debajo de la iglesia parroquial.

Los primeros meses Vángelo lo pasó mal, en un lugar tan distinto, pero como era muy buscavidas, simpático y de agradable apariencia, pronto se acercó a la colectividad y comenzó, como muchos de ellos, con un pequeño kiosco. En parecidas condiciones había llegado otro griego con el cual le unía bastante amistad: Aristóteles Onassis... Vángelo no siguió el mismo camino, pero fue progresando en lo suyo con honestidad e inteligencia, y en pocos años fue dueño de varias propiedades.

"Cuando me casé –recuerda su nuera–, mi suegro tenía seis negocios. Mandó trescientas esterlinas a dos hijas casaderas, para sus dotes, pero mi suegra no quería casarlas si no estaba el padre. Por esa razón, todas lo hicieron cerca de los cuarenta años y tuvieron sólo uno o dos hijos: Elena, casada a los cuarenta, tuvo uno; María, que era una belleza, se casó a los treinta y ocho, y tuvo dos varones. No se les ocurría desobedecer a su madre. Teresa fue la primera que viajó a Buenos Aires y allí su padre se encargó de casarla. Poco después viajaron a verlo Tony y Ángel, el mayor, y allí se quedaron."

Vángelo recién volvió a Grecia treinta años después, en la Navidad de 1962.

Dimitrula Grapsas

Desde adolescente, Dimitrula había sentido como un ultraje hacia las mujeres la forma en que se hacían los casamientos en su aldea: desde las miradas de codicia con que los futuros suegros contaban y recontaban las prendas del ajuar comprobando que no faltara nada, hasta la ostentosa y ultrajante exhibición que hacía el padre del novio del camisón manchado con sangre al día siguiente de la boda. Aquello ofendía su pudor y su dignidad, y se juró a sí misma no casarse en la isla. Prefería quedarse soltera a tener que pasar por todo eso.

El padre de Dimitrula, Georgio, había muerto a los treinta años dejando una viuda con tres hijos. La menor, de dos años, era "Dimi", muy apegada a su madre. Le dolía verla siempre de negro y a ratos llorando. Se sentaba a su lado y bordaba pañuelos y servilletas, hasta que aprendió a hacerlo a la perfección, y entonces, como lo más natural del mundo, empezó a preparar su ajuar. En la isla las mujeres se pasaban toda la vida de solteras haciendo este ajuar: treinta pares de fundas y sesenta sábanas. Todo bordado. Para que estuviera siempre la cama limpia, se ponían varias cubiertas y una colcha de seda de colores. En verano, colchas todas bordadas. Había también toallas carpetas y manteles de hilo tejidos en el telar. "Con un grupo de amigas –recuerda Dimitrula– bordamos un mantel para regalar a la princesa Sofía cuando se casó con el rey de España. Hasta salió en el diario. Yo me casé en el 62, después que Sofía."

Va desplegando fabulosos manteles de hilo, sábanas, toallas, fundas de almohadas y almohadones, todo bordado con maestría y buen gusto. Es el ajuar, palabra mágica que une a generaciones de mujeres desde el siglo XX hasta la prehistoria. La tradición del ajuar es profundamente mediterránea. Y desde que se inventó el telar, las mujeres tejieron las finas fibras del lino o del algodón para hacer mantos y túnicas con que cubrirse, lienzos que servirían para enriquecer la calidad de vida trayendo lujos y comodidades a la mesa y al lecho, toallas bordadas y perfumadas con yuyos olorosos propios de cada región. Toda una mitología se entreteje con la realización del ajuar. Algunas prendas, las más preciosas y trabajadas, se heredan de madres a hijas y hasta de abuelas a nietas. Toda esta poesía tiene su contrapartida en el prosaico materialismo con que se cuenta hasta la última pieza del ajuar y hasta la última esterlina de la bandeja de plata que lleva un hermano del novio.

"En las aldeas de la isla de Leucade –recuerda Dimitrula– los casamientos y las ceremonias previas duraban tres días. El día jueves iban las mujeres invitadas a lavar al río la lana con que se harían los colchones de los novios. Mientras lo hacían cantaban: 'Ahora que preparo mi ropa, ahora que lavo mi ajuar, bendíceme, madre mía', y otras canciones semejantes. Ponían la lana al sol y dos señoras eran las encargadas de armar los colchones. En dos grandes sábanas acomodaban la ropa lavada y planchada formando un fardo que llevaría otro caballo. Entre la ropa ponían arroz. Consistía el fardo en treinta frazadas de lana bordadas en telar, hechas por la madre de la novia y por la novia misma. Arriba del caballo se formaba una especie de cama. Mientras lo iban llevando del cabestro, cantaban la misma canción acompañados por una pequeña orquesta: 'Bendíceme, padre, bendíceme, madre, ahora que me voy a casar'."

Una vez terminadas estas ceremonias, que duraban hasta el domingo, día en que la novia debía ser llevada a casa del novio, unos muchachos jóvenes llevaban cuatro caballos cargados mientras ella y sus amigas cantaba una melancólica canción de adiós, que decía más o menos así:

Saludo a mis vecinos, saludo a mi madre
¡qué sola quedará sin mí!
Mamita querida, tengo que dejarte,
ya no te veré más todos los días.
No te olvides de regar mis flores.
Mamita, que me hiciste crecer como a un árbol.
Te tengo que dejar.

Todos lloraban, pero enseguida volvía la alegría, y cantando al son de la flauta, violín y tamboril, bajaban al jardín y llegaba el momento de los bailes típicos del lugar.

También se recitaban poesías para la novia, costumbre que se sigue usando en la Argentina.

Luego se dirigían en comitiva a casa del novio: primero iban los músicos, luego los cuatro caballos cargados con la ropa y los colchones, atrás uno de los hermanos del novio llevando una bandeja de plata con doscientas o trescientas libras esterlinas. Una linda joven llevaba en un canasto una rosca hecha con la mejor harina y los huevos más frescos. Al llegar a la casa alguien daba a la novia una manzana con la que debía golpear la puerta cuatro veces, en forma de cruz. El padre del novio abría y la tomaba de la mano para hacerla entrar. Llegaba entonces el momento de la elección: desde atrás su propio padre le gritaba que le tirara a él la rosca y desde adelante le decía lo mismo el suegro, su nuevo padre. "¡Adelante, para que te dé suerte!", gritaban todos. Una vez que ella tiraba la rosca dentro de la casa, salía la madre del novio y le daba una cucharada de miel, la tomaba de la mano y la hacía sentar adentro. Era la primera vez que la novia entraba en la casa, pero ya le tenían todo preparado con el mayor esmero. Hasta hace cuarenta años todavía se seguían estas costumbres.

"Yo no quería casarme de ese modo –prosigue Dimitrula–. Era muy tímida y no me gustaba ese papel protagónico delante de tanta gente. Esta ceremonia la vi muchas veces en distintos pueblos de la isla de Leucade. Después que la madre del novio hacía entrar a la novia, ponía arriba de la cama todo el ajuar que había bordado durante años." En ese momento lo más importante era el camisón, de un blanco inmaculado, que al día siguiente o esa misma noche el suegro debía mostrar manchado de sangre después de haber tirado dos o tres balazos al aire para llamar a toda la gente que quisiera comprobar la virginidad de la novia. Era la tradición.

Dimitrula y Tony se conocieron una mañana después de Navidad, cuando su tío pasó por su casa con sus hijas para invitarla a la fiesta de San Esteban en su pueblo. Ella, de quince años y un tanto arisca, se negó al principio pero su tío y las primas insistieron. Hacía poco tiempo que una de ellas, Elena, se había casado con un muchacho de apellido Grapsas. Fueron a su casa y allí apareció Spirantonio (Tony), en toda la juvenil belleza de sus veintiocho años. Alto, rubio, buen mozo y bien plantado, poseía la simpatía de su padre Vángelo, aunque no su carácter. Después de conversar un rato, él le dijo: "Vamos abajo a bailar".

Abajo tenían un gran salón. Hacía frío y los invitados bailaban con entusiasmo las alegres danzas tradicionales. En Grecia los bailes folklóricos, cuyos orígenes vienen desde la prehistoria, aún se mantienen vivos. Se baila en todo tipo de celebraciones, en especial los casamientos, costumbre que ha pasado a la Argentina,

Días después, caminaba por la calle de su pueblo cuando Tony apareció "por casualidad". Los griegos son muy hospitalarios, siempre ofrecen un café y tienen algo dulce y rico, como los *kourambides*, para acompañarlo. Sobre todo cuando es un "forastero" de otra aldea. "Mi pueblo se llamaba Kariá y tenía una hermosa fuente de agua natural. El pueblo de mi marido se llamaba Euzaklia y estaba a una hora de camino a pie." En toda casa que se preciaba había siempre cantidad de nueces, almendras y avellanas para convidar. Había también unas grandes bolsas hechas en telar que se llenaban de esa fruta seca para regalar a parientes o amigos que venían de visita. Dimi invitó a pasar a Tony y le ofreció una de esas bolsas para Jorge, el sobrino de ambos, mientras aclaraba a las vigilantes vecinas que ese "señor" era el cuñado de su prima Elena. "Desde ese día Tony volvió muchas veces a Kariá, pero jamás pensé que lo hiciera por mí. Tampoco estaba entonces entre mis intenciones casarme. Había empezado el secundario en la capital de Leucade, donde vivían mis tíos, pero lloraba todas las noches porque extrañaba a mi mamá y ella también a mí. Así que volví a casa." Mientras tanto, Tony había viajado a la Argentina, a ver a su padre, y se había quedado allá, trabajando con él.

Un muchacho muy buen mozo que estudiaba arquitectura la empezó a mirar de una manera especial. A ella le gustó, pero apenas lo conoció ya estaban en guardia su tío farmacéutico y hasta su sensata y cariñosa madre, impidiendo que la cosa prosperara. ¿El motivo? La abuela del muchacho había trabajado en la casa de sus abuelos maternos. "Mi tío me llamó un día y me dijo: 'Este muchacho es muy bueno y ha pedido permiso para visitarte, pero no es para la familia nuestra, querida hija, no es de nuestro nivel social. Tienes que casarte con alguien de una familia igual a la nuestra'. Un día vino mi tía Elena con una carta que Tony Grapsas escribía desde la Argentina en la que decía: 'Si tu prima Dimi, esa chica tan linda que bailó conmigo hace siete años, no se ha casado, quisiera casarme con ella. No me interesa la dote'.

"Para mí, que tenía mucha dignidad y siempre me repugnó lo de la dote, eso fue muy importante. Me avergonzaba la idea de ser 'vendida' o cambiada por una quinta o un monte de olivos. ¿Casarme y tener tres días a mi suegra afuera esperando que el matrimonio se consumara? ¿Casarme y quedarme a vivir con mi suegra sin hacer nada más que trabajar el campo, yo que no había hecho otra cosa que bordar y de vez en cuando cortar algo de la huerta? Decía además, en la carta, que su intención no era quedarse en la Argentina, sino hacerse una casa en Atenas. Ellos me aseguraron que haríamos dinero y en dos años estaría de vuelta en mi pueblo. A mi mamá le gustó la idea de que me casara con un Grapsas, pero en ningún momento pensó que me iba quedar a vivir en la Argentina. 'Si tardaras más de dos años en venir, yo me podría morir', decía, sin imaginar, ni ella ni yo, que recién volveríamos a vernos, ¡doce años después!"

Era bastante común hacer viajar a la novia desde Grecia porque el novio no podía dejar su trabajo. En algunos casos se celebraba el casamiento por poder y festejaba cada uno en donde estaba.

Una vez que las familias se pusieron de acuerdo, Dimitrula viajó a Buenos Aires en primera clase del *Federico C*, después de haber completado su ajuar con algunos vestidos hechos en Atenas. El viaje lo pasó bien, aunque su timidez no le permitía estar más que con el matrimonio armenio que la acompañaba. "Cuando mi suegro vino a buscarme al barco en Montevideo –recuerda–, quedó muy contento porque yo era una linda chica, pesaba cincuenta y cinco kilos, mi cara era como terciopelo y mis dientes blancos y parejos. Más contento todavía se puso cuando se enteró de que yo era nieta de Cucullotis, a quien había conocido mucho."

Spirantonio no había ido a buscarla a Montevideo porque no era lo correcto. Recién lo vería en el puerto de Buenos Aires, muy elegante con su traje azul. Durante unos meses vivió en lo de Teresa, su cuñada. Le costaba adaptarse y todas las noches mojaba la almohada con sus lágrimas. La comunidad la recibió muy bien. Entre los íconos y los mosaicos dorados de la iglesia ortodoxa Asunción de María, sintió que había recuperado algo de su tierra y su cultura. A la salida de la misa, muchos se acercaban a preguntarle por sus parientes, o a conocer a la futura nuera de Vángelo Grapsas.

Llegó el día del casamiento, con la hermosa ceremonia ortodoxa griega: los novios, coronados de flores, dieron una vuelta alrededor del altar, bajo una lluvia de pétalos de rosas arrojados por los más cercanos de la familia. Muy lejos quedaba la isla con su recuento de ajuar y monedas de plata. Tampoco las fiestas seguían el mismo ritual que en Leucade. Eran como en Atenas: músicos con sus instrumentos originales, que incitaban a bailar a todo el mundo, bailes de hombres solos donde jóvenes y no tan jóvenes demostraban su destreza en complicados saltos y figuras, ruptura de platos y algún pequeño objeto que se llevaba cada invitado de recuerdo junto con los tradicionales confites.

Al principio vivieron con casi toda la familia. Tony era demasiado trabajador y salían muy poco. Su suegro se lo reprochaba: "¿Por qué no sacas a pasear a esta linda chica?". Más adelante, ella lo acompañó a trabajar en el negocio. Le gustaba ocuparse de la cocina y hacer las tradicionales comidas griegas que, según los entendidos, tienen tres secretos: utilizar ingredientes frescos y buenos, tener un correcto conocimiento de las hierbas y condimentos, y usar aceite de oliva griego.

Pronto quedó embarazada y tuvieron a Marina, su hija mayor. "Nació justamente en el tiempo en que mi suegro había vuelto a Grecia por primera vez, después de treinta años de ausencia. Cuando le dijeron que había nacido una mujer tuvo una gran desilusión porque quería varones Grapsas para continuar el apellido. Por suerte al poco tiempo quedé embarazada de Ángel. Cuando nació, mi suegro, que estaba en Villa Gesell, tomó el avión y se apareció en la Pequeña Compañía abriendo todas las puertas. ¡Qué de flores, qué de esterlinas! Lo mismo hizo cuando nació Jorge, varios años después. Todo era poco para celebrar el nacimiento de un varón." (Sin embargo, fue Marina la que heredó el espíritu empresario del abuelo Vángelo y hoy administra con éxito una conocida casa de comidas criollas.)

"Al cumplirse dos años de mi casamiento, planeamos el viaje de vuelta a Leucade, pero mi suegro empezó a decir: 'No me pueden dejar acá solo. Yo no puedo ir a Grecia, tengo aquí todos mis negocios y mis amigos'. Yo respetaba muchísimo a mi suegro, que era un gran señor, y como no tenía padre, era un poco mi padre. Viajé diez años después, con los dos mayores, para que conocieran a sus abuelas antes de morir. Si el reencuentro fue muy feliz, la despedida fue muy triste. Viajé dos veces más a Grecia. No sé si podré volver...”

Mientras tanto, la familia sigue observando las tradiciones culinarias, sobre todo para los más importantes días de fiesta: Navidad y Pascua. Para Navidad y Año Nuevo se preparan los *tiganites*, que llevan harina, levadura, leche y se sirven bañados en miel y canela. A uno de los buñuelos se le pone una moneda de oro y se van sirviendo de mayor a menor. Al que le toca la moneda será ese año el depositario de la suerte.

La Pascua oriental no coincide con la de Occidente. Por un problema de calendario se celebra casi una semana después. Las ceremonias celebradas en las iglesias los días de Semana Santa y Pascua son mucho más extensas que las que se celebran en las iglesias cristianas occidentales. Hay otras diferencias notables en algunos ritos, como, por ejemplo, el bautismo, en el que se sumerge al niño totalmente en el agua de la pila. La música es una amalgama de música griega antigua con música religiosa bizantina. En Pascua, la rosca se come acompañada de huevos pintados de rojo, que se golpean entre todos. Gana quien llegue hasta el final con el huevo entero. (Esta costumbre la tienen también los eslavos: polacos, rusos y croatas.)

Otras fiestas tradicionales son el 25 de marzo, en que se festeja la Independencia de Grecia y el 28 de octubre, en que se recuerda la rebelión contra la invasión turca.

“Yo hubiera querido vivir en la casa que tenemos en Atenas y pasar en Leucade los veranos –concluye Dimitrula–. Pero mi marido no quiso disgustar a su padre, a quien quería y admiraba. Después ya fue tarde... Mi madre murió, los hijos tenían hechas aquí sus vidas, se casaron y vinieron los nietos... Cada vez se hace más difícil volver.”

Queda el recuerdo del mar azul, los olivares y las tierras escarpadas, los parientes y amigos esperando en la isla y aquí, en Buenos Aires, los nietos que tal vez puedan hacer realidad algunos de sus sueños.

José Clementi, Esther Golastra y su hija Hebe*

Desde Monte Castello, en Montefiore, se veía un panorama de colinas parceladas en distintos tonos de verde y sepia. Al oeste estaban las montañas y hacia el este, el azul profundo del Adriático. En este pequeño pueblo de Le Marche vivía la familia de Esther, la menor y la más mimada de los once hijos. (Como había nacido para Pascua, el cura párroco le había puesto Pascualina, pero siempre se le dijo Esther.) Vivían en una de esas casas de piedra, con tejas gastadas por los años y malvones rojos en las ventanas. Todos trabajaban la tierra menos ella, que tejía e hilaba y ayudaba a cocinar a su madre. Su tarea preferida era llevar el almuerzo de la familia a *i campi*, así, en plural, como ella decía: los campos. Le gustaba ser portadora de la canasta y que todos la recibieran alegremente. La llamaban "Pepetto"

* Entrevista a Hebe Clementi, en septiembre de 2001.

(es decir, "pimientito") por su tamaño menudo y su manera de ser. Sin ofenderse, ella iba dejándoles trozos de polenta, algún chacinado, pan, aceitunas y vino.

"Esther recordaba una infancia muy feliz –dice Hebe Clementi–. El abuelo era *fattore*, algo así como supervisor del conde de Montefiore, quizás el mismo que ayudó al éxodo de los judíos europeos de fines de siglo. Vivían muchos judíos en la región, llegados probablemente por el Mediterráneo en la primera diáspora. Para el siglo XV ya había once sinagogas en el área cercana al puerto de Ancona, a treinta kilómetros de Montefiore. Cuando el conde visitaba la casa, tenía largas charlas con mi abuelo en el sótano, donde colgaban los jamones y demás embutidos. La cama de mi madre era blanca y tenía un colchón de chalas. A veces la hija del conde se quedaba a dormir y le ofrecían esa cama, porque era la mejor. Los domingos iban a la iglesia de Nuestra Señora de Loreto, y a la salida siempre había baile. Los hermanos habían tenido una maestra que venía a la casa a enseñarles. Mi madre, por ser la menor, fue la única que no aprendió a leer ni a escribir. Todavía no había educación obligatoria." (Es curioso que la imposición de la escolaridad en Italia fuera debida a un importante sindicalista de los Estados Unidos, Samuel Gompers, quien reprendió al gobierno italiano porque los inmigrantes que llegaban a los Estados Unidos "eran analfabetos y anarquistas".)

El abuelo paterno de Hebe había estado dos veces en la Argentina. Sus hermanos trabajaban en el ferrocarril. Él, en cambio, viajaba para levantar la cosecha y volvía a su pueblo. Era lo que se llamaba un *trabajador golondrina.* Finalmente viajó con su mujer a la Argentina donde nacieron tres de sus hijos. Pero les avisaron de Italia que los dueños de las tierras amenazaban con echar a sus padres, porque se habían quedado sin brazos para el trabajo rural. Tuvieron que volver a Montefano para no perder la tierra.

"Mi padre, que era dos años menor que mi madre, formó parte de la primera promoción que tuvo educación obligatoria. Por eso sabía leer y escribir. Era un alumno muy aventajado, pero no pudo seguir estudiando porque, durante la Guerra del 14, mi abuelo fue llamado a Trípoli y mi padre, que era el mayor, tuvo que asumir la responsabilidad de la tarea rural, guiar el arado y obligar a los hermanos a cuidar los gusanos de seda y hacer otras tareas. Así debió de haberse formado su carácter autoritario."

El primer noviazgo de Esther se vio frustrado por una razón inconcebible, propia de la mentalidad campesina-católica-represora que prevalecía en las áreas rurales fines del siglo XIX: su padre no permitió el casamiento porque era sabido que la hermana de él había tenido amores con un hombre casado. ¡Lo mismo que hubo de pasarle a la hermana de Alfredo Germont en *La Traviata*! Un tiempo después, yendo a *i campi* para llevar la comida a sus hermanos, Esther conoció a José Clementi, de la aldea vecina de Montefano, que estaba trabajando para ellos. Él tenía dieciocho años y ella, veinte. No pensaban todavía en casarse cuando José recibió el llamado del Ejército Argentino para hacer la conscripción, ya que, por haber nacido allí, era considerado ciudadano argentino y le pagaban el pasaje.

"Mi padre estaba harto de trabajar el campo y quería probar fortuna por su propia cuenta. Era una ocasión que no se podía perder. En el pueblo todos los que tenían algún lujo eran los que habían viajado al Río de la Plata, aunque fuera como *golondrinas*." Esta vez el padre de Esther estuvo de acuerdo con el casamiento, porque conocía bastante a su futuro consuegro y lo valoraba como persona inteligente y honesta. Muchas veces habían hecho juntos los chacinados cuando mataban al cerdo.

"Mi madre fue preparando su *corredo*, es decir, el ajuar, que fue bastante importante: traía como diez pares de zapatos, sábanas y toallas de hilo hechas por mi abuela y por ella misma... todavía queda alguna."[1]

Partieron de Génova en 1923, década en que se observa la mayor afluencia de marquesanos al Río de la Plata. Después de la caída de Rosas, en 1852, había comenzado en Buenos Aires una fiebre edilicia contagiada de inmediato a las ciudades más importantes del país: Córdoba, Rosario, Mendoza, Tucumán, Santa Fe. Pronto fueron llegando multitud de italianos del norte, especialmente genoveses y piamonteses, atraídos por la gran demanda de ingenieros, constructores y albañiles. Más adelante llegó gente del sur, napolitanos y sicilianos. Los del centro emigraban menos, porque eran muy rurales y poco afectos a movilizarse. José Clementi viajó porque debía presentarse ante las autoridades argentinas para cumplir el servicio militar. Finalmente no llegó a cumplirlo por razones de salud, pero no tuvo que pagar el viaje.

Al llegar fueron a vivir a Haedo, a casa de un tío que era jefe de señales del ferrocarril. Estaba casado con una argentina a la que decían "la pampera", que se cobró la estadía de pocos meses de sus jóvenes parientes quedándose con cantidad de sábanas y toallas preciosas de hilo del ajuar de Esther.

"Mi madre nunca se lo perdonó –acota Hebe–. De allí se fueron a vivir a una casa de profesionales de origen italiano. El padre era escribano, su mujer, maestra; la hija estudiaba escribanía y el hijo era abogado. Mi madre hacía todo el trabajo de la casa y la comida, mientras mi padre, encerrado en el cuarto, estudiaba '*la castilla*', porque no quería pasar por italiano ignorante. La familia estaba encantada con 'la gringa' tan linda, tan simpática y que

1 Entrevista.

cocinaba tan bien. Era muy buena gente. Este período duró hasta que mi padre consiguió trabajo en el ferrocarril. Cuando descubrieron su buena caligrafía lo promovieron. Iba a la Pitman a aprender inglés y se pasaba las horas escuchando los discos que compró con los primeros sueldos. Llegó a adquirir un inglés perfecto, trabajó en las oficinas y finalmente llegó a ser el único no británico que alcanzó esa categoría. Fue un hombre excepcional para sus circunstancias; toda su vida fue estudioso, pero la constante búsqueda de superar su ignorancia lo llevó a ser un solitario. Leía mucho y estudiaba taquigrafía, contabilidad, mecanografía, etc. Y siempre se hacía lo que él quería."

En 1924 nació la hija mayor. En ese momento vivían en un vagón cerca de la estación de Liniers que el cuidador alquilaba como habitaciones. (Sin embargo, en el nombre que pusieron a su hija, se adivinaban las aspiraciones intelectuales del padre: se llamó Lastenia, como la única mujer que había pertenecido a la escuela peripatética. También la segunda, Hebe, recibió un nombre griego.) De allí fueron a vivir a Villa Luro, barrio de ferroviarios, a mitad de camino ente Liniers y Floresta. La cancha de Vélez Sarsfield era por entonces una inmensa hondonada. Antes de construirla tuvieron que rellenar el hueco con locomotoras en desuso. Cerca de allí estaban los galpones de Villa Luro, donde se estaban instalando los motores eléctricos y el lugar se pobló con la gente que trabajaba en ellos.

"Nosotros vivíamos en una casa con varias habitaciones que daban a un patio –prosigue Hebe–. No era un conventillo, aunque vivían otros dos inquilinos. La calle se inundaba siempre por su vecindad con el arroyo Maldonado. Yo nací en el 26, en pleno gobierno de Alvear, y recién en el 36 se empezaron las obras para entubarlo. Debió haberse aprovechado como otro puerto. Tal como Rosas lo usaba.

"Tengo bastantes recuerdos de esa casa, a pesar de que tendría unos cuatro años cuando la dejamos. Había una española tan habladora, que mi madre decía: '¡A ésta se le deben quemar hasta los garbanzos!'. La otra vecina era una criolla de aspecto bastante descuidado. El dueño de casa era un viejo napolitano, don Salvatore, que vivía al fondo en un rancho con techo de paja. Mi madre lo cuidaba mucho. Pero una vez me pegó fuerte en la mano porque arranqué una flor de malvón. Mi madre se indignó y después de gritarle salió a buscar casa para mudarse. Cuando mi padre llegó a la noche ya tenía casi todo mudado por ella misma. Sólo faltaba llevar el ropero. Nos fuimos a una casa de la calle Camarones, a cuatro cuadras de allí, de la que tengo un buen recuerdo. También allí la calle se inundaba con el Maldonado y una vecina nuestra tenía patos que nadaban en las ocasionales lagunas."

Durante la primaria, las dos hermanas fueron al colegio de Nuestra Señora del Socorro, el único que había en el área. Quedaba a seis cuadras de la casa, y cuando había inundación tenían que cruzar un lodazal por puentes rudimentarios, lo que no dejaba de ser una aventura. Varias veces las monjas tuvieron que proveerlas de ropa al verlas llegar mojadas y embarradas por haberse caído.

El colegio tenía vida propia, jardín, huerta y hasta una vaca. En 1934, aprovechando un préstamo hipotecario que daba el ferrocarril a sus empleados, a pagar en treinta años, se mudaron a Versalles. "Compramos un lote y papá construyó una casa que era la más linda de la manzana. La mayoría de las casitas eran de una pieza con baño y cocina. Ésta era una verdadera casa, hasta con un estilo propio. Tenía adelante un jardín que mi padre cultivaba con gusto y esmero. Había sido ayudante del jardinero del conde de su pueblo, y tenía ese amor por las flores que fue creciendo con los años. Él sembraba y mi madre cuidaba y regaba las plantas armoniosamente colocadas."

Versalles, más moderno que Villa Luro, era un barrio construido inicialmente para funcionarios del ferrocarril. Estaba dividido en dos sectores definidos: en uno estaba la estación, impecable como tantas estaciones de trenes de entonces. La casa del jefe, que era una especie de castillo, y cantidad de chalecitos de tipo inglés formaban el otro sector. Era un lugar privilegiado al que, después de los años treinta, fueron a vivir también militares y gente de la Armada. Había un club exclusivo donde no entraba "cualquiera". Del otro lado, en cambio, proliferaban las casitas modestas. En cinco minutos un tren llevaba a Villa Luro desde donde se podía llegar a Plaza Once o bien hasta Moreno y Luján. Hebe y su hermana tomaban todas las mañanas ese tren para ir a la escuela secundaria. El ferrocarril garantizaba a los buenos escolares hijos de ferroviarios pasajes reducidos, y ése era el caso de Hebe y su hermana.

El barrio tenía su propia personalidad. "En nuestra cuadra estaba la iglesia y en la otra, el mercado –recuerda Hebe–. Era uno de esos mercados circulares que se pusieron en boga en la época de los treinta. Cuando mi madre se olvidaba de algo, siempre era yo la encargada de ir al mercado, cosa que hacía bastante a desgano. Al lado de donde vivíamos, en la calle Santo Tomé, vivía el frutero, más allá, un piamontés que, después de hacer unos pesos, había vuelto a su tierra a buscar mujer y se había casado con una muchacha treinta años más joven. Un día cayó al barrio una nueva familia italiana descontenta con el fascismo. Fueron a vivir a una especie de departamento que el frutero había hecho construir en el terreno de enfrente de su casa. El padre no quería que Mussolini dispusiera de su tiempo, de su sueldo y de la educación de sus hijos. Tenían un varón y una chica, que fue la amiga más entrañable que he tenido. El muchacho era un encanto y fue mi primer amor. Pero los padres habían puesto todas sus esperanzas en que estudiara para ingeniero. Un amor joven podía hacer peligrar sus planes, así que, cortando por lo sano, se mudaron de un día para el otro y nunca más supimos de ellos. Fue triste. No sólo había perdido mi primer amor, sino a mi mejor amiga. Extrañaba también el clima cálido de esa casa. La madre me enseñaba a bordar y a hacer guardas húngaras; hacía budines y siempre estaba en alguna tarea. Hasta entonces no había conocido a ninguna mujer de un nivel, digamos, ciudadano, con cierta cultura. No alcancé a odiarla por lo que nos hizo."

En el año 38, José Clementi, gracias a su dominio del inglés y en busca de un ingreso accesorio, dio con una oficina que era una agencia de derechos de autor recién formada. Él llevaba la correspondencia; era un momento muy propicio para todo lo que tuviera que ver con editoriales y libros. La Guerra Civil Española había paralizado esa importante industria y, para entonces, Buenos Aires se había convertido en el mayor centro impresor de libros de habla castellana. La agencia necesitó una dactilógrafa y Clementi, que era muy autoritario, decidió sacar a su hija mayor del colegio para que trabajara con él. Lastenia, una alumna brillante, pudo terminar el quinto año libre ayudándose con los apuntes de Hebe, pero nunca superó este episodio. Ya estaba inmersa en el mundo del trabajo y siguió de empleada, aunque años después y ya casada se recibió de Profesora de Inglés. Hebe pudo terminar el liceo. De esta época recuerda una divertida anécdota con el padre Julio Menvielle, cura párroco de la iglesia de Versalles, que conocía a la familia y a toda la gente de su parroquia. A menudo se lo cruzaba en el camino y una vez él la paró y le preguntó con su característico ceceo: "¿Dónde vaz ziempre, tan apurada?". Y al contestarle que iba a estudiar, le predijo: "No te preocupez, ¡igual vaz a lavar los platoz!". "Lo peor –agrega Hebe– es que tenía razón".

Cuando se fusionaron el Ferrocarril Sur y el Oeste, José Clementi, que era jefe de Personal desde 1941, reunió en sus manos las dos jefaturas. Era un puesto muy importante y pudo hacer ingresar a Lastenia como taquígrafa dactilógrafa del ferrocarril. "Eso no quería decir que nadáramos en la abundancia –aclara Hebe–. Mi padre era el único que se compraba ropa. Yo me hacía polleras con los pantalones que él no usaba. Tenía bastante disposición para la costura y prácticamente aprendí sola. ¿Diversiones? Casi ninguna. A mi hermana le decían 'la monjita' porque no la sacaban de casa ni por la fuerza. Cuando estábamos en el secundario, solíamos ir al cine de Plaza Flores, con mi mamá, a ver tres películas. Íbamos los lunes porque costaba cuarenta centavos. En casa se trabajaba y se estudiaba. Todas las semanas sacábamos de la Biblioteca del Congreso un tomo de la *Historia universal* de Cantú y por las noches mi padre leía en voz alta mientras mi madre tejía y tejía... y ¡guay de que alguna de nosotras interrumpiera o se durmiera! También por las noches estudiábamos taquigrafía con mi padre que nos dictaba y nos corregía. (Esto me sirvió para conseguir mi primer trabajo a la semana de haber terminado el liceo.) Pero nosotras no estudiábamos porque él nos lo impusiera sino porque teníamos el espíritu del estudio.

"Una vez apareció mi padre con una vitrola y nos quedamos expectantes... pero los únicos discos que había traído eran para aprender bien el inglés. Eso no significa que no le gustara la música; al contrario, le gustaba mucho cantar. Siempre recordaba que Beniamino Gigli había nacido en Montefiore y, cuando ponía sus discos, cantaba a la par de él. ¿Reuniones familiares? Pocas. A veces venía el cuñado de mi padre a jugar a las bochas. ¡Hasta cancha de bochas teníamos en el fondo de la huerta de cincuenta metros que cultivaban mis padres! También solíamos reunirnos para las fiestas de Navidad y Año Nuevo, pero como casi siempre terminaba yo peleándome con mi primo y papá echándome a mí la culpa, mamá decidió terminar con las celebraciones conjuntas."

En 1931 los Clementi quedaron muy impresionados con el fusilamiento de Severino Di Giovanni, aquel "paisano" anarquista que había protestado desde un palco del Colón contra la política de Mussolini y había vivido escapando de la policía. Se veían poco con la colectividad. El barrio era muy modesto para tener su club propio. Además, a esos clubes italianos acudía la clase media, y ellos eran inmigrantes pobres. Alguna vez la madre las había llevado a un "Dopo lavoro" que quedaba cerca de la casa, donde las muchachas miraban de afuera cómo se bailaba mientras la madre murmuraba: "Yo no quiero como yerno a ningún tipo de ésos". No se hacían comentarios políticos aunque se sabía que eran lugares "fascistas". Estaba el otro club, el "pituco", donde era sabido que no se podía entrar.

Quizá por su personalidad autoritaria, José Clementi era simpatizante del Duce, simpatía no compartida por el resto de su familia. A Esther sólo le preocupaba el bienestar de los suyos, y las chicas habían recibido en el colegio una educación republicana y democrática, a pesar de estar viviendo en la llamada "década infame". Les fastidiaba el tono cada vez más exaltado de los discursos de Mussolini y la veneración que despertaba en algunos fanáticos, entre ellos su propio padre, que no perdía una sola palabra de los discursos de su admirado Duce.

"Con mi padre no teníamos una buena relación –dice Hebe–. Él era despótico y yo no me dejaba avasallar. Era bien parecido y las mujeres lo buscaban. También mi madre era linda, con esa fresca belleza campesina y maternal, y lo amaba. Todos los mediodías lo esperaba en la puerta, y cuando lo veía doblar la esquina, entraba a sacar la sopa del fuego para que estuviera a punto. Dependía completamente de él. Él era el rey de la casa, el señor importante que tenía la casa importante y el trabajo importante. Venían de varias cuadras a la redonda a pedirle consejos o ayuda. Y él recibía a todos muy bien, los trataba mucho mejor que a su familia. Pero no supo o no quiso conservar esta familia y formó otra en cuanto mi hermana y yo nos casamos. Es necesario rescatar que fue muy duro para él, siendo ya mayor, tener que renunciar al ferrocarril donde había trabajado toda su vida. Se dedicó entonces a traducir libros técnicos del inglés al castellano y llegó a traducir más de treinta."

En 1942 la vida de Hebe daría un brusco giro cuando reemplazó a su hermana en la "Agencia Internacional Editors". Fue un verdadero rayo de luz: estaba entre libros, conoció escritores e intelectuales internacionales cuya existencia ignoraba, y empezó, ávidamente, a leer en inglés. Subrayaba lo que no entendía y por la noche lo buscaba en el diccionario. Al poco tiempo hacía los resúmenes de los libros para mandarlos a las editoriales. Trabó una buena relación con los dueños de la agencia, cultísimos judíos vieneses, que habían sido, en Austria, abogados de la Corona durante generaciones. Era la primera vez que tomaba contacto con la verdadera cultura. Ellos representaban autores europeos como Thomas Mann, Stefan Zweig, Arthur Schnitzler, Franz Kafka, Vicki Baum y buena cantidad de norteamericanos. Fueron años muy ricos para la cultura y la industria editorial argentina a la que se sumaron muchos republicanos españoles que fundaron grandes editoriales: Emecé, Nova, Poseidón, Sudamericana, etcétera.

"Mi primer trabajo de traducción fue un libro sobre biografías de novelistas ingleses que publicó Editorial

Juventud. Lo más importante de este trabajo es que allí conocí a mi marido, Gregorio Schvartz. Era el más pobre de los aspirantes a editor que circulaba por allí y ya había editado el libro de Jacques Maritain sobre la revolución y la paz. Había sido asistente del mexicano A. Siqueiros en la temática cultural del Partido Comunista y había estado tres veces preso. Hasta que el propio Bramvilla le dijo: 'Pero, pibe, a vos te van a matar, no quiero verte más por aquí'. Se fue o lo echaron del partido y ahí empezaron sus actividades editoriales."

Gregorio Schvartz, Goyo para los amigos, era huérfano de padre desde los cinco años. Cuando el padre murió, su hermano menor aún no había nacido. El apellido de la madre era Rosenzwaic. Ambos habían venido de Rusia. El padre era sastre y ella vendía ropa y telas casa por casa. La hermana se ocupaba de los quehaceres domésticos, y Goyo, de ir a cobrar la ropa que la madre vendía en mensualidades. A pesar de las dificultades, fue un excelente alumno. Para demostrarlo está su cuaderno de séptimo grado, conservado por la familia. "En cuanto nos pusimos de novios quiso conocer a mis padres y enseguida les dijo que nos queríamos casar. 'No gano mucho y ella va a seguir trabajando un tiempo', anunció. A mi padre le cayó como una bomba: ¡pobre y judío!"

El año 1943 fue difícil y confuso. La guerra había dividido a los porteños entre neutrales y aliadófilos, pero esas categorías encerraban ideologías muy distintas. Entre los neutrales había distintos tipos de nacionalistas criollos, algunos simpatizantes del fascismo y otros del nazismo. Más confuso todavía era el panorama entre los partidarios de la ruptura con el Eje: desde las señoras pitucas de Barrio Norte hasta los izquierdistas más recalcitrantes que vitoreaban tanto a Roosevelt como a Stalin. Este clima de confusión aumentó con la revolución que lideró el Ejército el 4 de junio, siendo presidente Castillo. Fue entonces cuando empezó a hablarse de un tal coronel Perón.

Schvartz era un hombre inteligente y dinámico. Había conseguido fundar la editorial Siglo XX en sociedad con Bernardino Horne y O. Candiotti, y una imprenta, Macagno y Landa.

Hebe y Gregorio se casaron en 1945 y enseguida fueron llegando las tres hijas. Diez años después, Hebe pensó que era el momento de dedicarse un poco a ella misma. Quizás aquellas fascinantes lecturas de Cantú habían definido su vocación por la Historia. Su marido la apoyaba parcialmente (no podía pedirse más a un marido de entonces), pero en cambio tenía la ayuda incondicional de su madre, que valoraba el estudio como lo más importante "para no depender". De esta manera pudo realizar lo impensable en sus circunstancias: se graduó en 1961, y en 1965 alcanzó la licenciatura en Historia de América. Una beca de seis meses en los Estados Unidos le permitió investigar sobre el tema de la abolición de la esclavitud en América del Norte y América del Sur. Por su parte, la editorial Siglo XX venía publicando libros importantes para el pensamiento de esa época. Hacia los años sesenta habían abierto la librería Fausto, que con el tiempo se convertiría en una de las favoritas de los estudiantes y los intelectuales. Mientras tanto Hebe fue designada Secretaria Técnica del Departamento de Historia de la Universidad de Buenos Aires. En 1962 empezó a ejercer la docencia en la UBA y en el Colegio Nacional Buenos Aires. Con la luminosa llegada de la democracia, a fines del 83, la ya reconocida historiadora fue convocada para dirigir el Museo Roca al que convirtió en un importante centro de investigación. Desde 1985 hasta 1989 Hebe Clementi desempeñó el cargo de Directora Nacional del Libro, dependiente de la Secretaría de Cultura de la Nación. Allí encontró la posibilidad de poner en práctica un querido proyecto: el Plan de Lectura que se realizó a partir de las bibliotecas populares argentinas, y el Plan de Rescate de la Memoria. Nunca dejó de escribir e investigar sobre el tema de la inmigración, sobre la historia de las ideas y sobre el Mercosur. Sus hijas, dos buenas escritoras y una conocida y respetada pintora, le han dado dos nietas, un nieto y una bisnieta de quienes está muy orgullosa.

Rafael Carmona y Ramón Julián Pérez*

La altiplanicie de Huéscar, situada al norte de la provincia de Granada, entre tierras de Almería, Murcia, Albacete y Jaén, tiene una altitud media de mil metros donde se encuentran verdaderos oasis de vegetación junto a los ríos que forman la cabecera del Guadiana Menor. Son tierras de vino joven. Tierras de Andalucía. Paseando por la vega puede apreciarse el verde de los cultivos mantenido por acequias de resonancia árabe donde se escucha el rumor del agua. Las calles de la antigua ciudad muestran casas señoriales que aún conservan blasones en sus fachadas. Es una ciudad rica en tradiciones y fiestas populares.

Allí vivía Ramón Julián Pérez, hijo único de madre viuda y aprendiz de herrero. Cuando tenía diecisiete años, su

* Entrevista a Elena Pérez de Carmona y a su hija, Marcela Carmona, en diciembre de 2002.

madre se volvió a casar. Él no pudo soportarlo y viajó a la Argentina a probar fortuna. Con un grupo de compatriotas fue primero a Mendoza (donde había una importante colectividad andaluza) para trabajar en la cosecha. Más adelante consiguió trabajo en el ferrocarril y se fue a vivir a Victoria, pueblo cercano al Tigre, al norte de Buenos Aires. Su madre quedó muy dolorida. Siempre se escribieron, pero nunca más se volvieron a ver aunque ella quería viajar. Él, en cambio, cuando le preguntaban si no quería visitar España, decía: "Nada se me ha perdido por allá. Voy a encontrar todo muy distinto de la España que dejé". Sin embargo esperó durante muchos años el viaje de su madre: sus hijas recién fueron bautizadas a los diez años porque él quería que ella fuera la madrina de alguna.

En el otro extremo de Andalucía, al comienzo de la serranía de la provincia de Cádiz, está el pueblo de Puerto Serrano. Lo rodea un fértil valle, cruzado por el río Guadalete, que se destaca por sus productos de huerta y cereales. La zona fue conquistada a los árabes por Fernando el Santo en 1240. Más adelante, vecinos de Morón de la Frontera, solicitaron de la Corona establecerse allí en 1650 y le pusieron el nombre actual. Sus calles son anchas y bien pavimentadas como en los pueblos de la provincia de Sevilla, y en las inmediaciones sobreviven aún los vestigios de un castillo árabe que recuerdan su origen. De allí y de sus alrededores proviene la familia Carmona. Rafael Carmona también tendría unos diecisiete años cuando su madre, Ana Romero, se volvió a casar, pero en este caso fue ella la que emigró a la Argentina con su nuevo marido, dejando a sus hijos, ya grandes, entre los cuales Rafael era el preferido.

"Era una andaluza muy graciosa y muy buena cocinera –recuerda su bisnieta Marcela Carmona–. Su marido consiguió trabajo en una linda quinta, en Victoria, como secretario del dueño de casa. Ella se puso a cocinar y se convirtió en alguien indispensable para la familia. Pasados unos años, satisfecho con su trabajo, el patrón le preguntó si quería algo en especial. 'A mi no me falta nada –contestó ella–, sólo quisiera volver a ver a mi hijo Rafael, que es el que más extraño.' 'Si se parece a usted, no tengo ningún inconveniente', dijo el patrón y aceptó costear el pasaje."

Rafael, dejando a su mujer con dos hijitos y un tercero en camino, emprendió el viaje. Entendía mucho de caballos y su primer trabajo consistió en cuidarlos. Pero lo que más le gustaba era cantar el cante de su tierra andaluza. Y en eso era de los mejores... Cuando pudo se construyó una casita, también en Victoria, pero del otro lado de la vía, en la zona baja, de precio más accesible porque se inundaba con las lluvias. Cuando la tuvo lista mandó llamar a su familia. Habían pasado cuatro años; no conocía a Isabel, la más pequeña; la mayor, María ya tenía diez años, y Manolito, seis. (En la Argentina nacerían otros tres.) Durante el viaje, Manolito, con sus pocos años, se tomó muy en serio lo de ser el hombre de la familia. Cuando vio que bajaban a la bodega el baúl familiar, gritó: "¡Este baúl es nuestro!". Y se tiró encima. Hubo que parar la tarea para sacarlo.

La mujer de Rafael se llamaba Isabel Merencio Duarte y era sevillana, del pueblo de Dos Hermanas. Cuando llegaron al puerto de Buenos Aires, Rafael estaba allí con un sombrero blanco de ala ancha, pero tan buen mozo y curtido por el sol, que al principio ella no lo reconoció. Un paisano amigo se puso a llamar a los gritos: "¡Rafael Carmona! ¡Rafael Carmona!". Y él, haciendo su aparición como en una obra teatral, se anunció: "¡Pues que aquí estoy, hombre!".

Era el año 1924. No venían huyendo de la guerra ni de la miseria, sino más bien por espíritu aventurero y deseo de cambios. Rafael había conseguido un buen trabajo. Seguía cuidando los caballos de la quinta y además había instalado su huerta, un gallinero y un chiquero para unos cuatro cerdos. Pero, en realidad, lo que mejor sabía hacer Rafael era cantar. Sus coplas entonadas a voz en cuello por las calles de tierra del pueblo de Victoria lo habían hecho famoso en toda la zona, hasta San Fernando y el Tigre. Entre todos los paisanos ninguno era como él para el cante.

Vivían también en Victoria otras varias familias andaluzas, entre ellas, las hermanas Domingo Fernández Valdivia, procedentes de Montejicar, una villa situada en lo más encumbrado de los montes de Granada. También allí se conservan vestigios de una fortaleza árabe, y en la parte más elevada de su término, la torre-atalaya de Gallarín.[1] Su padre, Diego Domingo, había viajado con la familia a San Rafael, Mendoza, con el objeto de construir el banco de la ciudad. Cuando quiso volver a España, algunos de sus hijos se quedaron en San Rafael, y sus hijas, Chacha y Josefina, se instalaron a vivir en Victoria. En las reuniones de paisanos trabaron amistad con Ramón Julián Pérez, y al poco tiempo él y Josefina se casaban.

Un día, Rafael Carmona fue a ofrecer su mercancía a la familia Pérez. Mientras conversaba de su tierra con la dueña de casa y su hermana, Rafael empezó a entonar algunas de sus coplillas. Ellas quedaron muy entusiasmadas. Cuando Ramón Julián Pérez, un apasionado del cante, las sevillanas y el fandango, se enteró de lo bien que cantaba el "*tío*" Rafael, el de las verduras, lo invitó a su casa para escucharlo. Desde entonces se vieron continuamente en alguna de las dos casas y los hijos de ambos se hicieron amigos.

"Mi papá tenía una espléndida colección de discos de pasta con los mejores cantaores y cantaoras –recuerda Elena,

1 Durante el período árabe fue un importante enclave militar, conquistado por los Reyes Católicos en el año 1486. Expulsada su población morisca en el siglo XVI, fue repoblada por 49 vecinos procedentes de tierras de Castilla.

la madre de Marcela– y mi suegro, Rafael, los escuchaba atentamente para sacar las letras." Cuando se reunían los paisanos andaluces de los alrededores (Victoria, San Fernando, Tigre) y Rafael comenzaba su cante, todos escuchaban en un respetuoso silencio.

"Con Manolito Carmona nos conocimos desde chicos, pero recién me puse de novia a los veinte años –aclara Elena–. Él tenía veintidós. Un día, cuando todavía éramos chicos, le dice un amigo en burla: 'Mira, Manolito si te casaras con Elenita...'. Me subió la andaluzada y le contesté. 'Pa' semejante candil... más vale dormir a oscuras!'... ¡Y después fue mi marido!"

Los dos abuelos de Marcela eran muy distintos: Ramón simpatizaba con el socialismo. Leía mucho y era bastante culto. Rafael apenas sabía leer y escribir, pero tenía una gran sabiduría popular expresada en refranes y dichos de los que tanto abundan en su tierra. Después que se hicieron amigos, Ramón ordenaba la incipiente contabilidad de la venta de verduras y pavos. Rafael le pagaba con sus canciones.

La colección de discos de Ramón, todavía intacta y ahora en poder de su hija, reunía lo mejor de la canción flamenca. Allí estaban Manolo el Caracol, la Niña de los Peines, Manuel Vallejo, la Niña de la Puebla, etc. "Le dije a mi hermana que se quedara con la casa de mi padre, pero que me diera los discos –afirma Elena–. Pero no los puedo escuchar porque me emociono. Yo entiendo mucho de cante. Mi suegro venía a casa de mi padre todas las noches, pegaba la oreja al gramófono y sacaba todas las letras. Mi marido, Manolito, también salió cantaor. Las canciones que canta Marcela no las ha escuchado en ningún lado, se las enseñaba él. Una vez Rafael, mi suegro, cantó en la radio. Era un programa parecido a 'Por los caminos de España'. Le pusieron de nombre artístico 'el Niño Mairena' y cantó muy bien, un fandango y un paso doble, pero fue la única vez. Mi suegro no era constante como mi padre. Una vez mi padre le dijo: 'Mire, tío Rafael, si *usté* pone un ladrillo cada vez que va al chiquero, podrá fabricar un camino para que no se embarre todo cuando llueva'. Él asintió pero nunca llevó ninguno. Era muy bueno para la jarana, pero no sabía lo que era método."

"Era un personaje conocido por todos en Victoria y San Fernando –añade su nieta–. Cuando se ponía su traje y su sombrero y salía a pasear, no había otro como él. Desde varias cuadras se le oía cantar."

El *tío* Rafael era muy simpático, pero sus hijos lo respetaban y lo temían. Desde que llegó de España con sólo seis años, Manolito era el que ayudaba en todo: la huerta, las gallinas, los chanchos. Manolito hizo muchos trabajos antes de casarse. Trabajó en una astillero del Tigre, después en una verdulería. Un día su futuro suegro le preguntó: "¿Manolito, no te gustaría trabajar en el ferrocarril?". Él dijo que sí y allí estuvo muchos años. Pero, como su padre Rafael y como su hija Marcela, lo que mejor hacía y más le gustaba era cantar.

Cuando llegaba el momento de matar el cerdo, era una fiesta para las dos familias. "Bueno, Ramón –decía Rafael–, ya estamos listos para hacer la fatura." Se juntaban en la casa "de la vía para arriba" y juntos, granadinos y gaditanos, faenaban el cerdo. Venía también, especialmente para la ocasión, una paisana de Puerto Serrano, porque cada pueblo tenía sus propias costumbres. Todos colaboraban con las mil tareas necesarias para su facturación: se compraban tripas y se las cosía cuidadosamente para hacer los embutidos: chorizos, morcillas, butifarras, salame. También se preparaban los lomos, y jamones. Como el clima de la costa es muy húmedo, suplían con fuego y humo de la cocina el ambiente seco que se necesitaba.

"Comprábamos la tripa, teníamos que coserla a máquina, lavarla bien y darla vuelta –recuerda Elena–. Después, mientras una metía la carne adentro, otra iba atando los chorizos. ¡Daba un trabajo...!" Elena prefería las morcillas que hacía su padre aliñadas con mucha cebolla, como lo hacían en Huéscar, que cuenta con una merecida reputación por su gastronomía y por la calidad del "*relleno*" de sus embutidos.

"Mi madre iba revolviendo la sangre que caía en un cacharro, para que no se coagulara –continúa Elena–. Después se la ponía en el fuego con el aliño de cebollas, piñones y carne de cerdo que nosotras picábamos en una maquinita. Después se embutía." Una semana estaban todos trabajando en la factura. El chancho era grande, (alguno llegaba a trescientos kilos) y los embutidos alcanzaban perfectamente para las dos familias durante todo el invierno.

"La casa de mi abuelo materno, la del lado de arriba de la vía, era muy linda –recuerda Marcela–. Tenía un cuarto donde guardaba las herramientas hechas por él, porque había estudiado herrería en España. Allí se reunían con sus compatriotas a tomar mate y era el lugar indicado para poner a secar los embutidos colgando del techo y con un fuego debajo."

Las tradiciones culinarias andaluzas eran seguidas fielmente: en invierno la *olla*, como llamaban al cocido español, y en verano el *gazpacho*,[2] trabajado en el mortero. Los *andrajos* consistían en pedacitos de masa que se agregaban al caldo, siempre acompañado con rodajas de limón. Muy apreciada era la *boromía*, plato de origen árabe que consistía en una base de zapallo y garbanzos mezclada en un sofrito de ajo en aceite de oliva y un añadido final de

---

2 Hecho con tomates, pimientos, pepinos, cebolla, miga de pan y agua helada.

pimentón dulce y manteca. O el famoso *pollo a la pepitoria*... Para la Navidad se hacían *mantecados* y *polvorones* con anís, para Semana Santa, *torrijas* y *pestiños*, y en cualquier tiempo, el *arroz con leche* acompañado de canela y limón. Buena cocina, cante y baile añaden calidad a la vida. Los andaluces siempre han sido conscientes de esto y de la importancia de conservar tradiciones que vienen de tan lejos.[3]

Ramón acostumbraba enseñar a sus hijas haciéndolas escuchar distintos tipos de cante y preguntándoles después: "¿Qué es eso?". Así iban distinguiendo, por ejemplo, lo que eran seguidillas de lo que eran malagueñas. Algo semejante hizo después Manolito con sus cuatro hijas: Ana María, María Isabel y María del Carmen, las rubias, y Marcela, la única morena. Esta última empezó a cantar oyendo a los Cortés, amigos gitanos de su padre. "Con dos gitanos que se encontraran en casa, empezaban las palmas y ya estaba el baile hecho", afirma doña Elena.

Los Cortés eran "mimbreros", es decir, trabajaban el mimbre haciendo canastos y muebles de todo tipo. Vivían en Victoria y tenían gran estima por el *tío* Rafael. "Papá nos celaba como un verdadero moro –recuerda Marcela–. Por esa razón no quería llevarnos a lo de Cortés, donde había muchos hombres."

Sobre los gitanos se cuentan muchas leyendas y falsas historias. A pesar de tener un origen común, hay distintas ramas de gitanos según sea su procedencia y su idioma. Los gitanos de origen hispánico hablan el caló y los que vienen del centro de Europa hablan el romaní. Todos tuvieron siempre fama de grandes músicos y bailarines. Por naturaleza los gitanos son nómades, pero han sabido mantener idioma y costumbres después de recorrer el

3 De las jotas y fandangos de Huéscar, por ejemplo, se tiene noticias desde el año 1480.

mundo durante más de mil años. Eran originarios del centro de la India y se fueron desplazando desde el Indo hasta el Bósforo. En mil años llegaron a los Balcanes y siguieron recorriendo toda Europa para finalmente pasar a América.

El primer registro histórico que existe en Andalucía sobre los llamados "*egiptianos*" (de allí la palabra "gitano") es el de la llegada, de Tomás y Martín, "*Condes de Egipto Menor*", recibidos en Jaén en 1462 con todos los honores. Rara vez volvieron a gozar de la hospitalidad inicial, y sus caravanas fueron cada vez menos toleradas. En 1499, Fernando e Isabel, los Reyes Católicos, ordenaron que en sesenta días todos los gitanos abandonaran su vida nómade. Muchos lo hicieron. Quizá de entonces daten algunas de las gitanerías, como la de las famosas cuevas granadinas del Sacro Monte, semilleros de genios de la música y de la danza flamencas. El pueblo gitano ha sufrido constantes persecuciones por ser "distinto". No tiene ni historia ni instituciones escritas, pero ha convivido a lo largo del tiempo con diferentes culturas del mundo y ha conseguido mantener su identidad.

"Tuve la suerte de verlos varias veces en casa y participar de sus fiestas –recuerda Marcela–. José Cortés empezaba con las palmas, mi padre y mi abuelo se prendían, los hijos tocaban la guitarra y cantaban. Sus hijas eran todas bailaoras. Era fascinante. Pero yo no me metí ni con el cante grande ni con el cante jondo. 'Tú por ese lado no te metas –me decía mi papá–, porque hay que saber hacerlo muy bien.' Yo soy muy respetuosa y canto más bien la copla española, aunque tengo incorporados algunos gorjeos del flamenco. Pero cuando era más joven y me pedían que cantara algo, sólo cantaba flamenco donde sabía que lo iban a entender. No lo cantaba con la gente de mi edad, que en esa época no lo comprendía. Me daba un poco de vergüenza. No podía saber que, años después, el flamenco iba a ser valorado por los mejores grupos rockeros. Ahora todos hablan de Camarón de la Isla, de Paco de Lucía, de Lole y Manuel y tantos otros."

Marcela Carmona pudo conocer la patria andaluza de sus abuelos gracias a la ayuda de un tío y a su propios méritos. Vivió un año en Francia y desde allí pudo ir varias veces a Ronda, a casa de sus parientes García Carmona y a otros pueblos de Andalucía. El abuelo Rafael pudo volver a encontrarse con sus hermanos y volvió a cantar en su tierra después de sesenta años. Volvió a la Argentina donde murió a los ochenta y cuatro años. Marcela continúa la tradición familiar.

Los andaluces estuvieron presentes en nuestra historia desde el siglo XVI, cuando llegó a Buenos Aires la gran Armada de don Pedro de Mendoza. Su música, dichos y costumbres culinarias pasaron a ser parte del acervo hispano-criollo. Si bien la gran inmigración trajo a estas tierras más españoles de otras regiones (vascos, gallegos, castellanos), nunca faltaron los andaluces poniendo su nota de gracia, color y alegría en la sociedad argentina.

José Barreiro, María Rosa Vicente Barreiro*

Iste vaise e aquel vaise
e todos, todos se van;
Galicia sin homes quedas
que te poidan traballar.[1]

Letra de ROSALÍA DE CASTRO,
canción gallega del conjunto *Fuxan os ventos*

Los Barreiro, oriundos de Galicia, vivían en una pequeña aldea situada en un lugar privilegiado: la desembocadura del Miño, donde éste mezcla sus aguas con las

* Entrevista a su hija, Elva Roulet, en noviembre de 2001.

1 "Éste se va / y aquél se va / y todos, todos, se van. / Galicia, te quedas sin hombres / que te puedan trabajar."

del Atlántico, formando la gran ría de Pontevedra. Cerca de allí, escondidas entre el follaje del Monte Santa Tecla, fueron descubiertas, en 1913, las ruinas de un "*castro*" celta del siglo I a. C. En los restos de sus casas circulares de piedra, se encontraron ánforas, monedas romanas, fíbulas y espadas, estatuillas y otros objetos, recuerdos de aquella antigua civilización que confiere a toda Galicia cierto aire de misteriosa poesía.

Desde allí arriba puede verse la campiña dividida en pequeñas parcelas, minifundios que se fueron achicando por la herencia de muchas generaciones de familias numerosas. En ellas se practica una agricultura de subsistencia y algo de ganadería. Se explota la madera de los bosques y los viñedos que cada familia utiliza para fabricar su propio vino (el famoso Ribeiro se hace a pocos kilómetros de allí) y un delicioso aguardiente. Depender de la tierra como principal fuente de trabajo provocó en Galicia el fenómeno de la inmigración interna desde cientos de años atrás. Tan agudo era el problema que, a fines del siglo XIX, no era común encontrar una familia numerosa.

La posibilidad de conseguir tierras o trabajo asalariado en América, especialmente en la Argentina, produjo una gran oleada inmigratoria a fines del siglo XIX y principios del XX. Por esos años, de cada tres inmigrantes gallegos que había en el país, uno era originario de Pontevedra.[2] Fue tal la magnitud de la migración a Buenos Aires, que alguien denominó a esta ciudad como la "quinta provincia", en referencia a las cuatro provincias gallegas: Lugo, La Coruña, Orense y Pontevedra. Este numerosísimo grupo humano

2 Alejandro E. Fernández, "Los españoles de Buenos Aires y sus asociaciones en la época de la inmigración masiva", en *Inmigración española en la Argentina* (Seminario 1990), coordinado por Hebe Clementi, Buenos Aires, 1991.

estuvo presente en todas las actividades del quehacer nacional: desde artistas hasta empresarios, intelectuales, políticos, agricultores, almaceneros, propietarios de restaurantes, porteros de departamentos, etc. Desde su lugar en la sociedad imprimieron en sus hijos el sello cultural de la nación gallega, volcando en ellos el amor por lo que tuvieron que dejar. La lengua, la música y las comidas fueron aspectos fundamentales del acervo cultural que quisieron transmitir. Muchos se reunieron en torno de los centros culturales de su colectividad y otros lo hicieron a su modo.

"El gallego migrante debió adaptarse a un nuevo entorno social, político y económico –afirma Norberto Pablo Cirio, perteneciente a la Fundación Xeito Novo de Cultura Gallega–. Si bien el nuevo idioma no presentaba mayores dificultades, él era ahora un extranjero en una ciudad cosmopolita y potencialmente hostil, donde casi todas sus habilidades laborales eran incompatibles con las de la nueva comunidad de residencia (...) En la Argentina, esta unidad quebrada intentó recomponerse –y con sobrado éxito– a través de la creación de 'centros gallegos', esto es, entidades civiles sociales, culturales, deportivas o políticas que comenzaron a nuclear y reorganizar a los dispersos inmigrantes."

Los Barreiro eran seis hermanos y no podían quedarse todos en su pueblo. José Barreiro, con sólo catorce años de edad, pero plena conciencia de lo que buscaba, se embarcó para la Argentina, donde ya estaban instalados una hermana mayor casada y un tío materno que lo llevó a trabajar en el campo, al sur de la provincia de Buenos Aires. "Tenía la formación escolar alcanzada hasta esa edad en las modestas escuelas rurales de entonces –relata su hija Elva–. Leer, escribir, 'hacer cuentas', catecismo, algo de geografía, unas pocas nociones de historia, algunas páginas del *Quijote*, las poesías de Rosalía de Castro... Nunca habló del desgarramiento ni de los temores inevitables al dejar, a esa edad, la casa familiar y sus afectos. Tampoco mencionó nunca dificultades de adaptación: el trabajo que lo estaba esperando le abría el deseado camino del progreso y sus parientes debieron acogerlo y apoyarlo cariñosamente."[3]

Tres o cuatro años después, se había convertido en un robusto muchacho, sencillo pero bien trajeado, según aparece en la fotografía que se hizo para mandar a sus padres. La cadena del reloj de oro cruzando el chaleco y la mano apoyada sobre unos libros dan una sensación de aplomo y seguridad, poco comunes en alguien tan joven. A los veinticinco años era ya un trabajador independiente, con ahorros como para pagarse un pasaje de ida y vuelta a España para visitar a los suyos.

Ya en su pueblo, en una de las reuniones familiares, volvió a ver a su prima María Rosa Vicente Barreiro, que era ya toda una mujer. Se enamoraron y planearon casarse y trabajar un campo en la fértil provincia de Buenos Aires. Pero antes tuvieron que pedir una licencia por ser primos. José, que no iba nunca a la iglesia, tuvo que presentarse ante el cura párroco y exponerle el problema. Cuando salió, triunfante con el permiso, dijo a María: "¡Ya no somos más primos!". Poco después se casaron. Pero sólo pudieron estar juntos un mes: el pasaje de vuelta vencía a los seis meses y José no podía llevar a su mujer sin tener arrendado el campo y preparada la casa. Al año recibió María el pasaje de llamada y quince meses después nacía Elva, su primera hija, a la que seguirían, con muy poca diferencia de tiempo, otras tres mujeres: Elena, Isabel y Elida.

Don José Barreiro fue un chacarero mediano, arrendatario de alrededor de trescientas hectáreas en las márgenes del río Quequén Chico, adonde la familia solía ir a pescar

3 Entrevista.

o bañarse durante el verano. Tenía agricultura (trigo, cebada, avena) y ganadería bovina. Había también, para el consumo familiar, una huerta y una granja. "La vida de mi padre –recuerda Elva– estuvo construida sobre sólidos valores de igual jerarquía: el trabajo (con el que quería asegurar el futuro de sus hijas), la honestidad, la verdad y la palabra empeñada. Tenía un carácter firme y reservado. Mi madre sufría el desarraigo. Ante la inmensidad de la pampa y sus melancólicos atardeceres, crecía la añoranza por los dulces y ondulados paisajes gallegos. Sentía, sobre todo, la lejanía de su madre y los hermanos, que no volvería a ver en muchos años."

Era comprensible que se sintiera sola en medio del campo, con cuatro criaturas a su cuidado y el vecino más cercano a unos cincuenta kilómetros. Había uno o dos peones permanentes y, en época de la cosecha, se contrataba a algunos más. Elva recuerda al vasco Iparraguirre, que cosía las bolsas y las dejaba subir a la máquina cosechadora para que pudieran deslizarse por el tobogán. Era inmensa y llevaba dos filas de caballos. Ellas subían a la plataforma y se montaban arriba de las bolsas convirtiéndolas en estupendos trineos. "Papá lo sabía pero se hacía el distraído. Lo que sí teníamos prohibido era subir al molino, algo que no siempre cumplimos."

Una vez terminada la cosecha, José Barreiro y familia viajaban en su Dodge a la cercana playa de Necochea y allí pasaban unos días. Cuando Elva tenía seis años, hicieron un viaje a Buenos Aires. Al ver que sus primos iban al colegio, quiso quedarse en la ciudad para ir con ellos. La dejaron, creyendo que iba a extrañar, pero no fue así, sino que cursó alegremente el primero inferior en el Ángel Gallardo, y al año siguiente, el superior en el Jesús María de la calle Humberto I. Allí hizo la primera comunión. "Me recuerdo vestidita y en ayunas esperando que se hiciera la hora de la misa. Vivíamos en Tacuarí y San Juan. Mi tía tenía una casa de tipo colonial, lamentablemente demolida al hacer la autopista por Cochabamba. Al año siguiente, cuando a Elena le tocó ir al colegio, mi padre construyó una casa en Lobería, que era la ciudad más cercana, y allí cursamos la primaria."

También allí tomaron contacto con gente de la colectividad. Había un lugar llamado "El Prado Español" que correspondía a la Sociedad Española de Socorros Mutuos, de la cual eran socios. En ese lugar se hacían las romerías en el verano, después de la cosecha. Era un lugar precioso, verde y sombreado, cruzado por un arroyo. Allí iban los 21 de septiembre a hacer el picnic de la primavera. Había gente de otras regiones de España, pero la mayoría eran gallegos y vascos.

Allí las chicas podían apreciar cómo se bailaba una *muñeira* o una jota y conocer alguno de los múltiples instrumentos musicales gallegos, entre ellos la *pandeira*, y el *pandeiro de peito*, el *tamboril*, las *tarrañolas* (parecidas a las castañuelas), la *requinta* y el *pífano* (flautas traveseras) o las típicas *gaitas* de origen celta. También habrán visto preparar la *queimada*, que recordaba la presencia de las *meigas* (hadas o brujas de antiquísima procedencia): el caldero llameante lleno de aguardiente con el agregado de azúcar y algún otro misterioso ingrediente, según la región. Coloridos e imborrables recuerdos que comparten todos los que han estado en alguna fiesta o romería gallega.

Don José Barreiro era consciente de la importancia de dar a sus hijas una buena educación y ése era su principal objetivo. Como en Lobería no había escuela secundaria, cuando Elva terminó la primaria, don José levantó la chacra, vendió las máquinas y la casa de Lobería y se instalaron en Tandil. Con su capital compró tres edificios: una casa para la familia, otra para renta y un local comercial donde puso una librería escolar. "Cursé mis estudios de bachiller en la Escuela Normal Mixta General José de San Martín –continúa Elva–. Mi padre no quiso que sus hijas se dedicaran al campo. Él mismo se urbanizó cuando fueron a vivir a Tandil. Mamá añoraba bastante su tierra y nos hablaba de ella. Siempre hacía la empanada gallega, el bacalao y los pucheros españoles tan nutritivos. A todos nos gustaba la música gallega y Elena bailaba jotas y *muñeiras*. Algunas cancioncitas gallegas sabíamos, alguna estrofita de Rosalía de Castro:

Aires, airiños, aires
aires de mea terra
aires, airiños, aires
airiños llevadme a ela.[4]

"No sabíamos hablar gallego porque mis padres nunca lo hablaban delante nuestro. Siempre me sentí argentina, no española. No voy a reclamar ser gallega ni celta. Pero llego a España y me siento feliz, me encanta la música española y tantas cosas que siento mías."[5]

Los padres de Elva, como todos los habitantes de Galicia, valoraban su lengua como signo de cultura y pertenencia. Al respecto existe una estrofa que dice:

O galego que non fala
na lingua da súa terra,
nin sabe o que ten de seu,
nin é merecente dela.[6]

4 "Aires, airecitos, aires /aires de mi tierra / aires, airecitos, aires / airecitos llévenme con ella."

5 Entrevista.

6 "El gallego que no habla la / lengua de su tierra / ni sabe lo que tiene / ni lo merece."

A Elva le gustaba mucho leer. A los quince años su conciencia social despertó con la lectura de *Los miserables*, de Victor Hugo. Un poco antes había empezado a interesarse por la música clásica.

Una vez terminada la escuela secundaria, las hijas se fueron trasladando a Buenos Aires, una a una, a medida que se iban recibiendo de bachilleres. Pero antes de entrar a la facultad, don José les daba una ayuda adicional para que pudieran hacerlo con una mayor seguridad: contrataba a una profesora para que prepararan el examen de ingreso.

"Yo lo hice para Química, pensando que iba a ser otra Madame Curie –comenta Elva–, pero al tiempo empecé a sospechar que iba a acabar vendiendo aspirinas detrás de un mostrador y decidí una profesión liberal. Me vine a Buenos Aires a dar el ingreso a Arquitectura, cuando me había estado preparando para Química y Matemáticas. Esta última me sirvió, pero las otras cuatro las tuve que estudiar en poco tiempo. La facultad estaba entonces en la calle Perú, en la Manzana de las Luces, frente al Querandí, donde pasamos horas y horas estudiando. Hice mis estudios con el sostén familiar, y en el tercer año, cuando empezaron a llegar mis hermanas, me puse a trabajar como dibujante. Me recibí en los seis años regulares."

Era el año 55 y acababa de caer el régimen peronista. Entre los egresados organizaron un viaje a Europa recuperando una tradición que se había perdido en ese período. Elva hizo un desvío en el viaje para conocer el pueblo de sus padres y alcanzó a conocer a su abuela materna antes de su muerte.

"Cuando volví de Europa decidí trabajar fuera de Buenos Aires. En Misiones, hasta entonces territorio nacional, que acababa de provincializarse, se estaba iniciando un importante programa provincial de obras públicas. Me ofrecieron integrar el equipo multidisciplinario coordinado por el arquitecto Kurchan. Llegué a Posadas en el 59, en un hidroavión porque todavía no había aeropuerto."[7]

Por sus trabajos en el Alto Paraná, Elva fue a vivir a la pequeña ciudad de Eldorado, colonia poblada por europeos, alemanes en su mayoría, que aún estaba en plena selva. Allí conoció a Yuyo, es decir, a Jorge Roulet, a quien sus amigos llamaban "el Francés", aunque sus padres eran suizos. Tenía una fábrica de madera terciada en el monte y las oficinas estaban en Eldorado. Egresado de la Facultad de Ingeniería, había sido presidente de la Federación Universitaria de Buenos Aires (FUBA) del 50 al 51 y de la Federación Universitaria Argentina (FUA) del 51 al 52. El día que cumplió dieciocho años se afilió, en Buenos Aires, al Partido Radical. Cuando se produjo la Revolución Libertadora, Jorge Roulet se incorporó al Gobierno de Misiones como secretario de Hacienda y Finanzas del 56 al 58. Era presidente de Vialidad Provincial cuando conoció a Elva Barreiro. Al año siguiente se casaron. En 1961 y 1962 nacieron sus hijos, Florencia y Esteban, en Eldorado.

Los Roulet vivían en la Argentina desde muchos años atrás. Su casa hacía las veces de Hotel de Inmigrantes para los suizos recién llegados a Misiones. Ellos tenían también su "historia de inmigración". Esteban Roulet, padre de Yuyo, había venido con un permiso de un año del Ejército suizo, al cual había sido incorporado en plena Guerra del 14. Aunque Suiza era un país neutral, había reforzado la defensa de sus fronteras.

Cuando llegó se enamoró de Misiones, pidió una renovación de su plazo, pero le dieron sólo seis meses, y cuando volvió a pedir permiso se lo negaron. Él se quedó, a sabiendas de que sería declarado desertor. Se casó en 1921,

7 Entrevista.

con una argentina, hija de padre griego y madre riojana, de Chilecito. Se habían conocido en Candelaria, asentamiento de una de la antiguas misiones jesuíticas entre los guaraníes, donde ambos estaban radicados. Viajaron a Suiza, para que la familia conociera a la recién casada. Desembarcaron en Marsella y tomaron el tren para Ginebra. Al pasar Migraciones, después de consultar una lista, le dijeron:

–Señor, usted tiene que ir preso por desertor.

Él explicó:

–Estoy recién casado y mi mujer no sabe nada de francés. Hemos viajado para que conozca a mis padres en nuestra casa de Neuchâtel.[8]

–Bueno, preséntese mañana allí a las ocho.

Al día siguiente a las ocho menos diez estaba la policía golpeando en la puerta de la casa paterna. Lo llevaron detenido y lo tuvieron un mes preso. Mientras tanto, mimada por su nueva familia, su mujer llegó a hablar el francés tan bien que fue profesora toda su vida. Además aprendió a cocinar maravillosamente. Pero Roulet había quedado resentido con su país de origen y anunció a su mujer que no volverían más. Años más tarde volvió. También sus padres vinieron a visitarlos. Esteban Roulet fue un precursor en la industria de la yerba mate. En ese tiempo los secaderos de yerba eran muy primitivos y malsanos. Él inventó un método más apropiado, con cintas transportadoras mecánicas, que resultó un éxito y aún hoy se utiliza.

Era un hombre encantador y conocía cantidad de historias de pioneros, entre los cuales estaba él. Más adelante fueron a vivir a Eldorado. Allí vivieron también Elva y Yuyo desde que se casaron, hasta que, en 1964, ya con dos

8 Neuchâtel es el lugar de origen de los Roulet, adonde emigraron desde Francia luego de la revocación del Edicto de Nantes. Eran calvinistas, es decir, pertenecientes a la Iglesia Francesa Reformada.

hijos, decidieron volver al "centro" y encarar un período de estudios de posgrado. Desde 1962 los Barreiro se habían ido a vivir a Buenos Aires para estar más cerca de sus hijas. Isabel ya se había recibido de médica, Elida de arquitecta y Elena, que se había casado muy joven, vivía en Ecuador. Los Barreiro pudieron volver a su tierra en dos ocasiones.

En 1965, Yuyo ganó una beca en el Instituto Di Tella para realizar estudios de Administración Pública en Francia. Elva se postuló a una beca del Gobierno francés. Pasaron tres años y medio en París y volvieron a Buenos Aires en 1967. "Durante nuestra ausencia el doctor Illia había sido desalojado del Gobierno. A los pocos días de llegados conocimos al doctor Raúl Alfonsín y empezamos nuestro trabajo con él para definir esa propuesta de 'renovación y cambio'. Decidí trabajar desde adentro afiliándome al Partido de la Unión Cívica Radical y comprometiéndome en una militancia que, desde entonces, ha sido permanente."[9]

Durante la dictadura militar (1976-1982), los Roulet sólo pudieron trabajar profesionalmente fuera del país, como consultores de la OEA y de Naciones Unidas. Los abuelos Barreiro, ya instalados en Buenos Aires, estaban siempre dispuestos a quedarse con los nietos cuando fuera necesario. En 1977 fueron invitados a trabajar al Perú. En 1978 Elva tuvo que viajar a Washington por un ofrecimiento de la OEA. Sus padres tomaron un avión y fueron a Lima a cuidar a los nietos.

En 1983, el Partido Radical de la provincia de Buenos Aires postuló a Elva Roulet para la Vicegobernación, acompañando en la fórmula al doctor Alejandro Armendáriz. "Cuando comuniqué a mis padres la noticia de mi candidatura, hubo, sin duda, sorpresa pero no la manifestaron;

9 Entrevista.

seguramente debieron sentirse orgullosos y tenían motivos, ya que se trataba de una suerte de culminación de su apuesta a la educación y su valoración del trabajo y la responsabilidad que siempre nos habían transmitido, pero tampoco lo dijeron. El 30 de octubre ganamos las elecciones con el cincuenta y dos por ciento de los votos y el 11 de diciembre, al día siguiente de la asunción a la presidencia de la Nación del doctor Raúl Alfonsín, nos hicimos cargo del Gobierno provincial. Mis padres estaban allí, serenamente felices. Le dije a papá que le agradecía en particular su coherencia y su honestidad que me ayudaron a luchar con convicción por la libertad, la justicia y la democracia que estábamos recuperando. Fue, no tengo dudas, un premio para ellos."[10]

Ese día José Barreiro debió recordar su llegada a los catorce años a esta tierra, sus esperanzas y temores, los sacrificios de María, su mujer. Todo tenía un sentido. Sus hijas habían triunfado por los valores inculcados en la infancia y los habían transferido a sus propios hijos. Podían descansar en paz.

10 Entrevista.

Josef y Anna Chuchla*

En el escudo de la ciudad de Blasowa, situada al pie de los Cárpatos, se destaca la figura de un caballero enfrentando, espada en mano, a un gran dragón, como en la historia mítica de San Jorge. Una fecha indica el año de su fundación: 1435. La pequeña ciudad está rodeada de colinas y entre las casitas blancas sobresalen las dos torres campanario de forma gótica que coronan una iglesia color ocre. A principios del siglo XX, la mayoría de los pobladores vivían del campo o de distintas artesanías. José Chuchla era un buen ebanista. Demasiado bueno, en realidad, para la poca clientela que había en Blasowa. Al casarse con Anna en 1926, juntaron sus chacras pero ni aun de esa manera podían progresar en esos tiempos de posguerra. El pueblo queda en el sur de Polonia, en la provincia de

* Entrevista a su nieta, Susana Kaluzynski, en noviembre de 2001.

Galitzia, llamada así por sus antiguos habitantes galos, de los cuales los pobladores actuales heredaron la tradición de tocar la gaita igual que los gallegos e irlandeses.

En la chacra cultivaban papas, batatas y alguna que otra hortaliza. Tenían pocos animales porque eran carísimos y se los cuidaba mejor que a los humanos. Cada vaca o cada cerdo ocupaba su propio pesebre. A las vacas las cepillaban todos los días y, en el invierno, las guardaban adentro porque había 30° bajo cero. Todas las casas tenían grandes sótanos con todo lo que se había preparado durante la primavera y el verano para los meses de invierno: conservas, embutidos, dulces, etc. Valoraban mucho lo que tenían porque durante la Guerra del 14 habían pasado hambre. En aquel momento, lo peor había sido la invasión de cosacos y rusos.

Anna tenía catorce años. La casa estaba cerca de la ruta que iba a Checoslovaquia y era el tránsito acostumbrado de los alemanes, el famoso "corredor polaco". No los trataban mal; por el contrario, la adolescente Anna quedó enamorada de los uniformes y la prestancia de los cosacos, pero se comían todo y a ellos les quedaba la comida de los cerdos. (Desde entonces ella, como tantos otros inmigrantes que pasaron por esa durísima experiencia, al llegar a la Argentina pondrían todo sobre la mesa familiar. Nada parecía suficiente.)

Procedentes de esa región de Galitzia habían sido los primeros colonos polacos que llegaron a la Argentina a trabajar como agricultores en los primeros días del mes de junio de 1897. Su destino inicial eran los Estados Unidos, donde algunos tenían sus familias, pero como hubo problemas con la Dirección de Inmigración de América del Norte, uno de los empleados de la compañía naviera en el puerto de Hamburgo sugirió que se dirigieran a la Argentina. Los colonos aceptaron y partieron. Todos disponían del capital suficiente para tierra y útiles de labranza y estaban dispuestos a la aventura. Entre las dos guerras mundiales, doce mil polacos llegaron al puerto de Buenos Aires. Muchos de ellos habían pertenecido a las Fuerzas Armadas polacas, había también mecánicos y técnicos, agricultores y algunos profesionales.

"Mi abuelo materno llegó a la Argentina en 1929 por la gran depresión mundial –explica Susana Kaluzynski–. Vino buscando mejores horizontes. Eligió este país por la publicidad que se hacía y por lo que se escuchaba hablar: era una tierra de promisión, había trabajo para todos y se juntaba la plata con pala. Se embarcó en compañía de su cuñado y la mujer de éste, que prefirió dejar a sus hijos para acompañar a su marido y ocuparse de hacer la comida para los tres. Pero también a la Argentina había llegado la temida depresión."[1]

La crisis mundial del 29 y la revolución del 30, con toda su secuelas políticas, sociales y económicas, impedirían el progreso inmediato a los recién llegados. Anna había quedado cuidando a su hija, a la chacra y ¡a sus cinco sobrinos! Cuando planearon esta aventura, pensaron que sería por poco tiempo, pero los problemas económicos los obligaron a estar separados durante siete años. Ella los crió hasta su adolescencia y la querían como a una madre. Vivían de lo que daba la huerta y de la leche y queso proporcionados por la vaca Trasula. Teófila, la madre de Susana, que entonces tenía seis o siete años, era la encargada de pasearla, cepillarla y llevarla al establo.

Por su parte, José Chuchla, su cuñado y su mujer tampoco lo estaban pasando bien. Tuvieron que ir a trabajar en las cosechas del interior: papa, caña de azúcar, etc. No

1 Entrevista.

tenían casa para vivir. Iban a trabajar por la comida y algunas monedas que ahorraban durmiendo al aire libre bajo las estrellas. Ésa fue la peor época. Cuando José juntó un poco de dinero, vino a Buenos Aires para tratar de ejercer su oficio. Primero trabajó como lechero. Iba en un carro con caballos vendiendo leche en tachos de a veinte litros que volcaba en botellas. Entre sus clientes estaba Carlos Gardel.

Finalmente logró entrar en una fábrica de muebles franceses, de categoría, la casa Veroni. Al mismo tiempo que ahorraba, hacía los trámites necesarios, y después de siete años pudo mandar a su mujer y a su hija el dinero necesario para el viaje. Para poder emigrar había que cumplir con una severa reglamentación que incluía certificados de sanidad, de moral: "no haber estado bajo la acción de la justicia por delitos contra el orden social durante los últimos cinco años", no haber ejercido la mendicidad y no padecer tracoma, grave enfermedad de la vista muy común por entonces.

Llegaron en 1936 en la tercera clase de un barco polaco. Teófila conoció a su padre a los siete años y los primos se fueron a vivir con los suyos, a quienes los menores no recordaban.

"La fábrica Veroni les había dado alojamiento en la planta y mi abuela colaboraba con la limpieza –prosigue Susana–. Mamá había hecho un año de colegio en Polonia, pero tuvo que cursar nuevamente el primero. A mi abuela le costó mucho adaptarse porque no podía entender el idioma, confundía las calles y los colectivos, y se perdía constantemente. Una vez que aprendió un poco de castellano, trabajó como pantalonera y camisera. Consiguió el dato por la solidaridad de sus paisanos y de judíos polacos, con los que siempre se había llevado bien. Enseguida tomaron contacto con la colectividad. Todos se reunían en el Club Polaco que acaba de cumplir los setenta años. Las tradiciones se conservan hasta el día de hoy.

"Mi abuela empezó a ir en colectivo a su trabajo. Un día en que viajaba agarrada atrás del asiento del chofer éste le avisó: '¡Señora, cuidado con la curva!'. Y ella, indignada, le dio un carterazo pensando que la estaba insultando."[2]

De la pieza en la fábrica se mudaron a otra más grande en un conventillo cerca del Abasto. Teófila iba a la escuela y aprendió rápidamente el castellano. Cuando tenía diecinueve años conoció a Enrique Kaluzynski en el Club Polaco. Él había llegado al país en 1947. Estudiaba para técnico en turbinas en la Marina de Guerra de Polonia y estaba casi recibido cuando comenzó la guerra en el 39.[3] Fue incorporado como marinero y participó de la primera batalla naval en la que Alemania venció a Polonia. El barco fue torpedeado y hundido y los alemanes tomaron prisioneros a los pocos que quedaron vivos flotando en el mar. Vio a varios amigos suyos morir entre las llamas o con la cabeza arrancada de un cañonazo. El capitán polaco se suicidó y le rindieron honores. Los sobrevivientes fueron a parar a una cárcel alemana cerca de Polonia, y como todo soldado tiene la obligación de escaparse, Enrique lo intentó y lo logró. Caminando llegó a Polonia justo para la toma de Varsovia. Mientras tanto en Inglaterra se había formado un gobierno polaco en el exilio, y en Polonia, la "*Armia Kraiowa*" o Ejército del Pueblo, y así comenzó la resistencia. Enrique Kaluzynski buscó a los partisanos y pasó a la clandestinidad.

Su padre había muerto en la Primera Guerra Mundial dejando a la madre sola con diez hijos, cinco mujeres y cinco varones, de los cuales el menor era él. Habían sido

---

2 En polaco la palabra "prostituta" suena como "curva".

3 Muchos polacos viajaron desde la Argentina para pelear por su patria.

un familia muy acomodada. Vivían en la ciudad de Lublin, cerca de Rusia, y antes de la Revolución Rusa del 17, su padre tenía título de conde y un feudo con molinos harineros y tierras de cultivo. Durante la Revolución Rusa le confiscaron casi todas sus propiedades. Para criar y educar a sus diez hijos, su mujer fue vendiendo de a poco lo que le quedaba. También guardaban algo de dinero. Tres de sus hijos murieron de chicos, el hermano mayor fue preso a un campo de concentración durante lo Segunda Guerra y allí murió. En Lublin hay una estatua que lo recuerda por su actuación.

"Cuando los rusos invadieron Polonia y se instaló el comunismo –continúa relatando Susana–, los partisanos fueron considerados guerrilleros, los tomaron presos y los deportaron a Siberia después de largos interrogatorios: ¿qué hacían en Polonia?, ¿qué estudios tenían?, ¿habían estudiado idiomas? Mi papá sabía alemán, ruso y algo de inglés, por lo que lo decretaron espía y lo deportaron a unas minas de carbón en Siberia, con 60° bajo cero. Tenía que trabajar bajo tierra comiendo afrecho, pan y agua. Para sobrevivir en esas circunstancias se necesitaba mucho amor a la vida. Mi papá les aconsejaba a sus compañeros de desventura que no pensaran en sus mujeres ni en sus madres ni en sus hijos, porque eso los podría deprimir. Tenían que concentrar sus esfuerzos en lograr su salvación. Era necesario también tratar de llevarse bien con sus carceleros. Entonces tenía unos veinticinco años. Lo soltaron recién en el 46, un año después de terminada la guerra. Tenía una salud de hierro, pero le quedó una mancha en el pulmón porque, cuando trabajaba en la mina, constantemente le caía agua en la espalda. Los dejaban bañarse cada quince días y vivían llenos de chinches."

Al terminar la guerra, la Cruz Roja, enterada de la existencia de estos prisioneros polacos, rusos, ucranianos, etc., intervino para que fueran liberados. De los ochocientos polacos hechos prisioneros quedaban solamente ochenta; los demás no habían podido soportar esas condiciones de vida infrahumanas. Los sobrevivientes fueron enviados a Varsovia en un tren de carga, y de esos ochenta llegaron vivos sólo cincuenta.

Después del emotivo reencuentro con su madre y sus hermanas, Enrique trató de conseguir trabajo. Como tenía estudios podría entrar con un cargo importante, pero para eso era necesario afiliarse al Partido Comunista y no quiso hacerlo.

Por un amigo se enteró de que partía un barco para los Estados Unidos. Como no tenían plata ni pasaportes, decidieron viajar como polizones. Para no ser presionado por su madre que recién lo había recuperado y quizá también para no comprometerla con los comunistas, no le dijo lo que pensaba hacer. Esa noche la saludó como siempre y dijo que se iba a tomar un café con unos amigos. Recién dos años después ella se enteraría de que estaba en la Argentina, adonde en realidad viajaba el barco.

Para sobrevivir él y el amigo habían llevado chocolate y otras cosas, pero no agua. Era un barco mercante y el viaje iba a durar cerca de seis meses. No tuvieron más remedio que salir de su escondite y darse a conocer. Como polizones recibieron un buen trato (camarote, buena comida, etc.), pero el capitán del barco tenía la obligación de devolverlos a su lugar de origen. En cada puerto que tocaban, los entregaba a la cárcel del lugar para impedir que se escaparan y luego, al partir, los volvía a embarcar. Así fue como Enrique Kaluzynski conoció todas las cárceles de los puertos que tocaron en su recorrido. La última fue la de Santos, en Brasil.

Poco antes de llegar a Buenos Aires ellos hablaron sinceramente con el capitán sobre la posibilidad de su liberación.

Éste les previno que ya había avisado que tenía dos polizones a bordo, por lo tanto se tendrían que escapar. Determinaron entonces que, poco antes de entrar en el puerto de Buenos Aires, a la altura de Quilmes, deberían tirarse al río y nadar hasta la orilla. Así lo hicieron, y al verse por primera vez libres en una tierra acogedora, caminaron sin descansar hasta llegar a la avenida Calchaquí de la ciudad de Quilmes. Un policía los paró y ellos en su lengua le hicieron entender que eran polacos. El policía, una buena persona, los llevó a un convento cercano donde había varios padres polacos que los recibieron afectuosamente.

El primer trabajo de Enrique Kaluzynski fue el de cocinero en el convento. Poco a poco fue acercándose a las sociedades polacas y al consulado. Si bien pertenecían a la Unión de Repúblicas Socialistas Soviéticas, los polacos no tenían fuertes convicciones comunistas y ayudaban a sus compatriotas contrarios al régimen. Empezó a aprender castellano y a trabajar en Tamet. Sabía unas pocas palabras, pero entendía los planos. De allí lo echaron por problemas personales: todos los días un compañero (seguramente de extracción nazi), aprovechándose de que no conocía el idioma, lo saludaba diciéndole: "¡Buen día, polaco de mierda!". Cuando se enteró de lo que quería decir, respondió a su saludo con unos buenos puñetazos, con la consecuencia de que los dos fueron despedidos.

Después consiguió trabajo en Alpargatas, hasta que en el club polaco conoció a Teófila Chuchla. Cuando se conocieron en el club *Ognisko Polskie* ("Hogar Polaco"), ella tenía diecinueve años y él, treinta y uno. Corría el año 1949 y se acercaba el 1950, "Año del Libertador General San Martín", según aparecía en todos los escritos públicos y en los cuadernos de los chicos. En los bailes seguía siendo favorito el tango, pero desde Cuba había llegado el baile suelto, representado en rumbas y congas de gran éxito popular. La gente no quería dar oídos a los rumores de otra posible guerra. Como tantos otros novios, Teófila y Enrique sólo pensaban en casarse y tener su propio hogar. Para lograrlo tuvieron que apelar al juez de menores. "Mi abuelo se oponía a ese casamiento por la diferencia de edad –dice Susana–. Por eso y por haber llegado después de la guerra, sospechaba que estuviera casado en Polonia. Por esta razón mi padre y mi abuelo estuvieron enemistados durante bastante tiempo."

Cuando se casaron alquilaron un departamento situado en los fondos de una casa, propiedad de otros polacos, en Villa Urquiza. Por ese entonces los abuelos de Susana habían logrado tener su propia casita en Lomas del Mirador, San Justo. Teófila había entrado a trabajar en lo que en ese entonces era el Banco Polaco (actualmente es el HSBC), y Enrique, considerado como ingeniero en la antigua SEGBA, estaba a cargo del montaje de usinas de alta tensión. "Yo nací en 1951 y mi hermana Liliana, dos años después –dice Susana–. Fuimos bautizadas en la misma iglesia en la que se casaron mis padres, Nuestra Señora de Guadalupe, que queda en la calle Mansilla, en Palermo, y que fue cedida para la comunidad polaca. Hasta el momento la utilizan sacerdotes y monjas polacas. Allí también tomamos la comunión, se casó mi hermana y bautizaron a mis sobrinos."

El matrimonio Kaluzynski había logrado una cómoda situación económica con el trabajo de ambos cónyuges, pero no tenían casa propia. Sin consultar con su mujer, Enrique fue a un remate anunciado en el diario y volvió con la noticia de haber comprado en cuotas un terreno en Olivos. Cuando su mujer le dijo que no tenían suficiente dinero como para afrontar ese gasto, él le contestó que no se preocupara, que él iba a fumar menos y con esto iban a pagar las cuotas. Lo cierto es que haciendo malabares económicos fueron cumpliendo con el compromiso. Al poco tiempo sacaron un crédito en el Banco Hipotecario y fueron construyendo el chalet al que se mudaron cuando Susana tenía cinco años y su hermana, tres.

"Como mi padre era muy familiero –añade Susana–, le propuso a mi mamá que mis abuelos vinieran a vivir con nosotros a ese chalet. Mi madre aceptó y a mis abuelos también se les construyó un departamento en los fondos de la casa, y allí se produjo la reconciliación entre mi padre y su suegro. Mi padre y mi abuela se querían muchísimo. En esa casa actualmente viven mi hermana y mis sobrinos.

"Nosotras fuimos educadas en las tradiciones polacas. Mi padre siempre nos inculcaba que, por sangre, éramos polacas. En casa teníamos que hablar en polaco, idioma que aprendimos desde la cuna, ya que, como mamá trabajó toda la vida, prácticamente fuimos criadas por mi abuela, y ella, desde luego, nos hablaba en polaco."

Las tradiciones culinarias eran recordadas sobre todo por la abuela Anna, autora de las conservas y encurtidos, tan necesarios en los duros inviernos polacos. Había distintas técnicas para conservar hongos secos y fruta en almíbar, pepinos y repollo fermentados, carnes saladas y ahumadas. Las sopas hechas a base de harina o de remolacha tenían mucha aceptación. El repollo, una de las plantas comestibles más populares, era la base del *bigos*, especialidad de la cocina polaca. En verano se comían muchas frutas y se hacían postres con manzanas y peras.

Enrique y su mujer pudieron volver a su tierra en 1973. Pero antes fue necesario que él se hiciera ciudadano argentino, puesto que era asilado político y en Polonia aún regía el comunismo. Si regresaba como polaco corría el riesgo de ser retenido en Polonia. "Yo no pude ir –se lamenta Susana–, porque ya estaba en la facultad y podía perder el año. Aún no he podido conocer Polonia, y ésa es una de mis materias pendientes en la vida, pero tengo el convencimiento de que voy a ir."[4]

Con el correr del tiempo y luego de treinta años de matrimonio, llegaron las desavenencias conyugales. Quizás el espíritu aventurero de Enrique, domesticado durante todo ese tiempo, despertó y quiso hacer algo distinto. Se separaron, y él, a los sesenta y seis años, cumplió su viejo sueño inicial, que era ir a los Estados Unidos. Al cabo de dos años volvió arrepentido de haberlas abandonado. Su mujer no quiso recibirlo. Vivió un tiempo con su hija mayor y luego con unos amigos hasta que enfermó. Murió a los setenta y dos años en 1988.

"Mi abuela vivió hasta los noventa y siete años en casa de mi madre –concluye Susana–. Mi abuelo había muerto hacía mucho tiempo, a los cincuenta y nueve años, cuando yo tenía nueve. Actualmente mi madre vive sola a cinco cuadras de mi casa, se maneja muy vitalmente y gracias a Dios está muy bien con sus setenta y cinco años. Mis sobrinos,[5] llevan el doble apellido, o sea, Oliveria Kaluzynski, para que no se pierda el apellido de papá."

Todos ellos siguen asistiendo a reuniones en el Club Polaco. Para Pascua son infaltables los huevos pintados con acuarelas, formando guardas y distintos motivos. También es muy festejada la Navidad. En esa ocasión se preparan las viejas recetas para que las comidas tradicionales sean auténticas. Un mes antes pasa por las casas de los polacos o sus descendientes el sacerdote de la congregación y deja un hostia sin consagrar que será repartida por la persona de más edad la noche del 24, antes de comenzar la cena. Como lo hacían sus antepasados en Polonia, toda la familia se reúne en torno de la mesa y se añade

4 Entrevista.
5 Máximo, Alejandro y Ana Laura.

un cubierto más por si llega alguien que no tenga con quien festejar. Un poco de paja sobre el mantel recuerda el pesebre donde nació Jesús.

Josef y Anna, los abuelos que tantos trabajos pasaron, y Enrique, el aventurero que nunca olvidó su patria natal, podrían comprobar, con satisfacción, que en su familia las tradiciones se siguen cumpliendo.

Antonio López Llausás y María Teresa Llovet*

Durante la Guerra Civil Española (1936-1939), numerosos intelectuales republicanos tuvieron que exiliarse en México, Argentina, Francia y otros países europeos. Ellos conformaron un tipo de inmigración muy peculiar y calificada: eran dramaturgos, literatos, historiadores y editores.

Antonio López Llausás, nacido en Barcelona el 25 de enero de 1886, era hijo y nieto de editores. Nunca se había metido en política, pero tenía muchos amigos de tertulias y cafés (escritores, pintores, etc.), y entre ellos, varios republicanos. Él se consideraba un liberal. Tenía talleres de impresión en Barcelona, donde editaba, en catalán, *La Campana de Gracia* y *La Esquela de la Torraza*, revistas de

* Entrevista a su nieta, Gloria López Llovet de Rodrigué, en octubre de 2001.

gran tamaño y muy bien ilustradas en las que participaban sus amigos artistas plásticos y escritores.

Sentada ante su escritorio, con el vistoso marco formado por cantidades de libros editados por Sudamericana, Gloria Rodrigué recuerda a sus abuelos con cariño y admiración.

"Sus dos hijos mayores, varón y mujer, habían muerto en la adolescencia: el varón mayor, a los diecisiete años de una infección, poco antes de que se descubriera la penicilina, y la única mujer, a los trece años, de una nefritis. A pesar de estas grandes desgracias, ellos amaban la vida. Cuando decidieron viajar sólo tenían a mi padre... Al comienzo de la guerra, mi abuelo no se creía en peligro y decidió quedarse, hasta que un día le dijeron: 'Si no te escapas, te matan'.

"Los obreros le tomaron el taller y le avisaron que se tenía que ir. Cuando se dio cuenta de lo mal que venía todo, mi abuelo se escondió en una ambulancia que lo cruzó a la frontera de Francia. Tendría entones unos cincuenta años. Mi abuela y mi papá salieron de noche, a escondidas. Un bote los arrimó al barco que los llevaría a Francia. Se habían escapado tan rápido, que no habían tenido tiempo de llevarse nada. Uno de los grandes amigos que tenía en España, llamado Roviralta, le había dicho en una ocasión:

"–Si alguna vez tienes problemas en Francia, ve al banco tal y dile al gerente que eres mi amigo.

"Al recordar eso fue al banco y vio al gerente. Éste extrajo una lista del cajón y le preguntó:

"–¿Cuál es su nombre?

"–Antonio López Llausás –contestó mi abuelo.

"–Pues pídame lo que quiera.

"Mi abuelo hizo cálculos rápidamente y le pidió dinero como para vivir dos años. Sin preguntarle nada más, el gerente se lo dio allí mismo. Así era entonces el valor de la palabra. Con el tiempo él se lo devolvería."[1]

Se fueron a París, y Antonio empezó a trabajar en la casa Hachette. Al tiempo se juntó con un escritor español, y decidieron ir a Colombia para instalar una imprenta. Con su mujer y su hijo Jorge viajaron primero a los Estados Unidos porque allí vivía el padre de María Teresa Llovet, separado de su mujer, a quien ella no había vuelto a ver. Mientras Antonio y su amigo probaban fortuna en Colombia, María Teresa y Jorge se fueron a vivir a Cuba durante nueve meses.

Empezaron las gestiones elementales para poner la imprenta y viajaron un poco por el país. Fueron en tren de Cali a Bogotá, que en aquella época era una desolación Era el año 37 y no había por entonces mucha vida cultural. Cuando abrieron el diario al día siguiente de llegar a Bogotá leyeron con asombro: "Dos extranjeros vienen a llevarse el dinero de Colombia". Esto los decidió a volver a París, aunque se murieran de hambre, previo paso por Cuba.

Al poco tiempo de estar allí, López Llausás recibió una interesante propuesta desde Buenos Aires: su amigo Rafael Vehils, que trabajaba en la CHADE, acababa de fundar la editorial Sudamericana junto a Victoria Ocampo, Oliverio Girondo, Federico Pinedo, Luis Duhau, Pedro Ledesma, Alejandro Shaw y otros. Todos brillantes personalidades, pero sin la menor idea de cómo llevar el negocio editorial. Tenían la intención de divulgar la literatura contemporánea y promocionar las obras de escritores latinoamericanos que en aquellos tiempos tenían muy poca difusión.

"Vehils –continúa Gloria– escribió a mi abuelo ofreciéndole hacerse cargo de la editorial y él aceptó. Mi abuela tenía un poco de miedo del ambiente que iría a encontrar

---

1 Entrevista.

aquí, ya que en España se acostumbraba mandar a las 'ovejas negras' de la familia a Filipinas o a la Argentina. Sus temores se acentuaron a medida que el barco seguía rumbo hacia el sur. Santos no parecía un lugar muy apropiado para lo que ellos hacían. Cuando vieron lo que era Buenos Aires quedaron fascinados, no lo podían creer. En cuanto llegaron, se conectaron con argentinos; no se quedaron sólo con la colectividad aunque tenían varios amigos españoles, algunos conocidos en el barco. Entre ellos estaban los Bago. Él era médico, había estado preso y lo habían canjeado por unos ingleses. Ella, Maité Grandmontaigne, era hija de un conocido periodista vasco que escribía en *La Prensa*. Enseguida mis abuelos se hicieron amigos de Victoria Ocampo y de todas sus hermanas, de los González Garaño, de Ramón Santamarina, de los Mayer, Tito Arata, etc. Rápidamente, mi abuelo se ubicó en el grupo de los intelectuales. Nunca tomó la nacionalidad argentina aunque se sentía muy agradecido a nuestro país."

Don Antonio, que conocía perfectamente el oficio, en poco tiempo hizo funcionar la editorial. En ese momento estaba en Alsina y Bolívar, frente a la Manzana de las Luces, en el edificio que actualmente ocupa la Librería del Colegio. Como en España no se podía publicar por la guerra, muchos libros y traducciones se hicieron en Buenos Aires y se empezaron a exportar a toda América Latina. El catálogo de las obras hechas los primeros quince años era un verdadero lujo.

"Los primeros libros de Sudamericana aparecieron en 1939. Muchos eran traducciones de obras de Aldous Huxley, Julian Green, Denis de Rougemont, André A. Malraux, Lin Yutang, etc. Otros eran escritores españoles que estaban imposibilitados de editar en España, como Pío Baroja, Ferrater Mora, Claudio Sánchez Albornoz, etc. Finalmente, canalizaba la obra de varios argentinos: Leopoldo Marechal, Manuel Mujica Láinez, Oliverio Girondo, etc."[2]

Don Antonio se puso a trabajar con su hijo Jorge, quien al poco tiempo se casó con una argentina, hija de alemanes venidos después de las Primera Guerra. Su padre había venido a trabajar a la empresa Kirshbaum, que era de su familia, y tenía aquí una fábrica de cuchillos. Al casarse y afincarse su hijo, el matrimonio López Llovet también se afincó, aunque hicieron muchos viajes a España un tiempo después de acabada la guerra. Don Antonio había estudiado derecho y le faltaban algunas materias. En uno de los viajes que hizo aprovechó para terminar su carrera y se recibió de abogado.

Los López Llovet tenían la casa abierta para amigos y conocidos: intelectual que venía de España iba a comer a su casa. Les gustaba la comida española, pero no frecuentaban los lugares donde iban sus paisanos, como el Casal de Cataluña y tantos otros. Eran muy abiertos e hicieron grandes amistades con argentinos y españoles. Alguno de estos últimos eran empresarios, como Javier Serra y su mujer, dueños de los perfumes Dana. Luego de ocho años, los Serra se volvieron a su patria, pero se habían comprado una preciosa casa en Punta del Este y allí acostumbraban a pasar el mes de febrero con los López Llovet. A los Serra les fue bien en España porque eran franquistas. López Llausás era republicano, pero nunca hablaban de política; tenían demasiados intereses culturales y también gastronómicos: los dos le daban mucha importancia a la buena mesa. Cuando estaban por viajar de España a Punta del Este, María Teresa se encargaba de contratar al cocinero y

2 Leandro de Sagastizábal, "Editores españoles en el Río de la Plata", en *Inmigración española en la Argentina* (Seminario 1990), coordinado por Hebe Clementi, Buenos Aires, 1991.

a las mucamas para ellos. Tenían allí una mesa enorme y siempre invitaban gente a almorzar y a comer. Para no repetir las comidas anotaban en un cuadernito lo que les daban, con comentarios de cómo habían estado los platos servidos. Por la noche, entre todos hacían el menú: era una verdadera cultura culinaria.

De 1940 a 1945, se hizo evidente el *boom* editorial que había estallado en Buenos Aires. Durante esos años se editaron unos ciento veintitrés millones setecientos mil ejemplares de libros y en los cinco años siguientes ciento cuarenta millones. Entre 1950 y 1955 se llegó a ciento setenta millones.[3] Desde todos los países hispanoamericanos y de la propia España se esperaban ansiosamente las ediciones de libros y revistas que venían de la Argentina.

Gloria Rodrigué, que aún siendo una niña fue testigo y parte de esta brillante época, cuenta sus propias experiencias y habla en forma muy descriptiva sobre sus abuelos y sobre los personajes que conoció en ese período:

"Mis abuelos vivían en la esquina de Quintana y Callao, y nosotros, en Uruguay entre Santa Fe y Arenales. A pesar de la ascendencia alemana de mi madre, mucho más fuerte fue la herencia española de mi padre: yo me llevaba muchísimo mejor con mis abuelos españoles que con los maternos, teníamos una gran afinidad cultural. Los dos eran optimistas y estaban a la vanguardia de todo. A los tres nos encantaba leer. Ellos me invitaban mucho a almorzar con sus amigos, me daban cabida como nieta mayor. Desde mi lugar en la mesa conocí a todos los grandes escritores que iban allí, de Ortega y Gasset a Manucho Mujica.

Mi abuela leía seis horas por día. Mi abuelo leía ensayos, pero no novelas. Leía también cuanta revista se le cruzaba. La gustaba la realidad más que la ficción. Pero, a

---

3 *Ibíd.*

pesar de leer poco, tenía mucho olfato para lo que se iba a vender y lo que no. Conocía el negocio. Era muy amigo de Salvador de Madariaga y publicó toda su obra.

"Por las mañanas, mi abuelo madrugaba y mi abuela se quedaba en la cama leyendo como hasta las once y media. A las siete y media de la mañana mi abuelo salía de su casa y hacía la recorrida por las imprentas, iba a la compañía impresora, a Amorrortu y a todos los lugares donde se estaban haciendo los libros. También recorría las librerías para ver cuánto habían vendido el día anterior. A eso de las nueve llegaba a la editorial. Después se encontraba con mi abuela en La Biela, todos los días a las doce y media, y allí se tomaban un cafecito, a veces con Mallea, con Macció, o con algún otro amigo. Iban luego a almorzar a su casa, y a eso de las tres, mi abuelo volvía a la editorial. Por las tardes siempre había presentaciones de libros, exposiciones o conciertos. Les gustaba la música, pero más la pintura. Iban mucho a exposiciones. Mi abuelo se hizo muy amigo de Butler, Basaldúa, Macció, etc. A ellos les pedía ilustrar las tapas de los libros que imprimía.

"Mi abuela salía sólo si volvían temprano. Desde que murieron sus hijos adolescentes tuvo problemas de corazón y no quiso trasnochar nunca más. Palió su dolor trabajando en un hospital y ayudando a la gente, pero decretó que no saldría más después de las diez de la noche, En cambio, mi abuelo iba al teatro y a reuniones, al cine, etc. Era un matrimonio muy bien avenido, con mucha comunicación y unión intelectual y cotidiana. Quizá por influencia de la época tan machista en lo sexual, a veces él tenía sus aventuras... Pero tenía que controlar sus tendencias mujeriegas, porque mi abuela era de carácter muy fuerte. Al mismo tiempo era muy graciosa y andariega y a él le divertía mucho.

"Fue una de las primeras mujeres que usaron pantalones en España. Era muy progresista, pero a la vez tradicional.

Escribió un libro llamado *Cómo hacer un hogar feliz*. Algunos consejos son muy graciosos, como aquellos para mantener el marido, donde dice, por ejemplo: 'A los hombres hay que darles la razón en todo lo que no tenga importancia y oponerse sólo en las cosas importantes'. También escribió un libro de cocina que se llamaba *¿Qué comemos hoy?*, pregunta que todas las mañanas le hacía su cocinera. En el libro proponía menús de dos platos y postre y explicaba uno de los platos.

"Oliverio Girondo, a quien recuerdo como un hombre alto y enjuto, se llevaba muy bien con mi abuela: él escribía, ella traducía y lo consultaba. Lo recuerdo más que a Norah Lange, su mujer. Mi abuela iba con él iba a los remates. Un día mi abuelo le dio plata para que comprara algunos de los muebles más necesarios y ella, aconsejada por Girondo, volvió con dos biombos, para dividir un poco la casa tan grande. Al día siguiente, volvió del remate con un gallo de cerámica. Finalmente mi abuelo compró los muebles él mismo, sin el asesoramiento de Girondo.

"Había un escritor español que se llamaba Pla; iba siempre a visitar a mis abuelos. Era tan sucio y desprolijo que impresionaba. Siempre llevaba una valijita con algo de ropa y mi abuela le decía: 'Don José, déjeme que le lave la ropa porque usted no puede andar con esa mugre'. Ella era capaz de decir cualquier cosa a cualquiera. Esa sinceridad y el hecho de tener la casa abierta es también algo muy criollo, heredado de los españoles. Entre sus amigos estaban también don Claudio Sánchez Albornoz, Giménez de Asúa, don Gonzalo Lozada, don Lorenzo Luzuriaga, Ramón Gómez de la Serna, y todos aquellos intelectuales españoles que tanto aportaron a la cultura porteña. Gómez de la Serna llegaba cargado de juguetes para nosotros. Decía que las siete de la tarde era la hora de la locura de los chicos.

"Una vez mis abuelos me llevaron a su casa. ¡Nunca olvidaré la impresión que me dio! La casa entera era un gran *collage*: las paredes estaban cubiertas de recortes de diario, fotos, poesías, etc., hasta el techo y las persianas, y por todas partes nos miraban cantidad de bichos embalsamados. Se gastaba en ellos todos sus derechos de autor. Cuando teníamos la oficina en Alsina y Bolívar, la Librería del Colegio pertenecía a la editorial. En el subsuelo había pizarrones, mapas, bolilleros y otros objetos para vender a los colegios. También había muchos de esos animales embalsamados que Gómez de la Serna compraba en profusión. Cuando murió llevaron todo ese material a su pueblo y allí rehicieron la *casa-collage*. Él era casado con Luisita Sofovich y era tan pero tan celoso que cuando ella iba a la peluquería, él se paseaba por la puerta hasta que terminaba. Luisita llevaba siempre el pelo recogido en un rodete tirante, con un gran moño y andaba toda vestida de negro.

"Cuando su marido murió, ella y su hermana, dejando al muerto en la Sociedad Patriótica Española, fueron a lo de mis abuelos y lo primero que hizo Luisita fue soltarse el pelo y gritar: '¡Me liberé!'. Se pusieron las dos a cocinar y el abuelo a las tres de la mañana tuvo que arrastrarlas al velorio. Tan presionada se habría sentido Luisita, que después se fue al otro extremo y andaba toda pintarrajeada. Era una locura mutua. Otro de los contertulios, Giménez de Asúa tenía una impresionante colección de mariposas de todas partes del mundo. Cuartos y cuartos llenos de mariposas. Todos los amigos tenían su particularidad, y cuando se juntaban cada uno con su locura, eran algo único. Todos eran casados, pero no tenían hijos. Quizá por eso eran tan bohemios y excéntricos. Cuando estuvieron aquí García Lorca y Neruda se encontraron muy cómodos en este grupo brillante y alocado.

"Mi padre se sentía muy argentino y a la vez español. Tenía amigos en España y viajaba mucho. Se había ido a los diecisiete años y no había perdido el fuerte acento catalán. Mi abuela era de familia castellana y aunque entendía el catalán no quería hablarlo. Con papá hablaba en castellano; en cambio, mi abuelo y mi padre hablaban en catalán. Viajaban mucho, porque habían instalado allá una sucursal. Cuando vino el peronismo mi abuelo pensó: 'Otra vez me tendré que exiliar'. Por las dudas viajó a España y a México donde fundó dos pequeñas distribuidoras. Fundó también en España una editorial chiquita que se llamaba Edasa y que aún sigue en la familia.

"Yo quería conocer a mi bisabuela con la que me escribí hasta que murió. Yo tenía trece años y mis padres me habían prometido llevarme a los quince, pero no pudo ser. Los viajes entonces eran de tres meses. Era difícil dejar el trabajo por tanto tiempo, aunque mis abuelos viajaban todos los años. Mi abuela tenía allí a su madre y a sus hermanos. Mi padre viajaba mucho, sobre todo después de haber abierto esas dos editoriales en México y en España. El trabajo editorial exige muchos viajes: hay que ir a la feria de Frankfurt, ir a ver a los editores franceses, a los italianos. La comunicación por correo era muy lenta. No había más remedio que viajar. En cuanto empezó a funcionar el avión, mi padre lo utilizó, pero mi abuela le tenía pánico. Mi abuelo le decía: 'María Teresa, ¿vamos a España en avión?'. Y ella le contestaba: '¿Hasta cuándo puedo dudar?'. Un día se decidió y subió. Ellos tenían un poco dividido su corazón entre los dos países, pero no se lamentaban, no estaban todo el tiempo pensando en España. Era también su modo de ser optimista y progresista. Tampoco eran de ir a las fiestas nacionales españolas. (El desarraigo es mucho peor cuando no se tiene un plan o un objetivo directo. Estos muchachos que van ahora a la ventura y terminan trabajando de lavacopas no se dan cuenta de que es preferible hacer eso en su país donde tienen su familia al lado...)

"Cuando murió mi padre, yo tenía dieciséis años y estaba en el colegio, en cuarto año. Papá murió el 30 de marzo de 1965, y mi abuelo, que acababa de retirarse del trabajo, tuvo que volver a tomarlo. Tenía como ochenta años y le acababan de poner un marcapasos, uno de los primeros que se pusieron en la Argentina. La gravedad de mi abuelo fue en parte causa de la muerte de mi padre. Él era asmático y no se preocupó del ataque que tenía. Debió haberse internado. No lo hizo por la operación de su padre, y el corazón le falló. Tendría que haberse metido en una carpa de oxígeno. Fue terrible para todos, pero para mis abuelos fue una verdadera tragedia: era el tercer hijo que enterraban. El día que murió, habíamos tenido un almuerzo en casa con un editor americano. Recuerdo que papá se ahogaba, pero trataba de disimularlo.

"Al sonar el teléfono en su casa con la terrible noticia, mi abuela tuvo una premonición: 'Es Jorge que ha muerto'. Cuando llegó a casa y la abracé tuve la sensación de estar abrazando una bolsa de huesos. Ella era muy menuda, pero en ese momento el dolor parecía haberla descoyuntado, como si los músculos hubieran desaparecido. Se acostó en la cama y no se pudo levantar ni para ir al entierro. Pasada una semana, recuperó la energía y fue la que sostuvo a mi abuelo. Jamás en su vida la oí quejarse de la muerte de papá ni de la muerte de sus otros dos hijos. Tenía una entereza y una fuerza interior admirables.

"Mi abuela vivió hasta los ochenta y nueve. Lamentablemente, estuvo los tres últimos años de su vida sin poder hablar por una hemiplejia. Los dos sufrieron muchísimo al no poder comunicarse, porque conversaban mucho entre ellos. Mi abuelo le contaba lo que pasaba en la editorial, le pedía su opinión sobre los libros que pensaba editar.

'Mientras mi mujer esté así no me puedo morir', dijo mi abuelo. Todas las tardes se sentaba a su lado y le hablaba de los temas que siempre le habían interesado, sin saber si lo escuchaba o no. Cuando le conté que a mi tercera hija le había puesto Teresa, como ella, me dio la impresión de que entendía. Mi abuelo empezó a decaer recién cuando ella murió.

"Después de la muerte de papá, se había mudado a la nueva sede de Humberto I, donde era su oficina. Mi abuelo había pensado conservar un tiempo la de Bolívar con la Librería del Colegio. Pero cuando murió papá, quiso vender todo. A mí me dio tanta pena que le pregunté si no quería que trabajara con él. De un día para otro dejé el Colegio Mallinckrodt y me convertí en su secretaría. Él se empezó a animar cada vez más y vivió hasta los noventa y tres años."[4]

La empresa que se inició con un personal de quince personas contó con el tiempo con más de cincuenta y abrió sucursales en Chile, Montevideo, México y España. Don Antonio era el gerente, pero siempre tuvo asesores literarios. En 1955 lo tenía a Francisco Porrúa, que había leído algo de García Márquez, un escritor hasta entonces desconocido. En 1967, Porrúa le escribió para preguntarle si tenía algún texto para publicar. García Márquez le contestó que tenía una novela casi terminada, y si quería, le mandaba algún capítulo. Porrúa aceptó y García Márquez le mandó un capítulo de *Cien años de soledad*. Los editores apostaron por el desconocido colombiano y se hizo una tirada de ocho mil ejemplares en lugar de la habitual de tres mil. Desde entonces nunca se dejó de reeditar.

---

4 Entrevista.

Dos años después, en 1969, al celebrar los treinta años de Sudamericana, López Llausás, de ochenta y cuatro años, dijo en su discurso:

"El panorama y las posibilidades que hoy tiene la industria editorial, son por suerte muy distintas de las que encontró quien les habla al llegar a la Argentina hace treinta años. En aquellos tiempos los autores tenían que pedir como una limosna a los editores que les publicaran sus libros. Hoy somos los editores que vamos a la conquista de los autores como si fueran las niñas bonitas (...) En el aspecto económico, nuestra sociedad que se constituyó, a pesar de la importancia del grupo iniciador, con el modesto capital de cuatrocientos mil pesos, ha pasado hoy a tenerlo de cien millones, con un catálogo de unos mil quinientos títulos, y es por sus ventas la cuarta editorial del país, con perspectivas de acercarse todavía más a ser la primera."[5]

A medida que los nietos de don Antonio iban creciendo, se fueron incorporando a la editorial. Gloria era la mayor de seis, y cuando su abuelo murió ya la empresa la llevaban ellos. Gloria López Llovet se casó con Jaime Rodrigué, quien también entró a trabajar en la editorial. Actualmente se ocupa de la editorial Edasa, que aún conserva la familia en Barcelona. "El también es un ejemplo de argentino típico –añade Gloria–. Francés y alemán por parte de padre (Rodrigué-Shujar), inglés y portugués por parte de madre (Llerens-Mattos). Y aun más: el alemán, Shujar, se casó con una india en Santa Fe. Mi suegro nos llevó un día a una estancia en Totoras, Santa Fe. Allí estaban los cuadros de los antepasados y la abuela era una india de trenzas, de apellido Larguía."[6] Así es la rica realidad de nuestro país.

5 Leandro Sagastizábal, *op. cit.*

6 Larguía es en realidad Aguilar. Lo cambió un sacerdote de ese apellido para que lo llevaran sus hijos sin dar escándalo.

"También tenemos muchos primos con quienes seguimos la relación –concluye Gloria–. Hemos tratado de que nuestros hijos conozcan a parientes y amigos porque nosotros en Barcelona nos sentimos como en casa. También ellos han venido a visitarnos. Ésos son también los lazos que nos unen a España."

Friedrich Wilhelm Rasenack[*]

En un sofocante día de agosto de 1939, el joven oficial de marina Friedrich W. Rasenack dejaba la base naval de Kiel, sobre el Báltico para ir a integrar la tripulación del *Graf Spee.* Aunque sonara absurdo, la amenaza de guerra volvía a cernirse sobre Europa, esta vez para atacar o defender la ideología más monstruosa que ha habido en la historia de la humanidad: creer que hay razas superiores y que éstas tienen el derecho de eliminar a las consideradas inferiores. Esto no se decía por entonces en forma tan cruda, y los marinos y soldados que iban a defender a su patria veían la guerra como una reivindicación del Tratado de Versalles, que había convertido a una Alemania próspera y progresista en un país pobre y sin esperanzas de recuperación.

* Testimonio propio, en noviembre de 2001, y de Silke Dross, su hija, y Frank Haupt, su nieto, en septiembre de 2002.

La misión que tenían asignada era combatir contra la flota mercante del Reino Unido en las aguas del Atlántico Sur, apareciendo aquí y allá. ¡El *Graf Spee* debería hacer de buque fantasma! Rasenack comprendió, con forzosa resignación, la imposibilidad de realizar el casamiento que con su novia habían planeado para septiembre.

Día a día el capitán de corbeta Rasenack fue anotando en su diario de a bordo las observaciones que constituirían su libro, un documento inapreciable sobre la contienda librada entre marinos ingleses y alemanes.[1] El *Graf Spee* llegó a ser famoso por aparecer en un océano para, con celeridad, desaparecer y surgir en el lugar menos pensado. El Almirantazgo inglés comenzó a preocuparse por el peligro que significaba su presencia en el Atlántico Sur desde donde venían los buques argentinos y uruguayos cargados de trigo y carne. El 13 de diciembre de 1939 se libró la batalla del Río de la Plata, entre el *Graf Spee* y el crucero británico *Exeter*, custodiado por los cruceros livianos *Ajax* y *Achilles*.

El estruendo, la muerte y la destrucción empezaron a las seis de la mañana, y, con intervalos, duró hasta el anochecer. El resultado de los cañonazos, granadas y torpedos fue apocalíptico. "En todos lados huele a incendio, a sangre y a hierro...", escribía Rasenack. Otro tanto sucedía en el *Exeter*, el cual, herido de muerte, seguía combatiendo. A las doce en punto de la noche el acorazado alemán, mostrando los estragos causados por la artillería inglesa, entraba en el puerto de Montevideo, poblado de barcos con la bandera británica flameando al tope de sus mástiles. Estaban en terreno neutral pero sólo por setenta y dos horas.

1 Friedrich Wilhelm Rasenack, *La batalla del Río de la Plata*, traducción al castellano de B. Förster, Buenos Aires, Ed. Beutelspacher, 1989.

El próximo paso era el decisivo: si el *Graf Spee* no podía caer en manos enemigas para que no fueran conocidos los secretos de su tecnología, la única solución era huir o destruirlo. Lo primero era imposible, dadas las circunstancias. La dolorosa determinación no podía ser diferida. El comandante dispuso todas las medidas necesarias para que la tripulación pudiera llegar a la Argentina. Él quería morir junto con su nave, pero fue disuadido con el argumento de que debía poner a salvo su tripulación. Así recuerda Rasenack el momento: "...17 de diciembre de 1939, ¡día que jamás podré olvidar en mi vida! (...) *Graf Spee* parece un volcán... Es un cuadro grandioso pero inmensamente triste, cómo muere este buque, que tanto en las batallas como en tiempos tranquilos fue para mí un hogar".

En cuanto desembarcaron en Buenos Aires, comandantes y tripulación fueron hospedados en el Hotel de Inmigrantes. "Estoy rendido y caigo como una bolsa sobre mi catre. Duermo más profundamente que nunca." Faltaba todavía uno de los golpes más duros: el 20 de diciembre, el comandante Hans Langsdorff quiso seguir la suerte de su buque, y "para demostrar al mundo entero cómo un soldado alemán sabe morir por la patria", se mató de un tiro, cayendo ensangrentado sobre la bandera. Según el narrador, "toda la población de Buenos Aires tomó parte en la demostración de duelo. Una enorme muchedumbre llenó las calles desde el Arsenal hasta Retiro e interminablemente desfilaron delante del féretro miles de personas. Las flores se acumulaban alrededor de la barraca".

Pero la vida continuaba. Con verdadero espíritu fraterno los miembros de la comunidad alemana en la Argentina se dispusieron a festejar la Navidad con los marinos. Adornaron el enorme comedor del Hotel de Inmigrantes, pusieron arbolitos de Navidad en las mesas y, sobre el plato, un pequeño regalo para cada uno. En un clima cálido, tan distinto del de la tierra natal pero ya impregnados de espíritu navideño, los mil hombres entonaron viejas canciones de Nochebuena, mientras su pensamiento volaba hacia los suyos... Friedrich Wilhelm no podía dejar de recordar a la rubia novia que lo esperaba, más allá de la guerra o de la paz.

Durante tres meses gozaron de la hospitalidad argentina y se hizo de algunos amigos, entre ellos el salteño Carlos Torino, quien años después le sería de gran ayuda. Pero no podía permanecer ajeno a la guerra que ensangrentaba Europa. "Mis pensamientos y mis añoranzas estaban en Alemania", escribe en su relato. Tenía que tratar de volver a su tierra y a sus afectos. Una vez que se supo que la tripulación sería trasladada a distintas provincias,[2] se enteraron de que los oficiales y suboficiales serían internados en la isla Martín García hasta que terminara la guerra. Eso lo determinó a huir junto con otros diez jóvenes oficiales. ¡Y entonces comenzó la gran aventura!

Para escaparse del Hotel de Inmigrantes contaron con la ayuda de algunos compatriotas, con quienes planearon la fuga de diez oficiales. Uno de ellos provocó un cortocircuito. Rasenack, que conocía muy bien la administración del hotel, por haber estado varias veces allí, salió por la ventana y pudo meterse en el baúl del auto de un médico del Hospital Alemán. Otros escaparon por distintos medios. En una agencia de barcos tomaron su primera cerveza en libertad y luego se diseminaron en casas de familias alemanas. La policía los buscó durante dos meses y luego desistió.

Desde la comodidad de su chalet situado en las sierras cordobesas, "don Federico", como lo llaman ahora, recuerda aquel inverosímil viaje de vuelta que había empezado en

2 Más de la mitad se quedaron en la Argentina y fundaron aquí sus hogares.

casa de una amable familia de la calle México al 2000, para seguir por Santiago de Chile, Panamá, California, Japón, Corea, Manchuria y la Unión Soviética.

"Lo primero fue conseguir una cédula que nos acreditaba a mí y a mi compañero como ingenieros checoslovacos que viajábamos para abrir la sucursal de la fábrica Skoda en Santiago de Chile. El avión en que viajamos estaba repleto de ingleses y norteamericanos, pero nadie nos preguntó nada. Vivimos un tiempo en casas de alemanes. Nos previnieron que sería muy difícil pasar por checoslovacos en un barco italiano, el único que podríamos tomar en esos momentos. Un jefe de policía nos fabricó unos pasaportes búlgaros, previo pago, por supuesto. Hasta el jefe del servicio secreto recibió un pago por no denunciarnos a los ingleses. Partimos, pues, en el *Conte Biancamano* que se dirigía a Génova, por la vía del canal de Panamá.

"Lamentablemente, Italia entró en la guerra y los norteamericanos confiscaron el barco, que fue internado en la Zona del Canal. En ese viaje estuvimos jugando con fuego al hacernos pasar por viajantes de vinos búlgaros que sabían inglés, ya que el jefe del servicio secreto norteamericano se aburría mucho y nos buscaba constantemente para conversar sobre Bulgaria. Antes que nada, le hice algunos comentarios sobre la geografía de Europa Central para ver cuáles eran sus conocimientos, y cuando nos dijo que el Danubio nacía en los montes Cárpatos, nos aventuramos a darle conversación todo el viaje hasta hacernos sus amigos. Era tal su interés sobre 'nuestro idioma y costumbres', que ideamos una especie de diccionario búlgaro con palabras de nuestra invención. Por las noches, antes de dormir, repasábamos las palabras para no equivocarnos. Así fue como inventamos un nuevo idioma.

"Al quedarnos varados en Panamá, nuestro amigo nos ayudó a transbordar a un vapor japonés recomendándonos al comisario de a bordo, que resultó ser un ítalo-alemán del Tirol. Cuando estuvimos a solas le contamos que habíamos sido oficiales del *Graf Spee*. Él nos conectó con el cónsul alemán en Panamá, a quien escribimos una carta relatándole nuestra aventura. Así fue cómo, sin saberlo, el jefe del servicio secreto norteamericano nos ayudó a conseguir los pasajes para Japón, previo paso por México y los Estados Unidos. Allí se nos unió un grupo de alemanes que huían presintiendo la entrada de Estados Unidos en la guerra. Los japoneses, que luego serían sus aliados, les confiscaron los equipajes. A nosotros, como búlgaros, nos dejaron en paz. Cruzamos el Pacífico y una vez en Tokio recuperamos nuestra nacionalidad sacando pasaportes con visa para Rusia, donde se consignaba que éramos comerciantes alemanes."[3]

Todavía no podían considerarse a salvo: un continente entero y en guerra los separaba de los suyos. Tuvieron que cruzar en balsa a Corea y tomar un tren repleto de soldados que se dirigían a Manchuria para pelear en la Guerra Ruso-japonesa. Una vez que llegaron a la frontera de Manchuria, dominada por los japoneses, los marinos viajeros entraron en tierra de nadie hasta llegar a las trincheras de los soviéticos. Todavía estaba vigente el pacto de no agresión germano-soviético, acordado por Hitler y Stalin en agosto del 39,[4] pero los alemanes eran mirados con desconfianza. Al llegar a la frontera rusa, el tren paró y el Servicio Secreto fue investigando uno a uno. Como tenían visa soviética pudieron entrar. Así cruzaron toda la Manchuria y Siberia hasta llegar al tren de Vladivostok. Pasaron los Urales y llegaron a Moscú. El agregado naval alemán no podía creer que tenía ante él a dos oficiales del famoso

3 Entrevista a Friedrich Rasenack.
4 El famoso Pacto Ribbentrop.

"acorazado de bolsillo". Los recibió con alegría y puso a su disposición su coche para que pudieran recorrer la ciudad. Por la noche fueron a la ópera con el agregado naval y su mujer. Contrastes de la vida... Pero no acabaron aquí las aventuras: faltaba un largo trecho para llegar a casa y el armisticio germano-soviético podía romperse en cualquier momento. El servicio secreto sabía perfectamente que no eran comerciantes alemanes sino oficiales, por lo que poco duró el confortable descanso de Moscú.

"El servicio secreto soviético nos seguía los pasos. Subimos a un tren que nos llevaría a la frontera, pero ellos hicieron parar el tren y nos obligaron a bajar todo nuestro equipaje para revisarlo detenidamente. Yo, que llevaba conmigo como mi más preciado tesoro el diario de a bordo y otras anotaciones del viaje, tuve tiempo de entregárselo a un compatriota diplomático que había hecho de correo entre Berlín y Tokio, y ahora regresaba a Berlín. Los de la KGB no encontraron nada sospechoso, pero de igual manera hicieron arrancar el tren dejándonos con todo el equipaje disperso."

Solos en el andén de una estación desconocida, a miles de kilómetros de su destino, sólo atinaron a buscar otro tren que fuera en la misma dirección. Por todas partes pululaban soldados porque Rusia estaba por declarar la guerra a Alemania. Aprovechando la confusión reinante, cruzaron cuatro rieles cargados con sus cosas y lograron subir a un tren repleto de tropas que se dirigían a Kaunas, capital de Lituania, adonde llegaron por la noche. Los hoteles estaban desbordados por la cantidad de oficiales soviéticos, y las calles, por soldados. Tuvieron la suerte de encontrar el Club Alemán y dos compatriotas los invitaron a pernoctar en sus casas después de que les contaron su largo periplo. Al día siguiente tomaron un tren local desde Kaunas a la frontera rusa, que los acercaba a Alemania.

"Cruzamos la frontera el 1° de septiembre de 1940, exactamente un año después de haber estallado la guerra." Acababan de dar la vuelta al mundo y se suponía que había llegado "el reposo del guerrero". En Berlín esperaban a Friedrich W. sus padres y Petra, su novia. Después de tan larga ausencia ambos no pensaban nada más que en casarse. Así lo hicieron, pero la guerra continuaba y pasados apenas diez días, Friedrich W. tuvo que dejar nuevamente a su mujer para acudir a su nuevo destino, el buque de batalla *Tirpitz*. No podía quejarse: por lo menos estaba cerca y cada tanto recibía permisos para volver a su casa. Petra siguió en su papel de eterna novia, pero ahora con una gran expectativa: el nacimiento de su primera hija, a quien llamaron Sigrid.

Eran momentos críticos: los bombardeos indiscriminados contra las ciudades inglesas habían provocado la reacción de los aliados que bombardearon, también en forma indiscriminada, Berlín y otras ciudades alemanas. A Sigrid le tocó nacer en septiembre de 1941 entre las sirenas que llamaban a los refugios y los estruendos de los bombardeos. Tenía meses cuando, estando en su cuna, se le cayó encima el revoque del techo, por suerte sin consecuencias. Ante la ausencia del padre, llamado a Noruega para vigilar la frontera norte, el abuelo paterno[5] decidió que no podían seguir así: por lo menos la beba y su madre debían viajar lo más lejos posible de Berlín. Una marquesa amiga, dueña de un castillo en Silesia, en medio de un frondoso bosque, las recibió con ella y pudieron pasar dos años en relativa paz, pero con una escasez de recursos que día a día se hacía más evidente.

Friedrich W., en su dorado exilio de Noruega, no lo pasaba tan mal. Para amenizar la larga noche glaciar formó

5 El abuelo Rasenack era de Berlín y estaba en el equipo de científicos que inventó el submarino.

con otros compañeros un conjunto musical y de esta manera estaba un poco aislado de los horrores que se vivían en Alemania. En esos dos años sólo tuvo un permiso, también en Navidad, para visitar a su mujer y a su hijita. Las consecuencias fueron el nacimiento de Silke, también en el mes de septiembre del año 1943.

A fines de ese año, cambios en el Estado Mayor obligaron a Friedrich W. a volver a Berlín, donde estuvo a punto de morir en uno de los incendios provocados por los grandes bombardeos. "No olvidaré más la noche del 22 al 23 de noviembre –recuerda desde su refugio cordobés–. Fueron entonces tantos los incendios, que debimos dormir en el jardín zoológico, uno de los pocos lugares donde no habían caído bombas." Se acercaba la derrota de Alemania ante los Aliados y, con ella, el fin de la guerra en Europa. Pero hasta último momento el Tercer Reich obligó a sus científicos, ingenieros, etc., a idear nuevas armas y municiones.

Rasenack fue llamado para trabajar con otros científicos en la empresa armamentista. Tuvieron éxito en sus creaciones bélicas, pero ya era demasiado tarde para que su uso pudiera implicar un cambio en el rumbo de la guerra. En enero de 1945, comenzó la gran ofensiva soviética desde la cabeza de puente de Baranow, en el Vístula. Mientras las ciudades declaradas "fortalezas" (Thorn, Posen, Graudenz, Königsberg y Breslau, entre otras) iniciaban una desesperada defensa, Petra, con sus dos hijitas de cuatro y dos años envueltas en pieles de cordero para paliar la temperatura de 20° bajo cero, huía de los soviéticos en el único carro a caballo disponible en la zona, gracias a que la marquesa había podido esconder al animal cuando la obligaron a donar todo para el Ejército alemán. Arrastrado por el viejo matungo, el carro avanzaba dificultosamente sobre la nieve y sobre los cientos de cadáveres de ancianos, mujeres y niños congelados que no habían podido resistir el frío en la desesperada huida. "Fuimos los únicos sobrevivientes del pueblo en que vivíamos porque éramos los únicos que teníamos carro y caballo", recuerda Silke. Iban a las cercanías de Bremen.

La abuela materna de Silke era vienesa y había tenido la oportunidad de acoger en su casa a un soldado muy malherido, cuidándolo como un hijo. No teniendo cómo retribuirle su generosidad, el soldado le había dicho: "Avíseme si llega a necesitar algo de mí". Ella le avisó que su hija y sus nietas estaban sin techo y él les prestó su casa en Alemania del Norte, cerca de Bremen y Hamburgo. Gracias a que el correo siguió funcionando con regularidad aun en los peores momentos de la contienda, madre e hija habían podido comunicarse. La guerra estaba llegando a su etapa final. El 25 de abril de 1945, Berlín tuvo que capitular. El 28 los soviéticos entraban en Berlín y en Viena. Dos días después, se conocían los suicidios de Hitler, Eva Braun y Goebbels. El 4 de mayo el almirante Von Friedeburg firmaba la capitulación en el cuartel general de Montgomery, en Lüneburg. Friedrich W. Rasenack era uno de sus acompañantes.

Los años de posguerra (1945-1948) fueron los más difíciles para la familia Rasenack y para tantos otros compatriotas que habían perdido todo. De esta época recuerda Silke que llegaron al extremo de hacer comidas con cortezas y raíces de los árboles. Un día que su padre consiguió una bolsa de avena lo festejaron como un triunfo, y su madre la racionó haciéndola durar ocho meses. Habían conocido el hambre.

Silke, hija de Friedrich Wilhelm Rasenack, es en la actualidad artista plástica y hace bellos tapices con retazos de seda de colores. Llegó de Alemania a los seis años. Nació y vivió sus primeros años durante la guerra, pero sólo recuerda las privaciones de la posguerra. Había visto tan pocas veces a su padre durante esos años, que ya se había acostumbrado a su ausencia. En realidad, habían sido criados y mantenidos por su madre. Muy creativa y trabajadora, Petra, empezó a confeccionar unas lindas blusas y con eso lograron sobrevivir. Silke lo recuerda con no oculta admiración:

"Cuando vivíamos cerca de Bremen puso una casa de costura 'La moda vienesa', donde se hacía ropa de muy buen gusto. Mi madre era de Viena. Empezó haciendo unas blusas muy chic con lo que había después de la guerra: telas de cortinas o lo que hubiera. Tenía costureras que la ayudaban y todo se canjeaba por comida. Era un forma de supervivencia. Cada uno recibía unos bonos para comida con lo que se conseguía, lo justo para no morirse. El trueque estaba prohibido, pero se hacía, y las más hábiles en fabricar cosas para trueque eran las mujeres. Las mujeres tienen una inventiva especial cuando se trata de mantener a los suyos."[6]

En cuanto acabó la guerra, los militares ingleses habían pedido a Rasenack que ayudara a transportar hacia el oeste a los científicos e ingenieros alemanes que estaban en zona soviética, antes de que los rusos se los llevaran.

"Fui en una comisión con un oficial norteamericano y un judío de Viena y los tres evacuamos a todos los científicos que conocíamos fuera del territorio comunista. Los ingleses nos dieron un coche para las familias y un camión para los muebles. Yo les explicaba a lo que veníamos y era recibido como el Dios del cielo, porque todos querían huir del comunismo rojo. Después de esto los ingleses me dejaron en libertad para que volviera con mi familia, pero con la condición de que estuviera a su disposición si me necesitaban. Gracias a eso pude estar un tiempo con ellos."[7]

---

6 Entrevista a Silke Dross.
7 Entrevista a Friedrich Rasenack.

Hasta entonces la responsabilidad directa de alimentar y vestir a sus hijas había caído sobre la joven madre. Rasenack no conseguía trabajo pago y fue como voluntario a una fábrica de lanas de Lahausen, donde aprendió algo sobre la materia. "A fines del 45 –sigue recordando Rasenack– los ingleses me llamaron a Londres para que les explicara los adelantos que habíamos logrado en materia de armas hacia el fin de la guerra. Yo había estado trabajando en un nuevo tipo de municiones y querían conocer nuestros adelantos en granadas antiaéreas, sobre todo las novedades en la sincronización de los tiempos. Estuve en Londres hasta febrero del 46. Mi mujer y mis hijas seguían solas en Bremen. Finalmente me dejaron libre y volví a mi trabajo en la fábrica de lanas de Lahausen. Entonces me escribió un amigo de Buenos Aires diciéndome que fuéramos a la Argentina porque allí no nos faltaría la comida. 'Argentina es tan rica como un hombre viejo que no sabe dónde colocar su plata', me escribía. Pero no nos estaba permitido salir de Alemania." Habría que escapar.

Un pariente de Friedrich W. vivía en Zurich, Suiza. Se celebraba una fiesta de homenaje a un poeta suizo-alemán en un pueblo que estaba bajo dominio francés. Algunos suizo-alemanes pagaron unos francos a los soldados franceses para que los dejaran pasar y en ese festival se encontraron. Los unió la Providencia. Al conocer la situación de la familia, el pariente prometió ayudarlos. Primero debería viajar Friedrich W., y una vez allí podría llamar a los suyos. El primer paso fue conseguir un certificado de libre desembarco. Su amigo se lo mandó junto con su dirección en Zurich y algunos francos. Una vez allí, le facilitaría el dinero para el pasaje a la Argentina, partiendo del puerto de Génova.

El problema era cómo llegar a Zurich: Alemania entera era una inmensa prisión. Un largo cerco de alambre de púas, de tres metros de alto y dos o tres de ancho, separaba la frontera entre Suiza y el sector de Alemania a cargo de los franceses. Un conocedor le dijo que podría escapar arrastrándose por abajo, pero de noche había muchos centinelas, y si lo pescaban, lo mandarían a pelear a Indonesia. Resolvió pasar de día, mientras los soldados disfrutaban del almuerzo dominical. Su pariente le había dado algunos francos suizos y en una bolsa llevaba los zapatos de vestir que iba a cambiar por las zapatillas que llevaba puestas. Una vez pasado el alambre, su protector le había indicado que tendría que cruzar unos trigales para llegar a la estación donde tomaría el tren para Zurich. Se sacudió la tierra y cambió sus zapatos antes de subir al tren. Una vez en a Zurich, tomó el tranvía que lo llevaría a la calle donde vivía su amigo. Tratando de darle ánimos, éste le había dicho que lo esperaba ese domingo a las cinco para tomar un café con torta de crema y frambuesas.

"A las cinco en punto toqué el timbre, mi amigo abrió ¡y allí estaban las frambuesas, la crema y el café!" Lo demás fue muy sencillo. Con el certificado de libre desembarco, el cónsul argentino hizo todos los papeles necesarios, fue revisado por un médico, y los suizos le facilitaron un pasaporte con el cual pudo comprar el pasaje a Génova y luego a la Argentina, en un barco italiano. Llegó a Buenos Aires en 1948, decidido a trabajar en lo que fuera necesario para hacer venir a los suyos, que lo seguían esperando. Estaba dispuesto a reparar el involuntario abandono de su familia trabajando en lo primero que encontrara, dejando a un lado su gusto por la historia y la literatura y su facilidad para la mecánica. Después de los peligros pasados, nada podría detenerlo.

El primer año fue muy duro. Apenas le alcanzaba para sobrevivir y no tenía ninguna posibilidad de pagar el viaje de su familia. Un día que, desanimado, caminaba por la calle Corrientes, encontró de casualidad a aquel argentino, Carlos Torino, que había conocido en el Hotel de Inmigrantes. Le contó su odisea y la imposibilidad de traer a su familia. Sin dudarlo, Torino le adelantó lo que necesitaba para los pasajes, y Rasenack pudo llamar a su familia, aumentada con el nacimiento de un varón, Pedro, el "hijo del reencuentro". Para Silke y su hermana el viaje tuvo un placer especial: en el *Córdoba*, el barco que los llevaba a la Argentina, recibieron su primer plato lleno de comida.

Empezaba una nueva vida. Aunque su situación tardó un tiempo en ser floreciente, "la diferencia consistía –según afirma Silke– en que podía ir al carnicero y pedirle algo que entonces no costaba nada: hígado, osobuco, tantas cosas que servían y entonces no se valoraban...". Por su parte, su padre, lúcido en sus ochenta y siete años pero con cierta dificultad para expresarse en castellano, recuerda lo que le costó empezar con trabajos tan distintos de su profesión de marino: "Entré a trabajar en una hilandería de lanas con máquinas de 1890, que ya eran chatarra para los ingleses, pero éstos las habían vendido a los argentinos. La hilandería quedaba en Florida. Yo entendía de máquinas y pude arreglarlas. Como no tenía suficiente plata para actuar solo, por mi cuenta, formé con un checoslovaco y un italiano una sociedad industrial para hacer una fábrica de madejas. Firmamos un contrato, pero me lo hicieron firmar sólo abajo, como se hacía en Alemania, y no en el costado de cada hoja, como se usaba aquí. Por esa razón, una vez que les arreglé las máquinas pudieron decir que se acababa la sociedad y yo me quedé sin plata y sin trabajo."

Trabajó entonces un tiempo como sereno en una fábrica de Munro, para tener algún lugar donde vivir y poder buscarse otro trabajo durante el día. Tenía el don de caer bien a la gente y se había hecho un buen nombre en el consorcio de Sedalana. Uno de los que habían sido clientes, al conocer su situación, le consiguió un trabajo para hacer vasitos para helados con harina y agua, en unos moldes. "Era todo muy primitivo –recuerda Rasenack–. Por las mañanas andábamos cazando las ratas del tamaño de conejos. Durante el tiempo que estuve allí tenía que vender los vasitos por las heladerías y conocí muy bien a los clientes. En general, eran armenios, griegos, judíos e italianos, a quienes acudí cuando llegué a ser jefe de ventas de la firma Orbis. Antes de llegar a eso, estuve trabajando en una fabrica textil de seda, lana y algodón. Allí estuve siete años, hasta el 57."

Mientras tanto, en esos años habían pasado cosas trascendentes para la familia: al poco tiempo de llegar a la Argentina el matrimonio se separó. Mucho coraje debe de haber tenido Petra para quedarse sola con tres hijos pequeños en un país desconocido y sin saber una palabra del idioma. "Mi padre no había podido compartir con mi madre ninguno de los horrores que ella vivió con nosotros durante la guerra. El matrimonio no funcionó porque, en realidad, nunca convivieron. Sus experiencias eran distintas, sus vidas también lo eran. Tenía veintinueve años y tres hijos, y en sus ocho años de matrimonio no habían compartido ninguna de las cosas más importantes en una familia: el nacimiento de los hijos, verlos crecer, los peligros de la guerra, la lucha para sobrevivir... todo lo hicieron por separado. Yo recuerdo sólo la posguerra en Alemania del Norte, y esos años casi no lo vi.

"Cuando llegamos a la Argentina yo tenía siete años y puede decirse que recién entonces lo conocí. Después que se separaron lo veía seguido. Se volvió a casar bastante pronto con una mujer, también alemana, a quien quise mucho y ha muerto hace unos años. Mi padre es un hombre muy recto, pero no es un empresario. Siempre le gustó la historia, estudiar e investigar. Vi trabajar fuerte a mi madre. Ella nos mantenía trabajando en su propio taller de confección."[8]

La abuela paterna de Silke era artista plástica; la materna, "una de esas artesanas que siempre están tejiendo maravillosos encajes. Todavía tengo manteles bordados por ella. Mi historia comenzó en Alemania cuando debajo de la mesa jugaba con los retazos de las telas que le sobraban a mi mamá". De aquellos juegos y quizá de su propio nombre[9] surgió la vocación artística de Silke expresada en sus tapices, de gran belleza y colorido. "Mi madre, por profesión, era maestra jardinera, pero le gustaba la costura y las manualidades. Era muy atractiva y vital. En cuanto llegó a la Argentina puso un taller de confección. Primero empezó a trabajar con alguien que cosía, para conocer el vocabulario y poder defenderse. Después se dedicó a hacer los modelos y los llevó afuera para coser. Trabajó muchísimo y pudo hacerse un lugar en el mundo de la empresa. Los hombres estaban un poco asustados, porque en esa época no había mujeres empresarias... Con el tiempo armó una linda empresa y vivimos gracias a eso."

Por su parte, don Federico sigue recordando los años pioneros:

"En el 54 me habían invitado a su casa la mujer y la hija del capitán Langsdorff,[10] que se habían quedado a vivir en Buenos Aires. En esa oportunidad conocí a Roberto Mertig, dueño de la fábrica Orbis, que nos invitó a conocer el centro recreativo que tenían en La Falda, sierras de Córdoba. Más adelante Mertig, sabiendo la experiencia que yo tenía en el trato con la gente, me consiguió trabajo en

8 Entrevista a Silke Dross.

9 *Silke* significa "seda" en alemán.

10 Comandante del *Graf Spee*, que hundió el barco salvando así la vida de la tripulación y luego se suicidó, como ya vimos.

Orbis. En el 64 ascendí a gerente de ventas. Gracias a este trabajo, viajé por todo el país desde Ushuaia hasta la Quiaca, no como turista sino de veras, conociendo a la gente y su entorno. Después tuve a mi cargo preparar la base de datos de la empresa, cuando recién empezaban las computadoras, que eran muy grandes y muy complicadas. En el 79 me jubilé y vine a vivir acá, porque el clima de Buenos Aires le hacía mal a mis bronquios. Hace siete años murió mi segunda mujer y desde entonces vivo solo, pero siempre me vienen a visitar mis hijos y mis nietos."

En efecto, su familia lo visita con frecuencia. "Está solo y necesita cuidados y cariño", dice su hija. Pero Rasenack no vive solamente del recuerdo de sus viajes y aventuras sino que participa de todo lo que le interesa. Cuenta Frank, su nieto, hijo de Silke, que hace unos cinco años viajó a Cuba con una de sus hijas. Cuando a la vuelta fue a visitarlo, don Federico sacó de un armario un gran libro encuadernado y se lo dio diciendo: "Tomá. El informe de Cuba". No sólo había comentarios sobre la gente y las instituciones, sino cantidad de fotografías tomadas por él. Tiene también un armario con todos los informes de sus viajes por las provincias argentinas y por otros países, prolijamente encuadernados en cuero. Aún hoy se escribe con la camada de oficiales de marina de Australia, Nueva Zelanda, Estados Unidos, Inglaterra. Manda y recibe *mails* y sabe lo que pasa en todas partes porque siempre está en contacto con todos. Ése es su secreto para no envejecer.

Santiago Stegner: de Zagreb a Florida*

La ciudad de Zagreb, capital de Croacia, fue desde tiempos prehistóricos, cruce de caminos entre Occidente y Oriente. Los primeros croatas –de origen eslavo– que la habitaron venían desde el Báltico siguiendo la ruta del ámbar. La cristianización de la región de Croacia, Eslovenia, Bosnia y Herzegovina se fue realizando entre los siglos IX y XI. Quedan como testigos preciosas iglesias románicas que se destacan en una naturaleza incomparable: montañas, valles, costas escarpadas que dibujan cientos de islas, bahías, penínsulas y puertos sobre un mar siempre azul: la costa dálmata.

Estas tierras fueron durante cientos de años escenario de constantes guerras religiosas. Su carácter limítrofe facilitó los choques entre cristianos ortodoxos serbios, católicos

* Entrevista a Santiago Stegner, en noviembre de 2001.

croatas, bogomiles bosnios originarios de Bulgaria[1] y turcos musulmanes que, finalmente, en la primavera de 1463 ocuparon todo el reino de Bosnia-Herzegovina. Los nobles bosnios convirtieron en masa a su pueblo al Islam y Croacia se dividió en dos bandos hostiles: "...de un lado, los croatas católicos de los restos de la Croacia libre; del otro, sus hermanos islamizados de la Bosnia turca. En esa pelea larga y gigantesca, los croatas de ambos lados derramarían ríos de sangre y el pueblo croata quedaría reducido al tercio de sus fuerzas nacionales."[2]

Después de la Primera Guerra, cuya chispa se encendió en Sarajevo, Serbia se anexionó Bosnia-Herzegovina, que pasaron a ser dominadas por la Croacia fascista de 1941, territorio de encarnizadas luchas de partisanos contra el invasor nazi durante la Segunda Guerra Mundial. En 1943, bajo el liderazgo del mariscal Tito, se establecieron las bases del nuevo estado comunista yugoslavo. Es entonces cuando comienza esta historia, relatada por Santiago Stegner:

"Nuestra familia vivía en Zagreb. Croacia había pasado una etapa independiente, pero el nuevo orden la llevó a depender de la Yugoslavia comunista. Mis padres no querían vivir bajo el régimen de Tito. No había más remedio que partir. La guerra terminó en mayo de 1945 y la entrada de los comunistas en Zagreb era inminente. En el primer momento de confusión era posible escapar, pero en cuanto llegaran los comunistas declararían traidor a todo el que intentara salir del país. Yo tenía seis años, una hermana de nueve, otra de siete, y la menor, de un año.

1 Los bogomiles eran seguidores del sacerdote ortodoxo búlgaro Bogomil, quien introdujo la vieja herejía maniquea que afirmaba la existencia de dos dioses: el del bien y el del mal. El bien era todo lo espiritual y el mal, lo corporal.

2 Dominik Mandic, "El origen croata de los musulmanes de Bosnia y Herzegovina", en la revista *Studia Croatia*, Buenos Aires, edición especial, 1965.

Papá había tenido que huir primero y nos esperaba en Trieste. Mamá no lo pensó más. Fuimos a la estación a tomar el tren para Italia. Teníamos que cruzar Eslovenia, y los aviones rusos atacaban en forma tan continua que mamá decidió bajar en la primera estación. Recuerdo que en el tren había heridos y se oía en forma constante el ruido de la metralla. Nuestra situación era para conmover a cualquiera. Una señora nos dio refugio en su casa y nos quedamos viviendo un tiempo en ese pequeño pueblito esloveno. El idioma era muy similar al croata."[3]

La huida había sido muy traumática, sobre todo por la angustia de la madre, imposible de disimular. Pero pronto se impuso la frescura de la edad. Santiago encontró amigos y con ellos jugaba todo el día, deslizándose en zorra por los rieles de un aserradero abandonado o internándose en el bosque vecino donde un día encontraron un casco de soldado alemán. Lo grave era la falta de comunicación. No tenían noticias de su padre y él no tenía manera de averiguar dónde estaba su familia. Las fronteras estaban cerradas. La madre decidió que era mejor volver a Zagreb.

Cuando llegaron a su casa, la encontraron ocupada: ya estaba instalado el régimen del mariscal Tito. Croacia, arrasada por el comunismo, comenzó a perder su identidad, su religión y su dignidad. Junto con otros cuatro países formaba parte de Yugoslavia y quedaba prohibida toda manifestación religiosa, política o patriota, bajo cárcel o pena de muerte.

Fueron entonces a vivir a casa de un tío y los chicos volvieron al colegio. Santiago estaba en preescolar y todo era una novedad para él. Como no había ni correos ni teléfono, los padres seguían sin poder comunicarse. Un día

3 Entrevista.

apareció una mujer que tenía contactos en la frontera y ayudaba a escapar por dinero. El padre la había contratado. Se prepararon para la huida.

"Recuerdo perfectamente la puerta de la casa de mis tíos en el momento en que nos íbamos. Subimos a un tren. Había una requisa policial permanente para desarmar a quienes todavía portaban armas. Mamá nos había avisado que si le preguntaban algo, diría que íbamos a visitar a unos parientes. No tuvimos mucho problema, porque nuestro apellido paterno, Stegner, no es de origen croata sino esloveno. Llegamos a la región italiana del Fiume. Allí bajamos, pero en la Aduana hubo otra requisa policial y vimos cómo se llevaban a un hombre, aterrados de que nos pasara lo mismo. Gracias a Dios todo anduvo bien: mis dos hermanas mayores y yo cruzamos con aquella mujer contratada por mi padre. Mi mamá se arriesgó a cruzar con la beba en brazos por una zona totalmente militarizada. Un soldado le preguntó: 'Compañera, ¿dónde está tu pasaporte?'. Ella hizo un amague de buscarlo dificultosamente en su cartera y le dijeron: 'Está bien, pase'. Mamá tendría entonces unos treinta y tres años. Ahora tiene noventa, pero todavía lo recuerda."[4]

Una vez reunidos del lado italiano se produjo el encuentro con el padre. Fue muy emocionante para todos. Habían pasado tres meses sin saber nada los unos de los otros. El principal recuerdo que Santiago tiene de Trieste es que entonces aprendió a andar en bicicleta. Estuvieron allí unos tres o cuatro meses hasta que fueron a vivir con la colectividad a un campo de refugiados en Fermo, a cuarenta kilómetros del Adriático. El lugar era una ex fábrica textil adaptada para refugio. Hasta habían construido

4 Entrevista.

una capilla. Todo estaba muy organizado, porque entre los que emigraban por persecución ideológica había muchos intelectuales y profesionales que se dedicaron a reorganizar la colectividad para poder llevar una vida digna a pesar de lo precario del momento.

Ese campo de refugiados, donde habría unas dos mil personas, casi todos croatas, correspondía a la zona controlada por los ingleses. La Cruz Roja Internacional, que se estaba ocupando de reordenar la Europa de posguerra, los proveía de lo necesario. Había mucho movimiento de gente que huía o volvía a sus hogares, muchas familias desencontradas o deshechas a quienes ayudar a rehacerse. Dos sacerdotes se preocupaban de la parte espiritual de la comunidad, Rápidamente se formó una escuela primaria y secundaria. "Yo hice allí primero y segundo grado –añade Santiago–. Todavía tengo el boletín, una simple hoja, pero escrito en tres idiomas: inglés, italiano y croata."

El lugar se caracterizaba por espacios enormes donde habían estado las máquinas. Los organizadores lo subdividieron con biombos de telas armadas sobre bastidores de madera. Cada familia tenía, en el interior de esta especie de tienda-dormitorio, camas de tres pisos. Los baños estaban afuera y había una cocina general donde había que presentar un vale para recibir la comida. En la entrada de este campo de refugiados había un pequeño hospital o sanatorio atendido por médicos croatas. También había un traductor del inglés al croata, una especie de delegado de la colectividad para establecer relaciones con las autoridades inglesas. Allí estuvieron cerca de tres años.

"Así como recuerdo la huida como algo muy cruel, evocar el campo de refugiados es confortable –afirma Santiago–. Allí hice mi primera comunión. Papá trabajaba perforando los tickets a quienes se les daba el plato de comida. Ésta escaseaba, como ocurría en todo el continente. Generalmente nos daban carne enlatada y pan negro. Mamá tenía algunas joyas que iba cambiando por comida extra. Un día el maestro me mandó a dar un mensaje a su hermano que cuidaba el depósito de la comida. Cierro los ojos y vuelvo a vivir con nitidez ese momento: me veo caminando alegremente con una manzana en la mano, regalada por el hermano del maestro."

El problema era dónde continuar la vida. Hubo distintas opciones. Una era la Argentina, país con características europeas cuya economía no había sido afectada por la guerra. Para entrar a Estados Unidos o Canadá las exigencias eran mayores: había que saber inglés y tener una profesión técnica (querían ingenieros o técnicos, no abogados ni maestros). Stegner era empleado bancario y tenía hecha la Escuela de Economía terciaria, algo intermedio entre la universidad y la escuela secundaria. Esto le serviría luego en la Argentina para trabajar veinte años en el Banco Alemán.

En la segunda mitad del siglo XIX habían llegado a nuestro país algunos pioneros croatas entre los que se destacaron Jakov (Santiago) Buratovich, que participó en la conquista de la Patagonia, y estableció la primera línea telegráfica entre Buenos Aires y Rosario.[5] Otro fue Nikola Mihanovich, nacido en 1848 en un pueblo de Dalmacia. Comenzó trasladando a tierra a los viajeros de los transatlánticos con pequeñas embarcaciones en el puerto de Buenos Aires, hasta que, en 1909, pudo formar su propia compañía e inaugurar el tráfico naviero entre Buenos Aires-Carmelo y Colonia. Su hermano, Miguel Mihanovich, continuó la tarea fundando en 1889 la empresa naviera "Sud Atlántica", que unía Buenos Aires con Bahía Blanca y

5 Que luego se extendió hasta Azul, Carhué y Bahía Blanca.

Carmen de Patagones. Personalidad importante de esta primera etapa fue también Iván Vucetich. Llegó a la Argentina en 1884, trabajó en la policía de la ciudad de La Plata y descubrió el sistema de identificación de las personas sobre la base de las huellas dactilares, hoy usado en todo el mundo.

La segunda etapa inmigratoria, que abarca el período marcado por las dos guerras mundiales, se caracteriza por una inmigración bastante más caudalosa numéricamente. Hacia 1939 había ciento cincuenta mil croatas en la Argentina. La mayoría se dedicó al cultivo de la tierra en chacras y estancias de las provincias de Buenos Aires y Santa Fe (Baradero, Ramallo, Villa Constitución, Godoy, etc.). Otros inmigrantes fueron pioneros en el cultivo de frutas y viñedos en Río Negro, y en la explotación de pozos petrolíferos de Comodoro Rivadavia. Una corriente migratoria se dirigió al noreste, a la provincia del Chaco, para dedicarse al cultivo de algodón, girasol y maíz.

En la elección de la Argentina por parte de los croatas influyeron también los contactos hechos por los misioneros franciscanos. Desde el siglo XIV tenían mucho prestigio por haber convertido a los bogomiles de Bosnia y haber acompañado a los católicos durante las persecuciones de los invasores turcos. Siguiendo esa tradición, habían ayudado también a los inmigrantes. Cabe destacar la obra de los frailes Leonard Ruskovich, Blas Stefanich, Rafa Capurso y Gabriel Arko, así como las religiosas de San Vicente de Paúl que llegaron a Buenos Aires en 1934.

La tercera etapa inmigratoria, a la que pertenecieron los Stegner, se inició al finalizar la Segunda Guerra Mundial. Así como la primera y segunda etapa pueden considerarse como inmigraciones económicas, la tercera fue claramente una inmigración política ocurrida "después de la tragedia nacional que fue la pérdida del Estado libre y soberano de Croacia, el genocidio de Bleiburg, las columnas de la muerte y los campos de concentración. A excepción del apoyo moral de la Santa Sede, únicamente la Argentina tuvo la generosidad y hospitalidad para recibir a esos refugiados políticos cuyo pecado más grave fue luchar por la autodeterminación de su pueblo. Se calcula que en 1948 ingresaron al país unos veinte mil croatas, refugiados políticos. Si bien un alto porcentaje de ellos poseían estudios terciarios y técnicos avanzados, el desconocimiento del idioma les impidió ejercer de entrada sus profesiones, de tal modo que la gran mayoría realizó trabajos físicos, de simples operarios. Sin embargo, el aporte de los croatas de esta etapa es realmente significativo en las más diversas ramas profesionales, artísticas y empresariales."[6]

"Otro recuerdo nítido y feliz –continúa relatando Santiago– es el viaje en barco. Sobre todo cuando les tirábamos pan a los delfines, con riesgo de caernos al agua. Yo no había cumplido todavía los nueve años y tenía a mi madre en vilo con mis travesuras. Dormíamos en lo que sería la bodega. Nos llevaban como podían. Éramos cerca de doscientas personas en un barco mercante argentino al que habían convertido en barco de pasajeros. Se llamaba *Santa Cruz* y había sido destinado al transporte de inmigrantes. Allí comimos pan blanco por primera vez en mucho tiempo." (La pobre señora Stegner tenía verdaderos motivos para asustarse, más aún si hubiera leído los consejos escritos para los inmigrantes italianos donde se previene a los viajeros: "No se apoye ni se siente sobre las barandas: un movimiento brusco de la nave lo podría hacer caer al agua, donde los peces se le tirarán rápidamente encima y, a causa de la gran velocidad de la nave, será inmediatamente

6 Maia Lukach de Stieren, en la revista *Studia Croatia*, 1986.

arrastrado hacia la hélice. En un caso así, los botes salvavidas son tirados rápidamente al mar. Pero que quede bien claro: antes que la nave se detenga, el hombre que cayó al agua habrá quedado algunos kilómetros atrás y atención si no se sabe mantener a flote".)[7]

No bien llegaron al Puerto de Buenos Aires, los llevaron al Nuevo Hotel de Inmigrantes, donde vivieron cerca de tres meses hasta que pudieron alquilar una casa en Florida. El Hotel de Inmigrantes les dejó un grato recuerdo, sobre todo por las abundantes y sabrosas comidas, pucheros, guisos, churrascos, verduras y frutas... nunca habían visto tanta abundancia y en tal variedad. No podían entender que la gente tirara tantos restos a la basura.

El padre se les había adelantado unos meses en el viaje para ir buscando trabajo y vivienda. Sabía muy pocas palabras en castellano. Cuando en el Hotel de Inmigrantes le preguntaron qué oficio tenía, dijo lo primero que le vino a la cabeza: "Electricista". Lo mandaron a un barrio que estaba siendo construido por los propios inmigrantes, donde había unos cuantos compatriotas. Era el barrio Saavedra, luego llamado Perón, que quedaba cerca de la avenida General Paz, entre Constituyentes y el Puente Saavedra. Vivían en barracas provisorias mientras construían las casas. También allí estaban los franciscanos para ayudarlos.

Como era de esperar, el oficio de electricista le duró poco al padre de Santiago, pero como ya había aprendido algo de castellano, terminó trabajando en el Ministerio de Obras Públicas. Ninguno sabía el idioma, pero los chicos no tuvieron problema. "La transición de un idioma a otro fue tan fácil que no recuerdo exactamente cuando empezó

7 Diego Armus, *Manual del emigrante italiano. Historia testimonial argentina. Documentos vivos de nuestro pasado*, Buenos Aires, Centro Editor de América Latina, 1983.

–aclara Santiago–. Tan es así que mi mamá, cuando iba a hacer las compras, me llevaba a mí como traductor. Recuerdo la generosidad de mis compañeros, que tomaban un objeto y me decían el nombre para que lo retuviera: lápiz, cuaderno, vaso, etc. Puedo decir que aprendí jugando. Papá llegó a hablarlo correctamente, pero sin perder el acento. Vivía buscando en el diccionario las palabras que no entendía. Mis hermanas mayores conservaron también el acento croata. No así mi hermana menor y yo. Las mayores estuvieron muy vinculadas a la comunidad y por lo tanto siguieron hablando croata como primer idioma."

Santiago Stegner recuerda su etapa de adaptación a la vida del barrio como algo natural y placentero. Eran los primeros años del peronismo y la Argentina todavía vivía la "fiesta" de una aparente prosperidad. Había una sensación de abundancia, el tango estaba en su apogeo y se miraba al futuro con optimismo.

"Nuestra primera casa fue en Florida y, sacando un lapso de tres años que pasamos en Belgrano de recién casados, seguí viviendo y atendiendo aquí mi consultorio de dentista. Cuando llegamos había muy pocas calles asfaltadas, pero ya estaba la infraestructura de la escuela, el hospital, etc. En la zona donde fuimos había pequeñas chacritas que se fueron loteando a medida que llegaban nuevos inmigrantes. La vida del barrio me marcó para siempre y me ayudó a entender lo que era el tango. También el fútbol fue muy importante porque reunía a los chicos. Había pocos clubes en Buenos Aires, pero nunca faltaba el potrero o el espacio libre para jugar. Las bolitas, el barrilete, las figuritas, eran juegos que se jugaban en determinadas temporadas, pero el fútbol estaba siempre presente. Así, poco a poco, me fui integrando con los chicos del lugar.

"Estuve dos años en una escuela del Estado y después pasé a la de los hermanos del Lasalle, cerca de casa. Nunca sentí rechazo hacia mi persona por ser inmigrante; los chicos lo veían con mucha naturalidad. A decir verdad, sólo una vez en el consultorio escuché una referencia un tanto despectiva cuando al hablar con una clienta sobre el año 1948, ésta recordó: 'Entonces estaba lleno de esos inmigrantes'. Yo me reí y le dije: 'Yo soy uno de ellos'. Es verdad que no todos los inmigrantes fueron trabajadores y honestos, pero para haberse largado así a lo desconocido, la mayoría debe haber sido gente valiente y emprendedora. Mi madre, por ejemplo, hizo un curso de modista antes de venir, y aquí trabajó mucho tiempo haciendo camisas. Todavía guardo el pie de la primera máquina de coser que llegó a casa. Me acuerdo hasta del lugar donde la compraron."

La relación con la colectividad es bastante fuerte. Los franciscanos siempre estuvieron presentes en la cohesión del grupo humano. Hasta hace pocos años la mayoría de los croatas se casaban entre ellos y enseñaban a sus hijos las costumbres, comidas y el idioma. (Santiago fue una excepción.)

Una de las comida típicas es la *sarma*, "niños envueltos": hojas de repollo que envuelven una mezcla de carne picada y arroz, que se acompaña con *chucrut*. Para Navidad cada región tiene su plato preferido. En Zagreb, uno de los platos tradicionales es pavo con *mlinci*, una especie de masa que pasa por las más distintos procesos, acompañado por ensaladas. La influencia griega y turca se aprecia en el café y en la variedad de bocados dulces con que lo acompañan.

La institución croata más antigua de la Argentina es el Círculo Croata Cultural y de Socorros Mutuos, conocido como Hogar Croata de Dock Sud, que fue fundado en 1923 por vecinos inmigrantes. En torno de él se fue organizando la comunidad. Desde 1998 cuenta con una orquesta llamada *Dalmacija*, y desde 1995 funciona allí un conjunto de danzas croatas llamado *Pobjeda*.

Todas las colectividades van pasando por distintas etapas: en un primer momento los adultos se cierran al exterior porque necesitan estar más unidos entre ellos y más seguros. Eso los ayuda a conservar las costumbres, músicas, bailes y comidas. La segunda generación ya es más reacia a participar y hay muchos matrimonios mixtos. La tercera (exceptuando a los ingleses) está totalmente integrada a la nueva patria. Santiago cuenta su propia experiencia:

"En casa, nuestros padres insistían en que habláramos el croata para no olvidarlo. Yo tengo desde hace cuarenta años la carta de ciudadanía argentina, pero sigo siendo croata porque allí nací y viví mis primeros años. Pero considero imposible volver porque todos mis afectos, empezando por mi mujer y mis hijos, están acá. Ni me lo planteo. Con la independencia de Croacia en el 91 mis hijos me preguntaban:

"–Y vos, ¿qué vas a hacer?

"–¿Cómo qué voy a hacer? ¿Creen que me podría ir?

"El inmigrante adulto, salvo excepciones, no termina de integrarse. Vive pensando cuándo va a volver. Mis padres se arrepintieron toda la vida de haber emigrado y no se cansaban de decirlo. A ellos los arrancó de su patria una fuerza mayor. Hasta entonces nunca habían sido perseguidos. Tuvieron que cambiar obligatoriamente el proyecto de vida que tenían. Es muy distinto al caso de los judíos o los armenios, que huían del maltrato de los rusos y de los turcos. Ellos estaban bien en Zagreb y para ellos su país siguió siendo siempre lo mejor, pero ya sus hijos habían echado raíces aquí y no tenía sentido volver. Siempre tuvieron añoranza e idealizaron el pasado."

Santiago y su mujer, Graciela, viajaron a Zagreb a visitar a sus parientes, y tuvieron la ocasión de hablar con gente de su generación. Ellos les mostraron la otra cara de la moneda: cómo vivieron los que se quedaron. Tuvieron que adaptarse a otro tipo de vida y pasaron momentos muy difíciles. Los comunistas atacaron tanto a católicos como a judíos y musulmanes.

"Tito estaba en contra de todas las religiones y los católicos fueron especialmente perseguidos –continúa diciendo Santiago–. No les interesaba ninguna religión, pero existía una hegemonía serbia. Belgrado era la capital de Yugoslavia porque era la capital de Serbia. Después de la Revolución Bolchevique, el marxismo tuvo un gran auge, quizá como una reacción contra el fascismo, y algunos croatas optaron por él. Pero la praxis del marxismo no es para gente como los croatas. Históricamente no era un pueblo sometido. Muchos se escaparon porque no se podía salir del país sin permiso. En su hogar y sus casas seguían alentando la esperanza de libertad, aunque no pudieran expresarse libremente.

"Dentro de Yugoslavia había una relación violenta y dura entre los ortodoxos serbios y los católico croatas. Esto se comprobó cuando, en el referéndum de 1991, el noventa y cinco por ciento de la gente no quiso formar parte de Yugoslavia. Cuando Croacia se independizó, los bancos de Belgrado se quedaron con todos los ahorros de sus habitantes. El pueblo croata siempre quiso su independencia. Éste es uno de los grandes momentos para Croacia porque ha llegado a obtenerla."

Entre café y café a la turca acompañado de esas riquísimas masitas con nuez que Graciela aprendió de su suegra, se ha ido pasando la tarde. En pocas horas hemos pasado del Viejo al Nuevo Mundo, de las esperanzas a las frustraciones de los inmigrantes. Los cuatro hijos de pelo negro y ojos azules son la síntesis de sus padres: Santiago Stegner, rubio, alto y de ojos claros; Graciela González, linda mujer de tipo hispanocriollo. Ellos forman parte de esa "Argentina oculta" que trabaja, estudia y ama el lugar donde vive: la Argentina que vendrá.

Alfredo Bessone, Clelia Molineris y su hijo Juan Edgardo Bessone*

Hay en la Argentina muchas familias descendientes de piamonteses que tuvieron que dejar sus encantadores pueblos montañeses para radicarse en tierras desconocidas. Tienen que haber pasado muchas dificultades para animarse a dejar esos *paesi*, cuyas casitas de piedra, con techos colorados que resaltan en los miles de verdes del follaje, rodean el castillo o la torre de los antiguos señores del lugar. En todos ellos sobresalen los campanarios de las iglesias, lección viva de historia del arte, donde están presentes desde el medieval románico hasta el neoclásico del setecientos.

La historia de la familia Bessone se inicia en dos de estos pequeños *paesi* del Piamonte: Reano y Villarbasse. El río corre por valles cubiertos de hermosos bosques de castaños. Allí pueden encontrarse los *funghi* de la región, famosos

* Entrevista a Juan Edgardo Bessone, en octubre de 2002.

por su perfume, sabor y belleza. Se cultivan muy buenas papas, manzanas y peras, y se elaboran quesos y productos lácteos de la mejor calidad.

"Mi padre nació en Reano en 1904 –escribe Juan Edgardo Bessone–. Era el mayor de ocho hermanos, así que desde los seis o siete años colaboraba con su padre en tareas rurales: cuidar el pastoreo de las vacas y en invierno proporcionarles alimento del establo. Cursó tres años de la escuela primaria con un excelente boletín de clasificaciones que aún conservo."[1] Pero cuando el maestro aconsejó a los padres, Stefano Bessone y Clementina Usseglio, que hicieran estudiar a ese hijo tan aplicado, la respuesta fue: "¿Y cómo nos arreglamos con los otros siete?".

Los piamonteses, como sus vecinos saboyanos y suizo-italianos del Ticino, estaban acostumbrados por siglos a emigrar para subsistir. El mismo Stefano había trabajado en México y Canadá y en una mina de Sudáfrica, donde sobrevivió a una explosión. "Fue milagro de la Virgen", decía su mujer.[2] Alfredo adoptó precozmente esa forma de trabajar trashumante, y a los catorce años viajó a probar fortuna con un amigo algo mayor, escondidos en un tren de carga. Siguiendo otra tradición alpina, quiso aprender construcción. Empezó como peón y llegó a ser un buen *muratore* (albañil), mientras deambulaba por varias ciudades del sudeste de Francia. Generalmente en los inviernos volvía a casa de sus padres, a quienes cada tanto mandaba algo de dinero.

En 1927, a los veintidós años, decidió cruzar el Atlántico y viajar a la Argentina, un país en crecimiento donde no faltaba trabajo a los albañiles. Llevaba una valija con

1 Juan Edgardo Bessone, *De los Alpes al Río de la Plata*, Buenos Aires, Caligrafix editores, diciembre de 2000.

2 Hizo pintar un cuadro para recordar el acontecimiento.

un poco de ropa y las sencillas herramientas de su oficio: cuchara, escoplo y martillo. Tenía algunas direcciones de paisanos piamonteses que estaban trabajando en Rosario y allí vivió durante siete años, siempre dedicado a la construcción, realizando esporádicos viajes a Santa Fe y el sur de Córdoba con el mismo fin. Cuando en diciembre del 34 Alfredo ganó la lotería, "el gordo de Navidad", creyó llegado el momento de visitar a su familia y pagó también el pasaje a un amigo piamontés. Entonces conoció a Clelia, joven emprendedora y tenaz, que no había dejado de trabajar con entusiasmo desde los catorce años, trasladándose siempre en su bicicleta, de un pueblo a otro, situados a ocho kilómetros aproximadamente de donde ella vivía. Había empezado en un establecimiento textil para pasar a otro de puntillas y cubrecamas y luego a una fábrica de chocolate.

Al poco tiempo de conocerse se casaron y se instalaron en Villarbasse, encantador pueblito al pie de los Alpes, rodeado de verdes colinas, cultivos y viñedos. Allí nació su único hijo, Juan Edgardo, el 17 de agosto de 1936, que nunca olvidó el pueblo donde vivió hasta los doce años. "Las viñas, ubicadas en pequeñas fracciones del valle y las colinas, daban un colorido con distintas tonalidades de verde y amarillo, y tonos ocres en los bosques de otoño. Las vacas, ovejas y cabras pastoreando, y los carros llevados por vacas y caballos, le daban movimiento y vida al entorno. Todos los habitantes tenían su huerta propia y frutales con los que se abastecían para el alimento cotidiano."[3]

Todos los piamonteses hacían un culto del trabajo. El horario habitual era de sol a sol, sin descanso ni vacaciones. Trabajaban con alegría, valorando lo que tenían y agradeciendo

---

3 Juan Edgardo Bessone, *op. cit.*

los dones de la tierra. La mayoría vivía de la agricultura (maíz, trigo, avena, papas), pero también había representantes de los clásicos oficios: albañil, carpintero, herrero, zapatero, panadero, etc. En las largas noches de invierno solían reunirse dos o tres familias en el único lugar caliente de la casa, el establo, donde los mayores contaban historias del lugar mientras los chicos se iban durmiendo sobre la paja. Los domingos y días de fiesta todos asistían a la iglesia con su mejor ropa y luego se reunían en la plaza.

Desde sus primeros años, Juan Edgardo se acostumbró a una vida ordenada y disciplinada en el jardín de infantes de las monjas. A los seis años empezó la escuela primaria. Oír hablar de la guerra era algo habitual y cotidiano. A medida que pasaba el tiempo los alimentos escaseaban y se iba asomando el fantasma del hambre y el desabastecimiento. "Mi madre viajó ochocientos kilómetros hasta Nápoles para conseguir veinte litros de aceite de oliva", recuerda Bessone. Él colaboraba como podía yendo a buscar leche a una chacra que quedaba a tres kilómetros o transportando leña del bosque en las típicas cestas de mimbre con espalderas usadas en toda la zona alpina.

El totalitarismo fascista iba creciendo y, como reacción, aumentaba la resistencia de los *partigiani*. "La resistencia más sangrienta, especialmente en los últimos años de la guerra, tuvo lugar al norte, justamente en el Val Sangano, donde estaba ubicado mi pueblo."[4] Las vivencias infantiles de la guerra y sus imágenes, habituales en ese momento, no se borrarían jamás de su mente. "Viví las escenas de la contienda como si fueran una película de aventuras, junto con mis amigos de la misma edad. Nuestros juegos eran todos de guerra (...) La casa de mis padres era, algunas veces, el lugar de reunión de los *partigiani*, que si eran

4 *Ibíd.*

hallados por los alemanes tenían la muerte asegurada. La consigna era incendiar la casa y fusilar a los dueños si encontraban algún rebelde (...) Yo veía como algo natural cómo dejaban sobre el sofá armas, ametralladoras y granadas. Y seguía mirando la película en vivo y en directo sin angustias, diría que con entusiasta admiración."[5] En una ocasión, su padre tuvo que esconderse entre las tejas y los travesaños de madera que sostenían el techo para que no lo encontraran los soldados alemanes, que venían a requisar hombres para el Ejército.

Cuando llegó la paz, por primera vez pudo ver de noche luces en las calles y ventanas abiertas. Pero había mucha pobreza e inseguridad. Los Bessone, que querían una buena educación para su hijo, no pudieron seguir pagando el secundario después del primer año. A esto se sumó que el negocio de ramos generales que tenían frente a la plaza fue asaltado tres veces. Decidieron emigrar a la Argentina, donde tenía amigos y conocidos. Alfredo viajó primero y al año mandó llamar a su mujer y a su hijo, que llegaron en febrero del 49 a bordo del buque *Brasil*, en compañía de otros novecientos inmigrantes que venían corridos por los males de la posguerra: pobreza, falta de trabajo, muerte de seres queridos.

"Del viaje recuerdo el atracón de bananas que me di en las Canarias. No había comido más que una en toda mi vida –comenta Bessone–. Seguramente tanto él como su padre habrían leído el detallado *Manual del emigrante italiano*, que ningún viajero con inquietudes y afán de progreso dejaba de consultar. Uno de los consejos que daba era tratar de aprender el idioma durante el viaje:

"Estudie el castellano. Dedique algunas horas del día a estudiar la lengua castellana. En este Manual se incluyen

5 *Ibíd.*

algunos elementos para su estudio; aprenda de memoria una cincuentena de palabras por día y lea con atención repetidamente las frases que he elegido para su ejercicio. No deje de leer las informaciones referentes a la Argentina, porque me imagino que no le gustará desembarcar ignorante de todo, como sus valijas. Tales informaciones le harán conocer el nuevo ambiente que está por descubrir. El conocimiento del país y de la lengua lo preparará para estar en condiciones de aprovechar las ventajas que el país ofrece y hacer así buenos negocios."[6]

Bessone recuerda con nitidez la llegada al Puerto de Buenos Aires, donde multitud de gente esperaba a los que venían a tentar fortuna. "Papá había alquilado una casa en Rosario e inmediatamente me pusieron a trabajar como cadete en un negocio. Pronto mi padre se dio cuenta de que tenía más posibilidades en Bella Vista (provincia de Buenos Aires), según le había comentado un paisano piamontés. Por él se enteró de la cantidad de piamonteses que vivían en la zona. Habían venido con sus familias en el año 34, traídos por la Michelin para trabajar en la fábrica. Alquilamos una modesta vivienda en el parque Mattaldi de Bella Vista. Papá se puso en sociedad con un paisano y empezaron a construir con la ayuda de dos peones. Llegaron a hacer como treinta casas."[7]

En poco tiempo don Alfredo consiguió comprar un lote que le permitió cumplir el sueño de todo inmigrante, sobre todo si era italiano y piamontés: la casa propia. La fue construyendo de a poco, ayudado por su hijo: "Mi padre trabajaba doce horas y nunca estaba cansado. Lo hacía

6 Diego Armus, *Manual del emigrante italiano. Historia testimonial argentina. Documentos vivos de nuestro pasado*, Buenos Aires, Centro Editor de América Latina, 1983.

7 Entrevista.

con alegría, cantando. Gozaba realmente de la vida, de las cosas simples, disfrutaba de su vasito de vino. Durante la semana trabajaba en construcción y el fin de semana en la que sería nuestra propia casa. Yo lo ayudaba. Teníamos muy buena salud, a Dios gracias." Al mismo tiempo, Clelia, la madre, iba desarrollando sus dotes de empresaria: había traído de Italia una máquina de tejer. Empezó a dar vueltas por Buenos Aires hasta que encontró una fábrica en Boedo que le encargaba pulóveres.

Los primeros años únicamente se juntaban entre piamonteses. Muchas veces se reunían en torno a la *bagna cauda* y terminaban cantando canciones. Uno tocaba el acordeón a piano; otro, el clarinete. Se conservaban las comidas típicas caseras. El único que no estaba muy conforme era Juan Edgardo, a quien no le habían reconocido el primer año de secundario hecho en Italia. Es más: debería cursar el último de primaria.

"A mi madre le fastidió que no me aceptaran en la secundaria y me anotó en una escuela de artes y oficios. Ingresé a los tres meses de nuestra llegada, sin haber aprendido castellano, pero el mes y medio que pasé en Rosario me sirvió bastante para entender, aunque los chicos me cargaban un poco por el acento. Cursé ese año y me fue muy bien. En el acto de fin de año me hicieron actuar en una obra sobre *Martín Fierro*, y cuando me tocó recitar mi frase todo el mundo se puso a reír por mi acento. Al año siguiente me planté ante mis padres diciendo que quería seguir medicina, aunque para eso tuviera que retroceder. Preparé sexto grado libre mientras trabajaba con mi padre como peón de albañil. No sentía el peso del trabajo. El trabajo era algo completamente natural en la familia."[8]

8 Entrevista.

También trabajó ese año con la máquina tejedora tratando de batir récords consigo mismo. Era un chico muy especial: a los trece años se había fijado una meta y la iba a cumplir a fuerza de tesón y voluntad. Era 1950 y en toda la Argentina se celebraba el "Año del Libertador General San Martín". Todavía se vivía en la "fiesta" peronista sin querer escuchar las advertencias de algunos observadores. Se hablaba mucho sobre la guerra iniciada en Corea, temiendo que pudiera desencadenarse una tercera contienda mundial.

"Después de rendir libre sexto grado hice primer año en una escuela de Almagro, de doble escolaridad. Me levantaba a las seis para llegar y terminaba a las cuatro. Al mismo tiempo estudiaba libre el segundo año: di la mitad de las materias en diciembre, la otra mitad en marzo y salté directamente a tercero. Lo mismo hice en cuarto año, dando libre quinto. Nunca me olvidaré la alegría que tenía en el momento de subir la escalinata para inscribirme en la Facultad de Medicina."[9]

Y mientras tanto, ¿amigos?, ¿deportes?, ¿lecturas?, ¿diversiones? "Desde que llegué hasta que entré a la facultad, la única diversión era ir el domingo al cine. Pero iba solo. Daban tres películas, de dos a ocho. Me compraba una caja de maní con chocolate y la hacía durar hasta el final. Los amigos italianos de mis padres no tenían hijos de mi edad. Tampoco había chicos en la chacra de un paisano a la que me mandaron durante un mes. Me gustaba andar a caballo, pero trabajaba de la mañana a la noche juntando papas. Lo único que ambicionaba era dar el secundario en tres años y recuperar el tiempo perdido. Pero lo hacía con gusto. En cuanto a amistades y diversiones, hasta el final del primer año de Medicina, prácticamente no tuve amigos.

9 Entrevista.

Mi vida consistía en trabajar y estudiar, trabajar y estudiar... Era bastante retraído y tímido. Un día, volviendo de la facultad, me encontré con un compañero al que conocía de vista. Con él empecé por primera vez a tener una relación de amigo."[10]

Las primeras vacaciones de su vida las tomó a los dieciocho años, después de aprobar el primer año de Medicina. Como premio sus padres le habían regalado una motoneta y con otros tres compañeros se les ocurrió viajar a Mar del Plata. Lo lograron únicamente los dos más curtidos. Habían salido a las ocho de la mañana y llegaron a las seis de la mañana del día siguiente.

Mientras su hijo estudiaba en la facultad, Clelia se había empleado en una fábrica de la calle Bonpland donde había un gerente muy relacionado con casas importantes de moda. Al ver su capacidad, él le propuso ponerse por su cuenta y alquilaron un local en la calle Julián Álvarez, a una cuadra de Santa Fe. Allí instalaron seis o siete máquinas de tejer. Clelia viajaba todos los días desde Bella Vista. Tenían contactos con casas muy buenas como Brighton en la calle Sarmiento o Warrington, La Scala, Record, etc. Cuando su socio murió, ella se instaló por su cuenta. No tenía maquinaria ni capital suficiente, pero le quedaban los contactos. Contrató entonces tejedores para que hicieran el trabajo y ella se limitó a hacer de intermediaria. Lo hizo durante muchos años, y cuando se retiró le dejó la cartera de los clientes a uno de los tejedores.

Imbuido del mismo espíritu empresario y dinámico de su madre, Edgardo Bessone siempre quiso ganar su propia plata. Cuando estaba en primer año de Medicina empezó a trabajar como cadete en una fábrica de impermeables. Cuando llegó a tercero, una compañera le mostró un aviso

10 Entrevista.

para trabajar en un laboratorio. Había que redactar monografías de productos nuevos. Entró a trabajar en el 57 y en el 59 (tenía veintitrés años) lo ascendieron a jefe de Departamento de Propaganda Médica en todo el país. Ganaba muy bien. Durante el primer año dormía entre las máquinas de tejidos del departamento que tenía su madre en Julián Álvarez, para evitarse el viaje diario a Bella Vista. Después se trasladó a una modesta pensión y de viernes a sábado cumplía la guardia de veinticuatro horas en el hospital de San Miguel.

En 1961, una vez recibido, tuvo que decidir entre seguir trabajando en relación de dependencia o entrar como médico civil en el Servicio de Traumatología del Hospital de Campo de Mayo. Esto último era lo que realmente le interesaba. Por seguir su vocación, dejó un sueldo de treinta mil pesos y pasó a ganar cuatro mil. "Estaba todo el día, e incluso dormía ahí. Me sirvió mucho porque era un servicio muy bien organizado, con todos los elementos, cosa que no ocurría en todas partes. Sólo salíamos el sábado a la noche. Íbamos a los boliches de San Miguel, Molino Rojo, y otros, hasta las cuatro o cinco de la mañana."

Pero lo más importante que pasó ese año fue el enamoramiento y noviazgo con la doctora Marta Aizawa, dentista de San Miguel. Se casaron el 10 de septiembre de 1962. "Unos meses antes, en Bella Vista, había inaugurado el consultorio que construyó mi padre por delante de la casa en que vivíamos."

Los años siguientes transcurrieron en una especie de maratón de proyectos e innovaciones. Al mismo tiempo la familia crecía con la llegada de Daniela en 1963, Adriana en 1964 y Flavia en 1966. En 1967 el doctor Bessone trasladó su consultorio de Bella Vista a San Miguel, donde estaba el de su mujer, incorporando también un servicio de radiodiagnóstico, inexistente en la zona. En su mente se fue formando un proyecto audaz pero posible: "Tener un centro donde poder desarrollar la profesión en un solo lugar con todos los elementos técnicos, equipamiento e infraestructra administrativa."

Sería un ahorro de tiempo para médicos y pacientes y una mayor comodidad para todos. Visión, creatividad y constancia son cualidades indispensables para un empresario. Bessone las tenía. Tuvo que convencer al dueño del lote de al lado para que se lo vendiera y don Alfredo, ayudado por un albañil siciliano, comenzó la obra. El 17 de agosto de 1970, se inauguraba la clínica con servicio de Traumatología, consultorio de Odontología, servicio de Radiodiagnóstico, Fisioterapia, Kinesioterapia y Laboratorio. Había un quirófano y dos habitaciones para internación. Era sólo el embrión del proyecto que de ahí en más, año tras año, se iría expandiendo hasta llegar a convertirse en el actual edificio de cuatro pisos que alberga a una clínica "pionera en el país en tener atención activa permanente de Traumatología, Pediatría y Clínica Médica".

Esta ímproba tarea fue llevada a cabo con éxito por la capacidad del "médico-empresario" para estar alerta a las necesidades de la sociedad, dar respuestas eficaces y saber elegir a las personas adecuadas. "Creo que tengo una capacidad innata para saber elegir y darme cuenta de qué potencial tiene cada persona –reconoce el propio Bessone–. Toda persona es diez puntos en algo. Hay que saber en qué. Siempre me rodeé de gente que era diez puntos en lo que tenía que ser. En un determinado momento la gente llega a su nivel de incompetencia. Hay que saber reconocer tanto lo que vale una persona como el momento en que ha llegado a su límite. Un empresario debe tener visión para saber qué pedirle a cada persona."[11]

11 Entrevista.

Consciente de la importancia de estos principios, el doctor Bessone se rodeó de excelentes colaboradores, algunos que ya no están, como el doctor Eugenio Brugna, anestesista desde el inicio de la clínica y fundador de la Unidad de Terapia Intensiva, o el doctor José Francisco Gardón, vilmente asesinado el 23 de octubre de 1974 por saber mucho de lo que pasaba en Campo de Mayo en esa época nefasta para nuestro país. El auditorio de la clínica lleva su nombre.

A pesar de su intensa vida profesional, Bessone nunca dejó de cultivar la talla en madera. El tema recurrente en ellas son las manos, símbolo de acción y también de afecto y de solidaridad: "Mi obsesión por tallar manos estará seguramente relacionada con mi obsesión de hacer. Con las manos se hace."

Por otra parte piensa que si bien en algunos aspectos parecería que "se olvidó de vivir", pudo "ayudar a vivir y a sentir a otros... a mucha gente que concurre en busca de alivio para sus dolencias, preocupaciones o angustias". En esta empresa, como en todas, lo más importante debe ser aspirar a la excelencia, cada uno en su puesto. Así lo entendieron el albañil, el ama de casa y el estudiante que un día llegaron a la Argentina desde la aldea de Villarbase en Val Sangone y dieron de sí lo mejor que tenían para dar.

Enrique Vera Morales: de la División Azul al Club del Progreso*

Enrique Vera Morales nació en Tenerife, Islas Canarias, el 29 de agosto de 1919. No participó en la Guerra Civil Española porque tres hermanos suyos estaban en el frente. A los veinte años, sin tener mucha idea de lo que se jugaba en la Segunda Guerra Mundial, se alistó en la División Azul que apoyaba a los alemanes. En realidad lo que buscaba era demostrar a sus amigos que él también era valiente aunque no hubiera peleado en la Guerra Civil. Vuelto de la guerra se embarcó para la Argentina en busca de otros horizontes.

He preferido en este caso dejar el testimonio tal como fue grabado, sin interpolaciones, salvo algunas aclaraciones necesarias para una mayor comprensión.

* Entrevista a Enrique Vera Morales, en septiembre de 2001.

"Después que estuve en la División Azul me dije: '¿Qué me puede pasar que ya no me haya pasado?'. Me atraía la aventura y América era la aventura. En 1950 me largué solo, sin conocer a nadie. En el barco, un señor que tenía aquí a su madre me invitó a dormir a su casa la primera noche. Al día siguiente me fui a un hotel, y al tercer día, buscando en el diario, vi que necesitaban alguien en el Club del Progreso, cerca del hotel donde yo estaba. Me presenté y me aceptaron. Desde entonces estoy trabajando acá. Ya van cincuenta y dos años.

"A la semana estuve a punto de dejar el trabajo porque yo ganaba trescientos pesos y el hotel me salía doscientos setenta. El gerente me dijo: 'No se vaya, que le vamos a conseguir una pieza'. Así fue como me fui a vivir por un año al cuartito de arriba.

"Yo había dejado novia en Tenerife. Y le había prometido casarme si podía defenderme en la vida. Si no podía, no me casaba. Yo tenía ya treinta años y ella sólo veintidós. Como me estaba yendo bien, hice los trámites en el consulado y nos casamos por poderes. Un hermano mío me reemplazó en la ceremonia. Ella viajó en el 52, dos años después de mi llegada.

"En Tenerife yo era de la guardia de Franco. Pertenecía a la Acción Católica y a la Adoración Nocturna: una vez al mes iba a adorar a Cristo durante cuatro horas. Iba casi todos los días a misa. Al comenzar la Guerra Civil, yo tenía diecisiete años y tres hermanos míos estaban en el frente; por lo tanto, yo no tenía obligación de ir. Los amigos me provocaban diciendo que no era capaz de dar la vida por la patria. Entonces, cuando se dio la oportunidad de demostrarles que yo era lo mismo que ellos, me anoté de voluntario en la División Azul."

El inesperado ataque alemán lanzado sobre la Unión Soviética, su reciente aliada, en junio de 1942, acercó Alemania a la España franquista. Y la enfrentó a su enemigo natural, el comunismo soviético. Las relaciones establecidas entre España y el Reich mejoraron en forma manifiesta. Alemania se erigía ahora como instrumento dispuesto a destruir a la "bestia negra", como se llamaba al comunismo. En medio de un clima de exaltación patriótica y anticomunista, las autoridades españolas resaltaron el carácter de cruzada que tenía aquella lucha. La consideraban una natural continuación de la Guerra Civil y mencionaban la "deuda de sangre" que existía con Alemania por haber colaborado en la victoria del bando vencedor. Esta "deuda de sangre" fue pagada por los cuarenta mil voluntarios españoles que formaron la División Azul. Muchos de ellos no volvieron.

"Por entonces mi padre estaba en Cuba. Había ido allí acompañando a mi hermana para que pudiera casarse con su novio. Él se había fugado para no entrar en el guerra de África. Yo soy el menor y no llegué a conocer ni a mi hermana ni a otro hermano que fue también a Cuba y murió. Mi padre se llamaba César Vera Díaz y mi madre, Leonor Morales Rodríguez. Eran agricultores, y cuando mi padre se fue a Cuba ella quedó atendiendo todo. Teníamos cabras, burros y camellos. Allí se acostumbra mucho usar camellos para hacer los surcos y plantar las papas. Se usan sobre todo para subir montañas porque pisan muy firme. Mi pueblo se llamaba Viñas de Arico.

"Había un cuartel de la Guardia Civil que hacía las veces de autoridad. Una mujer fue una vez a quejarse de que su marido se gastaba en vino todo lo que ganaba en la semana y que ella no podía hacer frente a las necesidades de sus hijos. La Guardia Civil lo citó y llegaron a un arreglo: el trabajaría durante la semana, pero sábado y domingo los pasaría en el calabozo. Al mes ya se había curado de sus borracheras. Los guardias civiles tienen mucha autoridad y son muy respetados... eso sí, no pueden ni tomar un café con gente del lugar y cada dos años los cambian. De esa manera no hay corrupción posible. Antes de venir para acá estuve en la Guardia Civil, pero no me gustó y me fui.

"Estuve también a punto de entrar en la Legión Extranjera, pero eso era peor que la guerra. Allí iban a parar los casos desesperados, los que debían alguna muerte o no tenían nada que perder. Adentro estaban seguros de que la policía no los perseguiría, pero la vida era tremendamente dura, la disciplina era muy severa y se castigaba a los díscolos. Yo tuve oportunidad de conocerlos porque una sección se incorporó a la nuestra que iba a formar parte de la División Azul. Pero esa misma noche trataron de robarle al coronel. Uno se ligó cincuenta latigazos. Corrían pegándole y pegándole hasta que cayó al suelo. Al poco tiempo se recuperó.

"Todos los de la División Azul nos concentramos en Logroño. Había de todas las provincias de España. El viaje hasta allí había tenido sus complicaciones. Llegué a Cádiz en barco y al pasar por la aduana el empleado quiso quedarse con mis cigarrillos y otras cosas que llevaba medio de contrabando, porque Canarias es puerto libre. Yo, que tenía veinte años y era muy atrevido, le dije: 'Esto me lo llevo yo conmigo quiera usté o no quiera'. Se armó un revuelo y llamaron al oficial al que le di la misma respuesta: 'Esto es mío y me lo llevo'. Yo sabía que no me podían tocar porque era del Ejército. Efectivamente, el teniente dejó que pasara todo porque los trámites con el Ejército, por cuestiones de jurisdicción, serían muy complicados. De Logroño pasamos a Francia;[1] de allí, por Baviera, al sur de Alemania y, finalmente, pasando por el lago Ilmen, y el lago Ladoga, llegamos a Pushkin, cerca de Leningrado. No tenía novia entonces, pero un alemán me

---

1 En ese momento tomada por los alemanes.

dijo si no quería tener una madrina de guerra para escribirle y que me contestara. 'Pero yo no entiendo el alemán', le dije. 'No importa, contestó, hay muchas que hablan y escriben en español.'

"Le escribí a Hamburgo justo en el momento en que había habido un gran bombardeo. Me contestó y seguimos escribiendo y mandándonos paquetes con lo que podíamos. La única ilusión que teníamos entonces era recibir esas cartas y regalos de nuestras madrinas de guerra. La mía se llama Else Klinder y hace cincuenta y ocho años que nos escribimos. Cuando viajé a Tenerife en el 76 pude conocerla porque había sido empleada en la embajada alemana en España y después se quedó viviendo en Canarias. Volví a verla en el 95. Ahora me dice que me paga el pasaje para que vaya, pero ya no estoy para eso.

"Estuve dos años en el frente ruso, del 42 al 44. Tuve que aprender a esquiar. Se vivía al día. No sabíamos la fecha en que estábamos. En las sesiones de asalto que hacíamos para buscar prisioneros, la artillería estaba preparada para hacer fuego a una hora exacta, pero antes íbamos en fila india sacando los fulminantes a las minas para poder pasar sin peligro. Después de esta operación, empezaba a tirar la artillería, y al terminar venía el asalto a las trincheras, algo muy terrible. Encontrábamos a los soldados rusos dentro del refugio y les decíamos: '*Rusqui suda, rusqui caput*'.[2] Si se rendían los llevábamos prisioneros, pero si no querían rendirse se les metía una carga de dinamita y morían todos dentro de las trincheras. Prisioneros o muertos, no les quedaba otra alternativa. Una vez llevamos como treinta prisioneros con un oficial.

"El 19 de marzo, día de Stalin, los rusos quisieron darnos un escarmiento. Nosotros nos prevenimos poniendo

---

2 Algo así como "rusos, salgan o los matamos".

minas en dos frentes y colocando la artillería de modo que cuando llegaron, se vieron entre dos fuegos. La guerra es algo terrible. No se puede tener compasión porque, si no, lo liquidan a uno.

"Estuve también en Letonia. Tengo una foto de cuando estaba en el hospital. Llegué allí con una esquirla incrustada en el hueso. El doctor me aconsejó que no me operara porque para sacármela tendrían que cortarme el hueso. Así que todavía la tengo y no me molesta para nada. Y en ese tiempo, de veinte mil que éramos en la División Azul, murieron ocho mil. Lo peor era el frío. Cuando estábamos en Kolpino, a veinte kilómetros de Leningrado tuvimos 54° bajo cero. Allí fui herido y tuve principio de congelamiento."

En enero del 43, comenzó la gran ofensiva rusa sobre el lago Ladoga para aliviar el cerco de Leningrado. La División Azul, unida al Ejército alemán, sufrió grandes bajas en Posselok. El 10 de febrero de 1943 tuvo lugar la batalla de Krani Bor, el más sangriento e importante hecho de armas en que intervino la División Azul. La artillería rusa arrasó el sector español produciendo cerca de cuatro mil bajas, pero aun así la División Azul detuvo la avanzada rusa.

"Los españoles nos poníamos un distintivo para distinguirnos de los alemanes porque llevábamos el mismo uniforme. Nos entendíamos por señas y después de un tiempo aprendimos bastantes palabras. Aún tengo el cinto alemán que usaba. Habíamos jurado la bandera alemana y era como si fuéramos de ellos, pero no sabíamos nada de lo que hacían los nazis ni teníamos idea de lo que eran los campos de concentración.

"En el Ejército todos éramos como hermanos, y por salvar a un compañero se exponía la vida. Ése es el mejor recuerdo que tengo de la División Azul. Ahí no se sentía miedo. Yo rezaba el rosario y ya no me importaba que viniera la muerte porque estaba en gracia de Dios. Al principio rezaba el rosario solo, pero después se juntaron unos cuantos. Lo cierto es que miedo nunca tuve. Muchas veces tuve combates cuerpo a cuerpo con los rusos. Y he tenido que matar porque, si no, me mataban a mí. Pero vale más la precaución que la valentía. Cuando me hirieron con un mortero, yo me había tirado al suelo y así me salvé. Me querían poner una inyección contra la gangrena, por el frío, pero cuando vi ese tamaño de inyección con la que me iban a pinchar el ombligo le dije al enfermero:

"–Ésa no me la pone usté a mí.

"–¿Cómo? –pregunto asombrado.

"–Que ésa no me la pone usté a mí.

"Llamaron al médico y él preguntó:

"–¿Cuándo fue herido?

"–Ayer a tal hora.

"–Entonces no se la ponga. Si ya subió la gangrena no hay nada que hacer.

"Me libré de la inyección y, gracias a Dios, no pasó nada.

"Cuando estaba en Letonia, por la herida, fuimos con un amigo a un teatro y pedimos entrada en la platea. Unos alemanes nos querían mandar al paraíso entonces yo le dije: '*spanish platea o doitschi caput*', mostrándole una granada, y nos dejaron tranquilos. Uno ahí no puede perdonar nada y se juega todo. Se vivía siempre con precaución. Una vez estuve en el palacio de Catalina la Grande. Era una mujer muy perversa: tiene un monumento con un hombre y una mujer desnudos. Allí tenía como un chalecito, y cuando le gustaba alguno de la escolta, pasaba la noche con él y después lo mandaba matar, así me lo contaron.

"Cuando quise volver al frente, no tenía cómo ir. Venían los camiones cargados de soldados. Les hacía seña, pero seguían de largo. Entonces saqué una bomba y la puse en medio del camino. Pararon inmediatamente y me subieron.

"Cuando estaba por terminar la guerra, nos fuimos replegando en forma ordenada hacia territorio alemán. Pero las tropas alemanas no pudieron entrar en Berlín. Entraron los aliados, ingleses y franceses, y después dejaron entrar a los rusos. A mí me mandaron a casa junto con un amigo poco antes de terminar la guerra. Iba con una documentación alemana. Al entrar en Francia una valenciana nos dijo: 'Tengan mucho cuidado porque no van a salir vivos de aquí'. Era por los maquís, la resistencia, que donde encontraba un alemán lo liquidaba. Pero yo tenía cuatro 'bombas de huevo' (así llamábamos a las granadas). Empecé a desenroscar una con la mano en el bolsillos. Iba por el medio de la calle; si alguno me enfrentaba, se la tiraría directamente. Pero nada pasó.

"Al llegar a mi pueblo me sentí muy contento. Mi madre había hecho una promesa a la Virgen de la Candelaria para que volviera con vida. Fue caminando de rodillas desde la carretera hasta la ermita de la Virgen, más o menos medio kilómetro. Llegó con las piernas sangrando. Ella se enteró de que yo estaba en Rusia por una carta que le mandé desde el hospital. Fue entonces cuando hizo la promesa. Poco después le dije que me venía a la Argentina porque allí andaban mal las cosas. Yo tenía un trabajo en las oficinas de colocación obrera, pero después de haber pasado la guerra extrañaba la aventura. Íbamos a ir tres amigos. Pero los otros se fueron a Venezuela y partí solo para la Argentina, prometiéndole a mi novia Berta (mi actual mujer) que si me iba bien, me casaría. Por las dudas no había pedido la renuncia en mi trabajo, sino un permiso de un año para probar.

"Conseguí trabajo al tercer día de llegar, acá en el Club del Progreso, como conté. De siete a once de la noche atendía en la sala de juego y por la mañana me ocupaba abajo de la limpieza. Vivir en el cuarto de arriba me ayudó a ahorrar unos pesos y pude traer a mi mujer, casada por poderes. Antes conseguí una habitación en alquiler, de inquilino a inquilino como se hacía entonces. Era en Bolívar, pasando Venezuela. Yo había comprado la llave al anterior inquilino, como se acostumbraba hacer y llevé unos cuantos muebles. Enseguida vino el dueño a decirme que no podía estar allí. Ofrecí pagarle cien pesos por mes en lugar de los cincuenta que le estaban pagando. No aceptó la propuesta, y como no pudo sacarme porque las leyes no lo permitían, volvió para decirme que me iba a aumentarme el alquiler. 'De ninguna manera –le dije–, cuando le ofrecí cien pesos no quiso, ahora soy yo el que no quiero.'

"Al año, cuando vino mi señora, quisieron desalojarnos para ampliar el edificio del Nuevo Banco Italiano. Nos ofrecían pagarnos cuarenta mil pesos, pero yo no me quise ir si no me pagaban doscientos mil pesos. El dueño se negó, y a los pocos meses volvió para decir que aceptaba. 'Ah, no –le dije–, ahora tiene usté que pagarme cuatrocientos mil.' Así seguimos hasta los ochocientos mil. Empezaron a tirar los departamentos de alrededor y levanté un amparo porque peligraba nuestra vivienda y la de otro vecino que estaba en las mismas. Parecía que el banco no podría construirse. Finalmente, la última vez que vino a verme, le dije: 'Por menos de un millón de pesos no me voy, pero si viene mañana no me voy a ir sino por un millón doscientos'.

"Y puse mis condiciones: medio millón de pesos, un mes de tiempo para mudarme, y cuarenta y ocho horas antes de la mudanza, el otro medio millón. Aceptaron. Con ese dinero pagué la hipoteca de un departamento que tenía alquilado y se lo vendí al inquilino por cuatro millones y medio. Con dos millones y medio que me prestaron pude comprar otro departamento mejor, que es donde vivimos actualmente. Para entonces los chicos ya iban al colegio. En el 53 nació Jorge, nuestro primer hijo, y después vino Enrique. Uno es técnico en automotores y otro, perito mercantil. Tengo un nieto de diecisiete y otro de dieciséis años. Mi mujer quería trabajar, pero yo le dije: '¡Bastante tienes con los dos hijos!'. Yo me arreglaba con las cuatro horas en el salón de juego y el trabajo de limpieza por la mañana. Más adelante pude comprar una quinta en Rodríguez. Ahora se las di a ellos. Se encargan de cortar el pasto, la ligustrina, cuidar las plantas. Tengo un perro. Mi señora va y se queda quince días. Hace unos meses que no voy y el mayor me dice que la quinta me está llamando.

"Durante años no tuve libres más que los domingos. Ahí salíamos pasear con mi mujer y los hijos hasta que tuvimos la quinta.

"He vuelto dos veces a Canarias: en el 76 y en el 95. Mi mujer no quiso volver. Mi hijo mayor se casó con una hija de Canarios y fue a conocer la tierra de sus padres. Ahora quiere ir el más chico, que todavía no se ha casado. Es evangelista y las tres veces que estuvo de novio los compañeros evangelistas lo convencieron de que no eran mujeres para él. Fui un par de veces a acompañarlo en sus ceremonias, pero cuando me quisieron hacer entrar a su congregación, les dije: 'Eso no es para mí'.

"En España estoy bien conceptuado. Cuando viajé por primera vez, me hice ciudadano argentino por temor a que, habiendo sido yo franquista, pudiera tener alguna persecución, como estaba ocurriendo aquí. Pero no. Gracias a Dios allá todo ha pasado. Allá, borrón y cuenta nueva. Lo pasado, pasado. Y eso que en la Guerra Civil murieron tres millones de españoles.

"Yo había sido de la guardia de Franco cuando éste estuvo en Canarias y luego inspector de seguridad social. A los treinta y un años vine para acá. No me interesaba la política.

"Al comenzar la Guerra Civil yo tendría unos diecisiete años. Cada vez que llegaba un barco a Canarias la gente temblaba. Y los barcos se llevaban cientos de muchachos. Tres hermanos míos, como ya dije, fueron a la guerra. Dos terminaron de sargentos. Todavía vive uno, Juan, que tiene ochenta y ocho años. A cada momento hablamos por teléfono.

"No me puedo quejar: he tenido una vida de aventuras, vine aquí sin saber qué iba a pasar y conseguí algo para dejar a mis nietos. Ahora tengo paz, trabajo y una familia. Doy gracias a Dios y a la Argentina por lo que me han dado."

Enrique Vera queda pensativo, y recuerdo un párrafo de *Sefarad*, que podría aplicársele. Uno de los protagonistas, que ha estado luchando con uniforme de alemán, a los veintidós años, en el frente de Leningrado, se dice a sí mismo:

"Yo no soy quien era entonces, y estoy muy lejos de las ideas que me llevaron allí, pero hay algo que sé y me gusta saber, sé que fui insensato y temerario, pero no fui cobarde, y sé también que no es mérito mío, que pude haberlo sido, igual que lo fueron otros, incluso algunos que se las daban de muy valerosos antes de que empezaran a sonar los disparos. Pero también yo estoy vivo y otros murieron, valientes o cobardes, y muchas noches, cuando no puedo dormir, me acuerdo de ellos, me parece que vuelven para pedirme que no los olvide, que diga que existieron".[3]

---

3 Antonio Muñoz Molina, *Sefarad*, España, Alfaguara, 2001.

Epílogo

Porque me duele si me quedo
pero me muero si me voy...
MARÍA ELENA WALSH

En los últimos años la sociedad argentina ha aumentado su cuota de frustración personal y colectiva con la emigración de jóvenes de distintos estratos socioeconómicos. ¿Por qué donde los abuelos y bisabuelos triunfaron los nietos se tienen que ir? ¿Por qué ellos trabajaron, se sacrificaron y pudieron salir adelante y nosotros no? ¿Por qué pasamos, con menos de un siglo de diferencia, de ser un país de inmigrantes a ser un país de emigrantes? Son preguntas que nos hacemos a diario. Hoy estamos viviendo, en casi todos los aspectos, el reverso y el opuesto de las historias relatadas: ¿dónde están la libertad, la justicia, el trabajo, la solidaridad, las oportunidades, el respeto que nuestro país brindó a la inmigración? Los defectos que estaban en germen en nuestra sociedad –arrogancia, facilismo, viveza– crecieron hasta tapar las virtudes –sentido del honor, fe, honestidad, generosidad– con que la Argentina criolla había recibido a los recién llegados. A su vez, éstos, que venían de tantos rincones del planeta con diferentes religiones, oficios y culturas, hicieron lo posible para progresar y lo consiguieron con tenacidad y esfuerzo en las distintas regiones y ciudades donde les tocó vivir. Muchos no conocían a nadie, no sabían el idioma, ni siquiera un oficio o no tenían dinero... pero tenían valores y fueron fieles a ellos. Para los abuelos y bisabuelos inmigrantes el trabajo era un valor. Lo traían incorporado desde sus tierras donde "el que no trabajaba no comía". El trabajo y la paciencia para volver a empezar cuando las cosas no andaban bien.

¿Qué pasó con este maravilloso país? ¿Por qué se perdieron los valores de la Argentina criolla y de la Argentina inmigrante? Hay muchas respuestas posibles, muchas causas endógenas y exógenas, pero es evidente que nuestras elites sufrieron profundas crisis y no supieron, como en otros momentos de la historia nacional, unirse para salir adelante. La demagogia presente desde hace muchos años en nuestro país hizo creer al pueblo que éramos ricos y que todos los argentinos tenían derecho a "su parte", aun con poco esfuerzo. Con el tiempo y el mal ejemplo de algunos dirigentes, muchos llegaron a la cínica conclusión de que "la plata no se hace trabajando". En forma paralela fueron creciendo la corrupción y el exitismo fácil. Los valores se trastocaron: el sentido del honor y la confianza en la palabra empeñada pasaron a ser "cosa de giles" y a ser reemplazados por una "viveza criolla" rayana en la deshonestidad.[1] Malos dirigentes, malas administraciones, jueces y policías corruptos, sumados a la pérdida de los principales valores, produjeron el aumento de la desocupación y la

1 Los poetas tienen algo de profético y Discepolín anticipó el futuro cuando denunció en "Cambalache", "el que no afana es un gil".

inseguridad. Muchos pensaron entonces "abandonar la nave", dejar patria y familia para probar suerte en otro lado, generalmente en el país de donde vinieron sus antepasados.

Algunos se van llorando, otros con bronca o resentimiento, todos ilusionados por una vida mejor que no siempre encuentran porque la calidad de vida no depende sólo de lo económico, sino de muchos factores. Entre ellos, los afectos y el sentido de pertenencia son fundamentales.

En un artículo publicado en *La Nación* en noviembre de 2002, el conocido periodista Andrew Graham Yooll afirma, quizá con un poco de dureza, que "emigrar es un derecho, pero también puede ser un modo de eximirse de responsabilidades sobre la situación del país. Y tal vez la crisis esté relacionada con no asumir responsabilidad alguna (...) Abandonar el terruño refleja la incapacidad de desarrollar vidas con lo que tenemos a nuestro alcance, también constituye una forma de menosprecio por lo que a uno le pertenece".

Otros dos escritores –Antonio Dal Masetto, que llegó a la Argentina a los doce años, y Héctor Tizón, jujeño, que tuvo que emigrar por motivos políticos– dan su opinión sobre este tema, dolorosamente actual. Dal Masetto ve en la emigración de los argentinos "un drama trágico desde el punto de vista histórico, porque más allá del problema de los que se ven obligados a irse, si uno lo analiza en perspectiva, es una suerte de traición de la historia. Los inmigrantes vinieron, ayudaron a construir este país con esperanza, fundaron pueblos, abrieron fábricas, aportaron su oficio con el objetivo de constituir una familia, una casa, hacer estudiar a sus hijos. El drama es que sus descendientes se ven obligados a regresar al punto de origen, hacen el camino inverso".[2]

2 Entrevista de Raquel San Martín, *La Nación*, 10 de enero de 2003.

Por su parte, Hector Tizón deplora el hecho de la emigración y la falta de valorización de lo nuestro: "El fenómeno existe y se ha instalado el espejismo de que la vida está en otra parte, lo cual es lamentable. Yo he visto argentinos pedir limosna en el metro de Madrid. ¿Por qué se van? ¿Por qué no ejercen su profesión en Abra Pampa (Jujuy)? Porque no tiene prestigio. En el fondo, en esa salida hay un dejo de frivolidad. Eso proviene del hecho de valorar como mejor la cultura ajena. Por eso nos matábamos por una chatarra importada y de mal gusto, mientras se destruía la fuente de producción nacional. Alguien inventó en este país la quintaesencia de lo canalla cuando dijo que la única salida es Ezeiza. El argentino medio es, de alguna manera, un perseguidor de prestigio".[3]

¿Podría afirmarse lo mismo de quienes vinieron a la Argentina buscando progreso en sus vidas? Muchos de ellos huían a causa de la libertad perdida y de la persecución religiosa o ideológica; otros, de la violencia de la guerra con sus secuelas de hambre y miseria. Nosotros no hemos pasado una verdadera guerra, somos exportadores de alimentos y tenemos un superávit cultural. También tenemos chicos desnutridos de cuerpo y alma, pero no son ellos los que pueden emigrar. El escritor jujeño invita a sus compatriotas a la acción: "Hay que seguir construyendo ese sueño de grandeza. Debemos hacer todo lo posible para que nuestros sueños sobrevivan y se vuelvan a encarnar. Nuestro compromiso es con los otros. La Argentina es uno de los grandes espacios fértiles del mundo y está despoblado. De modo que su destino ineludible es recibir nuevamente a la gente que quiera tener un lugar en el mundo y no ser expulsada".[4]

3 Entrevista de Susana Reinoso, *La Nación*, 11 de enero de 2003.
4 *Ibíd.*

Algo tendremos que cambiar si deseamos una Argentina semejante a la que tuvimos hace cien años, pero con más equidad. Ya Echeverría, en *El dogma socialista*, veía la necesidad de lograr una reforma radical en nuestras costumbres, pensando que "tal será la obra de la educación y de las leyes". Pero esta educación, como bien lo decía Alberdi en *Las Bases*, debía tener en cuenta a la familia, primera célula de la sociedad: "Pensar en educación sin proteger la formación de las familias, es esperar ricas cosechas de un suelo sin abono ni preparación". Comencemos ya a preparar el suelo por medio de la educación y la justicia. Lo demás vendrá por añadidura.

Índice fotográfico

Miguel Hughes en el cablecarril de Chilecito, construido por él mismo 25

Cecilia Mattaldi de Fourvel Rigolleau y sus hijas 43

Emigrantes galeses del *Mimosa* antes de embarcar para la Argentina 59

Caserío vasco 81

Cesare Agustoni –de pie, a la derecha– y sus hermanos 91

John Hamilton a los treinta y cinco años 101

Mural conmemorativo de la inmigración de los alemanes del Volga, Colonia Hinojo 115

Enrique Bouillet y su familia en la Rambla de Mar del Plata 129

Isaac Benzecry y su familia 137

Tres de los cinco hermanos Pomerantz en Médanos 149

Don Salomón Isaac Weinschelbaum y su mujer Doña Iente Schlajavoy 168

Israel Rabinovich y sus hijos 174

Cédula de identidad de León Pomer fechada
el 18 de diciembre de 1940 180

Cuatro de los cinco hermanos Izrastzoff 189

Sofía Lenzner con tres de sus hijos y Copache,
el cacique tehuelche que los cuidaba 201

Torcuato Di Tella y María, su mujer 219

Pedro Noro y parte de su familia 233

Familia Sadosky: Manuel, el primero de
la izquierda sentando en el suelo 247

Tres generaciones de Irungaray 261

Grace Coulthard antes de casarse 273

Hipólito Fernández, su mujer Eulalia
y su hija Lucía 289

Francisco Prati con sus hijas 299

Cuatro generaciones de Massuh en Tucumán 311

Vángelo Grapsas con su hija Teresa y su yerno 321

Esther Golastra antes de casarse con José Clementi 335

Marcela Carmona cantando con la guitarra 349

Familia Barreiro y tres de sus cuatro hijas 359

Foto trucada del matrimonio Chuchla con su hija Teófila en 1933, mientras él se encontraba en la Argentina y su mujer e hija aún en Polonia 371

Tres generaciones de editores: Jorge López Llovet, su padre Antonio López Llausás y sus nietos, entre ellos, Gloria López Llovet de Rodrigué 383

Friedrich Wilhelm Rasenack y sus hijas 397

Familia Stegner. De izquierda a derecha: Vezna, Santiago, Verónica y su marido, Graciela, Santiago (h.) y Teresita 415

Familia Bessone recién llegados a la Argentina 429

Foto tomada en el Hospital de Riga. El primero sentado a la izquierda es Enrique Vera Morales 441

Este libro se terminó de imprimir
en marzo de 2003 en Gráfica MPS S.R.L.